Das neue Kursbuch Religion 9/10

Arbeitsbuch für den Religionsunterricht im 9./10. Schuljahr

Calwer Verlag
Stuttgart

Verlag Moritz Diesterweg
Frankfurt am Main

Das neue Kursbuch Religion 9/10

Herausgegeben von Heinz Schmidt, Jörg Thierfelder, Gerhard Kraft, Dieter Petri

Unter Mitarbeit von Kurt Bätz (†), Wilhelm Epting, Ottheinrich Knödler, Martin Polster, Albert Rabus (†), Hannelore Schmidt, Michael Widmann

ISBN 3-7668-0859-1 (Calwer)
ISBN 3-425-07873-9 (Diesterweg)

Illustrationen: Peter Knorr, Bischofsheim
Titelgrafiken: Herbert Emmer, Eningen und Peter Knorr, Bischofsheim

Umschlag: Werbeatelier Jürgen Richter, Jügesheim

Satz und Druck: Appl/aprinta, Wemding
Bindearbeiten: Münchner Industriebuchbinderei
Reproduktion: Mayr, Donauwörth

Inhalt

Wofür es sich zu leben lohnt
Auf dem Weg zueinander
Ab in den Knast
Nach Auschwitz: Juden und wir
... und dann der Tod
Jesaja – ein Prophet des Friedens

Arbeiten
und Leben

Rechtfertigung:
So wie ich
bin

Kirche
am Ort.
Kirche
in der
Welt.

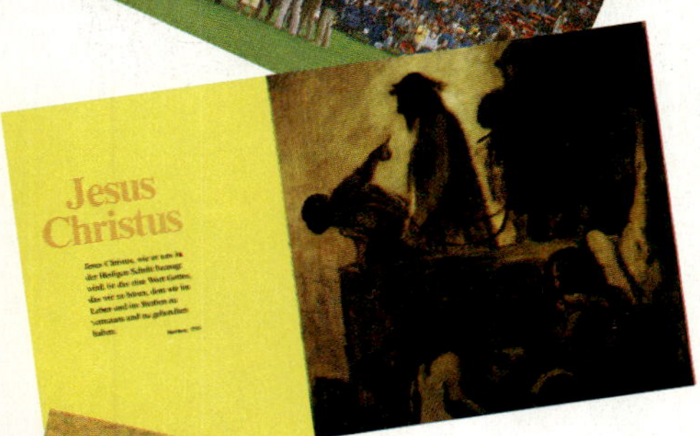
Jesus
Christus

Leben
mit der
Bergpredigt

Die Erde ist des Herrn

Weltweite
Reformation -
Johannes
Calvin

Vom
Schein
zum Sein

Hunger nach Gerechtigkeit

GOTT LÄSST
SICH FINDEN

TM
Neue
Verheißungen?

Schöne
neue Welt

Wofür es sich zu leben lohnt

Das Eisenbahngleichnis

Wir sitzen alle im gleichen Zug
und reisen quer durch die Zeit.
Wir sehen hinaus. Wir sahen genug.
Wir fahren alle im gleichen Zug.
Und keiner weiß, wie weit.

Ein Nachbar schläft, ein andrer klagt,
ein dritter redet viel.
Stationen werden angesagt.
Der Zug, der durch die Jahre jagt,
kommt niemals an sein Ziel.

Wir packen aus. Wir packen ein.
Wir finden keinen Sinn.
Wo werden wir wohl morgen sein?
Der Schaffner schaut zur Tür herein
und lächelt vor sich hin.

Auch er weiß nicht, wohin er will.
Er schweigt und geht hinaus.
Da heult die Zugsirene schrill!
Der Zug fährt langsam und hält still.
Die Toten steigen aus.

Ein Kind steigt aus. Die Mutter schreit.
Die Toten stehen stumm
am Bahnsteig der Vergangenheit.
Der Zug fährt weiter, er jagt durch die Zeit,
und niemand weiß, warum.

Die I. Klasse ist fast leer.
Ein feister Herr sitzt stolz
im roten Plüsch und atmet schwer.
Er ist allein und spürt das sehr.
Die Mehrheit sitzt auf Holz.

Wir reisen alle im gleichen Zug
zur Gegenwart in spe.
Wir sehen hinaus. Wir sahen genug.
Wir sitzen alle im gleichen Zug
und viele im falschen Coupé.

Erich Kästner

Worin liegt der Sinn des Lebens?

Alois H., 49 Jahre
Automechaniker

Lore H., 42 Jahre
Hausfrau
Früher Sekretärin

Sinnvoll? - Sinnlos?

1.
Wenn ich gesund bin und arbeiten kann, dann bin ich zufrieden oder glücklich. Glücklich macht mich, wenn ich mein Leben nach meinem Sinn leben kann. Ohne Alkohol aber wäre das Leben schwer zu ertragen. Mit dem Trinken kommt man über manches hinweg. Wer nicht liebt Wein, Weib und Gesang, der ist ein Narr sein Leben lang.

2.
Das Leben hat keinen großen Sinn. Oft denke ich: Alles ist Mist. Wer das nicht denkt, der lügt sich selbst an.

1.
Glücklich macht mich meine Ehe, das Verhältnis zu meinem Mann. Zwischen uns herrscht Offenheit. Jeder weiß, er ist bei dem anderen gut aufgehoben. Glücklich macht mich die Gewißheit, daß ich auf alle Fälle geliebt werde. Wir haben einen kleinen Sohn, und das nächste Kind ist unterwegs.

2.
Der Sinn des Lebens besteht darin, sein Leben in Einklang mit dem zu bringen, was man als Gottes Willen erkennt. Der vordergründige Sinn des Lebens besteht jetzt in der Erziehung der Kinder. Ich möchte, daß meine Kinder einmal alles, was ihnen begegnet, unabhängig beurteilen können.

Powern

Ich habe es satt
So zu tun
Als ob ich auch so eine
Von euch zuckersüßen Engeln sei
Die immer brav kuschen
Um dann nach unten zu treten
Ihr könnt euch eure Kleinbürgermoral
An den Hut stecken
Ich will jetzt tun und sagen
Was ich mag
Ich will nicht mehr passiv sein
Oder angepaßt und bieder
Ich spür die Kraft in mir
Die ich endlich verbrauchen muß
Ich habe keine Angst
Ich will nur leben
Und zwar nach meinen Maßstäben
Bloß raus aus dieser Spießerwelt
Frei sein
Und so verrückt erscheinen
Als würde mich der Teufel reiten
Ich werde euch
Den Heiligenschein runterreißen
Euer Scheinheiligtum aufdecken
Und mir ins Herz tätowieren:
Ich bin stark

Abenteuer

Mehr erleben. Das italienische Viertel von Buenos Aires heißt La Boca. Wer dahin kommen will, braucht Zeit und gute Verbindungen. Die Fahrt in diesen Bussen kostet nur Pfennige, dafür halten sie auch an den Haltestellen nicht. Wer den Sprung nicht wagt, fährt bis zur Endstation mit. Da hat der Schaffner nämlich Sehnsucht auf einen Espresso, und das geht nicht espresso. Wir können solange eine Zigarette rauchen und uns die kleine bunte Welt von La Boca ansehen. Mehr erleben in der großen weiten Welt.

Im Guten wohnen

Nach dir, Herr, verlanget mich.
Mein Gott, ich hoffe auf dich;
laß mich nicht zuschanden werden, / daß meine Feinde nicht frohlocken über mich.
Denn keiner wird zuschanden, der auf dich harret; / aber zuschanden werden die leichtfertigen Verächter.
Herr, zeige mir deine Wege / und lehre mich deine Steige!
Leite mich in deiner Wahrheit und lehre mich! / Denn du bist der Gott, der mir hilft; täglich harre ich auf dich.
Gedenke, Herr, an deine Barmherzigkeit und an deine Güte, / die von Ewigkeit her gewesen sind.
Der Herr ist gut und gerecht; / darum weist er Sündern den Weg.
Er leitet die Elenden recht / und lehrt die Elenden seinen Weg.
Die Wege des Herrn sind lauter Güte und Treue / für alle, die seinen Bund und seine Gebote halten.
Um deines Namens willen, Herr, / vergib mir meine Schuld, die so groß ist!
Wer ist der Mann, der den Herrn fürchtet? Er wird ihm den Weg weisen, den er wählen soll.
Er wird im Guten wohnen, / und sein Geschlecht wird das Land besitzen.

aus: Psalm 25

Sprichwörter

Lernst du was, so schaffst du was.
Schaffst du was, so hast du was.
Hast du was, so bist du was.

Trautes Heim - Glück allein

Leben ist Hingabe

Die Freuden, die man übertreibt,
verwandeln sich in Schmerzen.

Schreibt in Stichworten die Wertvorstellungen auf, die über Sinn und Sinnlosigkeit gemacht werden. Vergleicht diese mit eigenen Vorstellungen.

Wolfgang L., 25 Jahre
Monteur

Franz T., 70 Jahre
Garagenmeister i. R.

Lebenssinn? - Sinnleere?

Wolfgang L.:

1.
Wenn ich das Geld besitzen würde, das die Kirche besitzt, dann wäre ich glücklich. Ich bin verheiratet und habe zwei uneheliche Kinder, für die ich zahlen muß. Ist das Glück? Glückliche Menschen - auf der Straße sehe ich kaum jemanden.

2.
Der Sinn des Lebens besteht einfach darin, daß man da ist. Der Sinn des Lebens richtet sich danach, was man aus dem Leben macht. Bis zum 55. Lebensjahr hat das Leben einen Sinn, danach ist alles sinnlos.

Franz T.:

1.
Glücklich macht mich meine Gesundheit. Wenn ich ein kranker Mann wäre, dann wäre ich unglücklich. Glück bedeutet Zufriedenheit. Zufrieden ist man, wenn man sich täglich mit der Aufgabe, die einem gestellt wird, abfindet.

2.
Der Sinn des Lebens besteht darin, daß man sich auf das Leben, das danach kommt, vorbereitet. Mein Leben bekam durch die Erziehung der Kinder einen Sinn. Ich habe sie so erzogen, daß sie brauchbare Menschen sind und in die Welt hineinpassen.

Leitbilder

Hans im Glück

Schon seine Geburt verlief glücklich. Er kam in einer Straßenbahn zur Welt. Aber nicht nur der Ort war ungewöhnlich. Eine alte Jungfer, die vor den Angelegenheiten der Fortpflanzung eine religiöse Scheu hatte, half ihm beim Einstieg in die Welt und fiel erst später in Ohnmacht. Zeitungen berichteten darüber. Hans war ein pausbäckiges Kind und machte seinen Eltern nur Freude. Eine Herstellungsfirma von Babynahrung war von seinem vor Gesundheit strotzenden Gesicht derart entzückt, daß sie es in der Werbung einsetzte. Hans lachte auf allen Litfaßsäulen. Er war ein Ernährungsvorbild. Für sein sattes Lächeln sicherte ihm die Herstellungsfirma von Babynahrung die Finanzierung seines Studiums zu. Es bestand kein Zweifel, daß er ein kluges Kind werden würde.

Er entwickelte sich aufs prächtigste, und sein Vater hielt alle bedeutsamen Momente dieser Entwicklung mit der Kamera fest. Hans lernte dabei, sein Lächeln im richtigen Augenblick einzusetzen, seine Geistesgaben jedoch kamen, da er so gut wie keine Widerstände zu überwinden hatte, weniger zur Entfaltung. Doch schadete ihm das nicht im geringsten. Nie verließ ihn das Glück, überschätzt zu werden. Seine Lehrer hielten große Stücke auf ihn. Er sah einfach nach Zukunft aus, sagte viel lieber ja als nein. Er tat nichts aus Berechnung. Er war ganz einfach so.

Seine Eltern wußten vor Stolz nicht, was sie noch alles anstellen sollten. Sie hielten ihn in Ermangelung besseren Wissens für ein Wunderkind, und Hans selbst, der vor lauter Glück sich keine Gedanken machen mußte, ließ sich verwöhnen.

Die Schule verließ er mit einem bemerkenswerten Zeugnis, ohne sich jedoch für ein bestimmtes Fach begeistert zu haben. Sein Ausdruck war gefällig. Er zählte zu den Menschen, die ohne Skrupel jeden angefangenen Satz vollenden können. Da er beim besten Willen nicht wußte, welcher Neigung er folgen sollte, ließ er sich von der Herstellungsfirma von Babynahrung, die nicht zuletzt durch seine Hilfe zu Erfolg gekommen war, zum Studium der Betriebswirtschaft bewegen. Der Direktor, der ihm feierlich den Scheck überreichte, sagte:

„Sie haben dasselbe Lächeln noch, das sie damals hatten."

Wie auch immer: die Babynahrung war ihm gut bekommen. Mehr noch als sein Studium brachte ihm ein Mädchen Glück, das sich in ihn verliebte. Sie war, wie sich nebenbei herausstellte, die einzige Tochter eines Fabrikanten. Hans wußte sofort, was er seinem Schicksal schuldig war, und drängte auf eine Heirat. Sein Schwiegervater, der viel von einer schnellen Entschlußkraft hielt, fand sofort Gefallen an ihm und übertrug ihm wichtige Aufgaben. Hans kamen die Erwartungen zugute, die andere Menschen in ihn setzten. Er enttäuschte seinen Schwiegervater nicht und gab ihm das Gefühl, auf das richtige Pferd gesetzt zu haben.

Seine Eltern sah er nur noch selten, was diese jedoch nicht daran hinderte, ihn weiter zu vergöttern. Als sie in der Zeitung lasen, daß er nach dem Tode seines Schwiegervaters jetzt die Fabrik leitete, weinten sie vor Rührung. Sie wußten, daß sie sich in ihrem Leben nicht umsonst geplagt hatten.

Was wird in dieser Geschichte als „Glück" bezeichnet?
Worin besteht das „Glück" in dem ursprünglichen Märchen?

„Er hat es geschafft!" sagte der Vater, der außer seinem Sohn nie einen andern Ehrgeiz hatte. Immer wieder suchte er Bestätigung in alten Fotoalben.
Mit fast traumwandlerischer Sicherheit ging Hans an seine neuen Aufgaben. Er kaufte die Konkurrenz auf, gründete eine Bank und zeugte einen Sohn. Er wurde Präsident eines Sportvereins - beim Turnen hatte er schon immer eine gute Figur gemacht -, erhielt einen Orden für seine Verdienste in der Wirtschaft, machte Stiftungen, ging in die Politik und weihte Brücken und Schulen ein. Er redete nur noch in Hauptsätzen und machte jedes Jahr zweimal Urlaub, einmal mit seiner Frau, die die Kunst liebte, und einmal mit seiner Geliebten, die alles andere liebte.
Da er nicht übertrieb, weder Genuß noch Arbeit, blieb er gesund. Er sah immer noch aus wie damals, als er die günstigen Wirkungen einer Babynahrung auf einem Bärenfell demonstrierte: pausbäckig, ohne fett zu sein, ein Kind, bei dem alles gut anschlug. Er glaubte an das Gute in der Welt, soweit es ihm selbst gut tat. Er gab sich optimistisch, war aber in Wirklichkeit nur verwöhnt, liebte das Positive, weil es ihn am wenigsten beunruhigte. Man nannte ihn ‚Hans im Glück', wogegen er mit der Bemerkung protestierte, daß Glück das Schicksal des Tüchtigen sei.
Es ist sehr schwer an ihn heranzukommen, und was man über ihn erfährt, sind meist nur Sprachregelungen seiner Mitarbeiter. Sie behaupten zum Beispiel, daß er einmal sagte, *die schönsten Märchen schreibt das Leben.* *Herbert Heckmann*

Wie sähe denn das schönste Märchen, das das Leben schreibt, für eine Frau aus?

Perspektiven

Ich wünsche mir ein Leben voller Erlebnisse. Lästige Fragen wie: „Welche Bank bietet die besten Zinsen?" und „Wie schlage ich Kapital aus meinem Geld?" gehören zu den kleinen Alltagssorgen, die ich später nicht haben will. Ein Haus voller Tiere würde mir gefallen. Meinen Traumberuf werde ich nie erlernen können, weil ich kurz nach der Heirat Kinder bekommen werde, die meine Zeit beanspruchen.
Die restliche Zeit werde ich wohl am Herd und hinter dem Bürotisch unseres Geschäftes verbringen. Meinen alten Beruf werde ich nicht mehr ausüben können, und der abendliche Ausgang wird sich erst wieder einstellen, wenn die Kinder groß sind und ich alt bin. *Jugendliche, 18 Jahre*

Am liebsten würde ich mich selbständig machen, weil es mich stört, ständig jemanden über mir zu haben, der mir sagt, was ich machen soll. Ich möchte nicht in einem Betrieb angestellt sein, weil ich einem Menschen, der mich absolut ankotzt, nicht in den Arsch kriechen kann.
Auf keinen Fall möchte ich abhängig von meinem Mann oder Freund sein und mir immer sagen lassen, daß ich ihm dankbar sein müsse, weil er das Geld verdient. Wahrscheinlich werde ich sowieso erst mit 30 oder noch später heiraten, weil ich glaube, daß man viel besser mit dem Partner zusammenleben kann, wenn man nicht so fest an ihn gebunden ist. *Jugendliche, 17 Jahre*

Welche Leitbilder bestimmen die beiden Perspektiven?
Wie kommt es zu solchen Leitbildern?

Menschenwürde

Gedanken

Der folgende Text wurde von einer Frau geschrieben, die im Krankenhaus auf einer geriatrischen Station gelegen hatte. Eine Schwester fand ihn nach dem Tode dieser Frau.

Was denkt ihr, wenn ihr mich anseht? Eine verbitterte, verwirrte alte Frau, nicht sehr weise, unsicher in ihrem Verhalten, ihren Bewegungen, mit leeren weitblikkenden Augen. Eine Frau, die beim Essen sabbert, die keine Antwort gibt, wenn du mit lauter Stimme sagst: ‚Ich möchte, daß Sie es versuchen!' Sie scheint die Dinge um sich herum nicht zu bemerken. Sie scheint immer etwas zu vermissen, verloren zu haben, einen Strumpf, einen Schuh oder irgend etwas anderes. Sie läßt dich tun, was *du* willst, ob sie will oder nicht. Mit Baden und Füttern wird der Tag ausgefüllt.

Ist es das, was du denkst, was du siehst? Dann öffne deine Augen. Du siehst mich gar nicht!

Ich will erzählen, wer ich bin, auch wenn ich hier so still sitze, gewöhnt an deine Befehle, deinen Willen über mich ergehen lasse, alles schlucke.

Ich bin ein *kleines Kind,* eines von zehn Kindern, mit Vater und Mutter, Brüdern und Schwestern, die einander liebhaben.

Ein *junges Mädchen* von 16 Jahren mit Flügeln an den Füßen, träumend, daß sie bald einen Liebhaber finden wird oder treffen.
Eine *Braut* schon mit 20 Jahren - mein Herz macht einen Sprung, wenn ich an den Treueschwur denke, den ich versprach zu halten.

Mit *25 Jahren* habe ich eigene Kinder, die mich brauchen, die ich beschützen muß. - Glückliches Zuhause!
Eine *Frau von 30 Jahren,* meine Kinder werden nun schnell groß. Sie gehen Bindungen ein.

Mit *40 Jahren,* meine Söhne sind nun erwachsen und wollen eigene Wege gehen. Aber mein Mann ist noch bei mir und nimmt mir die große Traurigkeit.

Mit *50 Jahren,* wieder spielen Kinder um mich herum, wir lieben sie, und sie lieben uns.
Schwere Tage kommen über mich. Mein Mann stirbt. Ich sehe in die Zukunft. Ich habe Angst. Meine Kinder sind mit ihrem eigenen Leben und der Erziehung ihrer eigenen Kinder beschäftigt. Ich denke an die Jahre und die Liebe, die ich erlebt habe.
Nun bin ich eine *alte Frau.* Die Natur ist grausam. Sie scheint sich über das Alter lustig zu machen. Der Körper ist verschrumpelt, Anmut und Kraft sind dahin. Da, wo früher ein Herz war, ist jetzt ein Stein. Aber im Innern wohnt immer noch das junge Mädchen. Und jetzt und immer wieder schwillt mein mitgenommenes Herz.
Ich denke an die Freude, ich denke an den Schmerz, und ich liebe das Leben immer, immer wieder. Ich denke an die wenigen Jahre, die zu schnell vergangen sind.
Ich nehme die nackte Tatsache hin – nichts kann immer dauern!

Auf das Sosein kommt es an

Erörtert mit Hilfe der beiden Texte den Zusammenhang zwischen Lebenssinn und Menschenwürde.
Wie sieht es mit der Menschenwürde bei denen aus, die nicht mit Vernunft und Gewissen begabt sind?
Nennt weitere Bedingungen für sinnvolles Leben.

Wieso leben wir? Wir haben das Leben nicht gewollt und konnten es nicht wollen, da es uns nicht gab, bevor wir lebten. Ohne unser Zutun sind wir geboren worden. Daß unsere Eltern uns „gewollt“ und uns deswegen das Leben „geschenkt“ hätten, ist zwar eine hübsche Behauptung, doch sie entspricht nicht immer den Tatsachen ...
Nein, ich glaube nicht, daß unserem ungewollten Leben, dem Zufall unterworfenen Leben, ein vorausbestimmter Sinn mit auf den Weg gegeben ist. Das Leben „an sich“ ist sinnlos.
Aber es ist niemals ohne Würde! „Alle Menschen sind frei und gleich an Würde und Rechten geboren. Sie sind mit Vernunft und Gewissen begabt und sollen einander im Geiste der Brüderlichkeit dienen“ ... Die Würde des Menschen liegt eben darin, daß er seinem Leben einen Sinn zu geben vermag.
Ein jeder gibt sich selbst den Sinn. Nicht auf das bloße Dasein, sondern auf das Sosein kommt es an; und dieses Sosein bilden wir nicht durch noch so gescheite Pläne und edle Vorsätze, sondern allein durch das Tun. Wir formen es, indem wir handelnd unsere uns innewohnenden Möglichkeiten vollenden.
... Wir sind immer so wenig oder soviel wert, wie wir anderen Menschen wert zu sein vermögen. Vielleicht erfüllen wir unser Leben in dem Maße mit Sinn, indem wir anderen Menschen wert werden ...
Vermutlich sind wir zwar stets alt genug, um die Frage nach dem Sinn unseres Lebens zu stellen, aber immer noch zu jung, um die Antwort zu finden.
Vielleicht wird der Sinn des Lebens erst im Rückblick erkennbar, wie wir den Sinn eines Buches erst erfassen können, wenn wir es bis zum Ende gelesen haben.
Vielleicht leben wir alle nur, um aneinander reicher und reifer zu werden.
Ich weiß es nicht.
Auch ich kann nur fragen und auf die Antwort warten. *Hans-Georg Noack*

Eduard

ist überraschend von uns gegangen. In tiefem Leid

der Vater

Lebensverweigerung

Ein 19-jähriger hat Selbstmord begangen. Der Schriftsteller Paul Schallück beschreibt in der Geschichte „Unser Eduard“, wie sich einzelne aus der nächsten Umgebung damit auseinandersetzen.

Eduards Vater

„Er war mein Sohn ... Ich begreife es nicht. Sie gehen durchs Haus und flüstern viel, seine Mutter und seine Schwester. Wenn ich heimkomme, verstummen sie. Betrete ich das Zimmer, blicken sie nicht auf. Bei Tisch fällt kaum ein Wort. Sie schweigen mich an, sie strafen mich. Bin ich denn schuld? War ich zu streng?

Ich mußte streng sein. Er war sehr begabt, aber verspielt, zu weich; verwöhnt worden von denen, die jetzt schweigen. Als er vierzehn wurde, durfte er mit an die Costa Brava; von da an übernahm ich seine Erziehung. Er wollte ein Schlauchboot. Ich sagte: lerne schwimmen, dann bekommst du eins. Er lernte es – in einer Woche. So wollte ich ihn vorbereiten auf das Leben. Er mußte begreifen, daß ihm nichts geschenkt wurde. Auch mir hat niemand etwas geschenkt. Das sagte ich ihm, als er sechzehn war, wie ich mich abgemüht, den Betrieb aufgebaut, ihn selbständig erhalten hatte. Für ihn. Er wird stolz sein auf seinen Vater, ihm nacheifern, dachte ich. Die Schule fiel ihm leicht. Wenn er Lust hatte, war er der Beste in seiner Klasse. Nur – er hatte nicht immer Lust. Ein Sonnenstrahl konnte ihn ablenken oder ein Buch, ein Schnupfen schon und erst recht ein Fußballänderspiel. Wie besessen lief er Tag für Tag zum Fußballplatz und vergaß seine Schulaufgaben. Ich schloß die Fußballschuhe ein, und er lernte wieder, für ein paar Wochen. Dann begann er, Trompete zu blasen. Er schrieb Gedichte, kletterte in die Berge und sammelte Steine, ersparte und erbettelte sich ein Fernrohr und beobachtete die Sterne in langen Nächten, tauschte das Rohr gegen ein Moped ein, raste durch unsere Gartenstadt, ließ die Maschine verrosten, malte abstrakt, züchtete Fische – alles für ein paar Wochen. So wechseln viele Jungen ihre Neigungen, ich weiß. Er aber vergaß darüber seine Pflichten. Er wurde siebzehn und achtzehn und hatte noch immer nicht gelernt, sich zu konzentrieren. Dann entdeckte er die Mädchen und kam zum ersten Male mit einer Fünf nach Hause. Nach jeder erloschenen Begeisterung redete ich ihm ins Gewissen, drohte, kürzte sein Taschengeld, sperrte den Ausgang, nahm ihn während der Osterferien in den Betrieb, ins Labor. Wenn ich ihn ins Gebet nahm, sah er ein, wie fahrig er dahinlebte, jedem Winde nach, und versprach, härter zu werden. Wenn ich ihn strafte, weinte er.

Der Vater hatte bestimmte Vorstellungen von der Zukunft seines Sohnes. Es gibt genügend Gründe, warum viele Eltern und Jugendliche ähnlich denken.

Im letzten Sommer dann fuhren seine Mutter und seine Schwester allein an die Costa Brava. Ich blieb mit ihm zu Haus. Wir erarbeiteten einen Stundenplan, und ich erklärte: Deine letzte Chance, Eduard; wirst du nicht in die Oberprima versetzt, nehme ich dich von der Schule. Ein Ultimatum, ich weiß. Ob ich es wahrgemacht hätte – ich weiß es nicht. Ihn jedenfalls, ihn hat es erschreckt, ich gebe es zu. Aber durfte ich ihn nicht einschüchtern? Wie hätte er sonst ein tüchtiger Mensch werden können und das Leben bestehen? Mußte ich denn voraussehen, daß es ihn zermürben würde? Bin ich deswegen schuld an deinem Tod, Eduard? Ich kann es nicht glauben. Du warst ungezügelt von Natur aus, du konntest dich nicht beherrschen. Es war eine Kurzschlußhandlung, Eduard. Ein paar schlechter Noten wegen springt man doch nicht von der Brücke. Dafür wirft man doch sein Leben nicht weg, Eduard, mein Junge!“

Eduards Mutter

„Edi war mein Junge, mein einziger Sohn, und er war ein guter Junge, das schwöre ich zu Gott, denn wer sollte das besser beurteilen können als ich, seine Mutter, die er verlassen hat, weil er mit einer unergründbaren Leidenschaft eigensinnig war und etwas suchte. Wenn sein Vater meint, er sei von Natur aus ungezügelt gewesen und habe sich die neunzehn Jahre seines Lebens nur gehenlassen und sich niemals konzentrieren können, wie es wohl den Anschein haben mochte, wenn man ihn von einem festen Standpunkt aus beobachtet, oder was sein Vater sich sonst noch bereitgelegt hat, um das Ungeheuere zu erklären, dann kann ich nur sagen: sein Vater folgt einer falschen Spur.
Edi war ein ernster Junge, viel zu ernst sogar für sein Alter, und er war es von Kindheit an, ich habe ihn nur selten lachen gesehen, denn, obwohl es schien, als flattere er jedem Winde nach, war er doch jedesmal mit einem Ernst am Werk, der mich besorgt und ihn besessen machte. Er suchte etwas, von dem ich lange nicht ahnte, was es war, bis er eines Tages, er mag zehn gewesen sein oder elf, aus der Kirche kam und sagte, sehr ernst, aber ohne ein Zeichen von Erregung: Weißt du, Mutter, ich könnte mir das Leben nehmen. Ich war verblüfft und erschrocken, und ich habe ihn ausgelacht, so daß er wütend wurde und mich anfuhr: Lach nicht! Lach nicht! Ich könnte mir wirklich das Leben nehmen. Da war ich verblüfft und erschrocken und wohl auch bleich. Aber warum denn, mein Junge, habe ich dann endlich gefragt. Und er blickte mich an wie ein sehr alter Mann: Um zu wissen, wer Gott ist, sagte er.

Ich hatte das vergessen. Jetzt sehe ich ihn wieder vor mir und höre ihn wieder sprechen, und ich glaube fest, daß er wahrgemacht hat, worüber ich gelacht habe. Mit Verbissenheit hat er gesucht, sein Leben lang und überall, einen Halt meinetwegen, wenngleich ich behaupte, er hat Gott gesucht, überall, in seinen Gedichten so gut wie auf dem Fußballplatz, in der Geschwindigkeit seines Mopeds und in den Steinen und unter den Sternen natürlich und in den Farben und unter den Fischen und in der Musik. Auch bei den Mädchen. Gesucht und gesucht und doch noch nicht recht gewußt, was er zu finden hoffte in all dem, was ihn reizte und so rasch hinter ihm zurückblieb, ausgelaugt und weggeworfen, weil er nicht fand, was er suchte, und weil er sich vermutlich des Satzes nicht mehr erinnerte, den ich ihn noch immer sprechen höre: Um zu wissen, wer Gott ist. Die schlechten Noten haben damit wenig zu schaffen.
Am Morgen hatte ihnen der Mathematiklehrer das Einsteinsche Weltbild erklärt und gesagt, die Welt sei endlos, aber nicht unbegrenzt, oder so ähnlich, und Edi hatte zugehört wie einem neuen Evangelium und dann mit kalter Stimme gefragt, wo denn in dieser Welt Gott einen Platz habe, und der Mathematiklehrer hatte ihn

Die Unruhe Eduards, die den Vater so ärgerte, deutet die Mutter ganz anders. Ist die Erklärung der Mutter überzeugend?

lächelnd an den Religionslehrer verwiesen, und am Mittag dann hat er sich von den Schulkameraden gelöst und ist allein zur Brücke gegangen und hat das Letzte versucht, um zu finden, was er suchte. Du wolltest alles oder nichts, Edi, mein Junge, aber das war nicht richtig, es läßt sich ja nicht zwingen, ein bißchen Demut hat dir gefehlt und ein bißchen Vertrauen zu deiner Mutter, warum bist du nicht zu mir gekommen, Edi, warum nicht, warum denn nicht zu deiner Mutter, Edi?"

Eduards Schwester

Eduard
ist überraschend
von uns gegangen.
In tiefem Leid

die Schwester

Eduards Schwester hat eigene Vorstellungen vom Lebenssinn, die sie wahrscheinlich auch für ihren Bruder voraussetzt. Welche Erfahrungen hat sie vermutlich selbst gemacht?

„Ed, mein kleiner Bruder, war ein Junge wie andere, ein bißchen begabter vielleicht und feiner gesponnen, das war aber auch der einzige Unterschied. Er spielte gern, saß gern auf einer schnellen Maschine, wechselte seine Hobbies, tat alles, was andere Jungen auch tun. Er war ja viel jünger als seine Jahre. Erst als er den Mädchen begegnete, begann die Kalamität. Er war prächtig gewachsen, der Ed, und er konnte an jeder Hand zehn haben - und hatte sie auch. Nur - er war nie zufrieden. Was sie ihm gaben - es genügte ihm nicht. Er verlangte mehr, Liebe verlangte er, obwohl er selbst es vermutlich nicht wußte, das Wort jedenfalls gebrauchte er nie, er machte sich darüber lustig. Aber darauf wartete er. Liebe von Mädchen, die nicht wissen, was das ist, wie er nicht wußte, was das ist. Daran ist er zugrunde gegangen, ganz langsam. In seiner Klasse gab es zwei Mädchen. Die kicherten, als ihm mitgeteilt wurde, es sei nicht sicher, ob er mit den schlechten Noten versetzt werden könne. Das Kichern war sein Verhängnis. Wir achten zu wenig auf die kleinen Dinge, ein Wort, ein Blick, eine Geste oder ein Kichern, besonders in Eds Jahren. Die Mädchen haben ihn auf dem Gewissen, aber sie wissen es nicht. Unschuldig wie kleine Tiere."

Eduards Freund

Eduard
ist überraschend
von uns gegangen.
In tiefem Leid

der Freund

Ist diese Schilderung überzeugend?
Wie sieht sich Eduards Freund selbst?

Wer von den Beteiligten hat Eduard die meisten Chancen eingeräumt, für sich selbst einen Sinn zu finden?

„Unsinn, mein Freund Eddi, mit doppeltem d, der suchte nicht mehr, nirgendwo und nichts, der ließ sich von einem Kichern nicht umwerfen. Der hatte längst gefunden, was er suchte. Der wußte, was er wollte, wie wir alle, ich auch. Er wußte längst, daß alles keinen Sinn hat. Er probierte noch ein bißchen, mal hier, mal da, so zum Spiel und aus Vergnügen. Es interessierte ihn nur so lange, wie es dauerte. Dann war's vorbei, und es langweilte ihn entsetzlich. Ich bin genauso, darum weiß ich es. Was er anfaßte, das gelang ihm, das war sehr merkwürdig, aber es machte ihm keinen Spaß, daß es ihm so gelang. Es hat doch alles keinen Sinn. Wozu denn? Was soll das alles? Die schlechten Noten hätte er bis zur Versetzung mit der linken Hand korrigiert. Daß er's an diesem Tag getan hat, war nur, um die Alten auf die falsche Spur zu locken. Er hätt's schon ein halbes Jahr früher tun können oder ein halbes Jahr später. Der beste Schüler der Klasse verübt Selbstmord ein paar schlechter Noten wegen. Das ist paradox, und das war das einzige, das er liebte. Ich beneide ihn, weil er härter war als wir alle, weil er den Mut gehabt hat, wozu ich nie den Mut haben werde. So war unser Eddi, mit doppeltem d!"
Ist diese Schilderung überzeugend? Wie sieht sich Eduards Freund selbst?

Leben aus Vertrauen

Begleitung

Ich glaube, daß Gott aus allem, auch aus dem Bösesten, Gutes entstehen lassen kann und will. Dafür braucht er Menschen, die sich alle Dinge zum Besten dienen lassen. Ich glaube, daß Gott uns in jeder Notlage soviel Widerstandskraft geben will, wie wir brauchen. Aber Er gibt sie nicht im voraus, damit wir uns nicht auf uns selbst, sondern allein auf Ihn verlassen. In solchem Glauben müßte alle Angst vor der Zukunft überwunden sein. Ich glaube, daß auch unsere Fehler und Irrtümer nicht vergeblich sind und daß es Gott nicht schwerer ist, mit ihnen fertig zu werden als mit unseren vermeintlichen Guttaten. Ich glaube, daß Gott kein zeitloses Fatum ist, sondern daß er auf richtige Gebete und verantwortliche Taten wartet und antwortet. *Dietrich Bonhoeffer*

Alles hat seine Zeit

Ein jegliches hat seine Zeit, und alles Vorhaben unter dem Himmel hat seine Stunde:
geboren werden hat seine Zeit, sterben hat seine Zeit; pflanzen hat seine Zeit, ausreißen, was gepflanzt ist, hat seine Zeit;
töten hat seine Zeit, heilen hat seine Zeit; abbrechen hat seine Zeit, bauen hat seine Zeit;
weinen hat seine Zeit, lachen hat seine Zeit; klagen hat seine Zeit, tanzen hat seine Zeit;
Steine wegwerfen hat seine Zeit, Steine sammeln hat seine Zeit; herzen hat seine Zeit, aufhören zu herzen hat seine Zeit; suchen hat seine Zeit, verlieren hat seine Zeit; behalten hat seine Zeit, wegwerfen hat seine Zeit; zerreißen hat seine Zeit, zunähen hat seine Zeit; schweigen hat seine Zeit, reden hat seine Zeit;
lieben hat seine Zeit, hassen hat seine Zeit; Streit hat seine Zeit, Friede hat seine Zeit.
Man mühe sich ab, wie man will, so hat man keinen Gewinn davon.
Ich sah die Arbeit, die Gott den Menschen gegeben hat, daß sie sich damit plagen.
Er hat alles schön gemacht zu seiner Zeit, auch hat er die Ewigkeit in ihr Herz gelegt; nur daß der Mensch nicht ergründen kann das Werk, das Gott tut, weder Anfang noch Ende.

Prediger 3, 1–11

Am Ende die Rechnung

Einmal wird uns gewiß
die Rechnung präsentiert
für den Sonnenschein
und das Rauschen der Blätter,
die sanften Maiglöckchen
und die dunklen Tannen,
für den Schnee und den Wind,
den Vogelflug und das Gras
und die Schmetterlinge,
für die Luft, die wir
geatmet haben, und den
Blick auf die Sterne
und für alle die Tage,
die Abende und die Nächte.

Einmal wird es Zeit,
daß wir aufbrechen und
bezahlen;
bitte die Rechnung.
Doch wir haben sie
ohne den Wirt gemacht:
Ich habe euch eingeladen,
sagt der und lacht,
soweit die Erde reicht:
Es war mir ein Vergnügen!

Lothar Zenetti

Wie wirkt sich nach diesen Texten der Glaube an Gott aus
- *hinsichtlich von Angst und Schuld?*
- *hinsichtlich der Probleme von Jungsein und Altwerden?*
- *im Verhalten zu anderen?*

Auf dem Weg zueinander

Von der Schwierigkeit, über Liebe zu sprechen

Sucht aus Illustrierten, Filmen und Werbung andere Sätze in denen von Liebe gesprochen wird. Denkt auch an Witze und Wandkritzeleien.

Fast ein Liebeslied

Ich wollte dir ein Liebeslied schreiben,
eines, das nur von dir erzählt,
in dem nicht die Triebe die Liebe vertreiben,
und das nicht unter die Schnulzen fällt.
Es sollte dir einfach „Ich liebe dich!“ sagen,
mit ein paar Worten und Tönen dazu.
Doch ist's gar nicht so einfach,
es einfach zu sagen –
mir fehlen ganz einfach die Worte dazu.

Ich wollte dir ein Liebeslied schenken,
so wie man einen Strauß Blumen verschenkt,
wollt tausend Bilder für dich erdenken
und hab' meine Liebe in Reime gezwängt.
Ich habe gegrübelt in langen Stunden,
hab' Bogen und Blätter mit Zeilen gefüllt
und hab' sie nicht neu genug für dich gefunden,
enttäuscht hab ich sie zerrissen, zerknüllt.

Ich habe gelernt, Probleme zu nennen
und wie man heiße Eisen anfaßt und losläßt,
ohne sich dran zu verbrennen,
so wie es einem gerade paßt.
Ich habe gelernt, gescheit zu erzählen
mit feinen Leuten um Mitternacht,
für jeden das richtige Klischee auszuwählen
und zu tun, als hätt' ich es selbst erdacht.

Hab' Lieder von weltbewegenden Dingen,
nur das, was mir am nächsten liegt,
ganz einfach „Ich liebe Dich“ zu singen,
das hab' ich bis heut noch nicht fertig gekriegt.

Reinhard Mey

Fast ein Liebesbrief

„Bitte höre, was ich nicht sage! Laß Dich nicht durch das Gesicht täuschen, das ich mache. Denn ich trage tausend Masken – Masken, die ich fürchte abzulegen. Und keine davon bin ich!
Ich mache den Eindruck, als sei ich umgänglich, als sei alles sonnig und heiter in mir, als brauche ich niemand. Aber glaube mir nicht.
Mein Äußeres mag sicher erscheinen, aber es ist meine Maske. Darunter bin ich, wie ich wirklich bin ... aber ich verberge das. Ich möchte nicht, daß es jemand bemerkt. Und dabei wäre ich froh, wenn es jemand bemerken würde – jemand, der mich annimmt, wie ich wirklich bin, jemand, der mich liebt! Das ist das einzige, das mir Sicherheit geben würde, die ich mir selbst nicht geben kann: daß ich selbst etwas wert bin. Aber das sag ich Dir nicht. Ich fürchte, Du wirst über mich lachen. So spiele ich mein Spiel: Eine sichere Fassade nach außen – und ein zitterndes Kind innen.
Jedesmal, wenn Du freundlich bist und mir Mut machst, jedesmal, wenn Du zu verstehen versuchst, weil Du Dich wirklich um mich sorgst, bekommt mein Herz Flügel, sehr kleine Flügel, sehr brüchige Schwingen, aber Flügel.
Dein Gespür, Dein Mitgefühl und Dein Verständnis hauchen mir Leben ein. Ich möchte, daß Du das weißt. Ich möchte, daß Du weißt, wie wichtig Du für mich bist.

Warum ist es so schwer, einem anderen seine Gefühle anzuvertrauen?

Und dennoch: wir reden von Liebe

„Die große Liebe erkennt man nicht an ihrer Stärke, sondern an ihrer Dauer!"
„Den Vorrat an Liebe in der Welt vermehren: dafür lohnt es sich zu leben."
„Liebe überfällt uns, reißt uns mit, zieht uns hinauf und hinab, fesselt, quält, erregt, zermalmt und beglückt uns."
„Liebhaben heißt herausfinden, was der andere braucht."
„Lieben, wirklich lieben heißt wissen, was dem anderen wehtut!"
„Liebe macht nicht blind. Liebe macht sehend für eigene und fremde Fehler und Schwächen. Verliebtheit blendet."
„Liebe ist ein so abgedroschenes Wort, daß man sich überlegen muß, ob und wann man es überhaupt verwenden will."

Welchen Aussprüchen stimmst du zu und welchen nicht?

Arbeitet in Gruppen heraus, welche Vorstellung von Liebe hinter den einzelnen Aussprüchen steht.

Verliebt

Ich träume – von dir! Ich liebe deine leuchtenden Augen, du bist so fröhlich. Deine lockere Art steckt mich an. In deiner Nähe vergesse ich meine Probleme. Mit dir kommt mir alles viel leichter vor, und ich fühle mich wohl. All das habe ich dir noch nicht gesagt, doch du sollst wissen, was mich bewegt, was mich aufregt, was ich so niemand sagen kann. Möchte zu dir zärtlich sein, dich streicheln. Du gefällst mir. Ich mag dich!
Tagebuch von Kathrin

‚Verliebt sein, macht blind!' Stimmt das?

Das Wort Liebe

Es gibt viele Eigenschaften von Liebe. Man hat diese nach drei Gesichtspunkten gegliedert:

Agape: helfende Liebe der Menschen untereinander

Erotik: zärtliche Liebe, die körperliche und geistig-seelische Beziehung einschließt

Sexualität: geschlechtliche Liebe

Alle drei Bedeutungen ergänzen sich gegenseitig.
Wie die Sexualität der Erotik bedarf, um menschlich zu werden, so bedarf die Erotik der Nächstenliebe, um den anderen so anzunehmen, wie er ist, mit all seinen Stärken und Schwächen.

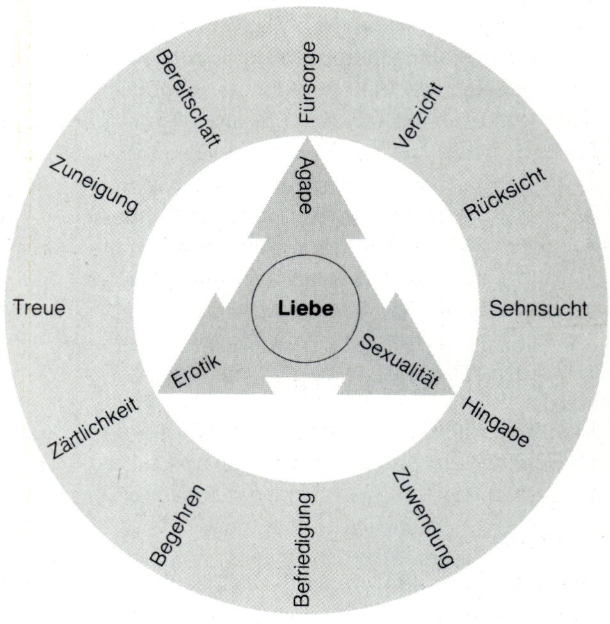

„Drehe" die drei Pfeile im Uhrzeigersinn und überlege, ob jede der genannten Eigenschaften der Liebe auf Agape, Erotik und Sexualität zutreffen. Nenne andere Wesensmerkmale der Liebe.

Formuliert Bildunterschriften. Welche Bilder könnte man noch hinzufügen?

Liebe und Persönlichkeitsentwicklung

Ein Versuch mit Affen

Wie wichtig körperliche Nähe in den ersten Lebensjahren ist, zeigt folgender Versuch mit Affen. Die Babys wurden bald nach der Geburt von der Mutter getrennt und in einen Käfig mit zwei Apparaten gebracht, die als Ersatzmütter dienen sollten. Beide hatten als „Körper“ eine aus Draht angefertigte Walze und als „Kopf“ einen Holzklotz. Im einen Fall lag der Draht bloß; im andern war er von einem dicken Stoff bedeckt. Es fragte sich nun, welchen der beiden Apparate die Affenbabys vorziehen würden. In jedem Fall zog es das Baby vor, sich an die weiche, stoffbedeckte „Mutter“ anzuschmiegen. Das geschah sogar dann, wenn das Baby seine Nahrung nur aus einer Saugflasche bekommen konnte, die an der Drahtmutter angebracht war: es saugte dann an der Drahtmutter, während es sich mit seinen Füßen noch immer an die Stoffmutter klammerte. Für das Baby erwies sich das Gefühl eines körperlichen Kontaktes als ebenso wichtig wie das Futter.
Doch körperlicher Kontakt allein reichte nicht aus, um eine normale Entwicklung zu gewährleisten. Als die Babys größer wurden, zeigten sie ein auffälliges Verhalten. Sie waren anderen Affen gegenüber unfreundlich, streitsüchtig, neigten zum Kämpfen und zeigten wenig oder gar kein Interesse, sich mit dem anderen Geschlecht zu paaren. Man weiß letztlich nicht, warum sie so wurden. Vielleicht hatte der Mangel an Kontakt zu einer richtigen Mutter ihre Lernfähigkeit gestört, weil sie der Erfahrung, Führung und Schulung beraubt waren, die ihnen unter normalen Umständen das Verhalten ihrer Art beigebracht hätten. Vielleicht war es auch nur der bloße Mangel an Zuneigung, der ihre Entwicklung hemmte. Jedenfalls zeigten die Versuche, daß auch Affen zarter, liebevoller Pflege bedürfen.

Tierfreunde lehnen solche Versuche ab. Inwieweit sich das Ergebnis auf Menschen übertragen läßt, wird viel diskutiert. Vergleicht mit der Graphik von S. 19 die Bedürfnisse des Kleinkindes.

Die Bedeutung der Clique

Mit zunehmendem Alter entwickelt man Interessen, die von denen der Eltern abweichen. Es beginnt ein Loslösungsprozeß aus der Abhängigkeit des Elternhauses und ein Hinwendungsprozeß zu Gleichaltrigengruppen.

Die Gruppe

- ermöglicht *neue Erfahrungen* und bestimmte *Aktivitäten,* die man nur mit anderen zusammen ausüben kann und die dann erst richtig Spaß machen;
- vermittelt *neue Freundschaften* und schafft Gelegenheiten, sich mit anderen auseinanderzusetzen.
- gibt Halt und *macht stark,* besonders dann, wenn man allein zu schwach ist.
- gewährt *Schutz und Sicherheit.*

Es kann auch in der Gruppe zum Konflikt kommen, z.B. wenn ein Gruppenmitglied nicht bei allem mitmacht. Einem derartigen *Gruppendruck* kann man sich nur dann erfolgreich entziehen, wenn man sonst eine anerkannte und gefestigte Position in der Gruppe innehat und selbstbewußt versucht, eine eigene Meinung zu vertreten. Andererseits kann es auch Ärger mit Eltern geben, wenn die Regeln oder Normen der Gruppe den Ansichten der Eltern widersprechen.

Sucht zu den genannten Möglichkeiten, die die Gruppe bietet, konkrete Beispiele.

Warten?

An meinem 16. Geburtstag, als alle anderen gegangen waren, drängte mich Ralf, mein Freund, der zwei Jahre älter ist, mit ihm intim zu werden. Aber ich getraute mich nicht. Ich hatte Angst vor dem Unbekannten. Zweifel, ob ich ihn wirklich liebte. – Oder er mich? Er war enttäuscht! Ich wollte mit Mutter darüber reden. Aber sie sagte – für mich viel zu schnell – ich soll's nicht tun. Soll warten. Ralf sei sicher noch nicht der Richtige! Ich warf ihr vor, sie selbst habe doch auch mit 18 geheiratet. Da sei ich doch schon unterwegs gewesen! ... Heute, ein Jahr später weiß ich, warum Mutter gegen eine feste Bindung mit Ralf war. Sie hat die Scheidung eingereicht. Vater hat sie einen langen Brief geschrieben. Sie sei nie recht verstanden worden. Er hätte sich keine Mühe mehr um sie gemacht, nachdem sie wegen mir heiraten mußten. Zum Vorzeigen und im Bett sei sie recht gewesen – aber ihre Wünsche, ihre Bedürfnisse seien immer zu kurz gekommen. Er hätte nur seine Interessen gekannt: seine Arbeit, seinen Verein, seine Hobbies. Sie aber nur Haushalt, Kinder – und immer: ‚mitgehen müssen' – zu seinen Freunden, in seinen Urlaub, in seine Welt. Sie sei einfach zu jung gewesen – damals.
Zum Schluß schrieb sie, daß sie nun versuchen wolle, ihr eigenes Leben zu leben; sich-selbst werden; Versäumtes nachholen; lieben und geliebt werden. Mir aber schrieb sie unter anderem, ich soll nicht dieselben Fehler machen wie sie, sondern warten auf die große Liebe. Man brauche viel Zeit für die eigene Entwicklung. Und immer wieder: „Warte, mein Mädchen!"

Oft bin ich unsicher

In dem Text werden einige Unsicherheiten angesprochen. Wie sind sie zu erklären?

Wie lange gehen wir nun schon miteinander? Natürlich weiß ich noch ganz genau, wann wir uns das erste Mal verabredet haben. Aber manchmal meine ich, es seien schon Jahre – und dann wieder, es sei gestern gewesen! Du hast mir nun gesagt, daß Du mich magst – weil ich immer fröhlich sei und mit Problemen so leicht fertig würde. Mir fiele immer etwas ein, was wir tun könnten, und ich sei einfach nett. All das hat mir unheimlich gutgetan. Aber ich konnte und wollte Dir nicht sagen, daß ich eigentlich auch ganz anders sein kann. Wenn ich mit Dir zusammen bin, fühle ich mich frei und leicht. Aber zu Hause bin ich oft so gereizt und reagiere auf meine Eltern und vor allem auf meine Geschwister aggressiv. Ich zieh mich dann auf mein Zimmer zurück, unzufrieden mit mir selbst und voller Spannungen. Fühle mich unglücklich und leer. Ich versteh selbst nicht, wie ich bald die eine und und bald die ganz andere sein kann.

Ich veränderte mich auch äußerlich

Meine Familie war die Clique. Da gab es so was wie Freundschaft, Zärtlichkeit und irgendwie auch Liebe. Schon der Kuß bei der Begrüßung gefiel mir eben wahnsinnig. Probleme gab es in der Clique nicht. Keiner belästigte den anderen mit seinem Scheiß zu Hause oder auf der Arbeit. Wenn wir zusammen waren, gab es für uns die miese Welt der anderen gar nicht. Ich veränderte mich auch äußerlich total. Ich stand viel vor dem Spiegel. Ich sah immer so aus wie die anderen aus der Clique. Mein unschuldiges Kindergesicht war endlich weg. ... *Christiane F.*

Entwicklung der Liebe

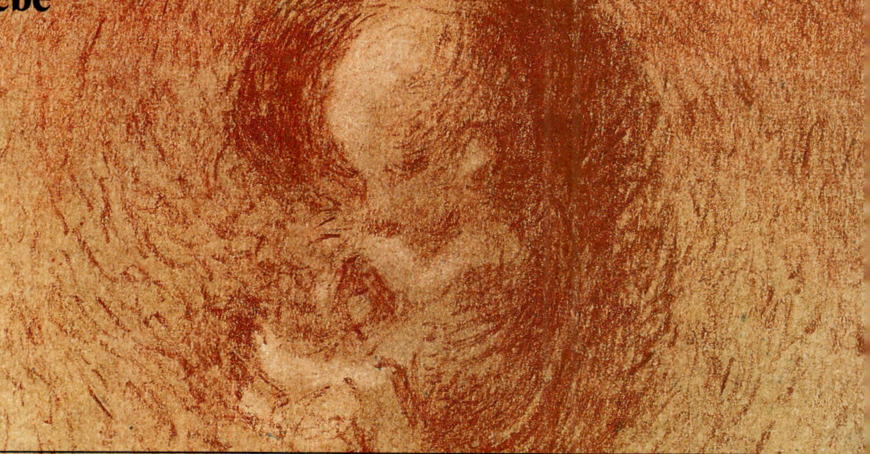

Entwicklungsstufen und Bezugspersonen	Idealentwicklung	Bedürfnis
Kleinkind Familie Kindergarten	*Grundlegung der Liebesfähigkeit* „Ich werde geliebt, weil ich bin!" „Ich bin wertvoll!"	*Vertrauen:* in sich selbst und in andere Enge Bindung zu Bezugspersonen „Ich will wollen ..."
Kind Familie Schule Freizeitgruppe	*Entwicklung einer eigenen Persönlichkeit* Erste Freundschaften „Ich kann Liebe durch eigenes Bemühen hervorrufen!" „Ich kann etwas!"	*Selbstbehauptung:* Ich kann Aufgaben selbst lösen. Ich entdecke meine Fähigkeiten. Ich habe viel Phantasie.
Jugendlicher Schule Freizeitgruppe Freund(in) Arbeitskollegen	*Festigung der eigenen Persönlichkeit* (Selbstliebe) Feste Freundschaften Erste Liebe „Ich liebe, weil wir uns gegenseitig gefallen und uns gut verstehen!"	*Selbstbewußtsein:* Vertrauen auf eigenes Können kann etwas gelingen lassen. Freier Wille: Ich kann selbst entscheiden über Pflicht und Dienst, Gut und Böse. Suche nach Menschen und Ideen, an die „man glauben" kann.
Erwachsener Partner(in) Studenten Arbeitskollegen Freunde	*Feste Bindungen aus Liebe und Verantwortlichkeit* Bereitschaft, einander anzunehmen mit Stärken und Schwächen.	*Selbstverwirklichung:* Übereinstimmung zwischen den Vorstellungen von sich selbst, seiner Zukunft und den Erwartungen anderer an ihn; Anerkennung der Grenzen; vertrauenswürdig sein. Verantwortung für andere (Familie) übernehmen.

Die Graphik beschreibt ein Ideal, das sich in der Realität nur annäherungsweise entwickeln kann. Überprüfe diese „Entwicklung zur Liebe" anhand eigener Erfahrungen.

P. Picasso: La vie

Denkt euch zu dem Bild „La vie" eine Geschichte aus, die alle Figuren erfaßt.

Liebe deinen Nächsten! – Und dich selbst?

Ständig sollen wir auf andere Rücksicht nehmen. Aber keiner predigt uns, daß wir endlich damit anfangen sollen, auf uns selbst Rücksicht zu nehmen. „Liebe deinen Nächsten wie dich selbst", heißt es.
Jeder, der uns das sagt, meint immer nur, daß wir die anderen lieben sollen. Warum meint er nicht auch, daß wir uns selbst lieben sollen? Ich glaube, daß wir damit anfangen sollten, uns selbst zu lieben. Aus vielerlei Gründen.
Etwa aus dem Grund, weil niemand einen anderen lieben kann, wenn er sich selbst haßt. Wenn wir unterstellen, daß Liebe eine Voraussetzung für Glück ist, dann kann auch niemand selbst glücklich sein, wenn er sich nicht liebt. Wenn wir uns aber selbst lieben, wenn wir alles tun, um uns selbst glücklich zu machen, wenn wir aufgrund dessen dann glücklich sind – wissen Sie, was das heißt! Das heißt, daß wir dann überhaupt erst imstande sind, andere zu lieben und sie glücklich zu machen.
Wer sich wirklich liebt, und dies ist wieder eine meiner Behauptungen, der kann eigentlich gar nicht anders, als andere auch zu lieben. Er braucht auch nichts anderes. Es fehlt ihm, durch seine Liebe, das Bedürfnis nach Aggression.

Josef Kirschner

Bilder und Normen

Es ist nicht gut, daß der Mensch allein sei

Grenze die hier geforderte Selbstliebe gegen Egoismus ab. Diskutiert den Satz: Liebe ist ein Lernprozeß vom Geliebtwerden über die Selbstliebe zur Freundes- und Nächstenliebe.

Da nahm Gott Erde, formte daraus den Menschen und blies ihm den Lebenshauch in die Nase. So wurde der Mensch lebendig. Gott dachte: „Es ist nicht gut, wenn der Mensch allein ist. Ich will ihm einen Gefährten geben, der zu ihm paßt."
Er formte aus Erde die Landtiere und die Vögel; dann brachte er sie zu dem Menschen, um zu sehen, wie er sie nennen würde. Der Mensch gab dem Vieh, den wilden Tieren und den Vögeln ihre Namen, doch er fand niemand darunter, der zu ihm paßte. Da versetzte Gott, der Herr, den Menschen in einen tiefen Schlaf, nahm eine seiner Rippen heraus und schloß die Stelle wieder. Aus der Rippe machte er eine Frau und brachte sie zu dem Menschen. Der freute sich und rief: „Endlich jemand wie ich! Sie gehört zu mir, weil sie von mir selbst genommen ist."

1 Mose 2, 7–23

Akrobatenfamilie mit Affe.
Dieses Bild des Malers Pablo Picasso entstand 1905, als der 24-jährige erstmals richtig verliebt war. („Rosa Periode“) Zuvor malte er das Bild „La vie“ (Das Leben) - tief beeindruckt und traurig über den Selbstmord seines Freundes. Es stammt aus der blauen Periode (1901-04).

Vergleicht beide Bilder auf dieser Doppelseite. Bedenkt neben der Farbgebung vor allem Körperhaltung und Gesichter.

Ein Leib

Jesus sagt: „Gott, der im Anfang den Menschen geschaffen hat, schuf sie als Mann und Frau und sprach: Darum wird ein Mann Vater und Mutter verlassen und an seiner Frau hängen, und die zwei werden *ein* Fleisch sein. So sind sie nun nicht mehr zwei, sondern *ein* Fleisch. Was nun Gott zusammengefügt hat, das soll der Mensch nicht scheiden!“ *Matthäus 19, 5-6*

Zwei Teile

Als der Urmensch geschaffen war, gehörte ihm die ganze weite, menschenleere Welt. Die Natur lieferte ihm alles, was er brauchte. Als der erste Mensch einmal richtig glücklich unter einem Baum schlief, sah ihn einer der damaligen Götter, wurde eifersüchtig auf diesen Menschen und neidete ihm sein Glück. In seiner Erregung griff er nach seinem Schwert und spaltete ihn in zwei Teile, und zwar so geschickt, daß es seither nur noch weibliche und männliche Menschen gibt. Weil aber noch Erinnerungen vorhanden sind, ist es mit der glücklichen Ruhe des geteilten Urmenschen vorbei. Jeder von diesen „Teilmenschen“ sucht seine zu ihm passende, aber fehlende Hälfte, weil sich jeder Teil - ob weiblich oder männlich - nicht mehr vollständig vorkommt. Die männlichen Teilmenschen suchen ihre weibliche Hälfte und die weiblichen ihre männliche Ergänzung. Vollständig und glücklich aber fühlen sich nur die, die wirklich zueinander passen und sich zu einem Ganzen zusammenfügen. Wo man sich nur mit irgendeiner gegengeschlechtlichen Hälfte vereint, obwohl die Teile sich nicht ganz zusammenfügen, bleibt ein Stück echte Menschlichkeit unerfüllt. *Plato*

Jeder Text macht eine wichtige Aussage über die Liebe zwischen Mann und Frau. Hinter diesen Texten und Bildern stehen sowohl zeitbedingte Vorstellungen und auch zeitlose Einsichten. Wie wird das Verhältnis von Mann und Frau dargestellt?

Partnerschaft

Welche zentralen Begriffe sollten nach Meinung der Evang. Kirche in Liebesbeziehungen gelten? Nehmt Stellung und formuliert entsprechende Normen.

Der Mensch lebt nur als Mann oder als Frau; er ist also durch seine Sexualität bestimmt. Das geschlechtliche Gegenüber und die Begegnung von Männern und Frauen haben ihren Sinn in sich selbst. Deshalb dient die Sexualität nicht in erster Linie der Fortpflanzung. Mann und Frau sind aneinander gewiesen, um ihre Beziehung zu gestalten. In der Begegnung mit der Andersartigkeit des Partners erfährt der einzelne Mensch nicht nur eine Ergänzung, sondern er erkennt sich selbst und den anderen.
Mann und Frau finden ihre Erfüllung erst im wechselseitigen Gegenüber. Diese Ergänzung von Mann und Frau zur Ganzheit eines Gegenübers wird als Ziel des göttlichen Schöpferwillens bezeugt. Eine die ganze Person umfassende Partnerschaft, in der Mann und Frau sich in freier Zuwendung schenken, ist eine Form sexuellen Lebens, die durch die auf Dauer zielende Liebe geleitet wird und intime körperliche Beziehungen einschließt.

Aus: „Stellungnahme der Evang. Kirche“

Sexualethik

war in der Vergangenheit nahezu ausschließlich an der Frage interessiert, zwischen wem und zu welchem Zweck der Koitus erlaubt sei. Heute erwartet man Orientierung in allen Fragen, die das Verhältnis von Frau und Mann betreffen. Jugendliche sollten lernen, ihre sexuellen Bedürfnisse ernst- und anzunehmen – und zwar als Geschenk innerhalb einer guten Schöpfung Gottes –, und zugleich sehen, daß dies auch Übernahme von Verantwortung bedeutet.

Erfahrungen und Konflikte

Schwere Entscheidung

Lieber Jürgen!
Wahrscheinlich bist Du jetzt furchtbar wütend auf mich, weil Du denkst, ich hätte den Zug versäumt. Es ist aber anders: Ich wollte nicht mit auf die Skihütte. Ich bin mit voller Absicht (wenn auch nicht ohne Kummer) zu Hause geblieben. Ich weiß, es ist gemein von mir, daß ich Dir das nicht gestern schon gesagt habe. Aber da wußte ich es noch nicht genau. Und außerdem hättest Du mich ausgelacht und dann so lange gebeten, bis ich doch mitgefahren wäre. Ich kenne Dich doch – und mich auch.
Ich habe mich also entschieden, nicht mitzufahren. Warum! Ach, es ist furchtbar schwer, das genau zu sagen. Weißt Du, wenn ich Evi und Peter innig umschlungen dahinschlendern sehe oder wenn mir Inge sagt, ihr liege nichts am Skifahren, sie wolle nur mit Klaus zwei Tage auf der Hütte sein, dann weiß ich, daß sie unter Freundschaft etwas anderes verstehen als wir. Ich habe einfach Angst, daß diese Haltung auf der Hütte ansteckt. Und ob ich dann noch „immun“ bleibe, wenn wir zu sechst auf der Hütte sind, das weiß ich nicht.

Ich möchte so gern, daß es zwischen uns so bleibt, wie es bisher war: Du pfeifst mir morgens, und wir gehen zusammen zur Schule, wir fahren mit dem Rad weg, wir gehen spazieren, und du hilfst mir ab und zu bei den Schulaufgaben. Warum kann und soll das nicht so bleiben?
Ich weiß nicht, wie Du darüber denkst. Aber mir ist die Hütte zu gefährlich, und deshalb bin ich zu Hause geblieben. Ich würde tausendmal lieber jetzt einen gefährlichen Hang hinabfahren, als Dir diesen Brief schreiben. Aber ich konnte nicht anders.
Lieber Jürgen, das ist mir alles scheußlich schwer geworden, und ich hoffe nur, daß Du mich ein bißchen verstehst und am Montagmorgen wieder pfeifst. *Deine Annette*

Schreibe Annette einen Antwortbrief.

Enttäuschung

Ich, 17 Jahre, komme nicht darüber hinweg, daß mein Freund mit mir Schluß gemacht hat.
Wir sind etwa vier Monate miteinander gegangen. Ich komme einfach nicht von ihm los. Wir haben uns unwahrscheinlich gut verstanden.
Er ist 21, 1,83 m groß. Er ist die Ruhe selbst, gemütlich, ausgeglichen und eine ganze Ecke vernünftiger als ich.
Unsere Interessen stimmten fast alle überein. Nur in einem Punkt nicht. Ich tanze gern. Er nicht. Ich habe bei ihm die Geborgenheit gefunden, die ich so brauche. Er ist so ein Spaßvogel, daß er mich aus der schlechtesten Laune hochbrachte. Er hat mich mit seiner Fröhlichkeit immer mitgerissen. Er hat übrigens mit mir schriftlich Schluß gemacht. Ich will dies wörtlich niederschreiben. Ein Brief von mir ging voraus.

„Liebe Cornelia!

Ich habe heute Deinen Brief erhalten. Denke nicht, daß ich ihn etwa albern finde oder darüber lache. Nein, im Gegenteil. Ich habe mich sehr darüber gefreut. Auch bin ich Dir weder böse, noch habe ich sonst etwas gegen Dich.
Ich weiß, es war nicht richtig von mir, mich solange nicht mehr blicken zu lassen. Aber ich hatte keinen Grund, weshalb ich nicht mehr gekommen bin. Ich hoffe, Du wirst mich verstehen.
Sieh, ich brauche sogenannte ‚Freiheit', d. h., keine Bindungen, kein festes Schema der Zeiteinteilung. Was hast Du auch letzten Endes davon, wenn ich alle paar Wochen einmal vorbeikomme und ansonsten irgendwelchen anderen Beschäftigungen nachgehe? Das ist meiner Ansicht nach zwecklos. Aus diesem Grunde also bin ich nicht mehr erschienen. Deinetwegen. Denn ich möchte nicht, daß Du Dir irgendwelche Illusionen machst. Verstehe das bitte. Du bist nicht dumm, und ich weiß, daß Du Dich nicht mit einfachen Phrasen abspeisen läßt. Ich hoffe aber dennoch, daß Du meine Ansicht akzeptierst und einsiehst, daß es so besser ist. So,

Cornelia schien einen Idealpartner gefunden zu haben. Warum ist es trotzdem zur Trennung gekommen?
Sucht die Gründe heraus, die Peter in seinem Brief anführt.
Welche anderen Möglichkeiten, mit dem Konflikt umzugehen, hätte es geben können?

und nun sei nicht traurig, denn das bin ich bestimmt nicht wert. Es gibt Besseres für Dich. Dessen bin ich sicher. Denke aber nicht, daß ich Dich als bloßes Objekt betrachtet habe, das man hat und dann stehenläßt. Das liegt mir verdammt fern, denn Du hast mir etwas bedeutet. Aber meine Einsicht sagt mir, daß ich augenblicklich noch nicht in der Lage bin, mich auf solche Dinge einzulassen. Es war ein Versuch meinerseits, und dabei soll es bleiben. Betrachte die Sache ein wenig realistisch. Denke darüber nach, und fälle dann Dein Urteil. Ich hoffe, es wird nicht so hart ausfallen.
Wir wollen uns auch weiterhin grüßen und nicht so tun, als würden wir uns nicht kennen. Aber frage mich bitte nicht mehr nach meinem Standpunkt. Vor allen Dingen will ich kein trauriges Gesicht sehen.
Es liegt noch eine Menge vor Dir.
Tschüs sagt Dir, ich hoffe, in Freundschaft *Peter*

Liebe und die Macht der Bilder

Wunsch-Bilder

Mann und Frau – das sind zwei phantastische Wünsche: *Sie* sucht einen Märchenprinzen, der sie auf Händen trägt; *er* möchte dieser Held auch sein, stark und cool, aber er will dafür bewundert werden, denn nichts macht ihn so stark wie die Bewunderung einer Frau, die er liebt. Aber kommt der Mann je dahinter, was seine Frau eigentlich will? Und errät sie jemals, was ihr Mann wirklich denkt und was er sich von ihr erhofft?

Die Frau für den Mann?

Tiefverwurzelt herrscht in dieser Gesellschaft noch immer die Einstellung, die Frau habe dem Manne zu dienen. Von Beginn seiner Erziehung an wird das Mädchen auf diese Rolle vorbereitet. Mädchen sind nicht der gleichen Verbotserziehung ausgesetzt wie heranwachsende Jungen, man treibt ihnen zugleich alles aus, was sie später befähigen könnte, die Herrenrolle des Mannes in Frage zu stellen.

Günter Amendt

Der Mann für die Frau?

Der Mann wird von der Frau so dressiert, daß er ohne sie nicht leben kann und deshalb alles tut, was sie von ihm verlangt. Er kämpft um sein Leben und nennt das *Liebe*. Es gibt Männer, die drohen ihrer Angebeteten mit Selbstmord, wenn sie nicht erhört werden. Das ist für sie kein Risiko: Sie haben nichts zu verlieren. Er ist zufrieden mit seiner Rolle, als Sklave ist er am Ziel seiner Wünsche.

Esther Vilar

„Na also . . .“

Welche verschiedenen Wünsche, Bilder und Thesen über Mann und Frau drücken die Texte aus?
Welche Aussagen findest du berechtigt, falsch oder sogar gefährlich?
Spielt eine Pro- und Kontra-Runde. Jeweils zwei Personen treten als Pro- oder Kontra-Anwälte auf.

Eine Kaulquappe hatte einen Weißfisch geehelicht. Als ihr Beine wuchsen und sie ein Frosch zu werden begann, sagte sie eines Morgens zu ihm: „Martha, ich werde jetzt bald einer Berufung aufs Festland nachkommen müssen; es wird angebracht sein, daß du dich beizeiten daran gewöhnst, auf dem Lande zu leben.“ – „Aber um Himmels willen!“ rief der Weißfisch verstört, „bedenke doch, Lieber: meine Flossen! Die Kiemen!“ Die Kaulquappe sah seufzend zur Decke empor. „Liebst du mich, oder liebst du mich nicht?“ – „Ei, aber ja“, hauchte der Weißfisch ergeben. „Na also“, sagte die Kaulquappe. *Wolfdietrich Schnurre*

Bedürfnis spüren?

Wie man die Menschen lieben soll, habe ich von einem Bauern gelernt. Der saß mit anderen Bauern in einer Schenke und trank. Lange schwieg er wie die anderen alle; als aber sein Herz von Wein bewegt war, sprach er seinen Nachbarn an: „Sag du, liebst du mich oder liebst du mich nicht?“ Jener antwortete: „Ich liebe dich sehr.“ Er aber sprach wieder: „Du sagst, ich liebe dich, und weißt doch nicht, was mir fehlt. Liebtest du mich in Wahrheit, du würdest es wissen.“ Der andere vermochte kein Wort zu erwidern, und auch der Bauer, der gefragt hatte, schwieg wieder wie vorher. Ich aber verstand: Das ist die Liebe zu den Menschen, ihr Bedürfen zu spüren und ihr Leid zu tragen. *Chassidische Legende*

Voraussetzungen

(1 Korinther 13, 1–7)

Wenn ich mit Menschen- und mit Engelzungen redete und hätte die Liebe nicht, so wäre ich ein tönendes Erz oder eine klingende Schelle. Und wenn ich prophetisch reden könnte und wüßte alle Geheimnisse und alle Erkenntnis und hätte allen Glauben, so daß ich Berge versetzen könnte, und hätte die Liebe nicht, so wäre ich nichts. Und wenn ich alle meine Habe den Armen gäbe und ließe meinen Leib verbrennen, und hätte die Liebe nicht, so wäre mir's nichts nütze. Die Liebe ist langmütig und freundlich, die Liebe eifert nicht, die Liebe treibt nicht Mutwillen, sie bläht sich nicht auf, sie verhält sich nicht ungehörig, sie sucht nicht das Ihre, sie läßt sich nicht erbittern, sie rechnet das Böse nicht zu, sie freut sich nicht über die Ungerechtigkeit, sie freut sich aber an der Wahrheit, sie erträgt alles, sie glaubt alles, sie hofft alles, sie duldet alles.

Liebe ist mehr

Seide aus Kranichfedern

Alle Leute aus der Nachbarschaft empfanden eine gewisse Scheu vor der jungen Frau Tsû, die dem Bauern Sodo in die Einsamkeit seiner Hütte gefolgt war. Tsû war schön.
Nur Sodo war sie zugetan und hätte ihn am liebsten mit keinem Menschen geteilt.
Die Kinder aber gewannen Tsûs Freundschaft, und sie erzählte ihnen Märchen. So auch, daß ein guter Mensch, der an der Liebe leidet und dann stirbt, sich in einen Kranich verwandelt, und dieser kann wieder Mensch werden und einen anderen Menschen lieben.
Sie erinnerten sich, daß im letzten Herbst auf Sodos Feld ein todwunder Kranich aufgefunden worden war. Der Pfeil eines Jägers hatte sich in seinen Rücken gebohrt. Und die Nachbarn hatten Sodo zugerufen: „Töte den Vogel! Für seine Federn bekommst du in der Stadt viel Geld."
Doch Sodo hob damals den Kranich auf und zog ihm behutsam den Pfeil aus dem Fleisch. Dann setzte er sich neben das erschreckte und schwache Tier und streichelte sein sonnenwarmes Gefieder.
Die Nachbarn schüttelten den Kopf und nannten Sodo einen Toren. Damals war der Kranich wieder davongeflogen. Sodo hatte ihm nachgeschaut und war dann seltsam traurig nach Hause gegangen. . . .
Eines Nachmittags kam er zu dem Bauern Unzu und wickelte aus einem Umschlag einen kostbaren Seidenstoff und sagte:
„Hör zu, Freund: Meine Frau versteht sich aufs Weben. Nun hat sie mir diesen wunderschönen Stoff gewebt."
Unzu nahm das kostbare Gewebe in die Hand. Es fühlte sich an wie Seide, die aus vielen, vielen kleinen Federn gewirkt war.
Und er sagte: „Das ist der Stoff, den der Kaiser trägt. Der bringt dir viel, viel Geld. Du bist ein Glückspilz!"
Diese Rede durchfuhr Sodo wie der Schmerz von einem heißen Stahl. Es war aber ein freudiger Schreck. Und er antwortete:
„So, meinst du, viel Geld? Wieviel wohl?"
Und Unzu, der ein schlauer Bauer war, sagte:
„Wenn wir den Stoff in die Stadt bringen, dann gibt man uns wohl ein paar hundert Goldstücke dafür. Du verstehst dich ja auch nicht auf den Handel. Gib mir den Stoff, ich verkaufe ihn für dich bei den hohen Herren!"
Da gab Sodo seinem Freund Unzu den federseidenen Stoff. Und einige Tage darauf hatte er dreimal hundert Goldstücke. Er freute sich sehr und lief mit dem Geld zu seiner Frau und wußte nicht, daß Unzu noch dreimal so viel Geld für sich behalten hatte.
Als Sodo atemlos anlangte und Tsû hastig berichtete, daß er den schönen Stoff verkauft habe für viel Geld und daß sie nun einen neuen Stoff weben müsse, wurde Tsû sehr traurig. Doch gehorsam ging sie ins Haus, den Wunsch zu erfüllen. Als Sodo ihr folgen wollte, sagte Tsû zu ihm:
„Du darfst mir nie zuschauen, Liebster, wenn ich webe, sonst würden wir beide sehr unglücklich sein."
Sodo blieb den ganzen Tag über vor seinem Haus sitzen und vernahm drinnen das Weberschiffchen, das hin und her eilte. Und manchmal hörte er Tsû stöhnen, als habe sie Schmerzen. Er war gar nicht glücklich, obgleich er den Beutel mit seinen Goldstücken in der Hand hielt.
Am Morgen trat Tsû aus dem Haus und überreichte Sodo einen neuen Seidenstoff und sagte zu ihm: „Sei glücklich, Liebster! Ich habe große Angst, du könntest mit dem Glück die Liebe verlieren."
Da sprang Sodo auf, umarmte seine Frau und sagte:
„Niemals, liebe Tsû, wo doch mein Glück jetzt erst beginnt, weil du diese wunderschönen

Stoffe weben kannst. Wir werden reich sein, sehr reich.
Tsû aber flehte: „O Liebster, ich bitte dich, verkaufe nicht den schönen Stoff. Mein Leben hängt an dieser Seide. Es kostet mich immer so viel Kraft, einen neuen Stoff zu weben. Und ich wollte doch nur dir eine Freude mit der feinen Seide bereiten."
Sodo verstand sie nicht und sagte überlegen: „Du bist eine einfache Frau und verstehst nichts von den Geschäften der Männer. Wir wollen leben in der Welt. Und die Welt ist eingeteilt in Arme und Reiche. Wer gut leben will, muß zusehen, wie er reich wird. Dazu braucht man Geld. Du webst feine Seide wie aus Vogelfedern. Was sollen wir mit Seide in unserer Hütte und hier auf dem Lande? Wir müssen so lange das feine Zeug verkaufen, bis wir reich sind, so daß wir ein Haus und einen Garten haben und feine Gewänder tragen können."
Und weil gerade Unzu näher kam, der die beiden Menschen zum ersten Mal im Streit überraschte, ging Sodo auf ihn zu und sagte:
„Hier, Unzu, hier ist Seide! Sorge, daß du sie verkaufst."
Aber Unzu meinte, daß Tsû sehr mager geworden sei. Darum wollte er einlenken und hielt Sodo entgegen:
„Das Weben wird sie krank gemacht haben. Sie hat sehr abgenommen."
Tsû schwieg und schaute zu Boden. Sodo aber wurde wütend und sagte zu Tsû: „Ich befehle dir, gehe ins Haus und webe einen neuen Stoff. Fortan sollst du jeden Tag einen Stoff weben, und Unzu wird ihn verkaufen."
Damit lief Sodo fort, denn er war sehr erregt.
Tsû ging in das Haus. Unzu blieb allein mit seinen Gedanken und der Seide, die Sodo ihm aufgedrängt hatte.
So hörte er das Klappern des Webstuhls und Tsûs Seufzen dazu. Er schlich zur Tür des Hauses und öffnete sie leise. Als er in den Raum hineinschaute, erschrak er so sehr, daß er meinte, das Herz müsse ihm stehenbleiben. Am Webstuhl saß ein Kranich und zupfte mit seinem Schnabel die weichen Federn aus seiner Brust und webte diese Federn zu der Seide, die Unzu kannte. Die Schmerzenslaute, die der Kranich ausstieß, klangen, als klage eine menschliche Stimme. Von Tsû war nichts zu sehen. Unzu aber entfloh Sodos Haus, als sei er von Dämonen gehetzt.
Am folgenden Morgen rief Sodo nach Tsû. Sie trat aus dem Haus, blaß und bleich und sehr schmal geworden. Und Sodo sagte: „Es freut mich, daß du gehorsam bist, und bald wirst du wohl auch einsehen, daß es gut und wichtig ist, reich zu werden, wenn man in der Welt vorwärtskommen will."
Tsû schaute Sodo traurig an. Man konnte meinen, es weine ihr Herz, als sie sagte:
„O Sodo, ich bin zu dir gekommen, dich glücklich zu machen, weil du einem todwunden Kranich den Pfeil aus dem Rücken gezogen hast. Wir waren glücklich, solange uns die Sonne und der Himmel hier draußen genügten. Ich wollte dir die Schönheit schenken, Sodo. Darum webte ich die Seide für dich, für dich ganz allein und für unsere Liebe. Aber du hast die Schönheit verkauft. Geld war dir mehr als Liebe und Schönheit. Ich kann in meinem Leben nur drei Stoffe weben, Sodo. Und ich habe sie für dich gewebt. Und dreimal hast du sie verkauft. Nun muß ich dich verlassen, Sodo. Leb wohl, mein Liebster, leb wohl, und denk manchmal an mich, wenn du allein bist."
Sodo verstand nicht, was Tsû sagte und daß sie langsamen und sehr traurigen Schrittes von ihm ging. Erst als sie weit weg war, empfand er den Schmerz der Trennung und rief ihren Namen, bis ihm die Stimme versagte.
Weit draußen, auf Sodos Feld, sah er einen Kranich aufsteigen, mühsam zwar, doch stetig. Der Kranich gewann an Höhe, flog in die Sonne hinein und kreiste noch im verlöschenden Tag über Sodos Feld und Haus. Sodo stand auch am Abend noch und schaute zu dem kreisenden Kranich hinauf. Er hatte trotz seines Schmerzes immer noch nicht ganz begriffen, daß er nun in der Welt sehr arm und sehr allein war.

Nach einem japanischen Märchen

Ab in den Knast

dpa. GEORGETOWN. In Georgetown auf der malaysischen Insel Penang hat gestern der Prozeß gegen einen Bundesbürger begonnen, dem die Anklage vorwirft, gegen die scharfen Rauschgiftgesetze des Landes verstoßen zu haben. Nach Paragraph 39b des im April 1983 neu gefaßten Gesetzes müssen Personen, bei denen 200 Gramm Haschisch oder mehr gefunden werden, mit der Todesstrafe rechnen. Der 24jährige Angeklagte erklärte vor Gericht, daß er nicht schuldig sei.

Der Ruf nach dem Henker

ap/dpa. VALLETTA. „Es war die Hölle", mit diesen Worten beschrieb gestern der Pilot der von Luftpiraten gekaperten ägyptischen Boeing 737 das Geschehen.
Einer der Piraten war nach Angaben Briards „sehr kalt und entschlossen". Er habe fünfmal geschossen: „Am Anfang waren zwei junge Israelis dran. Die eine glaubte, sie könnte das Flugzeug verlassen. Sie erhob sich und wurde erschossen. Sie haben sie draußen auf den Boden geworfen und dann die zweite junge Israeli verlangt, die sich aber nicht erheben wollte. Sie haben sie gepackt und auch niedergeschossen. Dann kamen drei Amerikaner dran, ein junger Mann und zwei junge Frauen. Sie haben sie gerufen und ihnen die Hände hinter dem Rücken gebunden. Sie haben zuerst den Jungen niedergeschossen, dann haben sie ungefähr eine Stunde gewartet, um die zweite Person niederzuschießen und am Sonntag mittag die dritte."

Für und wider die Todesstrafe (Leserbriefe)

„Ich bin gegen die Todesstrafe, weil ich Gelegenheit hatte, ihrer Vollstreckung in mehreren Fällen beizuwohnen."

„Nach meiner Ansicht kann Kapitalverbrechen (Raubüberfälle, schwerer Einbruch, Sexualverbrechen in Verbindung mit Mord, Spionage) nur durch die Abschreckung mit der Todesstrafe gesteuert werden."

„Die Verwahrung eines Terroristen kostet den Steuerzahler, alle Bürger unserer Gemeinschaft viel Geld."

„Fast 50 Prozent aller Mordtaten sind Affekthandlungen im weitesten Sinne, etwa aus Eifersucht, ehelicher Zwist, Familienstreitigkeiten usw. Von den ca. 100 bis 150 jährlich im Bundesgebiet verurteilten Tätern handeln etwa 75 aus der Wut des Augenblicks."

„Die Frage ist nicht, was dem Übeltäter zukommt, sondern nur, was wir ihm zufügen dürfen. Daß er getötet hat, heißt aber nicht, daß wir töten dürfen . . . Wo wir nur irgend beginnen können, nicht mehr zu töten, da müssen wir damit beginnen."

„Zu der Zeit, als in England Taschendiebstahl mit der Todesstrafe geahndet wurde, stellte der die Deliquenten begleitende Geistliche fest: Von 167 Taschendieben hatten 161 die Hinrichtung eines Taschendiebes miterlebt, ohne daß sie deshalb selber vor einem Taschendiebstahl zurückgeschreckt wären."

Sammelt Argumente für die Todesstrafe und stellt ihnen mögliche Argumente gegenüber.

Todesstrafe in der Bibel

Zwei oder drei Zeugen müssen sein Vergehen bestätigen; auf die Aussage eines einzigen Zeugen hin darf niemand getötet werden. Die Zeugen werfen als erste einen Stein auf den Verurteilten, danach alle versammelten Männer der Stadt so lange, bis er tot ist. Ihr müßt das Böse aus eurer Mitte entfernen. *5 Mose 17*

Vergleiche dazu:
2 Mose 21,12ff
2 Mose 22,17–19
3 Mose 20

Wenn es sich herausstellt, daß der Zeuge den anderen mit vollem Wissen falsch beschuldigt hat, muß über ihn die Strafe verhängt werden, die er über den anderen bringen wollte. Ihr müßt das Böse aus eurer Mitte entfernen.
Alle Israeliten sollen von der Bestrafung des falschen Zeugen erfahren. Dann werden sie sich fürchten, und keiner unter euch wird mehr wagen, solch ein Unrecht zu begehen. Ihr dürft keinen Schuldigen aus Mitleid verschonen. Stets gilt der Grundsatz: Leben für Leben, Auge für Auge, Zahn für Zahn, Hand für Hand, Fuß für Fuß. *5 Mose 19*

Die Todesstrafe gilt als Sühneleistung. Sie wurde nach alttestamentlichem Recht verhängt bei: Mord, Schlagen oder Verfluchen der Eltern, Menschenraub, Sodomie, Ehebruch, Homosexualität, Schändung des Sabbats und Zauberei.

Strafen im Mittelalter: Stäupen, Enthaupten, Rädern, Hand abschlagen, Vierteilen, Blenden, Hängen, Verbrennen, Ohr abschneiden, Ertränken.

Die Todesstrafe in der Geschichte

Die Todesstrafe, ursprünglich der Blutrache verwandt, wurde zwar nach der Christianisierung des Abendlandes zurückgedrängt, erreichte aber im Mittelalter einen neuen Höhepunkt. Zahlreiche Taten, die uns heute als Lappalien erscheinen, sind in diesen Zeiten mit dem Tod gesühnt worden. Diebstahl ganz geringfügiger Art, Fälschung von Münzen, Gewichten, Maßen, Gotteslästerung – alle diese Taten führten zum Galgen. In England sind noch 1810 Ladendiebstähle bei einem Objekt über fünf Schillinge mit dem Tode bestraft worden, und noch 1835 wurden Entwendungen von Briefen bei der Post mit dem Tode bestraft.

Zahl der Hinrichtungen in Deutschland von 1914–1945

1914–1919:	104 Hinrichtungen
1920–1926:	158 Hinrichtungen
1927–1932:	16 Hinrichtungen
1933–1939:	660 Hinrichtungen
1940–1945:	15890 Hinrichtungen

Im Namen des Volkes

Strafen - sinnvoll?

Strafen können unterschiedlichen Absichten dienen:
- Abschreckung
- Schutz der Gesellschaft
- Täter zur Besinnung bringen
- als Wiedergutmachung
- als Vergeltung
- als Sühne für die Schuld des Täters
- zur Besserung des Täters
- Wiedereingliederung
Ordnet diese Gesichtspunkte den verschiedenen Antworten zu.

Auf die Frage: „Halten Sie es für sinnvoll, Verbrechen durch harte Strafen zu bekämpfen?“ erhielt ein Reporter folgende Antworten:
- Ja, Strafe muß sein, damit der Täter und auch die anderen abgeschreckt werden. Man muß die Gesellschaft vor den Verbrechern schützen.
- Ich weiß nicht, wenn einer mal was stiehlt oder kaputt macht - man fragt ja oft nicht, warum -, aber den Schaden wiedergutmachen, ja.
- Ja, aber natürlich! Der hat ja Böses getan, und wenn mir einer Böses tut, dann muß ich mich doch dafür rächen.
- Strafe ist meist schlecht. Ich bin eher für Erziehung und Aufklärung, denn oft ist die Gesellschaft oder das Elternhaus mitschuldig.
- Ja, die Strafe schon, aber man sollte auch mit ihm reden, damit er ein Gewissen bekommt. Ein bißchen ist schon jeder verantwortlich dafür, daß das Zusammenleben funktioniert.
- Strafen ja, aber die Strafe soll dem Täter auch eine neue Zukunft eröffnen.

Gestraft wird schon immer

Wenn ein Sohn seinen Vater schlägt, so schneidet man seine Hand ab. Wenn ein Bürger das Auge eines Bürgersohnes zerstört, so zerstört man sein Auge.
Wenn ein Bürger den Zahn eines ihm ebenbürtigen Bürgers ausschlägt, so schlägt man seinen Zahn aus. Wenn er den Zahn eines Untergebenen ausschlägt, so zahlt er ⅓ Mine Silber.
Wenn ein Bürger die Wange eines Bürgers, der höher als er gestellt ist, schlägt, so bekommt er in der Versammlung mit dem Ochsenziemer 1 Schock Schläge.

aus dem Gesetz Hammurabis von Babylon, um 1700 v. Chr.

Strafen in der Bibel

Wer seinem Mitmenschen einen Schaden am Körper zufügt, muß zur Strafe denselben Schaden am eigenen Leib erleiden. Wer dem anderen einen Knochen bricht, dem wird dafür ebenfalls ein Knochen gebrochen; wer ihm ein Auge oder einen Zahn ausschlägt, verliert dafür selbst Auge oder Zahn. Stets gilt der Grundsatz: Auge für Auge, Zahn für Zahn. Was einer dem anderen zufügt, das wird zur Strafe ihm selbst zugefügt. Wer ein Stück Vieh erschlägt, muß es ersetzen. *3 Mose 24*

Strafen - mit Liebe

„Richtet niemand, dann wird Gott auch euch nicht richten. Verurteilt niemand, dann wird Gott auch euch nicht verurteilen. Verzeiht, dann wird Gott euch verzeihen. Schenkt, dann wird Gott euch schenken; ja, er beschenkt euch so überreich, daß ihr gar nicht alles fassen könnt. Darum gebraucht andern gegenüber ein reichliches Maß; Gott wird bei euch dasselbe Maß verwenden.“ *Matthäus 5*

Jesus geht es nicht um die Abschaffung der Strafe, sondern seine Zuwendung gilt dem schuldig gewordenen Menschen.
Als Inbegriff des Gesetzes versteht er das alttestamentliche Gebot: Liebe deinen Nächsten wie dich selbst (3 Mose 19,18). Die kommende Gottesherrschaft, in der Friede und Gerechtigkeit verwirklicht werden, wird schon in der Verkündigung Jesu Gegenwart: Gottes liebende Zuwendung gilt besonders dem verlorenen und verdammten Menschen.
Strafe und Sühne dürfen deshalb nur ein Ziel haben: Versöhnung des Schuldigen mit Gott, mit der Gesellschaft und mit sich!

absolute Theorie

Strafe aufgrund von:

SCHULD

↓

SÜHNE
VERGELTUNG

Strafen im 18. Jahrhundert

Im Fall die Rauberey mit Grausamkeit veruebt worden, soll man den Rauber durch das Rad, und zwar wann der Ausgeraubte an der morderischen Tortur gestorben, von unten auf ohne Gnaden-Stoß hinrichten.
Verruffene Wild-Schuetzen sollen auf offener Straß, wo sie am meisten grassieret, und das Wild geschossen haben, aufgehenckt werden.
Wer gefaehrlicher Weise entfuehret wird, ist ein malefizischer Fall und wird an Leib und Leben bestrafft.

Bayerisches Kriminalgesetz 1751

relative Theorie

Strafe aufgrund von:

GEFÄHRLICHKEIT

↓

VORBEUGUNG
ABSCHRECKUNG

↓

allgemeine Abschrekkung vom Tun strafbarer Handlungen durch Strafdrohung

↓

Verhütung künftiger Straftaten durch unmittelbare Einwirkung auf den möglichen Täter selbst

Straftheorien

Etwas „verbrechen“ hatte früher die gleiche Bedeutung wie „zerbrechen“. Ein „Verbrecher“ war demnach ein Mensch, der etwas Ganzes, Heiles zerbrochen, zerstört oder zumindest verletzt und in Unordnung gebracht hatte.
Die Gesellschaft schützte sich davor durch die Beseitigung, Ächtung und Bestrafung des Täters.
Voraussetzung für eine Bestrafung ist die Vorwerfbarkeit von nichtrechtmäßigem Verhalten, wobei einschränkend gefragt werden muß: Inwieweit war der Täter zurechnungsfähig, hatte er ein Unrechtsbewußtsein oder konnte ihm ein normgerechtes Verhalten überhaupt zugemutet werden? War die Tat verwerflich?

1. Nach der *absoluten Theorie* oder *Gerechtigkeitstheorie* hat die Strafe keine besonderen Zwecke zu erfüllen. Sie ist unabhängig, abgelöst von allen Zweckvorstellungen: Vergeltung des vom Täter begangenen Unrechts *(Vergeltungstheorie)* oder Sühne für das vom Täter begangene Unrecht *(Sühnetheorie).* Irgendwelche Zwecke zur besseren Ordnung des sozialen Zusammenlebens hat sie nicht zu verfolgen.

2. Die *relative Theorie* interessiert sich weniger für die Tat und ihre Vergeltung und mehr für den Täter und die Opfer. Sie kann verschiedene Zwecke verfolgen:
- Strafe zur Verhinderung neuer Straftaten durch Abschreckung, Erziehung zur Besserung, Wiedereingliederung in die Gesellschaft (Resozialisierung),
- Strafe zum Schutz der Gesellschaft.

Alltag im Gefängnis

AMTSGERICHT

Briefe aus der Zelle

Ein Jugendlicher schrieb aus der Untersuchungshaft Briefe an den Pfarrer, der ihn konfirmiert hat. Er mußte sich vor Gericht verantworten, weil er immer wieder Diebstahl begangen hatte. Die hier abgedruckten Auszüge sind wörtliche Wiedergaben.

Wie wird ein Gericht urteilen, wenn es die relative und wie, wenn es die absolute Straftheorie anwendet?

Sehr geehrter Herr K. *12. Juli*

„Wie Sie wahrscheinlich durch das Gericht mitgekriegt haben, sitze ich in U-Haft. Ich bin in einer 2-Mann-Zelle. Das Zimmer ist ziemlich spartanisch eingerichtet. Ein Doppelbett, 2 Kästen als Schrank, 2 Stühle, ein kleiner Tisch und WC. Das ist sehr schlimm für mich. Schon jetzt bin ich ganz stumpfsinnig. Ich hoffe, daß ich sehr bald hier herauskomme ...“

8. August

Jetzt bin ich schon 1 Monat in U-Haft und begreife nicht, wie ich das durchhalten konnte. Letzte Woche mußte ich nach Tübingen zu einem Psychologen wegen einem Gutachten. Es war gar nicht so schlecht. Ich konnte gut sprechen. Auch die Sozialarbeiterin vom Jugendamt war schon da ... Ich weiß, ich hätte sehr vieles anders anpacken können und habe diese Chance nicht wahrgenommen. Ich will auf jeden Fall einen Neuanfang versuchen ... Bitte, schreiben Sie mir wieder ...

26. August

Ich bin sehr verzweifelt. Ich weiß nicht, was mit mir los ist. Jeden Tag denke ich immer das Gleiche. Ich sehne mich nach Liebe und Zärtlichkeiten. Das war mir noch nie so stark zum Bewußtsein gekommen. Das alles träume ich nachts; von Glück, einer Freundin, liebe Eltern und Geschwister. Mit Glück meine ich etwas Glücklichsein. In meinem bisherigen Leben war ich nie so richtig glücklich. Immer bin ich zurückgestoßen worden. Und immer hielt mir meine Mutter vor, ich sei sehr naiv und dumm. Mir tut alles leid, was ich jetzt im letzten halben Jahr angestellt habe. Ich bereue. Ich mache jetzt auch Sachen, die ich noch nie gemacht habe, z. B.: habe ich in der Bibel gelesen und bete jeden Abend den Psalm 130 (der 6. Bußpsalm). Seitdem ich das mache, fühle ich mich befreiter. Es gibt mir Hoffnung. Ich denke immer daran, was passiert, wenn ich in das Gefängnis muß.

18. September

Ich fühle mich so schrecklich. In 21 Tagen habe ich meine Verhandlung. Für alles, was mir zur Last gelegt wird, bekenne ich mich schuldig, da ich ja auch tatsächlich schuldig bin. Vor Gericht werde ich darum bitten, mir eine Chance zu gewähren. Ich möchte sie auch wirklich nutzen. Eine Lehre möchte ich machen, wiederum als Koch. Ich möchte und werde auch niemals mehr die Hand auf Dinge legen, die mir nicht gehören. Ich bete auch darum, daß ich Bewährung bekomme.

Alltag im Gefängnis

VOLLZUGSANSTALT
Der Leiter: **Hausordnung**

Tageseinteilung im Gefängnis

Wecken, Aufschluß für Hausarbeiter	6.00 Uhr
Frühstück	6.20 Uhr
Arbeitszeit (werktags)	7.15 Uhr bis 11.15 Uhr
Mittagessen	11.30 Uhr
Arbeitszeit (werktags)	13.00 Uhr bis 16.30 Uhr
Abendessen, Einschluß	16.30 Uhr
Ruhezeit	22.00 Uhr bis 6.00 Uhr

Arztsprechstunde jeweils freitags
Duschen jeden Dienstag und Freitag
Wäschetausch jeden Freitag nach dem Duschen
Haftraumreinigung jeweils freitags:
Hierfür werden heißes Wasser und Putzmittel zur Verfügung gestellt.
Büchertausch jeden Mittwoch

Arbeit

Wenn Sie als Strafgefangener oder junger Untersuchungsgefangener zur Arbeit verpflichtet sind oder als Untersuchungsgefangener freiwillig arbeiten, müssen Sie die Ihnen zugewiesene Arbeit mit Fleiß und Sorgfalt verrichten. Die Arbeitszeiten sind einzuhalten, der zugewiesene Arbeitsplatz darf nicht ohne Erlaubnis verlassen werden.

Pakete

Jeder Gefangene darf zu Weihnachten, zu Ostern und zu einem von ihm zu wählenden Zeitpunkt (z. B. Geburtstag) ein Paket mit Nahrungs- und Genußmitteln empfangen; darin dürfen enthalten sein:
Obst, Kuchen, Gebäck, Süßigkeiten, Schokolade, Zucker, Honig, Marmelade, Hartwurst, Kakao, 100 Gramm Pulverkaffee sowie 80 Zigaretten.

Seelsorge

Der Gefangene darf am gemeinschaftlichen Gottesdienst und an anderen religiösen Veranstaltungen teilnehmen, soweit nicht eine richterliche Anordnung entgegensteht.
Auf Ihren Wunsch wird der katholische bzw. evangelische Geistliche verständigt, der Sie dann zu einem Gespräch aufsuchen wird.

Aufenthalt im Freien:

Montag bis Freitag	12.00 Uhr bis 13.00 Uhr
Samstag, Sonntag,	7.30 Uhr bis 8.30 Uhr

Stromversorgung von 6.00 Uhr bis 23.00 Uhr

Besuchszeiten:

nur Donnerstag	8.00 Uhr bis 11.00 Uhr
	14.00 Uhr bis 16.00 Uhr

Die Gesamtbesuchsdauer für Untersuchungs- und für Strafgefangene beträgt in der Regel eine Stunde im Monat und ist auf höchstens zwei Besuche aufzuteilen.

Besondere Vorschriften für junge Gefangene

Bei Gefangenen unter 21 Jahren wird die Untersuchungshaft erzieherisch gestaltet. Der junge Gefangene hat alsbald nach der Aufnahme seinen Lebenslauf niederzuschreiben.
Er ist aus erzieherischen Gründen zur Arbeit verpflichtet. Ein Drittel des Arbeitsentgelts wird als Überbrückungsgeld einbehalten und steht nach der Entlassung des Gefangenen in die Freiheit für dessen Lebensunterhalt zur Verfügung.
Lesestoff, welcher der erzieherischen Gestaltung der Untersuchungshaft zuwiderläuft, ist vom Bezug ausgeschlossen.
Besondere Wünsche können nur erfüllt werden, wenn sie mit dem Erziehungszweck vereinbar sind. Selbstbeköstigung wird versagt, wenn erzieherische Nachteile zu befürchten sind.
Jungen Gefangenen, die das 16. Lebensjahr noch nicht vollendet haben, wird Rauchen nicht gestattet.
Der junge Gefangene hat am Aufenthalt im Freien und an dabei betriebenen sportlichen Übungen teilzunehmen.
Verkehr mit der Außenwelt wird unterbunden, soweit er aus erzieherischen Gründen bedenklich erscheint.

Im Namen des Volkes: Lebenslänglich

Wer einen Mord begangen hat, muß mit einer lebenslangen Haftstrafe rechnen. Neuere Strafvollzugsgesetze gehen nicht mehr davon aus, daß jemand tatsächlich lebenslang einsitzt. Vorzeitige Begnadigungen gehören heute zur Regel. Die Praxis der Bundesländer ist unterschiedlich: Manche begnadigen nach 15, manche sehr viel später.
Über den Erfolg dieses langen Gefängnisaufenthaltes gibt es unterschiedliche Meinungen. Eine große Gefahr ist es auf jeden Fall, von „denen draußen" isoliert zu sein.

Der Mensch stumpft ab

Der Kontakt zur Außenwelt ist spärlich. Besuch von Verwandten höchstens alle zwei Wochen, 30 Minuten, in Gegenwart eines Beamten. Die Fäden nach draußen werden dünn.
Die Werte aller Dinge haben sich verschoben, jeder noch so geringe Besitz bekommt ein uns unverständliches Gewicht. Einem Lebenslänglichen sind seine Wellensittiche das, was sein Leben noch lebenswert macht, seine einzige Gesellschaft. Denn er gehört zu den wenigen, die allein in der Zelle arbeiten. In einem scheuen Gespräch höre ich, daß er geweint hat, als einer der Vögel einging. Der Gesichtskreis ist eng geworden. Was ihnen Anlaß zur Freude, zur Trauer, zur Angst und Sorge wird - wir verstehen es kaum noch. Die Zelle ist ihre Welt schlechthin, Zuflucht und Gefängnis.
Der Eindruck der öden Zelle läßt mich fragen, was sie in ihrer Freizeit machen, manche führen einen verzweifelten Kampf gegen die Langeweile. Man ist sich selbst ausgeliefert, dem Grübeln um das, was einmal geschehen ist, um die Schuld. Wenn das Urteil häufig auch erregt aufgenommen wird und es Monate dauert, bis die Bestraften sich beruhigen, so lehnen sie es doch selten völlig ab. Die meisten erdulden die Strafe willig in dem echten Bedürfnis, für eine üble Tat zu büßen.
Zu Beginn ihrer Strafe haben einige der Lebenslänglichen vergeblich die Flucht versucht. Bei den Älteren ist kaum noch etwas zu befürchten. Nach zehn, zwölf, fünfzehn Jahren läßt der Kampf gegen die zerstörerischen Kräfte des Gefängnisalltags nach. Das Gleichmaß der Jahre im selben Rhythmus von Arbeit und Schlaf bei spärlicher Abwechslung läßt den inneren Motor erlahmen. Die Menschen stumpfen ab. Sie werden furchtsam, schreckhaft, meiden Erinnerungen, die aufwühlen können, kapseln sich ab, ängstlich besorgt, sich eine Ruhe zu bewahren, die ein wenig Halt bietet.
Durch eingehende Beobachtungen hat man Veränderungen festgestellt. Körperlich: Die Kräfte werden schneller abgebaut. Geistig: Während manche in der Abgeschiedenheit zunächst Leistungen vollbringen, deren sie draußen nie fähig wären, macht sich allmählich bemerkbar, daß der Anreiz der Umwelt fehlt. Bedeutend sind die psychischen Veränderungen: Erhöhte Reizbarkeit, Weinen beim geringsten Anlaß, und sei es bei einem rührseligen Buch, innere Unruhe, im Zukken der Gesichter ablesbar, und schließlich panikartige Angstzustände. Und auch

dies weiß man durch Beobachtungen gut: Nach etwa 15 Jahren schwindet das Gefühl für Schuld. Bisher Reuige nennen sich schuldlos. An die Stelle des Schuldgefühls treten Resignation, Haß, innere Leere, Selbstmordversuche. Die Gefangenen werden rechthaberische, verhärtete Eigenbrötler, gezeichnet von Mißtrauen, mit einer Neigung zu Mißverständnissen. Das ewige Gleichmaß hat etwas Tötendes.

Petra Michaely

Welchen Sinn hat die lebenslängliche Strafe? Besprecht die Möglichkeit der Begnadigung.

Scheitern und Bewährung

Briefe aus der Zelle

Sehr geehrter Herr K. 9. März

Schon lange habe ich Ihnen nicht mehr geschrieben. Ich sitze wieder in U-Haft. Nicht wegen eines neuen Delikts. Seitdem ich Ihnen zum letztenmal geschrieben hatte, hat sich viel bei mir getan. Am 9. Oktober bin ich auf Vorbewährung entlassen worden, mit einer Auflage. Ich kam in eine Einrichtung, in die Werkstatt für persönliche Entwicklung. Zum erstenmal in meinem Leben habe ich eine richtige Freundin gefunden, die ich von ganzem Herzen liebe. Ich habe ihr erzählt, daß ich schon im Gefängnis war und auch warum. Sie hat das alles akzeptiert und mich dazu. Letzte Woche aber hat ihr Vater durch einen unglücklichen Umstand auch erfahren, daß ich im Gefängnis war und auch warum. Noch am selben Abend wollte ich Selbstmord begehen, da ihr Vater mir verbot, meine Freundin noch einmal zu sehen. Mir fehlte aber noch ein bißchen Mut, und so ging ich in eine Kneipe, um mir das letzte bißchen Mut anzutrinken. Dort waren auch ein paar flüchtige Bekannte von mir. Hier bin ich versumpft. Ein paar Tage später habe ich mich dann auf der Polizei gemeldet, um denen zu sagen, daß mein Wegbleiben kein Fluchtversuch war. Die haben mich dann gleich behalten. Am nächsten Tag bin ich dem Richter vorgeführt worden. Seither sitze ich wieder. Sie können sich sicherlich vorstellen, was für Vorwürfe ich mir mache. Nur eines kann man mir zugute halten, daß ich eben nichts mehr verbrochen habe. Ich bin auch kein Verbrecher.

Ich habe eben sehr große Probleme mit mir und meiner Umwelt. Sie haben mir einmal gesagt, ich würde in einer ‚Traumwelt' leben. Mir ist das jetzt erst bewußt geworden. Ich sehe den Ernst des Lebens noch wie ein 10-jähriger. Wie aber kann ich das abstellen? Manchmal bin ich sehr verzweifelt. Ich versuche, den Problemen aus dem Weg zu gehen, wie ein Slalomfahrer. Auch damit komme ich nicht ganz klar. Für Ihr Verständnis danke ich Ihnen schon im voraus.

Wußtet ihr

- daß ein Gefangener, der im Gefängnis arbeitet, zwischen 75 Pfennigen und 1,25 DM in der Stunde als Lohn verdient?
- daß im Durchschnitt jeder Gefangene „draußen" 10000 DM Schulden hat?
- daß der Staat vom Steuerzahler für den Tag pro Gefangenem DM 85,- verbraucht?
- daß die Rückfallquote zur Zeit bei dem bundesdeutschen Strafvollzug bei 80 Prozent liegt?
- daß 80 Prozent aller Straftaten Eigentumsdelikte sind?

20. März

Ich werde versuchen, meine Vergangenheit endgültig zu überwinden, um mir eine neue Zukunft aufzubauen. Ich habe 18 Monate bekommen. Wenn ich Glück habe, werde ich Halbstrafe oder 7/12 bekommen. Wenn das so ist, komme ich in 6 Monaten wieder raus. Den Rest kriege ich auf Bewährung. Ich habe vor, hier die Mittlere Reife zu machen. Über meinen späteren Beruf kann ich mich noch nicht auslassen. Ich habe noch gar keine Ahnung. Ich fange jedenfalls von vorne an!

Spielt eine Familiendiskussion, in der die Freundin, ihre Eltern und Geschwister die Nachricht erhalten, daß Markus wieder im Knast sitzt.

Ein ewiger Kreislauf

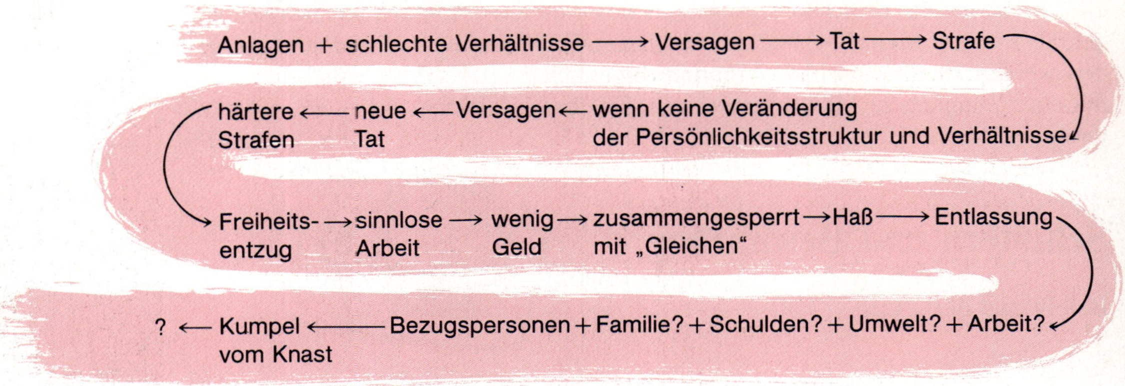

Es gibt auch strikte Gegner des humanen Strafvollzugs. Sie argumentieren: „Die machen sich ja nur ein schönes Leben auf unsere Kosten.“ Andere setzen sich für noch weitere Erleichterungen ein. Sie argumentieren: „Nur wenn wir Straffällige auf normale gesellschaftliche Lebensverhältnisse vorbereiten, werden sie nach ihrer Entlassung eine Chance haben.“

Wer hat recht?

Straffälligenhilfe

Bildhauerei hilft weiter als Tütenkleben

Verwirklichung und Ventil: Häftlinge in Hannover betätigen sich künstlerisch

HANNOVER. Wie in jeder Bildhauerwerkstatt reihen sich unter freiem Himmel und im Arbeitsraum Steinskulpturen und aus Beton gegossene Kunstwerke aneinander. Anders ist nur der Stacheldraht, der sich um und über die Werkstatt zieht. Nur dieser läßt erkennen, daß die Werkstatt zur Justizvollzugsanstalt Hannover gehört und die zehn Künstler Häftlinge sind. Eine Steinskulptur mit zwei Gesichtern, ein aus Stein gemeißelter Riesen-Fisch oder eine von zwei knienden Steinfiguren gehaltene Holzbank sind einige der Produktionen der Werkstatt.

Die Künstler aus dem Knast wählten zum großen Teil Motive aus ihrem Lebenskreis.

Am größten Projekt arbeitet Bernd, früher selbständiger Raumausstatter und wegen Betrugs zu dreieinhalb Jahren Haft verurteilt. Sein lebensgroßer, alter und einäugiger Richter aus Beton wird vor dem Verwaltungsgebäude der Haftanstalt stehen. Vor dem Richter werden ein unterwürfig wirkender „Penner“ und eine scheinbar unbeteiligte Personengruppe aufgestellt. Bernds zweites Projekt ist ein Relief, das das Gefängnisleben und die fehlende Freiheit der Häftlinge darstellen soll.

„Die dargestellten Gesichter drücken zu viel Ärger und Frust aus – die Gefängnisleitung hätte lieber zufriedene und fröhliche Häftlingsgesichter an der Außenwand.“

„Hier müssen wir uns mit uns selbst auseinandersetzen und spüren ein stärkeres Bedürfnis, unsere Gedanken und Probleme auszudrücken“, erklärt Klaus, wegen Drogenraubs zu vier Jahren verurteilt. Er arbeitet gerade an einem Steinblock, aus dem er einen Mann und eine Frau meißeln will, die durch eine Mauer getrennt sind. „Tütenkleben wäre natürlich viel einfacher, weil man da einfach abschalten kann“, fügt Achim hinzu. Der Konflikt zwischen künstlerischer Freiheit und realer Unfreiheit sei nicht einfach. Darüber sind sich die Künstler einig. Das ist auch daran zu sehen, daß keine einzige der Figuren ein Lachen auf dem Gesicht trägt. „Kunst hilft mir persönlich weiter als Tütenkleben, aber ich zähle trotzdem die Tage, die mir bis zur Entlassung fehlen“, meint Uwe.

Hilfe durch Gruppen

Hauptberufliche Gefängnisseelsorger nehmen sich der Gefangenen und ihrer Angehörigen an. Sie stehen unter dem Beichtgeheimnis. Einzel- und Gruppengespräche wie Gottesdienste und Feste gehören zu ihren Aufgaben.

Vier Jahre lang war in der Justizvollzugsanstalt Vierlande in Hamburg eine Gruppe tätig, die ihre Aufgabe so umschrieb:
„Was ein Glaube taugt, was er leistet, erweist sich eigentlich erst in dem, was wir christliche Nächstenliebe nennen. Wer Liebe erfahren hat, kann Liebe weitergeben. Wir glauben, daß wir von Gott bedingungslos angenommen sind. Wenn wir dies begriffen haben, hat das für uns Folgen:
Unsere Gruppe hatte im Laufe der vier Jahre 50 Mitarbeiter. Es waren Angestellte, Assistenten, Hausfrauen, Juristen, Pastoren, Lehrer, Krankenschwestern, Ingenieure, Schauspieler und Studenten.
Die Arbeit wurde sorgfältig - unter Einbeziehung von Gefangenen - vorbereitet.
Die Gesprächsabende fanden jeweils 14tägig am Mittwoch in der Zeit von 19.00 bis 22.00 Uhr statt, und zwar in drei verschiedenen Abschnitten:
- Vortrag über ein bestimmtes Thema vor allen Teilnehmern. ‚Das Leben ist wie ein Kinderhemd - kurz und beschissen (Die Frage nach dem Sinn des Lebens). Resozialisierung erst im Himmel? (Was die Kirche für die Gefangenen tut). Die Welt ist im Eimer - wer ist schuld daran? (Wer ist verantwortlich für soziale Mißstände).‘
- Anschließend Aufteilung in drei bis vier Gruppen und Diskussion über das Thema. Häufig wurden die Gespräche durch einen Film eingeleitet.
- Einzelgespräche zwischen Gefangenen und Mitgliedern der Gruppe.

Es gab auch Unterhaltungsabende, bei denen in erster Linie das Gefühl der Gefangenen angesprochen wurde. Dazu dienten vor allem Gemeinschaftsabende, an denen Spirituals und andere Songs vorgetragen wurden.
Durch die Abende wurde ein Gedankenaustausch zwischen Leuten von ‚drinnen‘ und ‚draußen‘ geschaffen. Der Gefangene konnte neue Kontakte knüpfen. Mitglieder der Projektgruppe luden Gefangene zu Urlaubstagen ein.
Die Einzelkontakte wurden nach der Entlassung fortgesetzt. Was in den Gesprächen in der Anstalt vorgeplant war, das galt es, trotz der Anfangs- und Übergangsschwierigkeiten in die Praxis umzusetzen und durchzuhalten."

Hilfen während des Vollzuges

- Vermittlung von Kontakten zur Außenwelt
- Aufrechterhaltung des Kontaktes zwischen dem Gefangenen und seiner Familie
- Vermittlung von Briefkontakten für alleinstehende Gefangene
- Gewinnung von freiwilligen Helfern für Besuchskontakte
- Aktualisierung der Problematik ‚Strafvollzug‘ in der Kirchengemeinde am Ort und im Umkreis der Justizvollzugsanstalten
- Betreuung von Familienangehörigen (z. B. Gruppenarbeit für alleinerziehende Frauen straffälliger Männer)
- Vorbereitung auf die Entlassung unter Mitwirkung freiwilliger Helfer
- Einzel- und Gruppengespräche
- Hilfen zum Glauben, Seelsorge und Lebensberatung
- Hilfen zur Freizeitgestaltung und Lebensbewältigung (Urlaubswochen, Seminare für Gefangene mit ihren Ehepartnern)

Danach!

Mitgefangen - mitgehangen

Auch die zurückgelassenen Angehörigen müssen in eine aktive Strafvollzugsreform mit einbezogen werden. Welche Unterstützungen wären für Frauen und Männer von Straffälligen sowie ihren Kindern notwendig?

Frau L., 43 Jahre alt, ausgebildete Krankenhelferin, hat vier Kinder und ist verheiratet. Doch seit über zwei Jahren ist ihr Mann weg, zwei ihrer Kinder sind in einem Heim, vormittags geht sie putzen.

Herr L. wurde wegen Beteiligung an einem Raub zu vier Jahren Freiheitsstrafe verurteilt, die er nun in einem Gefängnis in der Nähe einer hessischen Großstadt absitzt. So wurde der Gerechtigkeit Genüge getan, doch gleichzeitig wurde das Leben von fünf weiteren Menschen radikal verändert. Als der Vermieter von der Verurteilung durch die Zeitungen erfuhr, weigerte er sich, den Vertrag zu verlängern und setzte schließlich durch, daß Frau L. mit ihren vier Kindern ausziehen mußte. Sie hätte ohnehin nicht mehr gewußt, wie sie die Miete zahlen sollte. Wohnungs- und Sozialamt wiesen ihr dann eine Wohnung zu: zwei kleine Zimmer und eine Küche für fünf Personen. Eine sogenannte „Übergangswohnung" . . ., doch Frau L. sitzt heute noch in dieser Unterkunft und wird mindestens die nächsten zwei Jahre, bis ihr Mann entlassen wird, dort bleiben. Ausbaden mußten diese Situation die Schwächsten der Familie, die Kinder. „Wir hüpften uns hier ja gegenseitig auf den Füßen herum. Da kam der Große erstmal in eine Lehre, in eine Fabrik mit Lehrlingsheim, wo er jetzt wohnt. Der zweite Junge ist auch im Heim. Beide hatten unheimliche Schwierigkeiten, sich einzugewöhnen. Der Leiter der Lehrlingsausbildung hat mir schon zweimal einen Brief geschrieben, daß der Junge immer Zicken machen würde. Der läßt sich halt nichts sagen, und seit der Geschichte mit meinem Mann ist er besonders bockig."

Zurück blieben die beiden Jüngsten, zwei Mädchen. In der Schule wurden ihre Leistungen immer schlechter, eine blieb sitzen. „Konzentrationsschwäche", „Unaufmerksamkeit", „mangelnder häuslicher Fleiß" nennt es die Lehrerin. In der Schule weiß man, daß es sich um eine „zerrüttete Familie" handelt, um „asoziale Verhältnisse", in denen die Kinder aufwachsen. So erklärt man die schlechten Leistungen, das Versagen und störendes Verhalten, aber man ändert nichts.

Die Arche als Alternative

Die „Arche“ ist ein Haus in Mössingen, vor 5 Jahren vom Verein für Straffälligen-Hilfe Südwürttemberg-Hohenzollern gekauft und vom Staatssekretär des Justizministeriums in Stuttgart als bahnbrechendes Modell für die Nachbetreuung Strafentlassener empfohlen.

Die „Arche“ hat Platz für 8 Entlassene, die dort - längstens für ein Jahr - wohnen, arbeiten und verdienen können. Jeder hat sein eigenes Zimmer. Wer wann einkauft, kocht oder putzt, das legen die acht miteinander fest. Arbeiten können sie in der Werkstatt in bzw. am Haus, in der sie Kinderspielzeug aus Holz herstellen. Die Produkte werden besonders von Kindergärten gerne gekauft. Jeder bekommt für seine Arbeit den vollen Lohn. Der Tagessatz in der „Arche“ liegt bei DM 49,50; also um annähernd die Hälfte niedriger als in der Vollzugsanstalt. Zwei Arbeitserzieher und ein Sozialdiakon helfen mit, daß die Bewohner der Arche lernen, selbständig zu werden und allein für sich selber aufkommen zu können. Denn im Gefängnis war ihnen eben dies systematisch abgewöhnt worden: dort wurde ihnen von den Beamten gesagt, was sie zu tun und was sie zu lassen hatten, sie mußten keinerlei Entscheidungen treffen und in keiner Weise für sich selber sorgen. Die Anstalt sorgte für Essen, für Obdach, für Kleidung, für Zeit und Ort und Dauer des „Spaziergangs“usw.

Wie alle aus der Strafanstalt Rottenburg Entlassenen gehören die acht zu den Menschen, die am schwersten wieder Boden unter die Füße bekommen, weil für sie drei Tatbestände zutreffen: Erstens Bindungslosigkeit: d.h. die familiären Bande sind zerbrochen, sie haben kein Daheim, sie haben keinen Menschen, der etwas von ihnen wissen will und etwas für sie übrig hat; zweitens Arbeitslosigkeit und drittens Wohnsitzlosigkeit. Wer keine Freunde, keine Arbeit und deswegen auch keinen Verdienst hat, wie soll der einen festen Wohnsitz haben, also Miete für eine Wohnung zahlen können? Und nur wenn er einen festen Wohnsitz hat, also gemeldet ist, hat er Anspruch auf Arbeitslosenhilfe oder auf Sozialhilfe. Das ist ein Teufelskreis, aus dem keiner - auch mit dem besten Willen nicht - *selber* herauskommen kann.

„Ich bin im Gefängnis gewesen, und ihr seid zu mir gekommen“. Matthäus 25,36
Welche Aufgaben können Kirchengemeinden für die „Mitgehangenen“ und die Entlassenen übernehmen? Gibt es in deiner Gemeinde schon eine solche Initiative?

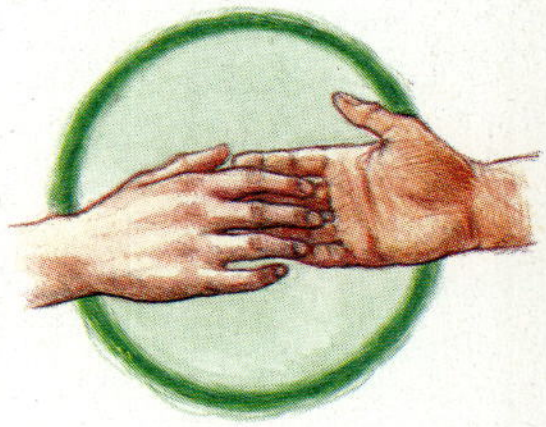

Hilfen nach dem Vollzug

- Beratung in Fragen der Eingliederung und über die dafür zuständigen Stellen:
- Wohnungsvermittlung (z. B. Wiederaufnahme in die Familie, Wohngruppe, Wohnheim, angemietete Zimmer)
- Mitwirkung bei der Arbeitsvermittlung
- Hilfen, um nichtvorhandene Schul- und Berufsabschlüsse nachzuholen
- Schuldenregulierung
- Beratung zum besseren Umgang mit Geld
- Vermittlung sozialer Kontakte (z. B. Kontaktzentren, Gemeindezentren offenhalten, Cafe- und Teestubenarbeit, Seminare und Gesprächskreise)

Nach Auschwitz: Juden und wir

Antisemitismus – was ist das?

Das Wort Antisemitismus

Tragt negative Äußerungen über die Juden zusammen und sucht Gründe.

Der Begriff Antisemitismus ist erst im 19. Jahrhundert entstanden. Er bezeichnet den Haß der Völker gegen die Juden in ihrer Mitte. Er ist eigentlich ungenau, weil man alle Völker der arabischen Halbinsel zu den Semiten zählt. Jedoch meint Antisemitismus nur die Abneigung gegen das jüdische Volk. Diese Abneigung ist alt. Es gibt sie, seit die Juden außerhalb Palästinas unter Andersgläubigen, in der Diaspora, leben.

Wie entsteht Antisemitismus heute?

Antisemitismus kommt heute in den wenigsten Fällen durch persönliche Begegnungen mit Juden zustande. Was die Menschen bei uns über die Juden und ihre Geschichte wissen, erfahren sie – das haben Untersuchungen ergeben – vor allem durch die Massenmedien wie Zeitungen, Rundfunk, Fernsehen und Bücher, weniger durch die Schulen.
Es handelt sich also bei der Abneigung gegenüber Juden vor allem um Vorurteile. Sie sind bei vielen Menschen tiefverwurzelt und werden durch Erziehung von einer Generation zur anderen weitergegeben.

In der Bundesrepublik wohnen heute etwa	27 000 Juden
und in der DDR	5 000 Juden
Mitte 1934 lebten im damaligen Deutschen Reich	520 000 Juden

Der Antisemitismus hat viele Wurzeln

Rassismus

Rassen sind Völkergruppen, die sich durch bestimmte erbliche Merkmale, z. B. die Hautfarbe, unterscheiden.

Die meisten Völker heute sind rassisch gemischt. Bestimmte rassenspezifische geistige Anlagen gibt es nicht.

Gegen Ende des 19. Jahrhunderts wurde der seit vielen Jahren bestehende Antisemitismus ‚wissenschaftlich‘ begründet. In einer Studie mit dem Titel „Versuch über die Ungleichheit der menschlichen Rassen“ von Graf Gobineau stehen an oberster Stelle Arier und Germanen; ganz unten Neger, Indianer und Juden. Diese Gedanken fanden in Deutschland große Verbreitung. Ein Beispiel:
„Der getaufte Jude bleibt also insgeheim Mitglied des großen Blutbundes. Das Judentum besitzt schlicht den Charakter einer Verschwörung, und der Talmud bedroht auch den Verrat an der jüdischen Sache mit dem Tode. Außer dem gemeinsamen Blut und Geist verbindet die Juden der gemeinsame Haß gegen alles Nichtjüdische. Denn so sicher die versöhnende Liebe den Grundzug der christlichen Lehre bildet, so sicher macht der unversöhnliche Haß das Grundwesen des Judentums aus. Daraus ergibt sich ein Gegensatz, eine Feindschaft zu allen nichtjüdischen Völkern, die diese zu äußerster Vorsicht und Gegenwehr mahnen muß.“
Th. Fritsch, 1893

Wirtschaftliche Unterlegenheit und Konkurrenzneid

Oft hatte der Antisemitismus wirtschaftliche Ursachen. Zum Beispiel warf man den Juden vor, sich auf Kosten anderer Menschen, Nichtjuden, zu bereichern. Die Juden galten als Geschäftemacher, Blutsauger und Betrüger. Diese Vorwürfe entstammten oft genug dem Konkurrenzneid. Im Mittelalter waren den Juden die meisten Berufe verschlossen. Aus der Landwirtschaft wurden sie verdrängt. Ein Handwerk konnten sie nicht ausüben, weil sie als Nichtchristen kein Mitglied einer Zunft werden durften. So blieb ihnen nur das Geldgeschäft und der Kleinhandel.

Eine judenfeindliche Zeichnung: Ein Jude mit Thora und Geldsack betet das „Goldene Kalb" an.

Kaiser Friedrich III. im Jahr 1470:

Wo der Christ 10 Schock nimmt, soll der Jude 20 nehmen dürfen, weil, wenn er so wenig nehmen würde wie der Christ, er nicht leben könnte, da er zuerst Uns gegenüber seinen Pflichten nachkommen muß, zweitens dem Herrn, dessen Schutz er sich empfohlen hat, zahlen muß, drittens selbst die Interessen zu berichtigen hat, viertens selten ein Amt, dessen Dienst er nötig hat, ihn umsonst entläßt, und er endlich selbst etwas haben muß, um davon mit Weib und Kindern leben zu können.

Verachtete Minderheit

Außerhalb Palästinas haben die Juden überall, auch in Deutschland, als Minderheit gelebt. Minderheiten ziehen meistens Neid und Haß der Mehrheit auf sich. Sie gelten als Störenfriede, weil sie anders leben, anders denken, anders glauben. Sie müssen oft als Sündenböcke herhalten. Besonders kraß litten die Juden im Mittelalter. Die mittelalterliche Welt war eine in sich abgeschlossene christliche Welt. Nichtchristen hatten darin keinen Platz.
Als im Mittelalter mehr Christen als Juden an der Pest erkrankten, verbreitete sich das Gerücht, die Juden hätten die Brunnen der Christen vergiftet. Es kam zu schlimmen antisemitischen Ausschreitungen. Dabei wurden die Juden nur deshalb weniger von der Pest befallen, weil sie sich - aus religiösen Gründen - öfter wuschen.

Warum wirkt ein Teil der Juden auch heute noch fremd? Bedenkt die Besonderheiten ihres Glaubens.
Welche Minderheiten leiden in unserer Gesellschaft unter Vorurteilen und Diskriminierungen? 3 Mose 19,33 + 34 ermutigt zu einem anderen Umgang mit Fremden.

Christlicher Antisemitismus

Ein Mainzer Jude berichtet aus der Zeit der Kreuzzüge:

1096 ... da trafen uns viele und schwere Leiden, die in diesem Reich, seitdem es gegründet wurde, bis jetzt noch nicht vorgekommen waren ... Denn es erhoben sich freche Menschen, fremdländisches Volk, eine grimmige, ungestüme Schar von Franzosen und Deutschen aus allen Ecken und Enden, die sich vorgenommen hatten, nach der heiligen Stadt (Jerusalem) zu ziehen, um dort das Grab ihres Heilandes aufzusuchen, die Ismaeliten von dort auszutreiben und sich des Landes zu bemächtigen. Sie hefteten als ihr Erkennungszeichen ein Kreuz an ihre Kleider, sowohl Mann wie Frau, alle, die sich bereit fanden, dorthin zu ziehen, so daß sie zahlreicher als die Heuschrecken waren.

Als sie nun auf ihrem Zuge durch die Städte kamen, in denen Juden wohnten, sprachen sie in ihrem Herzen: „Sehet, wir ziehen dahin, das heilige Grab aufzusuchen und Rache an den Ismaeliten zu üben; und hier sind die Juden, die ihn umgebracht und gekreuzigt haben ohne Grund. Lasset zuerst an ihnen uns Rache nehmen und sie austilgen, so daß sie kein Volk mehr bilden, daß der Name Israel nicht mehr erwähnt werde; oder sie sollen sich taufen lassen und zu unserem Glauben sich bekennen."

Ismaeliten = Moslems

Martin Luther war zunächst den Juden gegenüber freundlich eingestellt, weil er von der Verkündigung des reinen Evangeliums ihren Übertritt zum Christentum erwartete.
Als sich seine Hoffnung nicht erfüllte, wurde er zu einem schlimmen Judenfeind.

Martin Luther

Die Juden waren in den Augen Luthers verblendet, weil sie Jesus nicht als Christus anerkannten. Anfangs hoffte er, daß sie sich nach seiner reformatorischen Entdeckung bekehren würden, 1523 veröffentlichte er seine Schrift „Daß Jesus ein geborener Jude gewesen sey"; darin schreibt er:

„Jetzt, da das goldene Licht des Evangeliums aufgeht und leuchtet, jetzt ist Hoffnung vorhanden, daß viele unter den Juden sich ernstlich und treulich bekehren und von Herzen zu Christus hingezogen werden."

In Diskussionen mit jüdischen Gelehrten über die Auslegung der Schrift mußte Luther dann jedoch erkennen, daß diese die alttestamentlichen Schriften ganz anders verstanden als er und sich keineswegs von ihm überzeugen ließen; sie versuchten ihm zu beweisen, daß Christus keineswegs der im Alten Testament verheißene Messias sein könne. Das führte Luther zu dem Urteil, daß die

Juden verstockt seien. In seiner wütenden Schrift „Von den Juden und ihren Lügen“ (1543) ließ er kein gutes Haar an den Juden und forderte dazu auf, *„daß man ihre Synagogen oder Schulen mit Feuer anstecke und was nicht brenne mit Erde überhäufe und beschütte . . .“*
1935 schreibt ein christlichen Schriftsteller: Auch als Christ weiß ich, daß sie unsere Feinde sind. Wie sie damals Christus ans Kreuz schlugen, so tun sie heute. Sie schreien, daß sein Blut über sie komme und über ihre Kinder. Jetzt liegt Gottes Hand schwer über dem Volk, und die sie zurechtweisen müssen, sind Geißeln, mit denen er zuschlägt . . .

Welche Vorwürfe machten die Christen den Juden? Wie würdet ihr auf solche Vorwürfe antworten?

Nationalsozialismus und rassischer Antisemitismus

Hitler und die NSDAP propagierten vor allem den rassischen Antisemitismus. Ausgangspunkt dafür war die Behauptung, daß die ganze Weltgeschichte vom Kampf zwischen der hochwertigen Rasse, den Ariern, und der minderwertigen Rasse, den Juden, bestimmt ist. Die Juden als das böse Prinzip sind die Verursacher alles Schlechten in der Welt und müssen deshalb ausgemerzt werden.

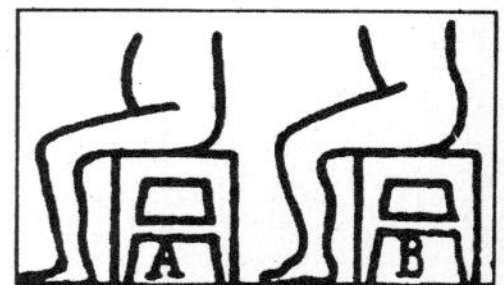

Abb. 47.
Gesäßformen: A. der niederen, B. der höheren Rasse.

Aus einem sogenannten wissenschaftlichen Werk des Dritten Reiches

Darum fordert Hitler in seinem Buch „Mein Kampf“:
Völker, die auf die Erhaltung ihrer rassischen Reinheit verzichten, leisten damit auch Verzicht auf die Einheit ihrer Seele in all ihren Äußerungen. Die Zerrissenheit ihres Wesens ist die naturnotwendige Folge der Zerrissenheit ihres Blutes, und die Veränderung ihrer geistigen und schöpferischen Kraft ist nur die Wirkung der Änderung ihrer rassischen Grundlagen.
Wer das deutsche Volk von seinen ihm ursprünglich wesensfremden Äußerungen und Untugenden von heute befreien will, wird es erst erlösen müssen vom fremden Erreger dieser Äußerungen und Untugenden.
Ohne klarste Erkenntnis des Rasseproblems, und damit der Judenfrage, wird ein Wiederaufstieg der deutschen Nation nicht mehr erfolgen. Die Rassenfrage gibt nicht nur den Schlüssel zur Weltgeschichte, sondern auch zur menschlichen Kultur überhaupt.

In der nationalsozialistischen Propaganda sah das dann so aus:
Die gänzliche Ausschaltung des Judentums in Europa ist keine Frage der Moral, sondern eine Frage der Sicherheit der Staaten. Der Jude wird immer so handeln, wie es seinem Wesen und seinem Rasseninstinkt entspricht, er kann gar nicht anders. Wie der Kartoffelkäfer die Kartoffelfelder zerstört, ja zerstören muß, so zerstört der Jude die Staaten und Völker. Dagegen gibt es nur ein Mittel, nämlich radikale Beseitigung der Gefahr. *Propagandaminister Goebbels 1940*

Arier sind eigentlich frühgeschichtliche Völker in Indien und Persien, die eine verwandte Sprache haben. Alle modernen Völker sind rassisch gemischt, auch die Juden. Was bedeutet dies im Blick auf die Texte von Hitler und Goebbels?

Nationalsozialistisches Hetzblatt mit einer wöchentlichen Auflage von 300 000 Exemplaren

Höhepunkt des Antisemitismus: Das Dritte Reich

Auf dem Weg zum Massenmord

Nach der Machtübernahme im Januar 1933 gingen die Nationalsozialisten sofort daran, ihren Antisemitismus in praktische Politik umzusetzen. Die antijüdischen Maßnahmen wurden ständig verschärft. Man kann dabei vier Phasen unterscheiden:

1. Phase 1933–1935:
einzelne Maßnahmen gegen die Juden, z. B. Entfernung aus der Beamtenschaft und Boykott jüdischer Geschäfte

2. Phase 1935–1938:
verstärkte Diskriminierung (= Mißachtung) aufgrund der Nürnberger Rassegesetze: z. B. Eheschließungen zwischen jüdischen und „arischen" Deutschen sind verboten

3. Phase 1938–1941:
Organisierte Ausschreitungen gegen Juden und jüdisches Eigentum (9. 11. 1938 „Reichskristallnacht") und erste Massentransporte in polnische Lager, vor allem in das Konzentrationslager Auschwitz

4. Phase 1941–1945:
Massenvernichtung der Juden durch Erschießung und Vergasung. Allein in Auschwitz wurden 2,5 Millionen Menschen ermordet

Gesetz zum Schutze des deutschen Blutes und der deutschen Ehre.
Vom 15. September 1935.

Durchdrungen von der Erkenntnis, daß die Reinheit des deutschen Blutes die Voraussetzung für den Fortbestand des Deutschen Volkes ist, und beseelt von dem unbeugsamen Willen, die Deutsche Nation für alle Zukunft zu sichern, hat der Reichstag einstimmig das folgende Gesetz beschlossen, das hiermit verkündet wird:

§ 1

(1) Eheschließungen zwischen Juden und Staatsangehörigen deutschen oder artverwandten Blutes sind verboten. Trotzdem geschlossene Ehen sind nichtig, auch wenn sie zur Umgehung dieses Gesetzes im Ausland geschlossen sind.

(2) Die Nichtigkeitsklage kann nur der Staatsanwalt erheben.

§ 2

Außerehelicher Verkehr zwischen Juden und Staatsangehörigen deutschen oder artverwandten Blutes ist verboten.

§ 3

Juden dürfen weibliche Staatsangehörige deutschen oder artverwandten Blutes unter 45 Jahren in ihrem Haushalt nicht beschäftigen.

Ein Auszug aus den „Nürnberger Rassegesetzen"

Am 1. April 1933 wurden jüdische Geschäfte auf Anordnung der NSDAP boykottiert.

Polizeiverordnung vom 1. September 1941 über Einführung des „Judensterns“:

§ 1 Juden, die das sechste Lebensjahr vollendet haben, ist es verboten, sich in der Öffentlichkeit ohne einen Judenstern zu zeigen. Der Judenstern besteht aus einem handtellergroßen, schwarz ausgezogenen Sechsstern aus gelbem Stoff mit der schwarzen Aufschrift „Jude“. Er ist sichtbar auf der linken Brustseite des Kleidungsstückes fest aufgenäht zu tragen.

§ 2 Juden ist verboten, den Bereich ihrer Wohngemeinde zu verlassen, ohne eine schriftliche Erlaubnis der Ortspolizeibehörde bei sich zu führen.

KZ Maidanek

Am 3. November 1943 wurden in Maidanek, einem nationalsozialistischen Vernichtungslager in Polen, an einem Tag mehr als 10000 Menschen erschossen. Nach dem Krieg sagte der frühere SS-Oberscharführer Mußfeld, damals Chef des Krematoriums in Maidanek, dazu vor Gericht:
Gegen 6 Uhr begann die große Aktion. Ein Teil der auf Feld 5 versammelten Juden wurde in eine Baracke getrieben, wobei sie sich auskleiden mußten. Nachher wurde die Drahtumzäunung zwischen dem 5. Feld und den Gräben von Schutzhaftlagerführer Thumann durchgeschnitten. Auf diese Weise entstand ein Durchgang. Von diesem Durchgang bis zum Graben bildete man ein Spalier bewaffneter Polizisten. Durch dieses Spalier trieb man in jeden Graben zehn Juden. Diejenigen, die schon im Graben waren, trieb man bis ans Ende des Grabens, wobei sie sich niederlegen mußten. Nachher schossen die am Ende des Grabens stehenden SS-Männer vom Sonderkommando auf die Juden. Dann mußten sich die nächstfolgenden auf die bereits Erschossenen legen, so daß sich mit der Zeit der Graben füllte. Erst kamen die Männer, dann die Frauen. Die Aktion dauerte ohne Unterbrechung bis gegen 5 Uhr nachmittags. Die SS-Männer wechselten einander ab und fuhren in die Stadt, wo sie in der SS-Kaserne ihre Mahlzeiten einnahmen ... Während der ganzen Aktion übertrugen zwei Autos aus dem Radio Musik. Ich beobachtete die Aktion vom Krematoriumsgebäude aus. An diesem Tage wurden sämtliche Juden erschossen, die sich im Lager Maidanek befanden, sowie die aus den verschiedenen Betrieben, Bekleidungswerken und den Außenkommandos, ebenso alle Juden, die sich im Schloß Lublin befanden.

Evangelische Kirche und Nationalsozialismus

Im Zeichen der Machtergreifung

Viele Christen und Kirchenleitungen begrüßten 1933 die Regierungsübernahme Hitlers. Denn sie erhofften von der neuen Regierung die Beseitigung der schrecklichen Arbeitslosigkeit und die Revision des Versailler Vertrags. Sie glaubten, die Nationalsozialisten seien kirchenfreundlich. Viele dachten, man könne auch als Christ die nationalsozialistische Weltanschauung übernehmen; sie propagierten ein „deutsches“ Christentum und nannten sich selbst „Deutsche Christen“. Sie forderten eine „judenfreie“ Kirche. Überall in der Kirche sollte der „Arierparagraph“ eingeführt werden. Er besagte, daß kein „Nichtarier“ in der Kirche ein Amt übernehmen durfte. Auch Christen, die sich nicht zu den Deutschen Christen zählten, hielten anfangs staatliche Maßnahmen gegen die Juden für berechtigt.

Aus einem Flugblatt der „Deutschen Christen“ vom Anfang des Dritten Reiches:
Aus Glauben betonen wir, daß Gott Art und Rasse der Völker schuf und daß wir der deutschen Rasse verpflichtet sind. Alle nichtarischen Christen gehören in ausländische Kirchen oder in besondere Missionsgemeinden Deutschlands. Sie bleiben uns Mitchristen im Sinne des Neuen Testaments, sind aber keine deutschen Christen.

Mit solchen Anschauungen trennten sich die Deutschen Christen von dem Auftrag der Kirche. Lest dazu Galater 3,28.
In Südafrika fordern manche weißen Christen, daß es eine Kirche für Weiße und eine für Schwarze geben solle. Zieht Parallelen zur Forderung der Deutschen Christen.

Ein evangelischer Pfarrer 1932:
„Die Aufgabe, den Volkskörper vor zersetzenden Einflüssen, die gerade von jüdischen Kreisen ausgehen, zu schützen, anerkenne ich durchaus. Daß überkommenes Erbe im Leben jedes Menschen eine oft verhängnisvolle Rolle spielt, weiß jeder von sich selber und weiß vollends jeder Seelsorger. Steht die Erkenntnis einmal fest, daß das Handeln des Menschen zwangsläufig aus seinem Erbe folgt und daß das jüdische Erbe besonders verhängnisvoll ist, so ist nichts mehr dagegen einzuwenden, daß das weltliche Gesetz dem Rechnung trägt und sich gegen die Juden als solche wendet.“
Andere hatten Angst, sich für die Juden einzusetzen. Je schärfer die Maßnahmen gegen die Juden wurden, desto mehr mußte mit Benachteiligungen rechnen, wer Juden unterstützte.

Was meint der Pfarrer mit dem Wort „überkommenes Erbe“? Wie würden wir das bezeichnen?
Welche Vorurteile übernimmt der Pfarrer, wenn er das jüdische Erbe „verhängnisvoll“ nennt?

Punkt 24 des Parteiprogramms der NSDAP von 1920
Wir fordern die Freiheit aller religiösen Bekenntnisse im Staat, soweit sie nicht dessen Bestand gefährden oder gegen das Sittlichkeits- und Moralgefühl der germanischen Rasse verstoßen.
Die Partei als solche vertritt den Standpunkt eines positiven Christentums, ohne sich konfessionell an ein bestimmtes Bekenntnis zu binden. Sie bekämpft den jüdisch-materialistischen Geist in und außer uns und ist überzeugt, daß eine dauernde Genesung unseres Volkes nur erfolgen kann von innen heraus auf der Grundlage: Gemeinnutz vor Eigennutz.

Was sollte der heute unbekannte Begriff „positives Christentum“ wohl bewirken?

Am 2. April 1933 konnten evangelische Christen in Baden folgende Kanzelabkündigung des Oberkirchenrates im Gottesdienst hören:

Evangelische Glaubensgenossen!

Was wir seit Jahren gehofft und ersehnt haben, ist gekommen: Unser deutsches Volk hat sich in seiner großen Mehrheit zu einer starken nationalen Front zusammengeschlossen und sich einmütig hinter die Männer gestellt, die das Oberhaupt unseres Reiches zur Führung des deutschen Volkes berufen hat.

Seit dem unglücklichen Ausgang des Weltkrieges lag die traurige Zerrissenheit unseres Volkes und der immer tiefer gehende Haß der Parteien und Klassen wie ein schwerer Alpdruck auf unserer Seele. Der wirtschaftliche und moralische Niedergang schritt unaufhaltsam fort, und es schien ein Ende mit Schrecken heranzunahen. In unserem äußerlich und innerlich erschütterten und geschwächten Volk konnten auch die finsteren Mächte der moralischen Zersetzung und des religiösen Abfalles immer weiter um sich greifen, und die Organisationen der Gottlosigkeit sorgten dafür, daß dieses Gift den Volkskörper durchdrang und zersetzte.

Der 5. März 1933 und die darauf folgenden Tage und Wochen brachten es zu einem weithin sichtbaren Ausdruck, daß unser Volk aus seinem lähmenden Todesschlaf erwacht und daß es gewillt ist, sich der vernichtenden Todesmächte zu erwehren und denen zu folgen, die es zur Freiheit, zur Gerechtigkeit, zu deutscher Treue und zur Gottesfurcht zurückführen wollen. Wir sehen darin im letzten Grunde nicht Menschenwerk, sondern Gottes Hand und seinen Gnadenruf an unser Volk: „Ich habe dich einen kleinen Augenblick verlassen, aber mit großer Barmherzigkeit will ich dich sammeln" (Jes. 54,7). Oft schon mußte unser Volk im Verlauf seiner Geschichte den untersten Weg der Demütigung, der Knechtschaft und der Zersplitterung gehen. Aber es hat auch in besonderem Maße Gottes Hilfe und Erbarmung erfahren und ist durch manche Nacht trostloser Erniedrigung und tiefen Falles zum Licht äußerer und innerer Freiheit geführt worden. . . .

Darum aber, liebe Glaubensgenossen, erwartet Gott auch von uns, daß wir als Christen und als deutsche Volksgenossen, ein jeder an seinem Ort, treu unsere Pflicht erfüllen und den Kampf aufnehmen, der uns verordnet ist. Wir haben nach dem Wort des Apostels Paulus nicht mit Fleisch und Blut, nämlich mit Menschen, zu kämpfen, sondern mit den bösen Geistern unter dem Himmel, die in der Finsternis dieser Welt herrschen (Eph. 6,12). Mit Menschen wollen wir auch nicht kämpfen. Wir wollen uns aller Gehässigkeit, Feindschaft und Rachsucht enthalten und als Jünger dessen, der gekommen ist, das Verlorene zu suchen und selig zu machen, wollen wir die Hand reichen, helfen, suchen, wieder gewinnen und retten, was zu retten ist. Das kann nicht mit Gewalt geschehen, sondern nur durch die Kraft der Liebe, die sich ganz einsetzt im Dienste der Brüder und Schwestern. Kämpfen aber wollen wir gegen alle bösen Geister. Wir müssen es darum auch begrüßen, daß die weltliche Gewalt diesen finsteren Mächten der Bosheit, der Unreinheit, der Unsittlichkeit, der Untreue im öffentlichen Leben, des Leichtsinnes und der Gottlosigkeit rücksichtlos den Krieg erklärt hat, diesen bösen Geistern, die unser politisches Leben, unser Volksleben und unsere Familien vergiften. Mit diesen Mächten darf es keinen Frieden geben.

Deutlich und nachdrücklich aber hat der Kanzler des Reiches erklärt, daß dieser Kampf nur mit Hilfe der christlichen Religion und der christlichen Kirche gelingen kann. Darum mögen sich die führenden Männer des Staates und die Diener des Evangeliums zusammenschließen in der gleichen heißen Liebe zu unserem Volk und in opferfreudigem Dienst für Heimat und Vaterland; und alle, die unser Volk und unsere Kirche lieb haben, sind mitberufen. . . .

Deutsches Volk, evangelische Brüder und Schwestern, schließt euch zusammen in starkem Glauben, in herzlicher Liebe, in fleißigem Gebet, in der Treue zu Gottes Wort, damit es sich an unserem Volk erfülle: Ich werde nicht sterben, sondern leben.

Arbeitet die Hoffnungen und Erwartungen heraus, die diese Kirchenleitung angesichts der Machtergreifung Hitlers hegte. Wie sind diese zu beurteilen?

Welche Sätze oder Vorstellungen in diesem „Hirtenbrief" konnte man leicht dazu benutzen, um Judenverfolgungen zu rechtfertigen?

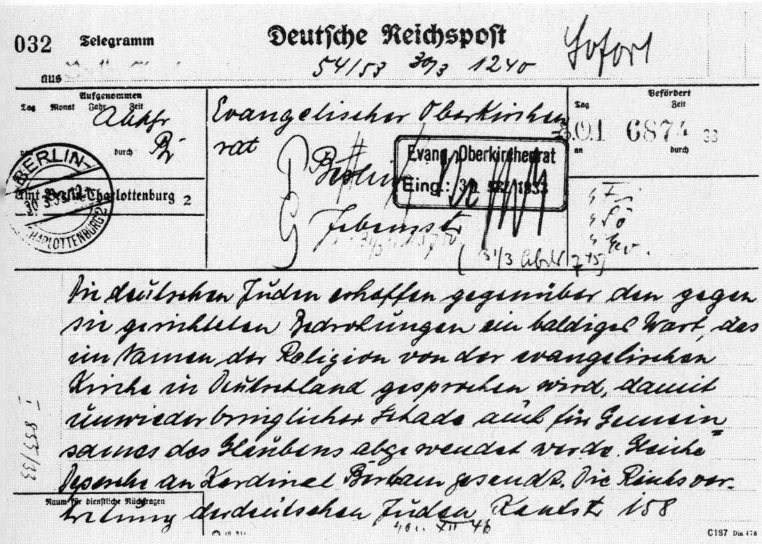

032 Telegramm Deutsche Reichspost

Evangelischer Oberkirchenrat

Evang. Oberkirchenrat Eing.: 31. MRZ 1933

Die deutschen Juden erhoffen gegenüber den gegen sie gerichteten Bedrohungen ein baldiges Wort, das im Namen der Religion von der evangelischen Kirche in Deutschland gesprochen wird, damit unwiederbringlicher Schade auch für Gemeinsames des Glaubens abgewendet werde. Gleiche Depesche an Kardinal Bertram gesendet. Die Reichsvertretung der deutschen Juden Kantstr 158

Dieser Hilferuf der deutschen Juden, kurz vor dem Boykott 1933, erhielt nur eine nichtssagende Antwort.

Die Bekennende Kirche

Als die Deutschen Christen in allen Landeskirchen mehr und mehr Einfluß gewannen, bildete sich als Gegenbewegung die „Bekennende Kirche".
Sie sagte: Entscheidend für die Zugehörigkeit zur Gemeinde sind nicht Rasse oder Volkszugehörigkeit, sondern allein das Bekenntnis zu Jesus Christus.
Auf der Synode von Barmen (29.–31. Mai 1934) gab sich die Bekennende Kirche ihr Bekenntnis, die sogenannte „Barmer Theologische Erklärung":

Wogegen richtet sich die 1. These der Barmer Erklärung konkret?

> 1. These
> Jesus Christus, wie er uns in der Heiligen Schrift bezeugt wird, ist das eine Wort Gottes, das wir zu hören, dem wir im Leben und im Sterben zu vertrauen und zu gehorchen haben. Wir verwerfen die falsche Lehre, als könne und müsse die Kirche als Quelle ihrer Verkündigung außer und neben diesem einen Worte Gottes auch noch andere Ereignisse und Mächte, Gestalten und Wahrheiten als Gottes Offenbarung anerkennen.

Mutiger Protest

1938 wurden in der sogenannten „Reichskristallnacht" viele jüdische Synagogen verbrannt und jüdisches Eigentum vernichtet. Einige Tage später predigte Pfarrer v. Jan in Oberlenningen (Württemberg) bei einem Bußtagsgottesdienst: „Die Leidenschaften sind entfesselt, die Gebote Gottes mißachtet, Gotteshäuser, die anderen heilig waren, sind ungestraft niedergebrannt worden, das Eigentum der Fremden geraubt oder zerstört. Männer, die unserem deutschen Volk treu gedient haben und ihre Pflicht gewissenhaft erfüllt haben, wurden ins KZ geworfen, bloß weil sie einer anderen Rasse angehören!"
Pfarrer v. Jan wurde aufgrund dieser Predigt übel mißhandelt, eingesperrt und aus Württemberg verwiesen.

Die Synagoge in Baden-Baden am 9./10. November 1938. Ehe die SS die Synagoge in Brand steckte, zwang sie die Männer der jüdischen Gemeinde, sich in der Synagoge zu versammeln. Sie mußten ihre Hüte abnehmen (in der jüdischen Synagoge ist die Kopfbedeckung Vorschrift). Das Gemeindeglied Herr Dreyfus wurde gezwungen, von der Kanzel herab aus dem nationalsozialistischen Hetzblatt „Der Stürmer" vorzulesen. Die Gemeinde hatte im Chor zu antworten: „Wir sind ein dreckiges, filziges Volk". Die SS zwang sie, Nazilieder zu singen und Turnübungen zu machen.

Büro Grüber

Im Herbst 1938 wurde in Berlin eine Hilfsstelle für verfolgte Juden gegründet. Sie erhielt ganz offiziell den Namen „Büro Grüber", weil sie von Pfarrer Heinrich Grüber geleitet wurde. Das Büro Grüber unterhielt Außenbüros in den meisten evangelischen Landeskirchen. In Berlin waren allein 30 bis 40 Mitarbeiter beschäftigt. Sie halfen verfolgten Juden mit Geld und Kleidern und ermöglichten den Aufbau einer neuen Existenz im Ausland. Auch hielten sie Gottesdienste ab und erteilten Religionsunterricht. Heinrich Grüber kam im Dezember 1940 für über zwei Jahre ins Konzentrationslager. Sein Stellvertreter, Pfarrer Werner Sylten, dessen Großvater Jude war, wurde wenig später auch verhaftet und im KZ Dachau umgebracht.

Eine Kette der Liebe

Auch nach 1945 blieb folgende Begebenheit nahezu unbekannt. Max Krakauer hat sie 1947 in einem kleinen Buch mit dem Titel „Lichter im Dunkel" beschrieben. Vom 29. Januar 1943 bis zum 23. April 1945 war er mit seiner Frau - beide Juden - auf der Flucht. Sie sollten evakuiert werden, was für sie wohl den sichern Tod bedeutet hätte. Der Fluchtweg führte sie von Berlin nach Pommern, von Pommern wieder nach Berlin und von dort dann nach Württemberg. Sie wurden im ganzen in 66 Häusern aufgenommen, davon in 34 Pfarrhäusern. Ständig in Angst, erkannt und in ein Vernichtungslager abgeschoben zu werden, erfuhren sie aufopferungsvolle Hilfe. Für die Helfer hätte eine Entdeckung die sofortige Einlieferung in ein Konzentrationslager bedeutet.

Verdrängung . . .

Nach dem 2. Weltkrieg versuchten viele Menschen in Deutschland, das entsetzliche Geschehen zu verdrängen.

Zwei Äußerungen im Rückblick:

Wir haben nicht protestiert, weil wir gar nichts wußten. Sicher, daß Hitler die Juden nicht mochte, das war kein Geheimnis. Aber wir wußten nicht, daß er Millionen von ihnen vergasen ließ. *vielgehörte Äußerung nach 1945*

Wir haben nicht protestiert, und wir haben wenig getan für die Juden, weil wir Angst hatten, eingesperrt zu werden. Daß die Juden verfolgt und ermordet wurden, war im allgemeinen ein offenes Geheimnis.

Pfarrer, der sich für die Juden im Dritten Reich einsetzte

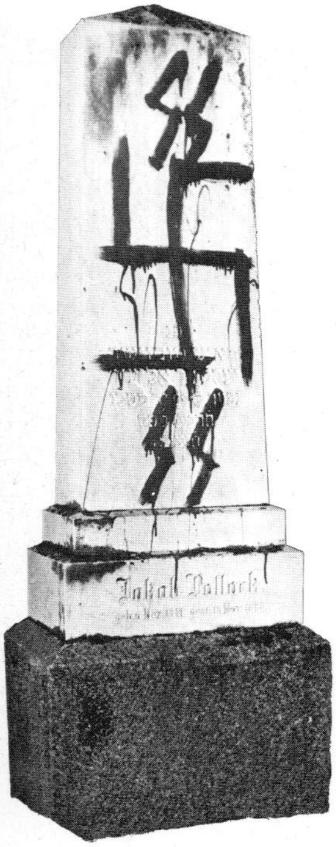

Jüdische Gräber in Freiburg geschändet

Was würdest du in einer Auseinandersetzung neonazistischen Argumenten entgegensetzen?
Wie hoch schätzt du die Gefahr ein, daß Neonazis in der BRD wieder Einfluß gewinnen können?

Mit Erschrecken stellen wir heute fest, daß es nicht nur unbelehrbare Altnazis gibt, sondern auch neue Gruppen entstehen, die junge Menschen für ihre nazistische Weltanschauung gewinnen wollen. Rechtsradikale Zeitungen bilden für sie das geistige Umfeld, in dem die Wahrheit über den Nationalsozialismus in dümmster und übelster Weise verdreht wird.
Ein Beispiel:

Das Hakenkreuz – kein Zeichen für wilden Antisemitismus

Die alten Germanen waren tolerant und gastfreundlich. Bismarck war ein Freund der Juden. Hitler ließ 3 KZ-Kommandanten wegen Übergriffen hinrichten.
Es gibt gegenwärtig einige Gruppen Jugendlicher, die glauben, ihren Patriotismus damit beweisen zu müssen, daß sie sich eine Armbinde mit dem Hakenkreuz an den Arm machen und dann unflätige antisemitische Sprüche von sich geben, einschließlich solcher, die den Juden Tod und Vernichtung androhen.
Es ist sehr wahrscheinlich, daß die meisten dieser Jugendlichen wirklich ehrlich ihrem Volk dienen wollen und sie empört sind, wie Deutschland und seine Ehre in den Schmutz gezogen wird. Damit liegen sie richtig, wenn sie das Hakenkreuz nicht beschmutzen lassen. Aber sie liegen ganz falsch, wenn sie damit ausfällig gegen die Juden allgemein werden.
Wir und alle echten Patrioten, die sich auch aufgrund ihrer Lebenserfahrung und aufgrund langjährigen Suchens ein wahres Bild über die Vorkommnisse im 3. Reich machen können, sind sehr erleichtert, eindeutig feststellen zu können, daß es keine Massenvernichtung von Juden gab und daß es auch gar keinen derartigen Befehl Hitlers je gegeben hat, dafür aber erwiesen ist, daß Hitler bei Deportationen von Juden angeordnet hat, daß es keine Exekutionen geben darf. Wir wissen, daß Hitler und Himmler den SS-Richter Morgen in die Konzentrationslager schickte und Bewacher, die sich etwas zuschulden kommen ließen und die Leute terrorisierten, bestrafen und dabei allein drei KZ-Kommandanten hinrichten ließ.

aus: Deutscher Standpunkt, 1978

BITTE LESEN UND WEITERGEBEN
DIE WAHRHEIT FÜR DEUTSCHLAND
Mitteilungsblatt der Deutsch - Völkischen Gemeinschaft (DVG)
Nr. 9/ 1977

AUSCHWITZ ist nunmehr nach dem Dachau- und Buchenwald- Schwindel das letzte KZ, von dem Vergasungen behauptet werden. Von Schulen, Presse, Rundfunk und Fernsehen.
Glauben Sie denen noch?
Dann lesen Sie mal folgende Seiten!:

Die WAHRHEIT über AUSCHWITZ:

. . . oder Neuanfang

Andere versuchten einen neuen Anfang. Sie erkannten: Ein neuer Anfang ohne Umkehr ist nicht möglich. In der „Stuttgarter Schulderklärung“ von 1945 bekannte sich die Evangelische Kirche in Deutschland zu ihrer Schuld:
„Mit großem Schmerz sagen wir: Durch uns ist unendliches Leid über viele Völker und Länder gebracht worden. Was wir unseren Gemeinden oft bezeugt haben, das sprechen wir jetzt im Namen der ganzen Kirche aus: Wohl haben wir lange Jahre hindurch im Namen Jesu Christi gegen den Geist gekämpft, der im nationalsozialistischen Gewaltregiment seinen furchtbaren Ausdruck gefunden hat; aber wir klagen uns an, daß wir nicht mutiger bekannt, nicht treuer gebetet, nicht fröhlicher geglaubt und nicht brennender geliebt haben. Nun soll in unseren Kirchen ein neuer Anfang gemacht werden. Gegründet auf die Heilige Schrift, mit ganzem Ernst ausgerichtet auf den alleinigen Herrn der Kirche, gehen sie daran, sich von glaubensfremden Einflüssen zu reinigen und sich selber zu ordnen. Wir hoffen zu dem Gott der Gnade und Barmherzigkeit, daß er unsere Kirchen als sein Werkzeug brauchen und ihnen Vollmacht geben wird, sein Wort zu verkündigen und seinem Willen Gehorsam zu schaffen bei uns selbst und bei unserem ganzen Volk. Daß wir uns bei diesem neuen Anfang mit den anderen Kirchen der ökumenischen Gemeinschaft herzlich verbunden wissen dürfen, erfüllt uns mit tiefer Freude.
Wir hoffen zu Gott, daß durch den gemeinsamen Dienst der Kirchen dem Geist der Gewalt und der Vergeltung, der heute von neuem mächtig werden will, in aller Welt gesteuert werde und der Geist des Friedens und der Liebe zur Herrschaft komme, in dem allein die gequälte Menschheit Genesung finden kann.
So bitten wir in einer Stunde, in der die ganze Welt einen neuen Anfang braucht: Veni, creator spiritus!“

Praktischer Einsatz im Kibbuz vermittelt Einblicke in ein gemeinsames Leben.

In dieser Erklärung sind die Judenverfolgungen nicht direkt genannt. Wollten die Verfasser die Erinnerung an die Massenmorde „verdrängen“?

Aktion Sühnezeichen

1958 wurde in Deutschland von Christen die Aktion Sühnezeichen gegründet. Die Mitglieder sagten: „Wir bitten die Völker, die Gewalt von uns erlitten haben, daß sie uns erlauben, mit unseren Händen und mit unseren Mitteln in ihrem Land etwas Gutes zu tun, ein Dorf, eine Siedlung, eine Kirche, ein Krankenhaus oder was sie sonst Gemeinnütziges wollen, als Versöhnungszeichen zu errichten . . .“
Aus Berichten von der Arbeit in Israel:
„Ich begegnete Jugendlichen, die sich selbst als Überlebende von Auschwitz begriffen, weil ihre Eltern zufällig der Vernichtung entkommen waren. Während einer Busfahrt kam ich durch Zufall mit einer Frau ins Gespräch, die das Konzentrationslager Stutthof überstanden hatte. Sie berichtete mir, wie unangenehm es ihr gewesen sei, daß sie einmal darum bitten mußte, ein Gespräch mit jungen Deutschen auf Englisch fortzusetzen, weil einer der Deutschen genau denselben Dialekt sprach wie ein SS-Aufseher im Lager.“
Schon auf dem Schiff haben die elf, die im September 1961 nach Israel fahren, die

Erkundigt euch über die heutige Arbeit dieser Organisation. Sie heißt seit einigen Jahren „Aktion Sühnezeichen/Friedensdienste“. Diskutiert, ob auch heute noch Jugendliche z. B. in Israel Sühnearbeit leisten sollten?

ersten Gespräche mit Juden, zuerst zurückhaltend, dann aber immer freundlicher. ‚Bitte, hilf meinem Mann! Wir haben doch niemanden mehr.' Die Frau hebt ihren mit der Nummer tätowierten Arm und bricht in Tränen aus. So wurde ich in Tel Aviv noch während meiner Hospitationswoche empfangen.
„Immer wieder hören wir: Wie freue ich mich, daß es so etwas in Deutschland gibt, daß man begangenes Unrecht einsieht, daß man ganz neu beginnen möchte. Eine Dame, die damals als einziges Familienmitglied gerade noch aus Deutschland entkommen ist, sagt: ‚Das habe ich bis jetzt nicht geglaubt, daß so etwas möglich wäre'."

Gottes verschiedene Kinder

Die Wurzel des Christentums

Viele Christen fingen nach Auschwitz an, über die Grundlagen ihres Glaubens neu nachzudenken. Sie entdeckten, daß die christliche Gemeinde im Judentum wurzelt. Der Jude Schalom Ben-Chorin hat das 1961 so ausgedrückt: „Die Kirchen versuchen eine besonders tiefgreifende Revision: Während sie früher vom verworfenen Israel ausgingen, wird heute von deutschen Kanzeln allenthalben über die Stelle im Römerbrief (11,18) gepredigt: ‚So sollst du wissen, daß du die Wurzel nicht trägst, sondern die Wurzel trägt dich.' Also das Christentum trägt nicht das Judentum, sondern das Judentum – die Wurzel – trägt die Kirche."

Die Wurzel Jesse, häufige Darstellung aus dem Mittelalter: Aus dem Vater Davids, Isai, wächst der Stammbaum Jesu. Auch dieses Bild ist Ausdruck des Verhältnisses zwischen Judentum und Christentum.

Christen und Juden im Gespräch bei einem Kolloquium zum Thema „Sich ein Bild vom anderen machen". Von links nach rechts: J. M. Lustiger, der (kath.) Erzbischof von Paris, H. Hild, der (ev.) Kirchenpräsident von Hessen-Nassau, Dr. N. P. Levinson, Landesrabbiner von Baden.

Überlegt: Was hat sich nach Aussagen dieser Erklärung im Verhältnis zwischen Juden und Christen geändert? Was muß sich noch ändern?

Welche Gemeinsamkeiten zwischen Juden und Christen betont diese Erklärung? Welcher Auffassung widerspricht die Erklärung ausdrücklich?

Auf dem Weg zu neuer Gemeinschaft

Einige christliche Kirchen haben in den letzten Jahren die Gemeinsamkeiten zwischen Judentum und Christentum in Erklärungen betont. Ein Beispiel dafür ist die Erklärung der badischen Landessynode von 1984:

1. Die Synode stellt sich der geschichtlichen Notwendigkeit, aufgrund biblischer Einsicht ein neues Verhältnis der Kirche zum jüdischen Volk zu gewinnen.
   Durch Jahrhunderte wurden christliche Theologie, kirchliche Predigt, Unterweisung und kirchliches Handeln immer wieder von der Vorstellung belastet, das jüdische Volk sei von Gott verworfen.
   Dieser christliche Antijudaismus wurde zu einer der Wurzeln des Antisemitismus.
   Deshalb bekennen wir betroffen die Mitverantwortung und Schuld der Christenheit in Deutschland am Holocaust.
2. In unserem Bemühen um eine neues Verstehen stellen wir dankbar fest, daß das Alte Testament gemeinsame Grundlage für Glauben und Handeln von Juden und Christen ist.
   Wir sehen den unlösbaren Zusammenhang des Neuen Testaments mit dem Alten Testament neu.
   Wir lernen deren Verhältnis zueinander von der Verheißung Gottes her verstehen: Gott gibt, erfüllt und bekräftigt sie neu.
   Das „Neue" ersetzt nicht das „Alte."
3. Wir glauben an Gottes Treue:
   Er hat sein Volk Israel erwählt und hält an ihm fest.
   Darum müssen wir der Auffassung widersprechen, daß Israel von Gott verworfen sei. Die Erwählung Israels wird auch nicht durch die Erwählung der Kirche aus Juden und Heiden aufgehoben.
   Wir Christen bekennen uns zu Jesus, der ein Jude war, als dem für alle gekreuzigten, auferstandenen und wiederkommenden Herrn, dem Heiland der Welt.
   Mit Schmerz und Trauer stellen wir fest, daß uns dieses Bekenntnis vom Glauben des jüdischen Volkes trennt.
   Im Glauben an Jesus Christus und im Gehorsam ihm gegenüber wollen wir unser Verhältnis zu den Juden neu verstehen und festhalten, was uns mit ihnen verbindet.
4. Wir bekennen mit den Juden Gott als den Schöpfer des Himmels und der Erde.
   Wir glauben mit den Juden, daß Gerechtigkeit und Liebe Weisungen Gottes für unser ganzes Leben sind.
   Wir hoffen mit den Juden auf einen neuen Himmel und eine neue Erde und wollen mit ihnen in der Kraft dieser Hoffnung für Gerechtigkeit und Frieden in dieser Welt arbeiten.

Wir bitten Gemeinden und Kirchenbezirke, an diesem Thema weiterzuarbeiten und im Bemühen nicht nachzulassen, auf diese Weise in der Begegnung mit der Judenheit zu einem erneuerten Verhältnis zueinander zu gelangen.

… und dann der Tod

Der Tod ist groß.
Wir sind die Seinen
lachenden Munds.
Wenn wir uns mitten im Leben meinen,
wagt er zu weinen
mitten in uns.

Rainer Maria Rilke

Denn ich bin gewiß,
daß weder Tod noch Leben,
weder Engel noch Mächte noch Gewalten,
weder Gegenwärtiges noch Zukünftiges,
weder Hohes noch Tiefes noch eine andere Kreatur
uns scheiden kann von der Liebe Gottes,
die in Christus Jesus ist, unserm Herrn.

Römer 8, 38f.

Tod und wir

Anonyme Bestattung

Die Texte zeigen verschiedene Aspekte unseres Umgangs mit dem Tod und geben Erklärungen dafür. Welche sind es? Gibt es weitere Gesichtspunkte zum gesellschaftlichen Umgang mit dem Tod?

Der anonyme Urnenhain in Hamburg-Öjendorf ist ein rechteckiges Rasenstück, umrahmt von blühenden Sträuchern und Bäumen. Ein schmaler Weg führt zur Mitte, zu einem Gedenkstein. An der Seite befinden sich zwei wassergefüllte Steinbecken mit installierten Grabvasen für die Blumen. Die lineare Anordnung wird durch vereinzelte Blumentöpfe unterbrochen, die um den Gedenkstein herum und an den Rasenrändern bei den Bäumen stehen.

Seit 1976 können Verstorbene in Hamburg und anderen Städten Norddeutschlands anonym bestattet werden. Gelegentlich sind auch anonyme Erdbestattungen möglich, zum Beispiel in Hamburg-Altona und Hamburg-Öjendorf. Anonym, das heißt: Urne oder Sarg werden ohne Beisein der Angehörigen an unbekannter Stelle auf einem anonymen Urnenhain oder einem anonymen Hain für Erdbestattungen beigesetzt. Ort und Zeitpunkt der Bestattung bleiben geheim; die Angehörigen erhalten lediglich irgendwann eine schriftliche Bestätigung, daß der Verstorbene beigesetzt wurde.

Ein Bestattungsunternehmer sagt: „Das hat nichts mit meinem Geschäft zu tun, aber das seh' ich als Einschnitt in die Kultur, wenn Tote so weggeschafft werden; so, auf dem Feld, da liegt er – das könnte man fast als Massengrab ansehen."

Jede Urne kriegt zwar ihr eigenes Grab; aber pro Beisetzung – durchschnittlich zweimal im Monat – kommen in Öjendorf und Ohlsdorf etwa 40, in Altona etwa sechs Urnen unter die Erde. „Vor den Feiertagen ist es immer besonders viel", erzählen die Öjendorfer Friedhofsgärtner. „Unser Rekord waren 118 Urnen."

Vor dem anonymen Urnenhain in Hamburg-Ohlsdorf herrscht reger Betrieb. Auf den Bänken, im Halbrund um die Rasenfläche, sitzen viele ältere Menschen, vor allem Frauen zwischen 60 und 80 Jahren. Viele kennen sich. „Unsere Kinder leben im Ausland", erzählt mir die erste Frau, mit der ich spreche. „Mein Mann und ich wollten deshalb hier bestattet werden. Als mein Mann noch lebte, gingen wir auch schon oft zum Friedhof, und dann sagte er fast jedesmal: „Wollen wir noch mal zu uns gehen? Wir haben schon immer hier gesessen." Die zweite Frau, die ich treffe, sagt: „Wissen Sie, diese Anlage und der schöne Blick geben mir viel mehr als so ein kleines Stück Grab und ein Stein." Auch ihre Kinder arbeiten in anderen Städten. Daß sie keinen direkten Bezug zum Grab ihres Mannes habe, störe sie nicht.

„Diese Anlage könnte nicht schöner sein, aber ich frage mich jedesmal: Wo liegt er?" Die dritte Frau kämpft mit den Tränen. Es war nicht ihre Entscheidung, daß ihr Mann anonym bestattet wurde. „In diese Blumenkübel kann ich keine Blumen stellen. Das ist viel zu distanziert."

Jeder hält jeden für sterblich - außer sich selbst

Pjotr Ivanovitschs Freund ist gestorben. Bei der Beerdigung denkt er über den Tod nach: Drei Tage und drei Nächte furchtbare Leiden und der Tod. Das kann ja auch mich jeden Augenblick treffen, dachte er, aber sofort - er wußte es selbst nicht wie - kam ihm der alltägliche Gedanke zu Hilfe, daß es ja Ivan Iljitsch, nicht ihn getroffen habe und daß es ihn nicht treffen dürfe und nicht treffen könne ... Diese Betrachtung beruhigte Pjotr Ivanovitsch.

Leo Tolstoi

Der „alltägliche Gedanke" von Pjotr hilft sicher auch den Zuschauern von Krimis, Verkehrsunfällen und Tagesschauen. Warum faszinieren Berichte und Filme über Sterben und Töten so viele Menschen?

Ein 15jähriges Mädchen

„Mir persönlich würde alles, was sonst mein Leben bestimmt, mit einem Schlag unwichtig erscheinen. Dann bedrängten mich eher Fragen wie ‚Gibt es ein Leben nach dem Tod?' Eigentlich kann ich mir gar nicht vorstellen, daß mit ein paar Jahren lumpigen Lebens alles aus sein soll. Aber die Frage nach dem Sinn des Lebens ist schon wieder ein anderes Thema. Man denkt im allgemeinen nicht über den Tod nach. Man lebt einfach so in den Tag hinein. Dabei ist jeder einzelne kostbar."

Was kommt nach dem Tod

was kommt nach dem tod?
nach dem tod
kommen die rechnungen
für sarg, begräbnis und grab

was kommt nach dem tod?
nach dem tod
kommen die wohnungssucher
und fragen, ob die wohnung erhältlich

was kommt nach dem tod?
nach dem tod
kommen die grabsteingeschäfte
und bewerben sich um den auftrag

was kommt nach dem tod?
nach dem tod
kommt die lebensversicherung
und zahlt die versicherungssumme

was kommt nach dem tod?

Kurt Marti

Trauerarbeit II

In tiefer trauer
plötzlich und unerwartet
für immer von uns gegangen
verschied
wir haben die schmerzliche pflicht
in den ewigen frieden heimgegangen
nach einem arbeitsreichen leben
verstarb
ist heimgegangen zu Gott
völlig unerwartet
tiefbewegt geben wir kenntnis
entschlief
zu sich in die ewigkeit aufgenommen
in das ewige reich gegangen
hat Gott zu sich geholt
entschlummert
von schwerem qualvollem leiden erlöst
sanft entschlafen
in unermeßlichem ratschluß
abberufen
wir nehmen abschied
in aller stille erlöst
wir beklagen den Tod unseres teuren
fortgegangen
tot

Horst Bienek

Die verschiedenen Ausdrucksweisen in „Trauerarbeit" zeigen oder verdecken die Beziehungen des Sprechers zum Verstorbenen. Stellt möglichst viele Umschreibungen für „sterben" zusammen und diskutiert die Betrachtungsweisen, die jeweils dahinterstehen.

Tod im Alltag

Sterben zu Hause

Unsere Tante (80) hatte Darmkrebs. Ihr Zustand verschlimmerte sich plötzlich so, daß wir sie ins Krankenhaus bringen mußten. Eine Operation zeigte, daß man eigentlich nur noch auf ihren Tod warten konnte. Sie litt während der drei Wochen im Krankenhaus sehr unter der unpersönlichen Pflege und dem ständig wechselnden Personal. Ihr ganzes Leben hatte sie im geborgenen Familienkreis verbracht. Wie ernst ihr Zustand war, ahnte sie und fühlte sich in der Anonymität des Krankenhauses besonders einsam. Da man medizinisch nichts mehr erreichen konnte, haben wir uns entschlossen, sie nach Hause zu holen.
Hier, in der gewohnten Umgebung, erholte sie sich zunächst, nahm Anteil an uns und fühlte sich dadurch mit ihrem Sterben nicht mehr außerhalb des Lebens. *Wir* entdeckten, daß das Sterben mitten in unserem täglichen Leben nicht so fremd und erschreckend war, wie wir fürchteten. Unser Familienleben mußte sich der Kranken anpassen. Das forderte Opfer von allen, aber zugleich ging etwas von der Patientin aus, was die Schwierigkeiten überwog. Wir haben uns später gefragt, was es wohl war. Sicher hat auch ihre Dankbarkeit die Pflege erleichtert und uns gezeigt, daß wir etwas leisten konnten, was wir uns nicht so ohne weiteres zugetraut hätten.
Wir erlebten, wie die Nähe des Todes einen Menschen fordert. Anscheinend lief ihr Leben noch einmal vor ihr ab. Sie sprach und träumte viel von ihrer Kindheit. Sie wollte von diesen Bildern und Gedanken nicht abgelenkt werden, es war ihr sogar wichtig, darüber zu sprechen. Was sie aber wohl noch stärker beschäftigte, war das, was ihr bevorstand. Sie glaubte an ein Leben nach dem Tode und war darum bereit, ihr Sterben als einen Weg dahin anzuerkennen. An allem, was in ihr vorging, wollte sie uns teilnehmen lassen, aber wir konnten nicht immer folgen.
Ich lernte, wie wichtig es ist, einem Sterbenden zuzuhören. Es entsteht mit der Zeit eine Gemeinsamkeit, in der auch das Schwerste ausgesprochen werden kann. Bei alledem darf man keine Angst haben, wenn auch schmerzliche und protestierende Gedanken ausgesprochen werden. Mir kam es in den drei Wochen, die sie bis zu ihrem Tod bei uns lag, so vor, als ob das menschliche Bewußtsein in einer solchen Situation wächst. Das muß wohl der Sinn solcher Leidenszeiten sein, die zum Tod führen. . . .

Stella Baum

Beistand im Sterben

Viele Menschen sterben einsam und verlassen. Dabei braucht ein Sterbender die Nähe, Geborgenheit und Liebe eines Menschen wie in keiner anderen Lebenssituation. Doch oft wissen wir nicht, wie wir uns angesichts eines sterbenden Menschen verhalten sollen. Hierfür gibt es auch keine allgemein gültigen Rezepte. Einfühlungsvermögen und Rücksichtnahme sind erforderlich. Einige Hinweise können aber hilfreich sein:

Der HERR ist mein Hirte,
mir wird nichts mangeln.
Er weidet mich auf einer grünen Aue
und führet mich zum frischen Wasser ...
Er erquicket meine Seele.
Er führet mich auf rechter Straße
um seines Namens willen.
Und ob ich schon wanderte im finstern Tal,
fürchte ich kein Unglück;
denn du bist bei mir,
dein Stecken und Stab trösten mich.
Du bereitest vor mir einen Tisch
im Angesicht meiner Feinde.
Du salbest mein Haupt mit Öl
und schenkest mir voll ein.
Gutes und Barmherzigkeit werden
mir folgen mein Leben lang,
und ich werde bleiben
im Hause des HERRN immerdar.

Psalm 23

Käthe Kollwitz: Der Ruf des Todes

– Dabei sein: Den Sterbenden nicht alleine lassen, auch und gerade dann nicht, wenn er bewußtlos zu sein scheint. Auch wenn Sterbende ihre Angehörigen nicht mehr erkennen, auf Anreden nicht mehr reagieren, so spüren sie doch die Nähe eines Menschen. Ein Angehöriger, der am Bett eines Sterbenden ausharrt, kann ihm so zu einer Stütze werden, an die er sich klammern kann.
– Mit Sterbenden sprechen: Nicht ununterbrochen, wie ein Wasserfall, aber immer wieder neu mit fester und ruhiger Stimme. Man kann von früheren Erlebnissen erzählen, von gemeinsamen Bekannten, von überstandenen Sorgen. Aber Vorsicht bei Gesprächen mit anderen. Es ist wahrscheinlich, daß der Kranke alles versteht, auch wenn er keine Reaktion zeigt. Das Gehör fällt beim Sterbenden als letztes Sinnesorgan aus. Auch wenn er keine Antwort mehr gibt, versteht er oft noch alles. Also keine medizinischen Diagnosen stellen, nicht schon Beerdigung oder gar Erbfragen abklären wollen. Grundsatz sollte sein: Im Krankenzimmer wird nur mit dem Kranken gesprochen, nie über ihn.
– Sterbenden Sorgen nehmen: Viele Sterbende machen sich Sorgen um ihre Angehörigen: Kommen sie alleine zurecht? Wie wird ihre Zukunft aussehen? Hier kann man Entlastung schaffen und Sorgen nehmen, den Sterbenden beruhigen. Hinweise auf Nachbarn, Freunde, die großen Kinder können sicherlich helfen.
– Körperlichen Kontakt halten: Wir schrecken heute oft vor körperlichen Kontakten zurück, obwohl wir Menschen sie brauchen. Gerade für einen Sterbenden sind Ausdrucksformen der Liebe wichtig: Handhalten, streicheln, liebkosen ...
– Mit Sterbenden beten: Psalmen, Vaterunser, Sterbegebete ... Solche Gebete helfen den Sterbenden, einen Blick über sich selbst hinaus zu gewinnen, eine vielleicht schwächer gewordene Beziehung zu Gott wieder neu anzuknüpfen.

Das Problem mit der Wahrheit

Zu grausam?

*Wahrheit kann grausam sein, Wahrheit kann helfen.
Unter welchen Bedingungen sollte man Todkranke über ihre Situation informieren?*

„Nicht die geringste Hoffnung, hatten die Ärzte gesagt, und ich hatte gewußt, daß sie die Wahrheit sprachen. Und wenn sie mir nun die Wahrheit verheimlicht hätten, wenn ich ahnungslos gewesen wäre wie du? Nein, sie haben gut daran getan. Vor die Wahl zwischen Nichtwissen und Wissen gestellt, würde ich mich immer für das zweite entscheiden. Also war ich mit mir selbst nicht im reinen. Ich verlangte, daß man sich auf eine bestimmte Weise zu mir verhielt, und dir gegenüber verhielt ich mich anders. Ich zerstörte unsere Gleichheit, ich wurde zur Beschützerin. Aber ich wollte dich ja glücklich sehen, und dieser Wunsch war stärker als alles andere; wenn du zu mir sagtest: „Ich bin glücklich" wurden alles Verschweigen, jede Lüge süß wie Honig. Ich hätte die ganze Welt zum Lügen gebracht für das Lächeln, das du mir damals schenktest, als ich dir sagte, alles sei harmlos."

Nach einer weiteren Operation

„Dein erster Blick. Er tauchte aus einer anderen Welt empor, die er fliehen wollte. ‚Alles geht gut', sagte ich. Du hast gelächelt und meine Hand berührt. Von diesem Augenblick an wurde es ganz anders, als ich es mir vorgestellt hatte: mir war nur in deiner Nähe wohl. Der Bereich des Schattens zog sich um uns zusammen, aber daß du da warst, scheinbar unversehrt, daß du nichts wußtest, gab mir ein Gefühl der Sicherheit. Du halfst mir, ohne es zu wissen; dein Glück zwang mich zur Täuschung. Ich erzählte, wie gut die Operation verlaufen sei, ich setzte mit dir zusammen die Antworten für die dringendsten Briefe auf, dann tippte ich sie ab und wandte dir dabei den Rücken zu, um mein Gesicht ein wenig zu entspannen. Ich schrieb Schecks aus, das Geld zerrann ... „Im März arbeite ich wieder", sagtest du und fügtest dann hinzu: „Ich bin glücklich."

Nach Wochen

„Als ich die Tür unseres Zimmers wieder schloß, wußte ich nicht, daß ich dich zum letzten Male gesehen hatte. Noch vor Mittag würde man im Imperfekt von dir sprechen. Er liebte, er wollte, er arbeitete, er fürchtete. Imperfekt: Zeitform des Todes. Ich weiß nicht, wer sie zuerst gebraucht hat, die Ärzte, Freunde, die herbeigeeilt waren, oder ich. Vielleicht habe ich selbst gesagt: „Ich wußte es." Sooft ich die Kinder das Verb *sein* durch alle Zeiten des Indikativs aufsagen höre, denke ich an diesen entscheidenden Einschnitt, den das Imperfekt eines Morgens für mich bedeutet hat. *Er war,* das will sagen: er wird nie mehr sein. Vorbei. Zu Ende. Schlagt den Kopf gegen die Wand, heult, steht versteinert, tut, als wäre nichts, knirscht mit den Zähnen, betet, begehrt auf, findet euch ab, ihr werdet nichts ändern; er war, also ist er nicht mehr. Die ganze Welt und ihr selbst habt das Recht, ja die Pflicht, im Imperfekt von ihm zu sprechen. Eben habt ihr begonnen, die Zeitform zu gebrauchen, die fortan die seine ist.
Wir brauchen nicht mehr leise zu sprechen, um dich nicht zu wecken. Deine Abwesenheit von der Welt begann. Ich war allein." *Anne Philipe*

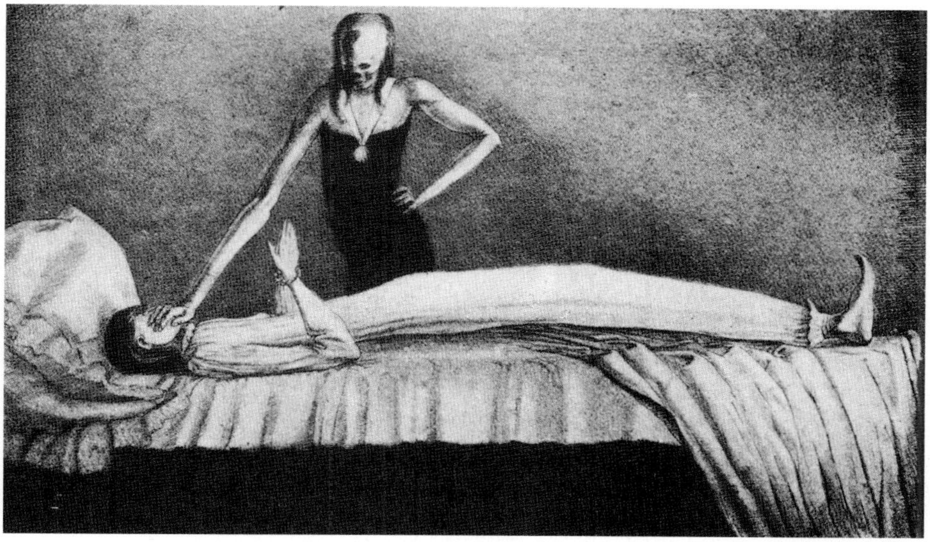

Alfred Kubin, Der beste Arzt. 1977

Blick ins Jenseits?

Berichte

Seit einiger Zeit liest man immer häufiger Berichte von Menschen, die bereits klinisch tot waren und wieder belebt werden konnten:
„Mein Bewußtsein war merkwürdig ruhig und klar. Ich hatte auch keine Schmerzen mehr. Nach und nach begann sich das Bewußtsein zu verdichten. Ich wurde ganz und gar Kopf, nur Kopf. Dann hatte ich das Gefühl, als ob ‚ich' vollständig konzentriert war auf einen kleinen Bewußtseinsfleck irgendwo mitten im Kopf."
„Ich hatte meinen Leib verlassen. ... Ich bewegte mich sehr schnell auf ein strahlend helles Netz zu, das an den Schnittpunkten seiner leuchtenden Stränge mit einer kalten Energie sondergleichen vibrierte. Das Netz war wie ein Sperrgitter, das ich nicht durchbrechen wollte ...."

Eine Schleuse hat drei Stufen. Wenn man dieses Bild auf Leben und Sterben bezieht, muß man etwas drittes voraussetzen.
Manche meinen, daß diese Berichte ein Leben nach dem Tod beweisen. Unterstützt das Bild von der Schleuse diese Meinung?
Andere sagen, daß diese Berichte die letzte Stufe des Sterbens beschreiben: der Körper sammelt im letzten Moment alle Energien im Bewußtsein.

Schleuse?

„Wenn Bilder zur letzten Sterbephase überhaupt etwas besagen, so finde ich den von der Schleuse zutreffend. Scheinbar bleiben wir, wenn das Sterben beginnt, in dem Wasser des Flusses, das wir kennen. Da liegt der Körper auf dem Bett, und noch beseelt ihn der Geist. Aber ein Tor ist hinter ihm zugegangen und schließt den Zufluß des alten, schwarzen Wassers aus. Der Mensch hat eingewilligt in den Übergang, und langsam, bevor das andere Schleusentor geöffnet werden kann, dringt anderes Wasser ein, das ihn höher trägt, damit er auf das Niveau gelangen kann, auf dem er nun weiterschwimmen soll, wenn er aus dem Tunnel und dem schwarzen Wasser seiner Ängste hinausdringt in das Licht." *J. Ch. Hampe*

Erfahrungen - Deutungen

Machtlos vor dem Feind

Instinktiv befällt jeden Menschen eine körperliche Angst vor seinem eigenen Tod. Hinzu kommt ein Gefühl der Entmachtung, weil einem das genommen wird, was man einzig wirklich zu besitzen glaubt: das eigene Leben. Auch Zorn entsteht, der Zorn darüber, daß die eigenen Lebensmöglichkeiten und Pläne so brutal zerstört werden. Diese Empfindungen beschreibt der Psalmist:

Welche der beiden Todesverständnisse entspricht dem Bild eher?

Suche eine Überschrift für das Gedicht von H. Hesse.

Welcher Zusammenhang besteht zwischen Lebenseinstellung und Deutung des Todes?

Mein Herz ängstet sich in meinem Leibe, und Todesfurcht ist auf mich gefallen. Furcht und Zittern ist über mich gekommen, und Grauen hat mich überfallen. Ich sprach: O hätte ich Flügel wie Tauben, daß ich wegflöge und Ruhe fände! Siehe, so wollte ich in die Ferne fliehen und in der Wüste bleiben. *Psalm 55,5–8*

An Tagen, wo ich meine Finger biegen kann,
Vergehn mit Verseschreiben mir die Stunden,
Und wenn ich einen guten Vers gefunden,
Geht mich die Welt, die Gicht, der Schmerz nichts an.

An andern Tagen geht das Schreiben nicht.
Dann lausch ich dem, der tief in meinen Knochen
Sich dehnt und immer weiter kommt gekrochen.
Es ist der Tod, doch nennen wir ihn Gicht.

Ich lieb ihn nicht, oft liegen wir im Streit.
Doch weiß ich manchmal, daß er nicht im Bösen
Sich um mich müht. Sein Amt ist das Erlösen,
Und willig folg ich eine Strecke weit.

Wenn wir einst ganz versöhnt und einig sind,
Dann werd ich ihn nicht Gicht, nicht Tod mehr nennen.
Als ewige Mutter werd ich ihn erkennen
Als Liebe seinen Ruf, und mich als Kind.

H. Hesse

A. Rethel: Der Tod als Freund

Plan für ein Sterben

Inmitten wo, umgeben von wem, dem oder jenem, das will überlegt sein, damit man nicht unvorbereitet betroffen wird. Es stellt sich die Frage, ob einsam, ob gemeinsam; letzteres wieder faltet sich auf zu vielfachen Möglichkeiten. So durch die Bombe, die eine, die als einzige diese Bezeichnung noch verdient; langsame Atompilzvergiftung; schnelles Veraschen und Wegwehen, vor dem man sich noch gegenseitig die Hand reichte, um unerwartet ineinander zu stäuben.
Oder hingemacht und zurechtgemacht als Brennholz auf Brennholz; nach gasigem Ersticken in Öfen gestapelt, damit sich das irdische Klima verändere. Und wahrhaftig: das tut es, man weiß es, und weiß, was der restlichen Rotte Mensch danach blüht. Kein Eden. Oder untergeschaufelt werden in stiller Talsenke: von gestern noch höflich grüßenden Nachbarn und einem gehörigen Teil der Maschinengewehrgarbe getroffen, sich vornüberneigen, beugen, krümmen über den Rand des Grabens, eigner Hand Produkt gar, schon vergessen vom Schützen und hinab in die Ewigkeit, die mit der Elle des Todes gemessen wird.
Doch sein kann auch, ziehen die Mächte sich friedlich aus ihren Affären, ein zum Stillstandkommen, verschränkt im Blech des benzinpferdigen Sarkophags nach rasender Fahrt: Baum, du hast mich bezwungen, aber was dir an Rinde jetzt fehlt, macht dich eingehen und dorthin, wohinein die Bäume nicht wachsen, wo mir der Eintritt verwehrt ist.
Wartet einer nur kurz, heißt er Infarkt: Gebrochenes Herz des neunzehnten Jahrhunderts, Folge einer persönlich nicht zu bewältigenden Nachricht: einstmals beschrieben als heftiger Griff zur linken Brustseite hin, schmerzverzerrt, doch edel, Einkrampfen der Finger in den Stoff, der sich nach dem dumpfen Fall auf die Dielen wieder glättet.
Wartet einer seine Zeit, heißt er Krebs; mikroskopischer Kannibale, der in den andern Kannibalen seßhaft wird, sich an ihnen zu delektieren, während sie selber noch umhergehen und missionieren, denn alle Kannibalen sind auch Missionare und bringen frohe Botschaft vom ungesühnten Schlachtfest und ihr Evangelium ist die Gebrauchsanweisung für Kreuzigungen.
Ungezählte Arten von erstaunlicher Vielfalt: die rasche, die sachte, die schmerzlose, die empfindungsreiche, die kriegerische, die mörderische, frisch-fromm-freie-friedliche, doch welche auch immer, es bleibt allerorts und jederzeit eine unabwendbare, die als Schnitter geht, der Tod heißt.

Günter Kunert

Holbein, Holzschnitte aus dem Heidelberger Totentanz

Früher sagte man, „ein Mensch wird abberufen“ oder „er geht heim“. G. Kunert verzichtet auf solche Vorstellungen. Heißt das auch schon, daß für ihn der Tod unproblematisch ist?

Vorstellungen vom Danach

Unsterblichkeit der Seele?

Manche Christen verbinden ihren Glauben an die Auferstehung der Toten mit der Vorstellung einer unsterblichen Seele.

Andere sagen: Die christliche Auferstehungshoffnung verweist auf Gottes Solidarität, die auch über den Tod hinaus bestehen bleibt. Überprüft, welcher Auffassung die folgenden Texte näher stehen.

Es gibt sehr unterschiedliche Vorstellungen davon, was mit dem Menschen nach seinem Tod geschieht. In Indianerbüchern liest man von den „Ewigen Jagdgründen", in griechischen Sagen erfährt man von einem Totenreich (Hades), unsere germanischen Vorfahren glaubten sich von einem schnellen Roß davongetragen, Moslems kennen mehrere Himmel.
Der Glaube der Griechen hat sich bis heute erhalten: Leib und Seele sind zweierlei, der Leib verwest, die Seele ist unsterblich. Sie lebt als Schatten im Totenreich weiter.
Der griechische Philosoph Plato hat diese Vorstellung weiterentwickelt. Er lehrte:
Die Seele, die unsichtbare, die in ein unsichtbares, hohes und reines Reich eilt, in die wahre Welt der Geister, zu dem guten und weisen Gotte, dorthin, wohin auch, so Gott will, meine Seele bald ziehen wird, diese hohe und reine Seele sollte, vom Leibe entbunden, zerfallen und vergehen, wie es die Menge glaubt? Nein.
Ich sage, wenn die reine Seele sich des Leibes entledigt und nichts vom Leibe mit sich schleppt, weil sie im Leben schon freiwillig nichts mit ihm gemein hatte und vor ihm geflohen ist und nur danach strebte, sich in sich selber zu sammeln ...
Dann, sage ich, scheidet die Seele von hinnen in das ihr angestammte, unsichtbare, göttliche, ewige Reich der Vernunft, dort darf sie sich ihres Heiles freuen, erlöst vom Irrtum, von der Sinnlosigkeit, der Angst, der wilden Liebe und allen Übeln. Dort lebt sie wahrhaftig, wie es unter den Eingeweihten heißt, mit den Göttern.

Himmel und Hölle

Die Vorstellung von einem Himmel und einem Totenreich gehört zum altorientalischen Weltbild, also zu den Denkvoraussetzungen der Menschen im Alten und Neuen Testament. Die Vorstellung, daß das Totenreich von einem Fürsten der Finsternis, dem Satan oder Teufel, beherrscht wird, tritt erst in den späteren Schriften des Alten Testaments auf. Sie kommt vermutlich aus persischem Denken und findet in der Bibel Eingang, weil sie Erfahrungen der Ohnmacht, des unerklärbaren Bösen und des Erfolgs von Ungerechtigkeit verständlich macht. Auch Jesus bedient sich der Vorstellung von der Feuerhölle, um die Folgen von Lieblosigkeit aufzuzeigen.
Die menschliche Phantasie hat sich sieben Himmel und sieben Höllen ausgemalt. Die „Divina Comedia" des italienischen Dichters Dante schildert sie anschaulich. Für die Menschen, die zwar nicht sündlos sind, aber auch nicht so schwer gesündigt haben, daß sie gleich zu ewigen Höllenstrafen verdammt werden, stellte man sich einen Ort zwischen Himmel und Hölle vor, das Fegefeuer oder Purgatorium. Hier – so glaubte man – würden die reuigen Sünder durch Feuer geläutert.

Diskutiert den Satz: „Was jemand ist, hängt so sehr auch mit seinem Leib zusammen, daß wir uns nicht ein getrenntes Ich ohne enge Bindung an den Leib denken können."

Jüngstes Gericht, Bamberger Dom

Gericht und Fegefeuer

Gericht Gottes
= Endgericht
= Jüngster Tag

Der Mensch verdankt sein Leben der Liebe Gottes, er ist für sein Leben vor Gott verantwortlich. Stirbt er, kommt er unmittelbar zu Gott. Er begegnet der uneingeschränkten Liebe und Heiligkeit Gottes. Über diese Begegnung schreibt ein katholischer Theologe unserer Zeit:
Die Begegnung mit Gott ist keine ewige Ruhe, sondern ungeheures und atemberaubendes Leben, ein Sturm von Glück, der uns hinwegreißt, aber nicht irgendwohin, sondern immer tiefer in die Liebe und in die Seligkeit Gottes hinein. In unserem Tod werden wir Gott endgültig und für immer begegnen.
Diese Begegnung wird uns zum Gericht. Jeder von uns hat wohl schon Ähnliches erfahren: man begegnet einem Menschen, der ganz gütig und ganz lauter ist – und dann sieht man sich selbst plötzlich mit anderen Augen an. Man erkennt mit einemmal, wie eng und egoistisch man bis in den Grund seines Herzens eingestellt war, welch traurige Wege man gegangen ist und wie sehr man sein Leben ändern müßte. Erfahrungen dieser Art sind unabdingbar, wenn wir begreifen wollen, warum uns die Begegnung mit Gott zum Gericht wird. Wenn wir ihm in unserem Tod begegnen, werden wir zum erstenmal erkennen, wer wir in Wahrheit sind. Gott braucht gar nicht über uns zu Gericht zu sitzen, er braucht nicht auf uns einzureden, wie menschliche Richter auf den Angeklagten einreden, er braucht uns nicht zu sagen: In den und den Punkten hast du erbärmlich versagt, das und das muß ich dir ankreiden, da und da liegt deine Schuld, ich muß dich verurteilen. Nein, ein Gericht in diesem Sinn wird es bei Gott nicht geben.

Fegefeuer

Es wird ganz anders sein: gerade indem wir in der endgültigen Begegnung mit Gott das ganze Ausmaß der Güte und Liebe erfahren, mit der Gott uns zeitlebens geliebt hat, werden uns die Augen über uns selbst aufgehen. Wir werden in einem furchtbaren Erschrecken unsere Selbstgerechtigkeit, unsere Herzenshärte, unsere Herzlosigkeit und all unseren Egoismus erkennen. Das wird unendlich schmerzhaft sein und uns durchfahren wie Feuer. Wir werden, wenn Gott vor uns aufleuchtet, mit einemmal begreifen, was wir hätten sein können und was wir in Wirklichkeit waren. Das und nichts anderes ist das Gericht. Und das ist dann auch unser „Fegefeuer“. Das Wort „Fegefeuer“ ist zwar ein schlechtes und mißverständliches Wort, das ich nur höchst ungern in den Mund nehme. Es ist vorbelastet. Es klärt die Dinge nicht, sondern macht sie eher noch schwieriger. Aber das, was dieses Wort eigentlich sagen will, ist eine Realität: daß uns nämlich in der Begegnung mit dem heiligen Gott die Augen über uns selbst aufgehen, daß die Erkenntnis, was wir in Wahrheit sind, für uns unendlich schmerzhaft ist, daß uns aber gerade dieser Schmerz läutert und uns überhaupt erst dazu fähig macht, Gott zu begegnen. Das alles aber nicht als ein Vorgang, der uns als zeitliche Strafe oder als Zustand auferlegt wird, sondern als ein Geschehen, das sich unmittelbar in der Begegnung mit Gott ereignet, ja das diese Begegnung überhaupt erst ermöglicht. Am besten sagen wir einfach: Die Begegnung mit Gott in unserem Tod wird uns zum Gericht - zum Gericht, das uns wie Feuer durchfährt. Freilich wäre das alles einseitig, wenn ich nun nicht sofort noch eine dritte Aussage hinzufügen würde:

Lies Matthäus 25,31-46. Erkläre die Vorstellungen vom Endgericht und vom Fegefeuer mittels der Bilder, des Bibeltextes und der Aussagen des Theologen Lohfink.

In dieser Begegnung erfahren wir Gott nicht nur als unseren Richter, sondern wir erfahren zugleich und auf immer das Erbarmen und die Liebe Gottes.

Gerhard Lohfink

Die evangelische Kirche hat die Vorstellung vom Fegefeuer immer abgelehnt, weil Gott den sündigen Menschen bedingungslos annimmt und kraft seiner Liebe verändert.

Christliche Auferstehungshoffnung

Der ganze Mensch

Kreuz in der Pforzheimer Stadtkirche: In der Liebe Jesu geborgen, auch angesichts des Todes

Im Gegensatz zur Lehre von der Unsterblichkeit der Seele hält die biblische Anschauung an der Einheit und Ganzheit des Menschen fest. Auferstehung heißt: Der ganze Mensch als Leib, Seele und Geist ist zu ewiger Gemeinschaft mit Gott bestimmt. Derselbe Mensch, der hier lebt und stirbt, soll auferweckt werden. Seine Leiblichkeit gehört unabdingbar zu seiner Identität: Mein Leib ist nicht ein Kleid, das ich abstreifen kann. Zu mir gehört auch meine Lebensgeschichte. Vor Gott ist der Mensch einmalig und unverwechselbar. Deshalb wird in die Auferstehung all das hineingenommen, was dem Menschen diese Einmaligkeit gibt: sein Leib, seine Geschichte.

Wir hoffen nicht auf eine „private" Beziehung zwischen Gott und der einzelnen Seele, sondern auf die Gemeinschaft aller Vollendeten mit Gott und untereinander.

Auferstehung der Toten im Neuen Testament

So könnt ihr euch auch ein Bild von der Auferstehung der Toten machen. Der Mensch, der begraben wird, ist vergänglich; aber der Mensch, der zu neuem Leben erweckt wird, ist unvergänglich. Was begraben wird, ist schwach und häßlich; aber was zum Leben erweckt wird, ist stark und schön. Im Grab liegt ein Mensch, der von natürlichem Leben beseelt war. Als ein Mensch, der ganz vom Geist Gottes beseelt ist, wird er zu neuem Leben erweckt. Wenn es einen natürlichen Mensch gibt, muß es auch einen vom Geist beseelten Mensch geben ... Unser vergänglicher Körper, der dem Tod verfallen ist, muß gleichsam einen unvergänglichen Körper anziehen, über den der Tod keine Macht hat. Wenn das geschieht, wird das Prophetenwort wahr: „Der Tod ist vernichtet! Der Sieg ist vollkommen! Tod, wo ist dein Sieg? Tod, wo ist deine Macht?"

1 Korinther 15, 42b–44+53–55

Worin unterscheidet sich die biblische Auferstehungshoffnung von der platonischen Vorstellung von der Unsterblichkeit der Seele?
Wie unterscheidet sich der „neue Mensch" vom „alten Menschen"?

Drohungen und leere Versprechungen

Mit welchen Argumenten geht diese religionskritische Position gegen die Auferstehungshoffnung vor? Gibt es Beispiele aus der Geschichte, die diese Vorwürfe stützen? Fördert der Auferstehungsglaube notwendigerweise die kritisierten Haltungen?

Der Naturphilosoph Paul Thiry d'Holbach hat um 1770 die christliche Auferstehungshoffnung als Aberglaube bezeichnet, der verhindert, daß sich der Mensch mit seinem wahren Glück befaßt.

„Weit entfernt, die Sterblichen zu trösten, die Vernunft zu bilden und den Menschen zu lehren, sich der Hand der Notwendigkeit zu fügen, ist die Religion in tausend Ländern darum bemüht gewesen, ihm den Tod bitterer und sein Joch schwerer zu machen, seine Begleitumstände mit einer Menge von häßlichen Erscheinungen zu verunstalten und sein Nahen viel schrecklicher auszumalen, als er selbst ist. So hat der Aberglaube schließlich die Welt mit Schwärmern, die er durch unbestimmte Versprechungen reizt, und mit feilen Sklaven angefüllt, die er durch die Furcht vor imaginären Leiden, die nach ihrem Ende folgen sollen, im Zaum hält. Er hat es schließlich erreicht, die Menschen zu überreden, daß ihr gegenwärtiges Leben nur ein Übergang zu einem wichtigeren Leben sei. Die unsinnige Lehre von einem künftigen Leben hindert sie daran, sich mit ihrem wahren Glück zu befassen und auf die Vervollkommnung ihrer Institutionen, ihrer Gesetze, ihrer Moral und ihrer Kenntnisse bedacht zu sein; leere Trugbilder haben ihre Aufmerksamkeit gänzlich in Anspruch genommen; sie ergeben sich freiwillig in die religiöse und politische Tyrannei, sie verkümmern im Irrtum, schmachten in Elend, und das alles in der Hoffnung auf einen glücklicheren Tag und im festen Vertrauen darauf, daß ihre Not und ihre stumpfsinnige Geduld sie zu seiner Glückseligkeit ohne Ende führen werden. Sie glauben einer grausamen Gottheit unterworfen zu sein, deren Wille es war, daß sie ihr künftiges Wohlergehen um den Preis dessen, was ihnen gegenwärtig teuer war, erkaufen sollten."

Auferstehungsbilder

In Liebe geborgen

Wenn wir das Wort Jesu von der Liebe Gottes ernst nehmen, folgt daraus, daß die Beziehung zwischen Gott und Mensch auch im Tod nicht zerreißen kann. Die Liebe ist stärker als der Tod - dieser Satz muß sich hier bewähren. Auch in dem Augenblick, in dem der Mensch aufhört zu leben, bleibt Gott bei ihm. Ewiges Leben heißt nichts anderes, als auch im Tod in der Liebe Gottes geborgen bleiben.

Alles in allem: Was den Ort und die Art des „Danach" betrifft, so kann hier nur der hamburgische Rat gelten: „Gar nicht um kümmern" - aber nun nicht als Ausdruck hanseatischen Gleichmuts, sondern als Bewährung christlichen Glaubens an Gott, als Folge jener Gelassenheit, die sich allein auf Gott verläßt. Wer in dieser Weise „unbekümmert" und „gelassen" lebt, der lebt richtig: Er verharmlost den Tod nicht, aber er verherrlicht ihn auch nicht. Er tut dafür etwas anderes: Statt sein Leben mit geschlossenen Händen als Leistung ängstlich an sich zu reißen und deshalb auch Angst vor dem Tod zu haben, empfängt er es mit offenen Händen als ein Geschenk aus Gottes Hand. *Heinz Zahrnt*

Ein Leben nach dem Tode

Glauben Sie fragte man mich
An ein Leben nach dem Tode
Und ich antwortete: ja
Aber dann wußte ich

Keine Auskunft zu geben
Wie das aussehen sollte
Wie ich selber
Aussehen sollte
Dort

Ich wußte nur eines
Keine Hierarchie
Von Heiligen auf goldenen Stühlen
Sitzend
Kein Niedersturz
Verdammter Seelen
Nur

Nur Liebe frei gewordene
Niemals aufgezehrte
Mich überflutend

Kein Schutzmantel starr aus Gold
Mit Edelsteinen besetzt
Ein spinnwebenleichtes Gewand

Ein Hauch
Mir um die Schultern
Liebkosung schöne Bewegung
Wie einst von thyrrhenischen Wellen ...
Wortfetzen
Komm du komm

Schmerzweh mit Tränen besetzt
Berg- und Talfahrt
Und deine Hand
Wieder in meiner
So lagen wir lasest du vor
Schlief ich ein
Wachte auf
Schlief ein
Wache auf
Deine Stimme empfängt mich
Entläßt mich und immer
So fort

Mehr also, fragen die Frager
Erwarten Sie nicht nach dem Tode?
Und ich antwortete
Weniger nicht

(Marie-Luise Kaschnitz)

Wie interpretieren M. L. Kaschnitz und H. Zahrnt die biblischen Aussagen von einem neuen Himmel und einer neuen Erde?

Neuer Himmel, neue Erde

Dann sah ich einen neuen Himmel und eine neue Erde. Der erste Himmel und die erste Erde waren verschwunden, und das Meer war nicht mehr da. Ich sah, wie die Heilige Stadt, das neue Jerusalem, von Gott aus dem Himmel herabkam. Sie war festlich geschmückt wie eine Braut, die auf den Bräutigam wartet. Vom Thron her hörte ich eine starke Stimme: „Dies ist Gottes Wohnung bei den Menschen! Er wird unter ihnen wohnen, und sie werden sein Volk sein. Gott selbst wird als ihr Gott bei ihnen sein. Er wird alle ihre Tränen abwischen. Es wird keinen Tod mehr geben und keine Traurigkeit, keine Klage und keine Quälerei mehr. Was einmal war, ist für immer vorbei. *Offenbarung 21, 1–4*

Jesaja

Und er wird richten unter den Heiden
und zurechtweisen viele Völker
Da werden sie ihre Schwerter zu Pflugscharen
und ihre Spieße zu Sicheln machen
und sie werden hinfort nicht mehr lernen
Krieg zu führen
Denn es wird kein Volk wider das andere
das Schwert erheben

ein Prophet des Friedens

Als in Juda Ahas König war, zogen der König von Syrien und der König von Israel gegen Jerusalem heran. Sie griffen die Stadt an, konnten sie aber nicht einnehmen.
Im Königspalast wurde gemeldet, die syrischen Truppen stünden schon nahe vor Jerusalem. Da zitterte der König und mit ihm das ganze Volk, wie Bäume im Sturm erzittern. Der Herr gab Jesaja den Auftrag: „Geh dem König Ahas entgegen an das Ende der Wasserleitung am oberen Teich, auf der Straße am Tuchmacherfeld! Sag zu Ahas: ‚Hüte dich vor einer falschen Entscheidung! Bleib ruhig und hab keine Angst! Werde nicht weich vor dem Zorn der beiden Könige: sie sind nur qualmende Brennholzstummel. Die Syrer und die Israeliten planen Böses gegen dich. Sie sagen: Wir wollen nach Juda hinaufziehen, den Leuten dort Angst einjagen, das Land auf unsere Seite bringen. Aber Gott, der Herr, sagt: Das wird ihnen nicht gelingen! Aber wenn ihr nicht beim Herrn bleibt, dann bleibt ihr überhaupt nicht!" *nach Jesaja 7,1–9*

Assyrische Bogenschützen vor Dabigu. Solche Darstellungen sollten andere Völker ängstigen. Heute gibt es Ähnliches.

Prophet gegen König

Ephraim = Israel

Die Angst des Ahas spricht aus einer Botschaft an den assyrischen König, die in 2 Kön 16,7 + 8 steht. Welche Wirkungen könnten die Worte des Jesaja (s. Text oben) bei Ahas hervorgerufen haben?

Ahas verhält sich anders, als Jesaja fordert.
Ein Rollenspiel kann helfen, die gegensätzlichen Standpunkte zu erfassen. Ausgangslage für die Spielsituation:

Ahas und Jesaja müssen ihre Haltung vor einer Versammlung von Ministern, religiösen Führern und Generälen begründen.

Der syrisch-ephraimitische Krieg

Die Geschichte spielt im 8. Jahrhundert v. Chr. Politisch war diese Zeit sehr bewegt. Die Unruhe ging von Assyrien aus, einer gewaltigen Militärmacht im Nordosten von Palästina (heute Irak). Vom Tigris aus wollten die assyrischen Könige ihre Herrschaft über den ganzen östlichen Mittelmeerraum ausdehnen. Es gab zahlreiche Kriege, Städte wurden zerstört, die besiegte Bevölkerung kam in Gefangenschaft.
Zwei Kleinstaaten, das Nordreich Israel und Aram (heute Syrien), machen den verzweifelten Versuch, sich dem Feind aus dem Norden entgegenzustellen. Die Könige von Damaskus und von Samaria schließen ein Bündnis gegen die Assyrer. Damit sie eine Chance gegen den überlegenen Angreifer haben, suchen sie Bundesgenossen. Doch Ahas, König in Jerusalem, will freiwillig nicht mitziehen. Aber die Könige von Damaskus und Samaria wollen Judas Hilfe mit Gewalt erzwingen. Südlich von Jerusalem stellen die beiden Könige ihre Streitmacht auf.
Ahas fühlt sich militärisch den Angreifern nicht gewachsen. Deshalb erwägt er, sich dem assyrischen König freiwillig zu unterwerfen. Er bittet ihn in einem Brief um Schutz vor den Angreifern. Um Vorsorge für den Belagerungsfall zu treffen, prüft er die Wasservorräte am oberen Teich im Süden der Stadt. Als ihn dort der Prophet Jesaja zur Rede stellt, hat er den Brief noch nicht abgeschickt.

Als Spielhilfe einige Argumente

Ahas:

- In der Politik gelten andere Gesetze als im Tempel.
- Glauben ist gut, aber Handeln ist besser.
- Wer die Verantwortung für ein ganzes Volk trägt, darf kein Risiko eingehen.
- Im Zweifelsfall ist die Entscheidung für die stärkeren Bataillone immer richtig.
- Über eine realistische Alternative zu meiner Politik lasse ich gerne mit mir reden.

Jesaja:

- Die Schutzmacht Assyrien verlangt die Verehrung der assyrischen Götter in Jerusalem. Die Bündnispolitik des Ahas verletzt das erste Gebot.
- Das Volk Israel war immer am besten beraten, wenn es sich allein auf seinen Gott verlassen hat.
- Vertrauen ist besser als Angst.

Ahas zieht es vor, sich auf die Macht des assyrischen Königs zu verlassen. Er hat Angst. Auch wir verlassen uns lieber auf die Mächtigen dieser Erde. Auch wir haben Angst.

Wir sehen, daß bis heute die große Machtpolitik der großen Mächte nichts anderes weiß und nichts anderes versucht, als eben – wie das Jahrtausende hindurch gewesen ist – den Konkurrenten, Gegner oder Feind in Angst zu versetzen in der Hoffnung, seine Angst möchte größer sein als die eigene, und er möchte darum an irgendeinem Punkte anfangen und nachgeben, so daß der politische Erfolg und Sieg gewonnen werden könne.

Martin Niemöller

Was nehmen wir für diese „Politik aus Angst" in Kauf? Für eine „Politik aus Angst" und gegen eine „Politik aus Angst" gibt es gute Gründe:

- *Nur die Angst der Großmächte voreinander erhält den Frieden.*
- *Auf die Dauer kann eine auf Angst aufgebaute Politik den Frieden nicht sichern. Wie könnten kleine Schritte in Richtung „Abbau der Angst in der Politik" aussehen?*

Rechtsbruch statt Rechtsspruch

Ein Bänkellied

Jedes Jahr im Herbst feiern die Juden eine Woche lang das Laubhüttenfest. Während der Festwoche wohnen sie in weinlaubgeschmückten Hütten; damit erinnert man sich an die Zeit der Wüstenwanderung, in der man in Zelten leben mußte. Die Juden danken damit Jahwe für seine schützende Begleitung während der Wanderschaft.
Das Laubhüttenfest ist zugleich das Erntedankfest. Deshalb haben die Lieder, die bei diesem fröhlichen Fest gesungen werden, häufig den Weinberg und die Weinlese zum Thema. Der Weinberg ist oft auch Bild für die Braut.

Mitten in solchem Festtrubel trat der Prophet Jesaja auf:

Hört das Lied meines Freundes von seinem Weinberg:
Auf fruchtbarem Hügel, da liegt mein Stück Land,
dort hackt ich den Boden mit eigener Hand,
ich mühte mich ab und las Felsbrocken auf,
baute Wachtturm der Kelter, setzte Reben darauf.
Und süße Trauben erhofft ich zu Recht,
doch was dann im Herbst wuchs, war sauer und schlecht.

Jerusalems Bürger, ihr Leute von Juda!
Was sagt ihr zum Weinberg, was tätet denn ihr da?
Die Trauben sind sauer – entscheidet doch ihr:
War die Pflege zu schlecht, liegt die Schuld denn bei mir?

Ich sage euch, Leute, das tue ich jetzt:
Weg reiß ich die Hecke, als Schutz einst gesetzt;
zum Weiden sollen Schafe und Ochsen hinein!
Und die Mauer ringsum, die reiße ich ein.
Zertrampelnden Füßen geb ich ihn preis.
Schlecht lohnte mein Weinberg mir Arbeit und Schweiß!
Ich will nicht mehr hacken, das Unkraut soll sprießen!
Der Himmel soll ihm den Regen verschließen!

Der Weinberg des Herrn seid ihr Israeliten,
sein Lieblingsgarten, Juda, seid ihr!
Er hoffte auf Rechtsspruch – und erntete Rechtsbruch.
Statt Liebe und Treue – nur Hilfeschreie!

Jesaja 5,1–7

Das Lied endete mit einem Skandal; die Stimmung war verdorben.
Versucht, euch in die Zuhörer hineinzuversetzen. Formuliert mögliche Äußerungen aus dem Zuhörerkreis vor und nach der letzten Strophe.
Zum Text der Bänkellieder wurden früher häufig Bilder gezeigt.
Vielleicht finden sich einige aus eurer Klasse, die dieses Bänkellied so vortragen.

Der folgende Text hilft euch zu verstehen, warum Jesaja sich in einem Gleichnis an das Volk wendet:
Wenn es um das Verhalten anderer geht, sind wir mit unserer Empörung schnell zur Stelle. Freilich wir selbst mit unserem eigenen Verhalten - das ist eine ganz andere Sache. Statt uns über uns selbst zu empören, beschuldigen wir lieber andere, um uns abzureagieren. Dann, mitten in der Empörung über andere, müssen wir hören: du bist der Mann/die Frau.

Ihr könnt Kurzberichte, Schlagzeilen und Bilder aus Zeitungen und Illustrierten ausschneiden, die zu Jesajas Worten passen. Stellt mit dem ausgeschnittenen Material eine Collage zusammen zu dem Thema „Schäden in unserer Gesellschaft heute."

Schäden in der Gesellschaft

König Usija, der Nachfolger von Ahas, hat große außenpolitische Erfolge; mit den Abgaben unterworfener Völker fließt sehr viel Geld ins Land. Israeliten, die schnell zu Geld gekommen sind, kaufen das Land der Bauern auf und errichten darauf Häuser. Viele kleine Bauern geraten in Abhängigkeit von den Neureichen. Durch ihre Arbeit auf den Feldern, die ihnen früher selbst gehört haben, finanzieren sie das Luxusleben der Reichen.

Weh denen, die sich ein Haus nach dem anderen hinstellen und ein Feld nach dem anderen kaufen, bis kein Grundstück mehr übrig ist und sie das ganze Land besitzen
Ich habe den Schwur des Herrn der Welt gehört: „Die vielen Gebäude sollen verwüstet werden, die großen und schönen Häuser leerstehen!"
Weh denen, die ihre Macht mißbrauchen, um Verordnungen zu erlassen, die andere ins Unglück stürzen! Sie bringen die Armen und Schwachen in meinem Volk um ihr Recht und plündern die Witwen und Waisen aus. Der Tag des Gerichts kommt gewiß, und das Unwetter aus der Ferne wird euch mit Sicherheit erreichen.

Jesaja 5,8+9. 10,1-3

Jesaja mißt die Israeliten an den Bestimmungen des altisraelitischen Bodenrechts: „Grund und Boden darf nicht für immer verkauft werden, denn das Land ist mein, und ihr seid Fremdlinge und Beisassen bei mir." *3 Mose 25,23*

Beisasse, Fremdling= Nichtisraelit, der zusammen mit den Israeliten im Lande wohnt; er kann keinen erblichen Grundbesitz erwerben.

Weil seine Landsleute den Grund und Boden nicht als Lehen Jahwes gelten ließen, kündigte Jesaja ihnen das Gericht an. Kaum einer betrachtet heute Grund und Boden als Eigentum Jahwes. Jesaja ist verstummt. War seine Gerichtsankündigung falsch?

Erlebnis im Tempel

Welche weiteren Vorwürfe könnten die Hofpropheten des Königs und mächtige Volksvertreter Jesaja gemacht haben?

Welche Äußerungen könnten Jesaja veranlaßt haben, mit einer Erzählung von seiner Berufung zu antworten?

Ganz selten erzählte Jesaja von sich selbst, nur dann, wenn ihm sein Auftrag keine andere Möglichkeit ließ. Im syrisch-ephraimitischen Krieg mußte er einem Sohn den Namen „Eilebeute-Raubebald" geben: „Denn bevor der Junge Vater und Mutter sagen kann, werden die Reichtümer von Damaskus und die Schätze von Samaria dem König von Assyrien zur Beute fallen" (Jesaja 8,4). Sonst erfährt man aus seiner Lebensgeschichte nur, wie er zum Propheten berufen wurde. Vermutlich erzählte Jesaja auch dieses Ereignis, um seinem Auftrag zu entsprechen bzw. ihn zu erklären. Denn er hatte Grund zur Klage: „Jeder Ochse kennt seinen Besitzer und jeder Esel die Futterkrippe seines Herrn. Israel aber will nicht begreifen, wem es gehört; mein Volk nimmt keine Vernunft an." (Jesaja 1,3)
Viele Propheten gab es in Jerusalem am Hof des Königs und im Tempel. Sie lobten meist die Mächtigen und den König, verkündigten Wohlstand und Fortschritt und fanden Beifall im Volk. Jesaja schrieb von ihnen: „Sie ärgern sich über mich und sagen: Der will uns belehren? Er will uns beibringen, was Gottes Wille ist? Für wen hält er uns? Sind wir vielleicht kleine Kinder, die eben von der Mutterbrust entwöhnt worden sind?" (Jesaja 28,9)

F. Hoffmann: Berufung Jesajas, aus einem Glasfenster im Berner Münster. Die Vision läßt den Propheten erstarren.

Die Berufung

Es war in dem Jahr, als König Usija starb. Da sah ich Gott, den Herrn, er saß im Tempel auf einem sehr hohen Thron. Sein Mantel reichte über die Stufen herab und breitete sich im ganzen Raum aus. Er war umgeben von mächtigen Engeln. Jeder von ihnen hatte sechs Flügel; mit zweien bedeckte er sein Gesicht, mit zweien den Leib, zwei hatte er zum Fliegen. Sie riefen einander zu:
„Heilig, heilig, heilig ist Gott, der Herr der Welt,
die ganze Erde bezeugt seine Macht!"
Von ihrem Rufen bebten die Fundamente des Tempels, und das Haus füllte sich mit Rauch. Vor Angst schrie ich auf: „Ich habe den König gesehen, den Herrn der ganzen Welt, ich muß sterben! Ich bin zum Schweigen verurteilt, denn ich bin ein schuldiger Mensch und lebe in einem schuldbeladenen Volk!"
Da kam einer der mächtigen Engel zu mir geflogen. Er hatte eine glühende Kohle, die er mit einer Zange vom Altar genommen hatte. Damit berührte er meinen Mund und sagte: „Die Glut hat deine Lippen berührt. Jetzt bist du von deiner Schuld befreit, deine Sünde ist dir vergeben." Dann hörte ich, wie der Herr sagte: „Wen soll ich senden, wer will für uns gehen?" Ich antwortete: „Ich bin bereit, sende mich!"

Jesaja 6,1–8

Zur Erläuterung

- Engel, sonst Seraphen oder Seraphim genannt
  Feurig lodernde Lichtwesen mit Schlangenleib, Flügeln, Menschenantlitz und Menschenhänden. Solche Mischwesen sind in vielen alten Religionen bekannt.
- Heilig
  Gott ist anders als alles, was man sich auf der Erde vorstellen kann. Er ist einmalig und außerordentlich in seiner Kraft und Macht.
  Nach israelitischer Auffassung muß sterben, wer Gott sieht. Das ist gemeint, wenn Gott in der Bibel „heilig" genannt wird.
  Jesaja erschrickt so sehr, daß ihm Hören und Sehen vergehen. Vor dem heiligen Gott wird er sich seiner Unzulänglichkeit und seiner Schuld bewußt.
- Glühende Kohle
  Die Berührung der „unreinen Lippen" mit glühender Kohle hat symbolische Bedeutung. Das Feuer hat reinigende Kraft. Der Prophet wird geläutert, um die Nähe des heiligen Gottes aushalten und Bote Gottes sein zu können.

Den Text der Berufungsgeschichte des Jesaja kann man in drei Abschnitte gliedern.

Sucht Überschriften dazu.

Die Berufungsgeschichte kann als Vision im Tempel verstanden werden: Welche Bilder und Vorstellungen in der Geschichte deuten darauf hin?

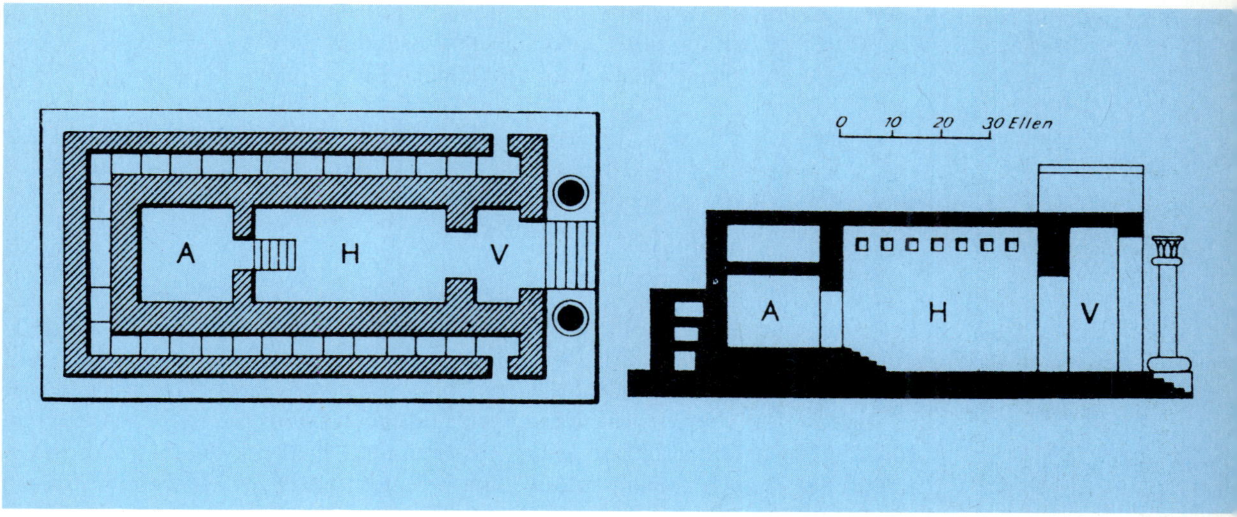

- Tempel (Längsschnitt vom Tempel Salomos, ca. 960 v. Chr. erbaut)

Der Tempel war in drei Teile gegliedert:

Vorhalle (V), Hauptraum = Heiliges (H) und Allerheiligstes (A).

Der Hauptraum erhielt nur wenig Licht durch kleine vergitterte Fenster, die ganz oben unter der Decke angebracht waren. Hier stand der vergoldete Räucheraltar, auf dem die Priester mit glühender Kohle Weihrauch verbrannten.

Zum Allerheiligsten führten Stufen hinauf. Es war ein fensterloser, würfelförmiger Raum mit Flügeltüren aus Zedernholz, die meistens verschlossen waren. Darin hatte die Bundeslade, ein vergoldeter Holzkasten mit zwei Tragstangen, ihren Platz. Die Bundeslade stellte man sich als Fußschemel des Thrones Jahwes vor.

Das ganze Tempelgebäude war umschlossen von zwei Vorhöfen. Im inneren Vorhof stand der Brandopfer-Altar, auf dem die Opfertiere dargebracht wurden.

Der Traum vom Friedensreich

Traum und Wirklichkeit

Diskutiert die folgenden Sätze:
- *Wer träumt, wird blind für die Wirklichkeit. Deshalb ist Träumen gefährlich.*
- *Träume sind Schäume.*
- *Im Traum schlummern Kräfte. Auch in ausweglosen Situationen kann der Traum die Hoffnung auf eine Veränderung am Leben erhalten.*
- *Schon mancher Traum ist wahr geworden.*
- *Traum: Flucht aus der Wirklichkeit?*
- *Ja, aber es gibt auch eine Flucht nach vorn!*

Jahrelang kämpfte Pfarrer Martin Luther King mit friedlichen Mitteln gegen die Benachteiligung der Schwarzen. In einer Rede, die er am 28. August 1963 am Lincoln-Memorial in Washington vor über 200000 Zuhörern hielt, faßte er seinen „Traum" zusammen: „... Und jetzt sage ich euch heute, meine Freunde, im Angesicht aller Schwierigkeiten von heute und morgen, daß ich trotz allem einen Traum mit mir trage. Es ist ein Traum, der tief verwurzelt ist in dem Traum ganz Amerikas.
Ich habe einen Traum, der mir sagt, daß eines Tages diese Nation aufwachen und ihr Bekenntnis lebendig erfüllen wird, das da sagt: ‚Wir glauben, daß diese Wahrheiten für sich selber sprechen: daß alle Menschen als gleiche geschaffen sind.'
Ich habe einen Traum, daß eines Tages selbst der Staat Mississippi, in dem Ungerechtigkeit schwelt und ihr Wesen treibt mit dem Feuer der Unterdrückung, sich in eine Oase der Freiheit und Gerechtigkeit umwandeln wird.
Ich habe einen Traum, daß meine vier kleinen Kinder eines Tages in einem Volk leben werden, in dem sie nicht nach der Farbe ihrer Haut behandelt werden, sondern nach dem, was ihr Charakter aus ihnen macht.
Das ist unsere Hoffnung. Das ist mein Glaube, daß ich zurückgehen werde in den Süden mit – ja, mit diesem Glauben, daß wir den Berg der Verzweiflung verwandeln können in einen Felsen der Hoffnung."

Friedensverheißung gescheitert?

1968 kam M. L. King nach Memphis, um die berechtigten Forderungen der schwarzen Müllarbeiter mit einer gewaltlosen Demonstration durchzusetzen. Nachdem er den Tag über in seinem Hotelzimmer gearbeitet hatte, trat er gegen Abend auf den Balkon hinaus. Wenige Minuten später fiel ein Schuß, der ihn schwer verletzte. Obwohl er sofort in ein Krankenhaus gebracht wurde, kam jede Hilfe zu spät. Eine Stunde später war er tot. Wer würde nun zwischen den Weißen und Schwarzen Frieden stiften? Wer könnte mit solcher Vollmacht versuchen, Brücken zwischen ihnen zu schlagen? Die Schlagzeilen in den Zeitungen deuteten auf einen kommenden Sturm hin: „Der Mord an M. L. King zerreißt eine Nation" – „Blutige Ausschreitungen in mehr als zwanzig Städten".
King selbst sprach in seiner letzten Rede am Tag vor seiner Ermordung von Drohungen, die umliefen, und meinte: „Ich weiß nicht, was jetzt geschehen wird ... Aber darüber mache ich mir keine Sorgen. Ich will nur Gottes Willen tun. Und er hat mir gewährt, daß ich auf dem Berggipfel stehen durfte. Ich habe hinuntergesehen und habe das gelobte Land gesehen (wie einst Mose) ... Ich bin heute abend glücklich darüber, daß ich mir keine Sorgen mache, um gar nichts. Ich fürchte keinen Menschen. Denn meine Augen haben das gelobte Land gesehen. Ehre sei Gott in der Höhe!"

Warum fallen oft Menschen, die vom Frieden „träumen", einem Verbrechen zum Opfer? Warum sind die Friedensverheißungen trotzdem nicht sinnlos?

Auch Jesaja hatte Visionen

Die Vision vom Frieden unter den Völkern hat Jesaja in Bildern zum Ausdruck gebracht. Am UNO-Hochhaus in New York ist eines seiner bekannten Worte, ganz in der Nähe des Eingangs, in die Wand gemeißelt:

DANN SCHMIEDEN SIE IHRE SCHWERTER
ZU PFLUGSCHAREN UM
UND IHRE SPEERE ZU REBMESSERN
KEIN VOLK ERHEBT MEHR SEIN SCHWERT
GEGEN EIN ANDERES VOLK,
UND DEN KRIEG LERNT MAN NICHT MEHR. *Jesaja 2,4*

Die Wirklichkeit, die Jesaja kennenlernte, hieß Krieg. Er konnte seine Augen vor dem Elend des Krieges nicht verschließen. Er erlebte die feindlichen Heere, die grausamen Soldaten, die mit dröhnenden Stiefeln und blutverschmierten Mänteln durchs Land zogen. Mit seinem Volk litt der Prophet unter selbstherrlichen, mächtigen Herrschern, vor denen die Könige auf dem Thron Davids winzig klein erschienen.

Trotzdem gab er die Hoffnung auf Frieden nicht auf:

„Das Volk, das im Dunkeln lebt, sieht ein großes Licht; für die, die im finstern Land des Todes wohnen, leuchtet ein Licht auf. Herr, du schenkst ihnen große Freude, darum jubeln sie laut. Du zerbrichst das Joch der Fremdherrschaft, das auf ihnen lastet, und den Stock, mit dem sie zur Zwangsarbeit angetrieben werden. Die Soldatenstiefel, deren dröhnenden Marschtritt sie noch im Ohr haben, und die blutbefleckten Soldatenmäntel werden ins Feuer geworfen und verbrannt.

Denn ein Kind wurde uns geboren, ein Sohn wurde uns geschenkt. Gott hat ihm die Herrschaft übertragen. Er heißt: weiser Ratgeber, starker Gott, ewiger Vater, Friedensfürst. Seine Macht wird weit reichen, und dauerhafter Friede wird einkehren. Er wird auf dem Thron Davids regieren, und seine Herrschaft wird für immer Bestand haben, weil er sich an die Rechtsordnungen Gottes hält. Gott, der Herr der ganzen Welt, hat es so beschlossen und wird es tun. *Jesaja 9,1–6, gekürzt*

In dem Namen des Kindes ist enthalten, was Jesaja von dem neuen König erwartet. Welchem Vorbild soll er entsprechen?

Arbeiten und Leben

3. Gebot

**Ich bin der Herr, dein Gott:
du sollst den Feiertag heiligen!**

Du wolltest, daß ich sorglos lebe, Herr.
Aber ich habe den Zusagen nicht getraut,
die du mir gemacht hast.
Da war immer die Angst, ich könnte etwas versäumen:
versagen bei der Arbeit,
zu kurz kommen beim Vergnügen,
von meinem Leben nichts haben.
Nun kann ich einfach nicht mehr zur Ruhe kommen
und lebe unter Menschen, denen es genauso geht.
Die Hetze wird immer mörderischer!
Wir haben es verdient, Herr,
daß du uns in unserer Ruhelosigkeit verkommen läßt
und daß wir dich verlieren für alle Ewigkeit.
Wir können uns nicht selbst helfen, Herr,
sei doch barmherzig,
und laß uns wieder Stille finden vor dir. *Ernst Lange*

Erwartungen

Du arbeitslos?

„Mir is gekündigt worden.“ „Ja, und?“ „Ja, ich wollt wissen, wie’s jetzt weitergeht.“ „Tja ...“ Die Frau sah mich an, als würde ich chinesisch reden. „Ah. Sie wollen ein Gespräch, ja?“ „Ja, wär vielleicht ganz gut.“
Sie schien erleichtert. Sie wußte, was Sache war. „Wie heißen Sie?“
„Albert Korp.“ „Waren Sie schon einmal hier?“ „Ja, schon öfters.“ „Gut, nehmen Sie bitte draußen auf dem Gang Platz. Sie werden dann aufgerufen.“ „Wiedersehen.“
... Auf dem Gang saß schon ein Typ, der mich bald fragte: „Suchste auch’ne Lehrstelle?“
„Nee, eigentlich nich, wa. Ich bin gerade gekündigt.“ Das ging dem Typ wohl ziemlich nahe, und er wollte mir anscheinend sein Mitgefühl oder was zeigen. „Och“, meinte er, „das tut mir aber leid für dich. Echt.“ Na ja ... Ich hatte nicht sonderlich viel Lust, mit ihm darüber zu sprechen. „Und du, du suchst also ’ne Lehrstelle?“ „Jau“, sagte er, „wenn’s geht, als Automechaniker - was hast du denn gemacht?“ „Dreher.“
„Dreher?“ Das schien er lustig zu finden. „Zigaretten, was?!“ Und er lachte. Ich dachte: Du Arschloch! und sagte dann in sein Lachen: „So. Automechaniker willste machen? Gibt’s aber total keine Stellen. Jeder Blödmann will ja Automechaniker werden - wollte ich auch erst. Ham’se mir hier aber gesagt, das geht nich.“
Er hatte tatsächlich mit seinem Lachen aufgehört. „Aber mach dir nichts draus - vielleicht kriegste ja meinen Job - Dreher.“

Er sah mich nur blöde an, und ich hatte sowieso keine Lust mehr, mit ihm zu reden, und darum kam es mir sehr gelegen, als sich ’ne Alte vor mich aufbaute und fragte, ob ich der Herr Korp sei. Und der war ich, und deshalb durfte ich ihr dann auch in eins dieser kleinen Zimmerchen folgen.
Die kleinen Zimmerchen sind alle gleich: Sie sind gelb angemalt, haben einen Schreibtisch und einen Schreibtischstuhl, noch ’n Tisch und noch zwei Stühle. An den gelben Wänden hängen ein paar Bilder, und da, wo keine Bilder hängen, steht ein Schrank. Durch ein Fenster kann man sehen, ob es draußen regnet oder ob die Sonne scheint oder sonstwas. Die Alte setzte sich auf einen der zwei Stühle, die an dem Tisch standen, und bot mir an, auch Platz zu nehmen. Auf dem Tisch stand ein Schild, auf dem in Druckbuchstaben der Name „Stumpf“ zu lesen war, und so wußte ich, daß ich es hier mit Frau Stumpf zu tun hatte. „So, Herr Korp“, fing sie an, „Ihnen ist also Ihre Ausbildungsstelle gekündigt worden?“
Sie überflog meine Kündigung und erklärte mir, ich sei geflogen, weil ich wiederholt dem Berufsschulunterricht ferngeblieben wäre - gerade so, als hätte ich das nicht schon selber mindestens ein dutzendmal gelesen. Und dann sah sie mich an, irgendwie erwartungsvoll, so, wie man wohl einen Idioten ansieht. Sie war anscheinend nicht dazu bereit, etwas zu sagen. Also erklärte ich ihr: „Ja, ich würd vielleicht gerne wieder ’ne neue Lehre anfangen.“
„So, und an was hatten Sie da gedacht?“ „Ich würde gern Töpfer lernen oder

Kerammaler.“ „Aha – mit Metall möchten Sie nicht wieder arbeiten?“ „Nee, nich unbedingt – lieber mit Ton oder so.“
„Töpfer, das kann ich Ihnen sagen, Töpfer, das sieht ganz schlecht aus. Hier in der Umgebung sowieso, und die Ausbildungsstätte, die wir da in Bösingfelde haben ... na ja, die nehmen nur Leute, die aus der Gegend sind. Und Kerammaler, das gibt es hier überhaupt nicht.“
„Ich wäre auch bereit, hier wegzuziehen.“
„... Kerammaler sieht sehr schlecht aus – hätten Sie denn nicht noch etwas anderes?“ Spätestens da fand ich die ganze Sache zum Kotzen und wäre am liebsten gegangen. Aber ich wußte einfach nicht weiter. Folglich blieb ich sitzen. „Und wie wär's mit Hilfsarbeiter? Ich könnt ja erst mal 'n Job machen und mir dann selber 'ne Lehrstelle suchen.“
„Ja, das wäre natürlich auch eine Möglichkeit. Also, wenn sie das wirklich wollen.“ Wollen war wirklich gut. Ich hatte schließlich gemerkt, daß es ganz egal war, was ich wollte. Alles, was ich wollte, schien unmöglich zu sein. Ich mußte. Aber ich sagte nichts, sagte lediglich: „Ja, das will ich.“
Frau Stumpf erhob sich, sichtbar erleichtert. „Ja, wenn das so ist, müssen Sie ins Erdgeschoß gehen. Dort gehen Sie erst mal nach 402, das ist die Anmeldung, und da werden Sie dann schon weiter sehen.“ Wir gaben uns die Hand, und ich stand wieder draußen auf dem Gang. Der Typ war inzwischen verschwunden, und ich trabte runter ins Erdgeschoß. 402, ich betrat eine riesige Rauchwolke. Sämtliche Stühle in dem Raum waren besetzt. Ich ging durch und setzte mich auf ein Fensterbrett ...“
Meine Blicke machten mal wieder die Runde, und sie entdeckten Fiddi. Er stand gegen den Türrahmen gelehnt und kaute auf seiner Unterlippe. Er hatte mich wohl noch nicht gesehen. Mit Fiddi hatte ich mal zusammen im Verein Fußball gespielt. In der Schule waren wir ein Jahr zusammen in einer Klasse gewesen. Dann war Fiddi ausgeklinkt oder abgehoben oder sonstwas in der Richtung. Er hörte jedenfalls auf, Fußball zu spielen, und mit der Schule hat er dann auch aufgehört. Als ich ihn einige Zeit später wieder sah, hatte er tierisch lange Haare und erzählte, er wär jetzt auf'm Bau. Die anderen meinten, Fiddi würde kiffen und wäre überhaupt ein ziemlich kaputter Typ. Ich konnte ihn eigentlich immer gut leiden, auch wenn wir nie groß was miteinander zu tun hatten.
Jetzt hatte Fiddi mich gesehen, grinste und kam zu mir rüber. Er hob sich neben mich auf die Fensterbank und meinte: „Tag.“
„Tag.“ „Was machst du denn hier?“ fragte Fiddi, und es schien ihn tatsächlich zu interessieren. „Arbeitslos – ich such 'n Job.“ „Du arbeitslos? Und ich dachte, aus dir wird noch mal was.“ Und er lachte! „Ich bin gekündigt worden.“
Fiddi nickte. Ich kramte meinen Tabak raus und begann zu drehen. Dann nahm Fiddi den Tabak. „Aber du glaubst doch nich im Ernst, daß du hier 'n Job kriegst. Hör mal, wir ham Winter. Der Bau is dicht. Überall Arbeitslose, die geil auf Maloche sind. Und die auch was malochen können. Und du meinst, da nimmt einer ausgerechnet dich mit deiner abgebrochenen Lehre. Albi, du träumst wohl noch immer?! Im Sommer kriegste immer 'n Job, aber nu ...“ Ich gab ihm Feuer. „Und was machst du dann hier?“
„Ich hol mir hier einen Antrag auf Arbeitslosengeld ab.“

Knut Anders

Diskutiert das Verhalten von Albi Korp. Was würdet ihr ihm raten? Notiert eigene Berufswünsche. Informiert euch beim zuständigen Arbeitsamt über eure Chancen.

Ein Lehrling verdient noch wenig. Daher wollen viele „gleich arbeiten“ und gut verdienen. Eine Lehre oder ...?

Diskutiert, ob das heute noch eine ernsthafte Frage ist.

Frauen: Ein wenig Beruf

Das Heimchen am Herd ist nicht mehr gefragt. Es ist unökonomisch geworden. Heute dürfen Frauen nicht nur berufstätig sein, sie sollen es sogar. Zum Nutzen der Unternehmer und Ehemänner. Das sieht dann so aus: In der ersten Phase ein wenig Beruf ohne rechte Perspektive; in der zweiten Liebe, Ehe, Mutterschaft; in der dritten wieder ein wenig Beruf, zusätzlich zum Haushalt – diesmal vielleicht mit Perspektive (im Kopf), aber ohne Qualifikation (in der Realität). Das Erwachen der Frauen, deren Kinder „aus dem Gröbsten raus" sind, ist bekanntermaßen dann ein schreckliches. Es bleibt ihnen nur noch das *kleinere Übel.* Zu Hause erfüllen sie schweigend weiterhin ihre „weibliche Pflicht", weil sie vom schlechten Gewissen wegen ihrer Berufstätigkeit getrieben sind. Am Arbeitsplatz akzeptieren sie ebenso schweigend Unterbezahlungen, weil Männernormen Frauen einschüchternd die Minderwertigkeit ihrer Arbeit suggerieren.

Wie wir es auch drehen und wenden: Wir haben die Qual der Wahl zwischen drei Übeln. Entweder wir gehen den Weg, der glatt in die Sackgasse der Ehefrau Mitte dreißig führt, die nun in der Isolation ihrer vier Wände ein Leben voller Arbeit, Leere und Abhängigkeit führt. Oder wir gehen den zunächst steinigeren Weg in die Berufswelt, deren Spielregeln und Gratifikationen von Männercliquen ausgekunkelt werden und in denen wir als Sekretärinnen, Assistentinnen, Fließbandarbeiterinnen oder Alibifrauen, immer aber als untere Chargen fungieren. Oder aber – und das ist meist der Fall – wir entscheiden uns für beides, wollen hier das „Frauenglück" nicht missen und da ein Zipfelchen Emanzipation erhaschen. Resultat: Wir haben noch nie soviel gearbeitet wie heute. *Alice Schwarzer*

Ist die Situation der Frau im Beruf zutreffend dargestellt? Sucht Beispiele für eure Argumente.

Denkt euch menschenfreundliche Arbeitsordnungen aus.

Abhängigkeiten

Ein moderner Arbeitsplatz

„Ich arbeite seit über sechs Jahren an einer Meßwarte. Eine Meßwarte kontrolliert und fährt die gesamte Produktion. Hier ist sozusagen das Gehirn ...

Die Bezeichnung lautet offiziell Überwachungsarbeit. D.h. konkret: Du hast ein großes Buch, in dem schreibst du in bestimmten Zeitabständen das auf, was der Schreiber sowieso aufschreibt. Der Meister kontrolliert das. ... Dann fragst du dich, warum schreibst du das eigentlich, wenn der Meister sich morgens die Schreiber anschaut. Die Anlage hast nicht du im Griff, sie hat dich im Griff. ...

Ich habe an den Meßwarten immer in Schicht gearbeitet. Wenn die Schicht um sechs Uhr anfängt, dann bist du möglichst schon eine viertel Stunde früher da, um deinen Kollegen von der Nachtschicht abzulösen. Mit ihm gehst du dann die Schreiberwand ab, schaust, ob Druck und Temperatur oder so stimmen. Dann vergleichst du, was der Kollege geschrieben hat und was der Schreiber aufzeichnet. Wir kommen immer etwas früher, damit die Kollegen nach der Ablösung pünktlich gehen können. Und dann stehst du vor dem Schreiber und guckst und guckst und guckst. Du siehst dir die Temperatur an, wenn sie nicht stimmt, mußt du nachregeln. Das ist aber nur selten der Fall. Wenn eine Störung eintritt, dann mußt du für jeden Bogen geradestehen. Es ist deine persönliche Schuld, wenn der Schreiber nicht gerade läuft. Du arbeitest nicht mit jemandem, sondern immer gegen etwas, gegen die Bogen und Kurven. Du läufst ständig am Schreiber vorbei und bist froh, wenn das Telefon klingelt. Das ist eine schöne Abwechslung. Und dann schaust du wieder auf die Uhr und dann schreibst du wieder, was der Schreiber sowieso schon schreibt. Dann hab ich mich gefragt: Täte das nicht auch eine Herde gut trainierter Affen? Was mich immer wahnsinnig stört ist, daß du nichts anrühren darfst. Da hängt die Nadel oder die Tinte ist ausgegangen - du darfst nichts tun. Ich würde das immer gerne reparieren. Aber das darf ich nicht. Einmal habe ich Tinte eingefüllt, da kam mein Kollege von der Meß- und Regeltechnik und meinte: „Das ist meine Arbeit!"

...

Natürlich ist die Meßwarte eine Erleichterung der Arbeit. Schwere körperliche Arbeit gibt es nicht mehr. Doch Zeit habe ich nicht gewonnen, die Arbeitszeit ist dieselbe geblieben. Ist das ein Fortschritt? In der Chemie haben wir es oft mit gefährlichen Arbeitsplätzen zu tun. Bei der Meßwarte kommen wir mit diesen Stoffen nicht mehr in Berührung. D.h. so eine Meßwarte ist dann auch gesünder. Aber wie auch immer, du hast jetzt das Gefühl, du bist hier überflüssig. Die Chemie „arbeitet" auch ohne dich.

Sind Arbeitsplätze und Arbeitsbedingungen dieser Art eine Ausnahme? Werden die Arbeitsplätze der Zukunft anders aussehen?

Belästigung

Mir will der Mann nicht aus dem Kopf.
Sechsundfünfzig ist er, las ich,
ungelernt war er,
und jetzt ist er Ingenieur.

Ich sehe ihn heimkommen, abends.
Die Schultern hängen herab.
Ich sehe ihn hastig essen.
Dann sehe ich ihn sitzen unter der Lampe,
sehe ihn in Büchern blättern,
sehe die schwere Hand Formeln malen.
Manchmal schimpft er auch ein wenig mit sich.
So sehe ich ihn sitzen,
Abend für Abend.

Er hätte ja schlafen können.
Er hätte spazierengehen können.
Er hätte Karten spielen können.

Mir will der Mann nicht aus dem Kopf.
Warum muß er mich jetzt belästigen,
wo ich Feierabend habe,
am Biertisch sitze
und trinke.

Werner Lindemann

Ist der 56jährige Mann ein Vorbild? In welcher Gefahr steht er?

Warum fühlt sich der andere belästigt?

Sella Hasse: Kriegsblinder an der Maschine

Neapel sehen

Er hatte eine Bretterwand gebaut. Die Bretterwand entfernte die Fabrik aus seinem häuslichen Blickkreis. Er haßte die Fabrik. Er haßte die Maschine, an der er arbeitete. Er haßte das Tempo der Maschine, das er selber beschleunigte. Er haßte die Hetze nach Akkordprämien, durch die er es zu einigem Wohlstand, zu Haus und Gärtchen gebracht hatte. Er haßte seine Frau, sooft sie ihm sagte, heut nacht hast du wieder gezuckt. Aber die Hände zuckten weiter im Schlaf, zuckten im schnellen Stakkato der Arbeit. Er haßte den Arzt, der ihm sagte, Sie müssen sich schonen, Akkord ist nichts mehr für Sie. Er haßte den Meister, der ihm sagte, ich gebe dir eine andere Arbeit, Akkord ist nichts mehr für dich. Dann wurde er krank, nach vierzig Jahren Arbeit und Haß zum ersten Mal krank. Er lag im Bett und blickte zum Fenster hinaus. Er sah sein Gärtchen. Er sah den Abschluß des Gärtchens, die Bretterwand. Weiter sah er nicht. Die Fabrik sah er nicht, nur den Frühling im Gärtchen und eine Wand aus gebeizten Brettern. Bald kannst du wieder hinaus, sagte die Frau, es steht jetzt alles in voller Blüte. Er glaubte ihr nicht. Geduld, nur Geduld, sagte der Arzt. Er glaubte ihm nicht. Es ist ein Elend, sagte er nach drei Wochen zu seiner Frau, ich sehe immer das Gärtchen, sonst nichts, immer dasselbe Gärtchen, nehmt einmal zwei Bretter aus dieser verdammten Wand, damit ich was anderes sehe. Die Frau erschrak. Sie lief zum Nachbarn. Der Nachbar kam und löste zwei Bretter aus der Wand. Der Kranke sah durch die Lücke hindurch, sah einen Teil der Fabrik. Nach einer Woche beklagte er sich, ich sehe immer das gleiche Stück Fabrik, das lenkt mich zu wenig ab. Der Nachbar kam und legte die Bretterwand zur Hälfte nieder. Zärtlich ruhte der Blick des Kranken auf seiner Fabrik, verfolgte das Spiel des Rauches über dem Schlot, das Ein und Aus der Autos im Hof, das Ein des Menschenstroms am Morgen, das Aus am Abend. Nach vierzehn Tagen befahl er, die stehengebliebene Hälfte der Wand zu entfernen. Ich sehe unsere Büros nie und auch die Kantine nicht, beklagte er sich. Der Nachbar kam und tat, wie er wünschte. Als er die Büros sah, die Kantine und so das gesamte Fabrikgelände, entspannte ein Lächeln die Züge des Kranken. Er starb nach einigen Tagen.

Kurt Marti

Wie hängt die bekannte Redensart ‚Neapel sehen und dann sterben' mit der Geschichte zusammen?
„Er haßte seine Arbeit." Viele Aussagen der Geschichte widersprechen dieser Behauptung. Wie läßt sich seine Beziehung zur Arbeit beschreiben?

Arbeiten für die Menschen – nicht Menschen für die Arbeit

Aus einem Glaubensbuch für Erwachsene:

F. Leger: Die Bauarbeiter (Les constructeurs)

Das ist das erste, was die christliche Botschaft über die Arbeit zu sagen hat: Gott *hat* die Welt nicht erschaffen, er *erschafft* sie dauernd, und zwar auch durch uns. Denn es ist nicht wahr, daß ein Wald sein Werk sei, eine Stadt aber nicht. Die Stadt ist vielleicht sogar noch mehr sein Werk, denn in ihr hat sich sein höchstes Geschöpf, der Mensch, selbst ausgedrückt. Was der Mensch macht, erschafft Gott.

Das zweite ist, daß Arbeit die Menschen einigt. Durch die Zusammenarbeit wachsen Solidarität und Kontakt unter den Menschen. Daß Mann und Frau *zusammen* für die Familie arbeiten, prägt auch ihr Verhältnis zueinander. Vor allem einigt die Arbeit die Menschen, weil sie immer auch für andere geschieht: der Mann arbeitet für die Frau und umgekehrt, der Architekt und der Maurer für den künftigen Hausbewohner, der Hafenarbeiter für viele, die er nicht kennt. Unsere ganze Gesellschaft ist ein großes Gefüge von *wechselseitigen Dienstleistungen.*

Menschliche Arbeit ist ein Stück menschlicher Zusammengehörigkeit.

Arbeit als Last und Entfremdung
Arbeit für Menschlichkeit und Liebe

Und noch etwas hat die Botschaft Christi über die Arbeit zu sagen: Alle Arbeit dient dazu, den Menschen menschlicher zu machen und sein Leben reicher, offener für Entfaltung in Liebe: Liebe zur Familie, Kameradschaft und Kollegialität im Beruf und auf der Arbeitsstelle, Verantwortung gegenüber der Gesellschaft, in der man lebt und arbeitet.

Lohn, Eigentum und Profit sind im Text nicht erwähnt. Wer sich dafür interessiert, kann Jeremia 22, 13ff. oder Amos 8, 4–7 nachschlagen.

Der Alltag der Arbeit sieht aber oft sehr anders aus: Mühe, Langeweile, Müdigkeit, Unfreiheit, Mangel an Verständnis, Mißerfolg. Der Christ hat es nicht schwer zu erkennen, daß die Arbeit eine Last ist. Es ist wahr, was die Schrift sagt: „Im Schweiße deines Angesichtes sollst du dein Brot essen". Hart, langweilig, drückend, geisttötend, verhärtend, Zwietracht stiftend, auslaugend, verfremdend, verkrüppelnd kann Arbeit sein, auf immer andere Weise.

Aus der Geschichte der Arbeit

In der Antike

Eines Freien nicht würdig und schmutzig ist der Erwerb aller Tagelöhner, deren Arbeitsleistung, nicht Fertigkeiten gekauft werden. Bei ihnen ist eben der Lohn ein Handgeld der Dienstbarkeit. Als schmutzig haben zu gelten auch die, welche von den Kaufleuten die Ware einhandeln, um sie sofort wieder zu verkaufen. Sie würden nämlich nichts verdienen, wenn sie nicht ausgiebig lügen würden. Nichts ist aber schimpflicher als Unsolidheit. Und alle Handwerker betätigen sich in einer schmutzigen Kunst. Denn eine Werkstatt kann nichts Freies haben. Und am wenigsten sind die Künste zu billigen, die Dienerinnen der Genüsse sind: Fischhändler, Fleischer, Köche, Geflügelhändler, Fischer. Füg noch hinzu, wenn du Lust hast: Parfümverkäufer, Tänzer und alles, was mit dem Würfelspiel zusammenhängt. Die Künste aber, in denen eine größere Klugheit am Werke ist oder kein geringer Nutzen erstrebt wird, wie die Heilkunst, die Baukunst, wie die Wissenschaft von ehrenvollen Dingen, die sind für diejenigen, deren Stand sie zukommen, ehrenhaft. *Marcus Tullius Cicero (um 50 n. Chr., römischer Redner)*

Im frühen Christentum

1. Paulus hat die Notwendigkeit der Arbeit betont, und zwar, weil sie zu einem anständigen Leben (im Gegensatz zum Bettel) gehöre. Er hat darum die alte Regel aufgenommen: „Wer nicht arbeitet, der soll auch nicht essen“.
2. Da die Arbeit zum Leben notwendig ist, verlangt die Solidarität der Gemeinde, daß man sich von arbeitsscheuen Brüdern zurückzieht, wenn sie auf Ermahnungen nicht hören. Aber diese Solidarität verlangt auch, daß man dem arbeitswilligen Bruder Arbeit gewährt, und zwar nicht nur dem Gemeindemitglied, sondern auch dem Zugereisten.
3. Es galt als Sünde, Arbeitern ihren verdienten Lohn vorzuenthalten. Der Lohn sollte auch dazu dienen, den Bedürftigen zu geben.

Sucht Ähnlichkeiten zwischen den Auffassungen des römischen Redners Cicero und des mittelalterlichen Theologen Thomas von Aquin.
Überlegt mögliche Folgen der beiden Auffassungen.
Denkt dabei auch an das Mönchtum und die Arbeit im Kloster.
Überprüft die Aussagen über das frühe Christentum an den folgenden Bibelstellen:
2 Thessalonicher 3,6,
Epheser 4,28,
Jakobus 5,4.

Im Mittelalter

Es ist zu sagen, daß das beschauliche Leben schlechthin besser ist als das tätige Leben. Der erste Grund: Das beschauliche Leben kommt dem Menschen zu im Hinblick auf das Beste in ihm, nämlich im Hinblick auf den Verstand und in Anbetracht der besten Gegenstände, nämlich der geistigen Wahrheiten; das tätige Leben aber beschäftigt sich mit dem Äußeren. ...
Wurzel des Verdienstes ist die Liebe: Während nun die Liebe in der Neigung zu Gott und dem Nächsten besteht, ist die Liebe zu Gott an sich verdienstlicher als die Nächstenliebe. Darum ist das, was geradewegs zur Liebe Gottes gehört, aus seiner Art heraus verdienstlicher als das, was geradewegs zur Nächstenliebe um

Gottes willen gehört. Nun aber gehört das beschauliche Leben geradewegs und unmittelbar zur Liebe zu Gott. *Thomas von Aquin (ca. 1270, Theologe)*

In der Reformation: Berufung zur Arbeit

Dies ist auch eine gute, feine Lehre, daß die Hirten, nachdem sie erleuchtet und zur rechten Erkenntniß Christi gekommen sind, nicht hinlaufen in die Wüste, wie das tolle Mönchs- und Nonnenvolk in die Klöster; sondern bleiben bei ihrem Beruf und dienen also ihrem Nächsten. *Martin Luther*

Im englischen Puritanismus: Schätze sammeln

Religion bringt notwendigerweise Fleiß (industry) und Genügsamkeit (frugality) hervor, und daraus kann nur Reichtum entstehen. ... Die Methodisten leben überall fleißig (diligent) und genügsam (frugal); deshalb vermehrt sich ihr Besitz. ... Wir dürfen die Leute aber nicht daran hindern, fleißig und genügsam zu sein, sondern *müssen* alle Christen ermahnen, zu gewinnen (gain), was sie können und zu sparen (save), was sie können, d.h. reich zu werden.
Was können wir nun tun, damit uns unser Geld nicht in die Hölle bringt? Es gibt nur eine Möglichkeit: Wer *gewinnt,* was er kann, und *spart,* was er kann, muß ebenso auch *geben,* was er kann. Dann wird er auch in der Gnade wachsen und wird sich um so mehr Schätze im Himmel sammeln (vgl. Mt. 6, 20), je mehr er auf Erden gewinnt. *John Wesley (ca. 1750)*

Marxismus: Entfremdung durch Arbeit

Karl Marx hat wie viele nach ihm erkannt, daß Arbeit Menschen verändern kann, daß sie ihre Menschlichkeit verlieren. Er nannte dies „Entfremdung des Menschen". Arbeit entfremdet, wenn der Arbeiter über seine Arbeitsleistung nicht selbst bestimmen und über das Arbeitsergebnis (Produkt) nicht selbst verfügen kann.

Ein Psychologe zum Problem der Entfremdung

Der Mensch hat seine Welt aufgebaut. Aber er ist nicht Herr über die Welt, die er baute. Er nährt noch den Wahn, Mittelpunkt dieses ganzen Getriebes zu sein, und fühlt dabei im Tiefsten, wie überflüssig er ist. Auch die mitmenschlichen Beziehungen sind verändert. Die Beziehung von Mensch zu Mensch ist nicht mehr menschlich. Die Gesetze des Marktes gelten jetzt auch für die persönlichen und sozialen Beziehungen. Sie tragen den Charakter menschlicher Entfremdung. Es sind nur noch Beziehungen zwischen Dingen. Der Mensch verkauft nicht nur Waren; er verkauft sich selbst und empfindet sich als Ware." *Erich Fromm*

Denkt euch ein Gespräch zwischen Luther, Wesley, Marx und Fromm über das Thema „Arbeit – Gottesdienst oder Menschendienst?" aus.

Gott in der Technik

Der liberale Politiker und Theologe Friedrich Naumann wollte am Anfang dieses Jahrhunderts eine neue protestantische Ethik der Arbeit begründen. Aus einer Predigt:

Warum ist die Devise „Berufsarbeit ist Gottesdienst" für Arbeiter unglaubwürdig? Welche Worte über Gott und welche Gottesvorstellungen hält der Prediger für glaubwürdig und warum? „Gott ist im modernen Getriebe", d.h. in der Technik. Kannst du diesem Satz zustimmen? Begründe deine Meinung und ziehe dazu auch den folgenden Text heran.

Gewißlich ist der Herr an diesem Ort, und ich wußte es nicht! 1 Moses 28, 16
Einige Männer in schweißgebleichten blauen Kutten arbeiten unten am Hochofen und entfesseln das fließende Eisen.
Diesen Leuten sagt der Prediger am Sonntag in der Kirche: Alle Berufsarbeit ist Gottesdienst! Sie glauben ihrerseits, daß alle Berufsarbeit Herrendienst sei, denn nur als Herrendienst und nie als freies, selbstgesuchtes Schaffen kennen sie die Arbeit. Immer waren und blieben sie ersetzbare, wechselnde Einzelkräfte, die man wegschickt oder heranholt, wie es gerade sich findet. Das Dauernde, Bleibende sind die Hochöfen in ihrer glühenden Majestät, das Kommende und Gehende sind die Menschen, die ihnen dienen. Was den einzelnen mit dem Hochofen verbindet, ist der Lohn, nur der Lohn. Diesen Leuten also sagt der Geistliche: Euer Beruf ist Gottesdienst! Hat er recht, so zu ihnen zu sprechen?
Der Gott, dem der Mann am Hochofen dient, sieht etwas anders aus als der Gott Abrahams, Isaaks und Jakobs. Jener Gott der Hirten war ein friedevoller Vater: Er weidet mich auf grüner Aue und führet mich zum frischen Wasser, er erquicket meine Seele! Auch der Gott im feurigen Busch, den Moses sah, war anders. Was hat die wildlodernde Flamme in der Wüste mit diesen organisierten Gluten zu tun? Dem Mann am Hochofen aber wird man nur dann sagen dürfen, daß er Gott dient, wenn man sich mit ihm darüber verständigt, daß in seinen Flammen ein göttlicher Weltplan verborgen liegt. Er kann Gott am Hochofen nur dann dienen, wenn er sich die ganze moderne Technik als Ausfluß göttlichen Waltens vorstellt. Ist die Technik nicht von Gott und zu Gott, dann kann man in der Technik nicht fromm sein, dann wird die Frömmigkeit im besten Falle eine Familienerinnerung, die neben der Arbeit hergeht und die den Menschen in seinem Kern nicht mehr erfaßt. Wie aber ist es möglich, daß der Blaugekleidete gelegentlich in seiner Arbeit die Empfindung hat, die der Hirte auf sonniger Halde so leicht bekommt: Gott ist gegenwärtig?

Ein altes merkwürdiges Wort sagt, daß Gott seine Engel zu Winden macht und seine Diener zu Feuerflammen. Das heißt für uns: Dort, wo die Hirten Engel sahen, sehen wir gewaltige Naturkräfte. Diese Naturkräfte werden beim Reiche Gottes unter den Menschen dienstbar, wenn sie in feste Bahnen gezwungen werden. Die Gluten und Gebläse müssen mithelfen, daß es besser wird unter den Menschen, sie sind Urkräfte einer neuen Zeit. Als solche müssen sie geglaubt werden, denn noch liegt die neue Zeit, die aus der Technik geboren wird, im Schoße der Zukunft. Noch hat sie ihren Segen nicht enthüllt. Aber nur in diesem Glauben kann überhaupt die Arbeit in der Technik einen religiösen Wert bekommen. Wir müssen glauben, daß Gott nicht nur in den Wolken des Sinai vor Zeiten gewohnt hat, sondern daß er in dem Hochofen nicht weniger allgegenwärtig ist als im Hain Mamre. Gott ist im modernen Getriebe. Wenn er es nicht ist, dann hat es keinen Zweck, ihn vor Menschen zu verkündigen, deren ganzes Leben an Bäche fließenden Eisens gepflanzt ist.

Friedrich Naumann

Zukunft der Arbeit

Wachstum ohne Vollbeschäftigung

In einem Bericht an den Club of Rome mit dem Titel „Mikroelektronik und Gesellschaft" heißt es:
„Das wichtigste Element der mikroelektronischen Revolution, wenn es sich um eine Revolution handelt, ist ... der Silicium-Chip-Mikroprozessor. Das bedeutet faktisch, daß jedes vom Menschen entwickelte Gerät mit einem winzigen Rechner und einem ebenso winzigen Speicher ausgerüstet werden kann und zwar zu einem bescheidenen Preis. Keine neuere Erfindung oder Entdeckung seit der Dampfmaschine hatte so weitgehend Auswirkungen auf alle Bereiche der Wirtschaft."
Die Anwendungsmöglichkeiten der neuen Technik scheinen unerschöpflich zu sein. In der Produktion taucht mittlerweile die Vorstellung von der vollautomatischen Fabrik auf, die eine menschenleere Fabrik sein wird. Im Bereich von Dienstleistung und Verwaltung die Vorstellung vom papierlosen Büro. In diesem Bereich gibt es auch die größeren Rationalisierungsreserven, so daß der Dienstleistungssektor sich sperrt gegen die Aufnahme der in der Produktion freigesetzten Arbeitskräfte.
Die Mikroelektronik wird auch neue Produkte hervorbringen und neue Arbeitsplätze zu deren Herstellung. Vieles deutet darauf hin, daß unter dem Strich immer mehr Arbeitsplätze verlorengehen, da die neue Technik in erster Linie eine Rationalisierungstechnologie ist. Der eben zitierte Bericht an den Club of Rome erwähnt in diesem Zusammenhang das Phänomen des „jobless growth". Das heißt Wachstum, Steigerung der Produktion ist möglich ohne zusätzliche, ja sogar bei weniger Arbeitsplätzen. Wachstum ohne Beschäftigung ist eine der Folgen der Mikroelektronik, die die epochale Krise der Industriegesellschaft mit verursachen und verschärfen.
Vollbeschäftigung, wie wir sie kennen, wird es nicht wieder geben.

Welche Folgen für den einzelnen und für die Gesellschaft ergeben sich aus der dargestellten Entwicklung? Denkt an folgende Zusammenhänge: Arbeit und Lebenssinn; Verhältnis Arbeitslose zu Arbeitenden; Steuereinnahmen, Arbeitslosenunterstützung und soziale Leistungen. Überlegt und diskutiert Vorschläge, wie die verfügbare Arbeit und das verfügbare gesellschaftliche Einkommen in Zukunft verteilt werden sollen.

Ein neues Verständnis von Arbeit

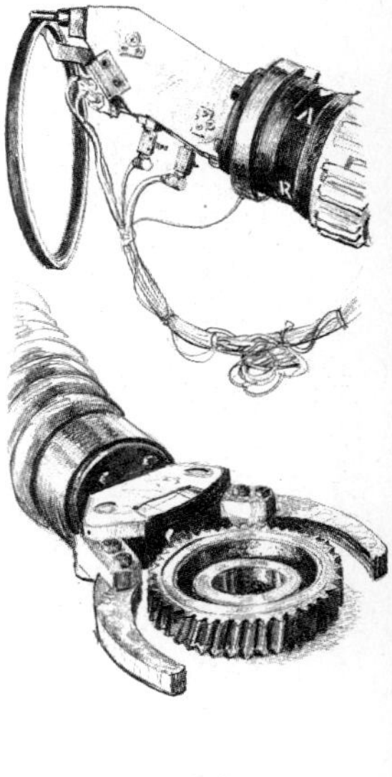

In unserem bisherigen Verständnis von Arbeit, in ihrer Bedeutung für erfülltes und gelungenes Leben, ist das breite Spektrum des tätigen Lebens einseitig verkürzt worden: ein Teil des tätigen Lebens, die Erwerbsarbeit oder die Arbeit im engeren Sinn, entscheidet über gelungenes Leben, Selbstachtung und soziales Ansehen, verleiht der Gesellschaft insgesamt den Namen Arbeitsgesellschaft. Für die Zukunft wird einiges davon abhängen, ob eine Wiederherstellung der Ganzheitlichkeit des tätigen Lebens möglich sein wird. Da ist ein merkwürdiger Widerspruch. Einerseits geht der Anteil der erwerbswirtschaftlichen Arbeit im Leben des einzelnen schrittweise zurück. Andererseits beherrscht die Arbeit nach wie vor unser persönliches und gesellschaftliches Leben. Alle anderen Tätigkeiten treten in ihrer gesellschaftlichen Bewertung deutlich zurück hinter die erwerbswirtschaftliche Arbeit. Beispiele solcher Unterbewertung sind die Hausarbeit, die private

Diskutiert über die Realisierbarkeit dieser Vorschläge. Welche Formen der Anerkennung für nicht gewerbliche Tätigkeiten sind denkbar?

Erziehungsarbeit, die Freizeitbetätigungen aller Art, die den Menschen häufig mehr Befriedigung verschaffen als ihre Erwerbsarbeit.
Alles Tun, das dem Leben dient, ist menschliche Arbeit. Zum tätigen Leben gehört der ganze Entfaltungsbereich zivilisatorischen und kulturellen Tuns und Handelns im Leben eines jeden Menschen, von der kunsthandwerklichen bis zur politischen Bestätigung. Arbeit ist die tätige Bejahung des menschlichen Daseins. Damit wird der Arbeitsbegriff ausgeweitet auf alle Bereiche des menschlichen Tuns von der notwendigen Arbeit zur Fristung des Lebens bis zum freiwilligen Dienst für Nachbarn und Notleidende, genauer gesagt: auf alle Bereiche des menschlichen Tuns, die der Sicherung, Entfaltung und Gestaltung des Lebens des einzelnen und der Gemeinschaft dienen.
Eine solche Beziehung, ja Versöhnung von Arbeiten und Leben soll „Schöpfungs- und Reich-Gottes-Arbeit" genannt werden. Für christliches Denken sind damit Richtung und Linie des tätigen Lebens aufgezeigt. *Einige Beispiele:*

- Das tätige Leben kann sich als bewahrende Arbeit der Natur zuwenden, neue Lebensbedingungen für bedrohte Pflanzen und Tiere schaffen und die Rückkehr der Natur in die Städte und Siedlungen betreiben. Das wäre konkrete Schöpfungsarbeit. Hier liegen vielfältige Möglichkeiten einer befriedigenden, lebenserhaltenden, menschlichen Betätigung.
- Das tätige Leben kann Arbeit an Gegenständen sein. Gemeint ist handwerkliche Arbeit als Einheit von Hand- und Kopfarbeit, zum Teil eben das, was zur Zeit mit der Bezeichnung Hobby ziemlich unterbewertet wird. Gemeint ist die Herstellung von einzelnen Gebrauchs- und Kunstgegenständen aus guten Materialien mit gutem Werkzeug. Gemeint sind aber auch Reparaturarbeiten zur Förderung einer langen Gebrauchszeit von Gebäuden und Geräten, ja sogar dezentrale Energieerzeugung für den Haus- und Nachbarschaftsgebrauch.
- Das tätige Leben kann Arbeit für Gerechtigkeit und Frieden sein. Hier geht es um neue Möglichkeiten des Menschen zu politischer Betätigung, politischer Arbeit zur Beförderung des Lebens und der Erhaltung der Schöpfung. Auch im Raum der Kirche gibt es viele Initiativen dieser Art in den Bereichen der Dritten Welt, Frieden und Ökologie. Dies alles ist nicht politisches und soziales Engagement von Christen im Freizeitbereich, sondern notwendige und hochwertige Arbeit.

Freizeit?

Eintönige Arbeit - eintönige Freizeit

Werktags 6.00 Uhr. Wecker klingelt. Aufstehen, waschen. Musik und Nachrichten beim Frühstück. Zeitung am Kiosk. 6.40 Uhr der Bus. 15 Minuten später stempelt die Stechuhr. Nr. 11 zieht sich um. „Morgen, Morgen." „Ein Reinfall das Spiel gestern."

P. Brueghel (1567): Das Schlaraffenland

Was verrät das Bild über Arbeits- und Lebensprobleme und über Freizeiterwartungen aus der Zeit seiner Entstehung? Sammelt Ideen für ein modernes Bild „Schlaraffenland".

Die Sirene bringt sie an die Maschinen. Aufschließen. Vorbereiten. Aufträge abholen, Werkzeuge richten, Werkstück einspannen, Knopfdruck, Maschine läuft – Nr. 11 arbeitet.

Nr. 11 fertigt Werkstücke bis zur Frühstückspause. Halbe Stunde Zeitung, Sport, Toto, Sex. Nr. 11 fertigt Werkstücke bis zur Mittagspause. Halbe Stunde Zeitung, Sport, Toto, Fernsehen, Sex. Nr. 11 fertigt Werkstücke bis zum Feierabend – 16.00 Uhr Sirene. Umkleiden. Was gibt's heut abend? Bushaltestelle. Wieder zu Hause. Er schaltet Radio ein, holt sich was zu essen. Die Kinder sind weg. Die Frau kommt erst um 19.00. Er versucht, an die Mutter zu schreiben. Es fällt ihm nichts ein. Er liest die Zeitung.

Der Western, Werbefernsehen. Kinder sagen guten Abend, Frau kommt und kocht. Tagesschau, Essen. Wie war's heute? Nichts Besonderes. Schulfest am Wochenende. Werden mal vorbeischauen. Kinder gehen aus.

Ein gutes Bier, ein paar Kekse. Der Krimi ist spannend. Sie schaltet den Fernseher aus, er stellt den Wecker. Gleichmäßiges Atmen.

Oft unterscheiden sich Freizeit und Arbeit nicht sehr. Woran mag das liegen?
Welche Erwartungen an Freizeit ergeben sich aus dem üblichen Verständnis von Arbeit „wegen Geld und Karriere"?

Sonntag in der Arbeitsgesellschaft

In der gegenwärtigen Arbeitsgesellschaft hat der Sonntag kein eigenes Gewicht. Er ist allemal bestimmt von der erwerbswirtschaftlichen Arbeit, eher eine Zeit der Wiederherstellung der Arbeitskraft als eine Zeit der Entfaltung anderer Lebenskräfte. Tag des Vergnügens statt der Freude, der Zerstreuung statt der Sammlung, nicht Tag der Ruhe, die die Arbeit nach der Bibel erst vollendet.

Einen Sonntag wie die Menschen

Jedes Tier steht für eine Gruppe von Menschen: Welche Verhaltensweisen bringen die Wünsche der Tiere zum Ausdruck?
Worin besteht die Hauptaussage der Fabel?

Eines Tages kamen unter einem großen Baum die Tiere zusammen, weil auch sie einen Sonntag haben wollten wie die Menschen. Der König der Tiere, der Löwe, erklärte: Das ist ganz einfach. Wenn ich eine Gazelle verspeise, dann ist für mich Sonntag. Das Pferd meinte: Mir genügt schon eine weite Koppel, daß ich stundenlang austraben kann, dann ist für mich Sonntag. Das Schwein grunzte: Eine richtige Dreckmulde und ein Sack Eicheln müssen her, dann ist für mich Sonntag. Das Faultier gähnte und bettelte: Ich brauche einen dicken Ast, um zu schlafen, wenn es bei mir Sonntag werden soll. Der Pfau stolzierte einmal um den Kreis, zeigte sein prächtiges Federkleid und stellte höflich, aber bestimmt fest: Nur ein Satz neuer Schwanzfedern, er genügt für meinen Sonntag. So erzählten und erklärten die Tiere stundenlang, und alle Wünsche wurden erfüllt, aber es wurde unter ihnen kein Sonntag. Da kamen die Menschen vorbei und lachten die Tiere aus: Ja, wißt ihr denn nicht, daß es nur Sonntag wird, wenn man mit Gott wie mit einem Freund spricht?

Afrikanische Fabel

Sonntag: Zeichen der Versöhnung

Überlegt Konsequenzen für die Feiertagsgestaltung. Mit welchen Schwierigkeiten ist zu rechnen?

In einer zukünftigen Tätigkeitsgesellschaft sollte Sonntag ebenso wie die Arbeit auf die Schöpfung und das Reich Gottes bezogen sein. Er ist der Tag der Ruhe und des feierlichen Gottesdienstes, ein Tag des Schöpfungsfriedens und der Lebensfreude, weil eine bewußte Atempause gemacht wird in der Auseinandersetzung zwischen Mensch und Natur sowie der Menschen untereinander. Es ist der Tag, an dem wir haben, als hätten wir nicht, um zu sein, was wir sind: Kinder Gottes, Schwestern und Brüder, die singen, beten, lieben, träumen, sprechen, essen und trinken. So ist der Tag der Ruhe eine zeichenhafte Vorwegnahme des Gottesreiches.

Die Art unserer Arbeit bestimmt unser Verständnis von Ruhe und den Charakter unseres Feierns. Eine Verbindung zwischen tätigem Leben und besinnlichem Leben trägt den religiösen Elementen des menschlichen Lebens eher Rechnung als seine Spaltung in Arbeit und Freizeit.

... Die Art unserer Arbeit bestimmt unser Verhältnis zur Religion überhaupt, und ein neues Verständnis von Arbeit bewirkt auch ein anderes Verhältnis zur Religion. Das Verhältnis zur Arbeit und das Verhältnis zu Gott stehen in einem engen Zusammenhang. Der Mensch unserer Arbeitsgesellschaft mit ihrem heilversprechenden Arbeitsverständnis ist ganz auf sich allein gestellt, er ist stark, leistungsfähig, in Konkurrenz zu anderen seines Glückes Schmied, der sein Leben aus eigener Kraft rechtfertigt. Wie soll er da einen Gott verstehen, der Schwäche zeigt, der gekreuzigt wird, der Gnade schenkt, nicht Leistung honoriert, der uns zu Schwestern und Brüdern macht und nicht Konkurrenten bleiben läßt.

... Eine neue Versöhnung von Arbeit und Leben kann auch zu einem neuen Verhältnis von Arbeit und Religion führen, wenn wir Arbeitsformen neu entdecken oder entwickeln, die nach Gehalt, Gestalt und Zielsetzung Gottes Schöpfung und Reich entsprechen.

Wolfgang Belitz

Feiertagspraxis

Ein jüdischer Schauspieler, der in New York lebt, berichtet vom Sabbat:

Zeit teilen – welche biblischen Gebote passen dazu? Auf welche Weise könnten Christen vom jüdischen Sabbat lernen?

Der Sabbat hat immer überaus einschneidend in mein eigenes Leben eingegriffen, wenn Proben meiner Stücke stattfanden. Die hochgradige Spannung, unter der diese Proben auf dem Broadway stehen, ist schon Legende und eine wahre obendrein. Während dieser Proben wird es allemal Freitagnachmittag, just wenn die Aufführung vollständig zusammenzubrechen droht. Ich fühlte mich manchmal wie ein Verräter, wenn ich den Sabbat in einer solchen kritischen Situation beging . . .
Hinter mir habe ich das düstere Theater am Broadway gelassen, die überall herumstehenden Kaffeetassen, den Wust der halbzerfetzten Rollen- und Regiebücher, die überreizten Schauspieler . . . – und ich bin daheim. Der Wechsel ist verwirrend, fast so, als käme man von der Front auf kurzen Heimaturlaub. Meine Frau und meine beiden Söhne, die ich, während ich mich mit allen Kräften gegen den drohenden Zusammenbruch stemmte, fast vergessen hatte, empfangen mich, alle schon festlich gekleidet und froh gestimmt, und das Herz geht mir auf bei ihrem Anblick. Wir setzen uns zu einem festlichen Mahl an den mit Blumen und alten Sabbatsymbolen geschmückten Tisch: die brennenden Kerzen, die geflochtenen Weißbrote, der gefüllte Fisch, meines Großvaters Silberpokal, in dem der Wein funkelt. Ich spreche über meine Söhne den uralten Segen, und wir singen die in heiteren Synkopen gehaltenen Tischlieder zum Sabbat. Die Unterhaltung dreht sich nicht etwa um die einem Ende mit Schrecken entgegenwankende Aufführung. Meine Frau und ich holen während der Woche versäumte Unterhaltung nach, die Jungen richten ihre Fragen an uns, denn dazu ist am Sabbat die beste Gelegenheit. Auf dem Tische türmen sich Bibel, Lexikon und Atlas. Wir sprechen vom Judentum und aus dem Munde der Kinder kommen die üblichen verzwickten Fragen nach Gott, die meine Frau und ich unbeholfen genug, aber so gut es eben geht, beantworten. Ich komme mir vor, als ob ich eine Wunderkur mache.
Auf ähnliche Weise verbringen wir auch den Samstag. Die Jungen kennen sich in der Synagoge aus, und es gefällt ihnen dort. Noch besser gefällt ihnen, daß sie nun ihre Eltern ganz für sich haben . . . Am Sabbat sind wir immer da, und das wissen sie. Sie wissen auch, daß ich dann nicht arbeite und auch meine Frau Zeit hat. Dieser Tag gehört ihnen.
Dieser Tag gehört aber auch mir. Das Telefon klingelt nicht. Ich habe Zeit zum Nachdenken, zum Lesen, Lernen, Spazierengehen oder zum Nichtstun. Es ist eine Oase der Ruhe. Erst wenn es dunkel wird, kehre ich zurück an den Broadway, und das nervenzerreißende Spiel beginnt von neuem. Gerade dann kommen mir oft meine besten Einfälle für die gräßliche literarische Operation, die sich bis zum Premierenabend hinzieht. Ein Regisseur sagte eines Samstagsabends zu mir: „Ich beneide Sie nicht um Ihre Religion, aber ich beneide Sie um Ihren Sabbat."

Hermann Wouk

Rechtfertigung:

So wie ich bin

Ich bin nicht reich, ich bin nicht berühmt,
und ich bin kein Genie;
ich bin kein Weiser, und manche Dinge lern' ich wohl nie
Ich hab' meine Fehler, als Vorbild taug' ich nicht viel,
und oft schieß ich weit vorbei an meinem Ziel.
Doch weil ich weiß, daß da einer ist,
dem ich unglaublich viel bedeute,
frißt der Ehrgeiz mich nicht, und ich bin glücklich
so, wie ich bin.

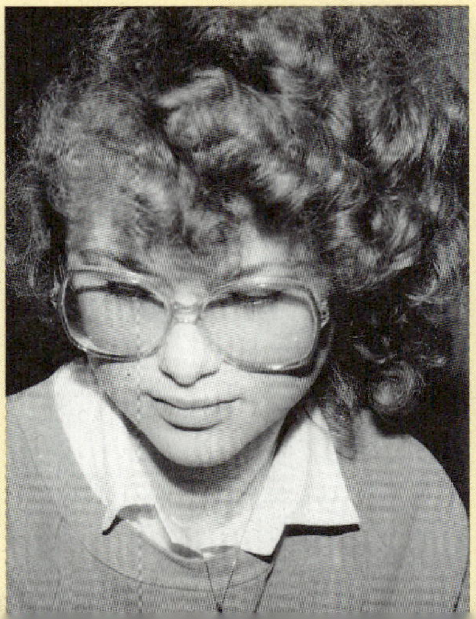

strotze nicht vor Gesundheit, bin im Sport kein As,
wenn ich mal vier Treppen steige, dann merk' ich das.
ıchmal geht's mir richtig dreckig, und ich denk dann,
komm nicht mehr hoch, und ich komme an Grenzen,
rag' ich mich: schaffst du das noch?
och weil ich weiß, daß da einer ist, der fordert von mir
icht mehr, als ich geben kann,
kzeptier' ich mich so und bin glücklich
, wie ich bin.

Ich bin nicht immer nur gut gelaunt, und ich lache nicht nur.
Manchmal bin ich unausstehlich, von Humor keine Spur.
Und wenn meine Stimmung dann schließlich den Nullpunkt erreicht,
kommt es vor, daß mich unverhofft so eine Ahnung beschleicht,
daß dieser eine auch meinen Ärger versteht
und ich ihn bei ihm ablassen kann.
Und dann geht's mir gleich besser, und ich bin glücklich,
so, wie ich bin.

Beziehungen

So bin ich

Ich habe zur Zeit Probleme mit den Klassenkameraden. Ich weiß nicht, wie ich mich verhalten soll, daß sie mich so akzeptieren, wie es bei meinen früheren Mitschülern der Fall war. Dort hatten wir ein freundschaftliches Verhältnis. Hier ist es so, als ob die Mitschüler gegeneinander arbeiten oder in ein kindisches Gelächter ausbrechen, wenn jemand den Mund aufmacht, um etwas zu sagen; so fühle ich mich immer wieder eingeschüchtert und ziehe mich in mein Schneckenhaus zurück. Warum verhalten sich die andern so? Warum tun sie so, als ob sie über der Sache stehen würden? Machen sie denn nie Fehler? Was wollen sie bezwecken? Wollen sie ihre Gefühle verstecken? Haben Sie Angst, sich zu öffnen und zu sagen, so bin ich!? Mir tun solche Leute leid, weil sie sich in eine Rolle spielen, die sie nicht selber sind. Deshalb können sie auch den andern mit seinen Stärken und Schwächen nicht annehmen.
Andere wiederum wollen sich bei den Lehrern einschmeicheln, um bessere Noten zu bekommen. Und nach der Stunde da hetzen sie wieder über den Lehrer, da sie ja auch bei den Klassenkameraden beliebt sein wollen. Warum sagt ihr euch alle nicht, ich bin so wie ich bin. *Sylvia, Kl. 10*

So mit meinen Freunden habe ich keine großen Probleme. Daheim fühle ich mich wohl, weil ich mit meinen Eltern und meinem Bruder auskomme und mich verstanden fühle. Besonders beschäftigen mich ökologische Probleme und die Friedensfrage. Ich fühle mich sehr gut, wenn auf großen Demonstrationen viele Menschen sind, die so denken wie ich. *Annette, Kl. 10*

Ich fühle mich wohl, wenn ich frei bin, wenn meine Eltern mich nicht mit ihren Vorschriften und Ansichten einengen. Sie wollen, daß ich mich immer weiter entwickle, und doch mischen sie sich überall ein: bei der Freizeitgestaltung, der Berufswahl, sogar bei der Wahl meiner Freunde. Ich will doch ein eigener, selbständiger Mensch werden, mit eigenen Ansichten und kein nach ihren Ansichten hingezüchtetes Wesen. *Arno, Kl. 9*

Angenommen, oder Angst zu versagen

Diskutiert die Schüleräußerungen.

Welche Probleme erkennt ihr?
Wie wünschst du dich selbst?
Wie wünschst du dir deine Beziehungen zu anderen?

Wir leben in vielfältigen Beziehungen: in der Familie, unter Freunden, in der Schule, im Beruf, in Vereinen ... Diese Beziehungen eröffnen uns neue Möglichkeiten und Wege. Aber sie stellen auch Anforderungen, denen wir gerecht werden müssen. Dabei machen wir an uns selbst unterschiedliche Erfahrungen:
- manchmal wollen wir ihnen nicht gerecht werden,
- manchmal können wir ihnen nicht gerecht werden,
- manchmal haben wir große Angst, ob wir ihnen gerecht werden können; wir haben Angst zu versagen.

- manchmal erleben wir, daß Beziehungen zerbrechen.
- immer wieder aufs neue machen wir aber auch die beglückende Erfahrung: Trotz unseres Versagens sind wir angenommen.

Hinter der Annahme durch den Mitmenschen zeigt sich die Annahme des Menschen durch Gott.
Die ermutigende Botschaft der Bibel lautet: Die Annahme durch Gott ist mehr als die Annahme durch den Mitmenschen.

Gabi

Ich traue mir überhaupt nichts zu. Andere haben es leichter, sind begabter und sind hübscher. Sie bekommen leicht Kontakt und sind gefragt. Wozu bin ich überhaupt da? So habe ich lange gegrübelt; ich fühlte mich richtig elend. Doch dann habe ich eine Gruppe kennengelernt. Ich habe beobachtet, daß sie anders leben als ich, obwohl sie gar nicht so viel anders sind. Sie haben mich in ihre Gruppe aufgenommen und ich habe aus ihren Gesprächen und ihrem Verhalten gemerkt, daß Gott auch mich liebt.
Natürlich ist mein Leben auch jetzt nicht ideal oder vollkommen. Ich versage immer wieder. Aber eins ist anders: Ich darf versagen. Und was mir leid tut, das sage ich Gott. Und was ich ihm gesagt habe, das wirft er mir nicht noch einmal vor.

Beschreibe die Veränderungen, die Gabi erlebt hat. Warum ist es ermutigend, daß die Annahme durch Gott mehr ist als die Annahme von Mitmenschen?

Martin Luther

Angst und Anfechtung

Glück und ewiges Heil erhofften sich die Menschen des ausgehenden Mittelalters von der Kirche. Im Leben des mittelalterlichen Menschen spielte die Angst eine große Rolle: Angst vor Seuchen, vor Hungersnöten und Naturgewalten, Krankheiten und anderen Heimsuchungen, die als Strafe Gottes galten. Hinter allem stand die Angst vor dem Tod und dem Fegefeuer oder gar den ewigen Höllenqualen. Um ihnen zu entgehen, mußte der Gläubige viele fromme Leistungen erbringen: Fasten, Beten, Wallfahrten, Almosen, Selbstkasteiung.
Der junge Luther war als Mensch des Mittelalters von der Frage umgetrieben:
„Wie kann ich selig werden? Wie kann ich Frieden mit Gott und mit mir selbst finden?" Er wußte: Friede, Heil und Gerechtigkeit sind abhängig nicht nur von der Gnade Gottes, die in Jesus Christus erschienen ist, sondern ebenso von den Bemühungen des Menschen um die eigene Vollkommenheit. Die höchste Stufe dieser Bemühungen war das klösterliche Leben. Mönche und Nonnen legten drei Gelübde ab, die für das ganze Leben gültig waren. Sie gelobten Armut, Keuschheit sowie Gehorsam gegenüber ihren geistlichen Vorgesetzten. Ein entsprechendes Leben galt als wahrhaft Gott gefällig. Der normale Christ kann nicht so fromm sein, weil er durch die Ehe und seinen Besitz zu sehr an Dinge gebunden ist, die ihn von Gott abhalten.
Im Rückblick auf sein Leben als Mönch urteilt Luther: ... ist je ein Mönch in den Himmel gekommen durch Möncherei, so wollte ich auch hineingekommen sein. Das werden mir alle meine Klostergesellen, die mich gekannt haben, bezeugen.

Vergleicht die Fragen und Anfechtungen der mittelalterlichen Menschen mit den Äußerungen auf den vorangegangenen Seiten.

Trotzdem fand Luther auch im Kloster nicht den erhofften Frieden. Im Grunde seines Herzens entdeckte er unausrottbare Selbstsucht, er erfuhr sich als „verkrümmt in sich selbst" und von Gott verworfen. In einem Lied hat er das später so ausgedrückt: Die Angst mich zu verzweifeln trieb, da nichts denn Sterben bei mir blieb, zur Höllen mußt' ich sinken.

Die neue Gerechtigkeit

1545, ein Jahr vor seinem Tod, schreibt Luther im Rückblick auf seine entscheidende Entdeckung, die er beim Studium des Römerbriefes 1515 gemacht hat:
Mit erstaunlichem Feuereifer suchte ich dem auf die Spur zu kommen, worauf Paulus im Römerbrief hinauswollte. Ich war mit ganzem Herzen bei der Sache, aber ein einziges Wörtchen im Kapitel 1 Vers 17 versperrte mir den Zugang zu Paulus: „Gottes Gerechtigkeit wird im Evangelium offenbar."

Das alte Verständnis von Gottes Gerechtigkeit

Gottes Gerechtigkeit - wie habe ich dieses Wort gehaßt! Lehrte man uns doch von alters her, der gerechte Gott sei ein Richter, der die Sünder bestraft und die verurteilt, die das Recht mißachten.

Als Mönch konnte mir allerdings keiner etwas vorwerfen. Vor Gott aber stand ich als Sünder da und spürte sehr mein unruhiges Gewissen. Ich konnte mich nie ganz darauf verlassen, daß Gottes Ansprüche abgegolten seien, auch wenn ich mir noch so sehr Mühe gab, ihn zufriedenzustellen. Ich konnte Gott nicht lieben; ich haßte ihn. Ich haßte den Gott, der gerecht handelt und die straft, die sich gegen ihn vergehen. So marterte mich mein wütendes und verwirrtes Gewissen. Dennoch bohrte ich weiterhin ungestüm an jener Stelle bei Paulus, denn mich verlangte brennend zu wissen, auf was es Paulus ankam.

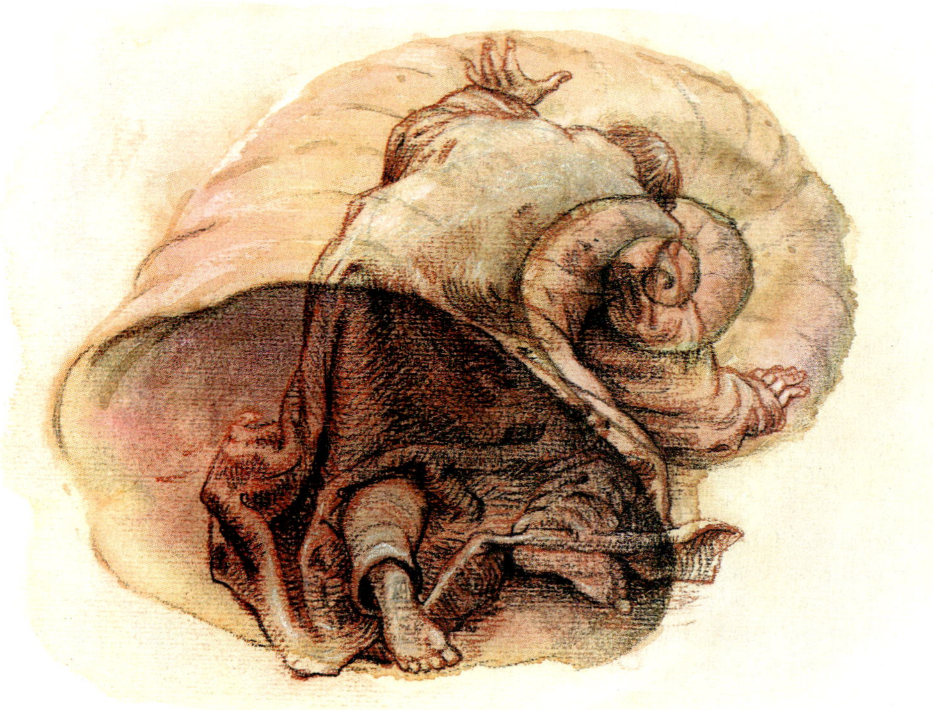

Viele sagen heute: Luthers Verzweiflung im Kloster ist uns fremd. Andere spüren: Luther sagt mit anderen Worten etwas, was auch uns bewegt. Die Zeichnung versucht Luthers Erfahrungen zu übersetzen.

Im Evangelium wird offenbart die Gerechtigkeit, die vor Gott gilt (wörtlich: „Gottes Gerechtigkeit“), welche kommt aus Glauben in Glauben; wie denn geschrieben steht (Hab 2,4): „Der Gerechte wird aus Glauben leben.“	Durch die Gute Nachricht zeigt Gott allen, wie er selbst dafür sorgt, daß sie vor ihm bestehen können. Der Weg dazu ist von Anfang bis zum Ende bedingungsloses Vertrauen auf Gott. Denn es heißt ja: „Wer Gott vertraut, kann vor ihm bestehen und wird leben.“

Römer 1,17 in der Übersetzung von M. Luther und von J. Zink. Vergleicht beide Übersetzungen miteinander.

Das neue Verständnis von Gottes Gerechtigkeit

Schließlich erbarmte sich Gott meiner, als ich Tag und Nacht an diesem Text arbeitete. Da begann ich zu begreifen, daß dies der Sinn des Satzes sei: Gott verschenkt seine Gerechtigkeit, und von diesem Geschenk kann der Mensch leben; Gott spricht den Menschen gerecht.
Barmherzig ist also Gott: Er stellt sich auf die Seite des Menschen und schafft dem Menschen so Lebensraum.
Dieses „Urteil" Gottes annehmen, heißt glauben. Es heißt also richtig im Alten Testament: Der Glaubende ist Gott recht; er ist so, wie Gott ihn haben will.
Da fühlte ich mich neu geboren; ich war durch die geöffneten Tore ins Paradies eingetreten. Jetzt zeigte mir plötzlich die ganze Bibel ein neues Gesicht.
Vorher hatte ich jenen Satz von der Gerechtigkeit Gottes gehaßt. Jetzt gewann ich ihn um so lieber und stellte ihn über alles.

Gerechtigkeit

Rechtfertigung in der Bibel

Lest das Gleichnis vom Pharisäer und Zöllner (Lukas 18, 9–14). Nach welcher der angeführten Definitionen ist der Pharisäer, nach welcher der Zöllner gerecht?

- Gerecht ist der, der möglichst unparteiisch urteilt.
- Vor Gericht erhält derjenige die Bezeichnung „Gerechter", der unschuldig ist, dem man keine Verletzung der Normen vorwerfen kann.
- In der Bibel bezieht sich das Wort Gerechtigkeit auf das Verhältnis zwischen Gott und Mensch: Gerecht ist, wer im richtigen Verhältnis zu Gott steht, wer Gott recht ist.
- Sich rechtfertigen in der Umgangssprache heißt, Gründe für sein Handeln anführen; Rechtfertigung ist der Versuch, sich reinzuwaschen.
- Rechtfertigung in der Bibel heißt dagegen, Gott nimmt den Menschen an; er richtet sich nicht nach menschlichen Gerechtigkeitsvorstellungen. Rechtfertigung ist die Aufhebung der Entfremdung zwischen Mensch und Gott.
- Gerechtfertigt ist, wer sich von Gott gerecht sprechen läßt, wer sich die Annahme durch Gott gefallen läßt, wer das Leben als Geschenk annimmt.

Was hätte Luther solchen Menschen geantwortet? Diskutiert in diesem Zusammenhang den nebenstehenden Luther-Text und das Lied.

Glaube und Werke

Die entscheidende Wende in Luthers Denken und Glauben trat erst da ein, als er sich nicht mehr auf seine eigenen Leistungen verließ, sondern darauf vertraute, daß Gott ihn annehmen wird.
Das hat immer wieder dazu geführt, daß Menschen auf ein eigenes gerechtes Leben ganz verzichteten und sittliches Handeln als überflüssig ansahen.

Dazu schrieb Luther: Darum sind zwei Sprüche wahr: Gute Werke machen nimmermehr einen guten, frommen Mann, sondern ein guter, frommer Mann macht gute, fromme Werke. Böse Werke machen nimmermehr einen bösen Mann, sondern ein böser Mann macht böse Werke. So muß immer die Person zuvor gut und fromm sein vor allen guten Werken, und gute Werke folgen und nehmen ihren Ausgang von der guten, frommen Person. Wie Christus sagt: Ein böser Baum trägt keine gute Frucht. Ein guter Baum trägt keine böse Frucht. Es ist also offenbar so: Die Früchte tragen nicht den Baum; auch wachsen die Bäume nicht auf den Früchten, sondern umgekehrt; die Bäume tragen die Früchte, und die Früchte wachsen auf den Bäumen.

Wie nun die Bäume vor den Früchten da sein müssen und die Früchte die Bäume weder gut noch böse machen, sondern die Bäume die Früchte hervorbringen, so muß auch der Mensch als Person zuvor fromm oder böse sein, ehe er gute oder böse Werke tut. Und seine Werke machen ihn nicht gut oder böse, sondern er macht gute oder böse Werke.

M. Luther, Von der Freiheit eines Christenmenschen

Veränderung des einzelnen oder Veränderung der Gesellschaft?

Der gute Baum bringt gute Frucht. Man muß ihn nicht nötigen. Er tut es ganz von selbst, aus reiner Daseinsfreude. Doch wo steht dieser Baum?

Der verkrüppelte Baum im Hof zeigt auf den schlechten Boden. An den schlechten Früchten ist nicht nur die schlechte Baumwurzel, sondern auch der schlechte Boden schuld. In einem lichtlosen Hof kann ein Baum nicht gut blühen. Seine Umwelt gibt ihm keine Chance dazu. Sie verkrüppelt ihn. Pflanzt man ihn aber in einen Park, dann entfaltet er sich und zeigt seine Fülle ...

Wenn die Verhältnisse es sind, die den Baum so verkrüppeln, dann müssen die Verhältnisse so geändert werden, daß sie dem Baum die Möglichkeiten geben, sich frei zu entfalten. Wenn die sozialen Verhältnisse Menschen zu unmenschlichen Handlungen nötigen, dann müssen die sozialen Verhältnisse so verändert werden, daß sie ihm die Möglichkeit zu menschlichen Handlungen geben ...

Eine unfreie Gesellschaft produziert nicht automatisch unfreie Menschen, aber sie setzt allerdings Menschen so unter Druck, daß ihnen die Freiheit immer schwerer wird. Eine relativ freie Gesellschaft produziert nicht automatisch freie Menschen, aber sie begünstigt ihre Freiheit. Die Befreiung der Person vom Gesetz des Leistungszwangs und der Abbau dieser Zwänge gehören zusammen.

Jürgen Moltmann

Aus einer Diskussion:

Erst müssen die Verhältnisse so geändert werden, daß die Menschen nicht mehr unter Druck gesetzt werden, dann kann auch der einzelne als freier Mensch leben.

Erst muß sich der einzelne ändern, muß der einzelne ein freier Mensch werden, dann kann er auch die gesellschaftlichen Verhältnisse ändern.

Diskutiert diese Meinungen.

Die Bejahung bejahen

Entfremdung

Nach Paul Tillich können viele Menschen heute die Rechtfertigungsbotschaft nicht mehr verstehen. Sie ist für ihn aber eine zentrale Aussage des christlichen Glaubens. So versucht er mit neuen Worten, die alte Botschaft verständlich zu machen:

Der Mensch ist entfremdet von Gott, von seinen Mitmenschen und von sich selbst, er ist nicht, was er eigentlich sein sollte, er ist von seinem wahren Sein entfremdet.

Die Bibel beschreibt diesen Sachverhalt meist mit dem Wort „Sünde". Dieses Wort wird jedoch oft mißverstanden: man versteht darunter häufig unmoralische Handlungen. Die Bibel meint aber nicht in erster Linie einzelne moralische Fehlleistungen, sondern eine verfehlte Grundeinstellung: Der Mensch verläßt sich nicht mehr darauf, daß sein Leben sinnvoll ist; er verläßt sich nicht darauf, daß Gott seinem Leben Sinn gibt. Diese Abwendung von Gott heißt Unglaube. Daher nennt Paulus alles Sünde, was nicht aus dem Glauben kommt.

Entfremdung ist kein biblischer Begriff, aber viele biblische Geschichten beschreiben den Zustand der Entfremdung, der durch menschliche Schuld entsteht:

z.B. in der Geschichte vom Sündenfall (1 Mose 3, 8-24),

z.B. in der Geschichte vom Brudermord (1 Mose 4, 1-16),

z.B. in der Geschichte vom Turmbau (1 Mose 11, 1-9).

Sündenfall und Vertreibung aus dem Paradies (1 Mose 3)

Das Wort „Entfremdung" kann helfen, besser zu verstehen, was mit „Sünde" gemeint ist. Dennoch darf das Wort „Sünde" nicht durch den Begriff „Entfremdung" ersetzt werden. Denn im Wort Sünde kommt ein Gesichtspunkt zum Ausdruck, der im Begriff „Entfremdung" nicht enthalten ist. „Entfremdung" kann den Eindruck erwecken, als ob die Entfremdung von Gott unverschuldetes Schicksal des Menschen sei. Das Wort Sünde dagegen macht deutlich, daß der Mensch mitverantwortlich ist, ob er sich für oder gegen Gott entscheidet.

Wie reden die angegebenen Bibelstellen von „Entfremdung"?

Aufhebung der Entfremdung

Rechtfertigung bedeutet Aufhebung der Entfremdung, Annahme des von Gott entfremdeten Menschen durch Gott. Es gibt zwar im Menschen nichts, was Gott zwingen könnte, ihn anzunehmen. Aber gerade das ist es, was der Mensch annehmen muß: Er muß bejahen, daß er von Gott bejaht ist. Die Rechtfertigung des Menschen geschieht um Christi Willen.

Vergleiche Matthäus 26, 36–46 mit den Aussagen Paul Tillichs.

In der biblischen Darstellung Jesu finden wir keine Entfremdung zwischen ihm und Gott (und daher auch nicht zwischen ihm und sich selbst und zwischen ihm und der Welt). Wir finden keine Züge des Unglaubens, d.h. der Abwendung seiner Person von Gott. Selbst in der äußersten Verzweiflung schreit er zu seinem Gott, der ihn verlassen hat.

Christus ist der Mittler; seine Aufgabe ist es, wieder zu vereinigen. In seinem Antlitz sehen wir das Antlitz Gottes, und in ihm erfahren wir den Versöhnungswillen Gottes. Im Blick auf Christus wird die Entfremdung immer wieder aufgehoben.

Die Geschichte von der Taufe Jesu (Markus 1, 9–11) zeigt die enge Verbindung Jesu mit Gott. Sie sagt aus: Durch Jesus ist der Zugang zu Gott wieder möglich.

Das Bild zeigt sechs biblische Szenen in der Taufkapelle der Stuttgarter St.-Eberhard-Kirche. Die Texte und Bilder weisen auf den Zusammenhang von Taufe und Aufhebung der Entfremdung hin.

Links oben:
Die Taufe als Wiedergeburt zum neuen Leben. Jonas Gebet und Erhörung (Jona 2, 1.2.11)

Links unten:
Gott will uns in der Taufe vor allen Feinden unseres Heils retten. Der Durchzug durch das Rote Meer (2 Mose 14, 21.22)

Mitte oben:
Die Taufe Jesu im Jordan (Johannes 1, 32–34)

Mitte unten:
Die Taufe des gottesfürchtigen Kämmerers aus Äthiopien (Apostelgeschichte 8, 35–38)

Rechts oben:
Taufe und neues Leben (Paulus an die Römer 6, 3.4)

Rechts unten:
Das Taufgewand als Siegesgewand (Offenbarung des Johannes 7, 14.16.17)

Rechtfertigung heute

Die Niederlage trainieren

Man lernt ja in der Schule eine ganze Menge. Alles ist darauf abgestellt weiterzukommen, eine Stufe nach der anderen zu erlangen und irgendwie auf dem Weg nach oben zu bleiben. Das ist bei der beruflichen Ausbildung nicht viel anders. Auch hier wird ein Ziel nach dem anderen anvisiert, und wenn es erreicht ist, wird das neue in Angriff genommen.
Alles scheint ähnlich zu sein wie beim Sport, bei dem man sogar selbstverständlich annimmt und auch akzeptiert: Ohne Spitzenleistung kein Sieg und ohne Training keine Spitzenleistung. Und was wird gerade in diesem Metier nicht alles getan, um jemanden physisch und psychisch zu trimmen. Man geht geradezu selbstverständlich von dem Grundsatz aus: Wo viel hineingesteckt wird an Wissen, an Kenntnis, an Trainingsmethoden, muß sich der Erfolg automatisch einstellen.
Aber was wird mit denen, die auf der Strecke bleiben: Im Sport und im Leben, was wird aus denen, die nicht mitkommen? Da wird die Schuld bei ihnen gesucht. Da wird Ehrgeiz angestachelt, da werden Vergleiche gezogen ...
Als ob die Schuld nur bei dem läge, der nicht mehr mitkommt. Jemand hat gesagt: „Als der Läufer zusammenbrach, standen die Trainer ratlos. Sie hatten alles trainiert - nur nicht die Niederlage."
Das ist es, was heute einfach ausfällt in unserer Leistungsgesellschaft: Trainiert werden für die Niederlage. Einüben für die Stunden im Leben, in denen das System Leistung-bringt-Erfolg zerbricht.
Wann werden wir es lernen, für diese Stunden des Lebens einander bereit zu machen, und wo werden wir es lernen? *Joh. Kuhn*

Überlegt, wie das aussehen könnte: „die Niederlage trainieren" - in der Schule - zu Hause - im Beruf.

Was könnte in diesem Zusammenhang „Rechtfertigung" bedeuten?

Ein neues Leben

Seit seinem 16. Lebensjahr leidet David Ireland an einer unheilbaren Nervenkrankheit, die langsam aber sicher dazu führt, daß er zu einem gelähmten Krüppel wird. Trotzdem schafft David Ireland das Studium und arbeitet für einige Zeit als Lehrer, dann wird er Familienberater in Arcadia/Kalifornien. Obwohl seine Krankheit immer weiter fortschreitet, heiratet er. Die Eheleute Ireland erwarten ein Kind.
Auf Tonband diktiert David Ireland 13 Briefe an sein noch ungeborenes Kind, in denen er über sein Leben berichtet. Durch diese Briefe will er seinem Kind die Liebe erweisen, die er nicht wie normale Väter seinem Kind geben kann: er rechnet nicht damit, den Lebensweg seines Kindes lange begleiten zu können.

Die Bekehrung

Die Predigt langweilte mich, und offen gestanden war ich froh, als das Ganze endlich vorbei war. Aber ein Bibelvers, den dieser Mann las, blieb mir im Gedächtnis. Er blieb, weil er so unglaublich war. Es war ein Vers aus dem Römerbrief: „Wenn ihr mit dem Mund bekennt: ‚Jesus ist der Herr‘ und mit dem Herzen darauf vertraut, daß Gott ihn vom Tod erweckt hat, werdet ihr gerettet."
Dieser Vers schien zu sagen, gerettet werden, sei etwas ganz Einfaches. Ich brauchte nicht gut zu sein - eigentlich brauchte ich überhaupt nichts zu tun, und ich konnte immer noch die Gewißheit haben, daß Gott mich liebt. Es war das wunderbarste Gefühl, das ich je erfahren hatte.

Ein Rückfall

Im folgenden Jahr, dem letzten Jahr auf der Highschool, begann ein neuer Abschnitt in meinem Leben. Es setzte sich in mir die Überzeugung fest, daß Gott nicht nur ein liebender, sondern auch ein fordernder Gott sei. Er verlangte, daß die, die ihn lieben, an bestimmte Lehrsätze glauben und ihr Leben nach bestimmten gesetzlichen Regeln führen. Ich hatte die feste Überzeugung gewonnen, daß man wörtlich für wahr halten müsse, was die Bibel sagt, bevor man überhaupt den Weg zu Gott finden könne.
Ich war überzeugt, daß die, die nicht daran glaubten, sich auf dem Weg zur Hölle befänden. Sie waren verloren, und wenn sie die Liebe Gottes schmecken wollten, mußten sie glauben wie ich. Gleichzeitig verkehrte ich allmählich nur noch mit Leuten, die Ähnliches glaubten. Das führte zur Entfremdung zwischen mir und meiner Familie. Weil ich jetzt Gott vor allem als jemanden verstand, der mich ständig richtete, wurde ich zu einem strengen Richter über mein eigenes Verhalten.

Jesus

Erst in den letzten Jahren verstand ich meinen Lebensweg:
Ganz am Anfang hatte ich den Gedanken einfach akzeptiert, daß Gott mich angenommen hat, und deshalb habe ich mich selbst akzeptiert, so wie ich war - ohne Verbesserungen, ohne Versprechungen. Solange ich das gelten ließ, war ich glücklich und hilfsbereit gegenüber den Menschen in meiner Umgebung gewesen. Ich wußte, daß Gott mich liebte, wie ich war, und so nahm ich auch die anderen Menschen an.
Was es mir ermöglicht hat, an Gott festzuhalten, ist die Tatsache, daß ich über einen Zeitraum von Jahren hinweg besser zu verstehen gelernt habe, was für eine Person Jesus von Nazareth war. Und aus diesem Verständnis heraus versichere ich Dir: An Gott kann man glauben, und er ist gut. Jesus war ein sehr aufrichtiger Mensch, einer, der die anderen Menschen annahm; und das vermittelte die Botschaft: „So muß auch Gott sein!"
Mein Glaube ermöglicht es mir zu gehen. Nicht physisch, aber irgendwie ist tief in mir drinnen ein Geist, der geht und Berge besteigt. Dieser Geist ist in jedem Menschen und sagt ihm, daß er ein Kind Gottes ist. Diese Stimme ist auch in Dir, mein geliebtes Kind. Und wenn Du darauf hörst, dann kannst Du durch jeden Sturm gehen und kannst mit Geduld das Leben meistern.

Vergleicht den Lebensweg David Irelands mit dem Lebensweg Martin Luthers.

Ich bin gut. Ich bin ganz. Ich bin schön.

Seit einigen Jahren haben Frauen in der Bibel viele Entdeckungen gemacht, die für Frauen und Männer gleichermaßen befreiend sein können. Eine Theologin schreibt:

Ich bin gut

In diesem Satz steckt Befreiung; mit diesem Satz begann die Reformation. Dieser Satz heißt ganz schlicht gesagt: Ich bin das, was ich bin, nicht durch das, was ich leiste. Ich bin gut, weil ich bin, weil Gott mich akzeptiert, mich liebt, mich geschaffen hat, mich frei gemacht hat. Ich bin nicht gut, weil ich Gutes tue. Ich tue Gutes, weil ich gut bin.

Ich bin ganz

Weil Gott Vater und Mutter ist, ganz ist, kann ich ganz sein.
Wenn ich ganz bin, kann ich die Natur und die Erde wieder neu entdecken. So kann aus Herrschaft über sie Freundschaft mit ihr werden. Wenn ich ganz bin, leide ich an der Nicht-Ganzheit der Schöpfung, und ich habe das Recht zu protestieren, daß diese Schöpfung nicht mehr ganz ist.

Weil Gott Vater und Mutter ist . . .
Weil Christus mein Bruder ist . . . auch meine Schwester ist . . .

Diskutiert diese neue Sichtweise.
Welche Möglichkeiten eröffnet sie?

Ich bin schön

Was Frauen *heute* brauchen, um wirklich befreit zu sein, ist das faszinierende, verwandelnde, schöpferische Selbstgefühl, schön zu sein. Sich schön finden, das sollte die alte These von sich-annehmen ersetzen, das sollte die feministische Auslegung der Rechtfertigung allein aus Gnaden sein. Bei Luther kommt allerdings auch schon etwas ähnliches vor: „Die Sünder sind schön, weil sie geliebt werden . . .“ Weil Christus mein Bruder ist, darf ich mich annehmen. Weil Christus auch meine Schwester ist, darf ich mich schön finden.
Wenn ich schön bin, kann ich auch andere und anderes reizvoll, individuell schön finden. Kann ich Aggressionen verlieren; kann aus Ängsten Staunen werden, kann ich Dunkles, Fremdes, Negatives liebenswert finden, kann ich neu lieben.

Elisabeth Moltmann-Wendel

Politisches Handeln

Die Rechtfertigung des einzelnen hat Folgen für politisches Handeln. Der damalige Justizminister und spätere Bundespräsident Gustav Heinemann hat in einem Rundfunkvortrag Merkmale eines Politikers, der aus der Rechtfertigung lebt, dargestellt.

Gelassenheit
Wer Gott zutraut, daß er eingreift, wo es ihm notwendig erscheint, dem wird der Trubel des politischen Alltags die Besinnung so schnell nicht rauben. Der weiß auch etwas von der Vorläufigkeit sogenannter schicksalsschwerer Entscheidungen. Natürlich wird dadurch die Entscheidung selber nicht leichter. Ich kann mich keineswegs mit dem Hinweis auf den lieben Gott aus der konkreten Verantwortung entlassen. Aber es kommt hier Ruhe ins Spiel und Nüchternheit. Beides halte ich für politische Tugenden, weil dadurch der Umgang mit dem politischen Gegner erleichtert und das Augenmaß für die Sache geschärft wird.

Wahrhaftigkeit
Gelassenheit erleichtert die Wege zur Wahrhaftigkeit. Wer gelassen ist, weil der Glaube an Gottes Handeln ihn befähigt, die letztgültige Bedeutung seines eigenen Tuns und Lassens nicht zu überschätzen, der wird auf manche Taktiken und Umwege, auf sogenannte Zweckmäßigkeitserwägungen, Zugeständnisse und faule Kompromisse verzichten können. Es wird ihm leichter fallen, notfalls auch das Unbequeme zu sagen, weil er nicht ängstlich schielen muß auf die Gunst der Interessengruppen.

Kein falscher Ehrgeiz
Er wird weniger anfällig sein für falschen Ehrgeiz in bezug auf seine Person. Er wird Unpopularität zwar nicht suchen, aber auch nicht fürchten. Das wiederum wird ihm Fähigkeiten verleihen, die in der Politik bislang als selten gelten. Er wird bereit sein, etwaige Irrtümer öffentlich zuzugeben und einen als falsch erkannten Weg zu verlassen; er wird Stehvermögen haben, wo die Sache es ihm gebietet. Aber er wird solches Stehvermögen nicht mit Sitzfleisch verwechseln. Er wird nicht zögern, seinen Hut zu nehmen, wenn er gefehlt hat, und er wird ebensowenig zögern, seine Mitarbeit aufzukündigen, wo sein Gewissen ihm das gebietet oder wo der demonstrative Rücktritt wirksamer ist als der ohnmächtige Widerstand.

Die kleinen Schritte
Es kommt darauf an, von den Gegebenheiten her die jeweils kleinen Schritte zu relativen Besserungen ernster zu nehmen. Ich halte es für nicht sinnvoll, immer gleich aufs große Ganze hinauszuwollen. Diese vollmundigen Parolen vom Heil aus der radikalen Veränderung sind mir tief verdächtig, selbst wenn sie, was selten genug zu erkennen ist, aus einleuchtenden Konzepten erwachsen sind. Konzepte zu haben, das ist in der Regel sehr viel leichter als Wege zur Verwirklichung zu wissen.

„Übersetzt“ den Text:
- für Lehrer
- für Eltern
- für das Verhältnis von Jugendlichen untereinander.
Überlegt, welche Folgen eine solche Haltung für die Gesellschaft hat.

Kirche
am Ort.
Kirche
in der
Welt.

SELIG SIND.. DIE

Kirchentag

Rückblicke

Viele haben den Kirchentag in den letzten Jahren als einen wichtigen Ort für sich entdeckt: an dem man seines Glaubens neu gewiß werden und die Gemeinschaft des Glaubens feiern kann, als einen Ort, von dem aus man gemeinsam zu neuen Wegen aufbricht. Jeder hat auf seine Weise den ganzen Kirchentag erlebt – und doch hat jeder ihn anders erlebt: einen anderen Ausschnitt aus der Vielzahl von Gottesdiensten und Foren, von Vorträgen und Diskussionsveranstaltungen, einen anderen Teil der Werkstätten oder des Markts der Möglichkeiten. Jeder hat andere Menschen kennengelernt oder wiedergetroffen. Und doch waren diese Tage für die meisten, die ich sprach, zusammengehalten durch die Erfahrung lebendiger Gemeinschaft und durch die Ermutigung, die von ihr ausging. Vor allem aber waren sie zusammengehalten durch die Kraft der Losung, die in den Bibelarbeiten entfaltet und durch alle Themenbereiche hindurch vertieft wurde.
„Die Erde ist des Herrn". Über unsere Erwartungen hinaus erwies dieses alttestamentliche Wort seine Kraft als evangelische Zeitansage. Sich auf Gottes Treue zu verlassen – das heißt: zwischen dem zu unterscheiden, was Gott gehört, und dem, was uns Menschen zusteht. Wir haben angefangen, sorgfältiger zu unterscheiden zwischen dem, was für Menschen machbar geworden ist, und dem, was wir verantworten können. Wir Menschen sind nicht Eigentümer der Natur, sondern Haushalter auf Gottes Erde.
Durch diese Einsicht hat der Widerspruch gegen den Gebrauch von Massenvernichtungsmitteln eine neue Gewißheit gewonnen. Er wurde aufgenommen in dem Aufruf zum Konzil des Friedens, durch den unsere ökumenische Verpflichtung neuen Nachdruck erhalten hat. Aus derselben Einsicht heraus aber ist auch deutlich geworden: Der entschlossene und frühzeitige Verzicht auf genetische Manipulation am Menschen ist ebenso wichtig wie das Nein zu militärischen Vernichtungspotentialen. „Die nüchterne Hoffnung des Glaubens hat dieser Kirchentag ausgestrahlt. Mut zur Solidarität kann er vermitteln. Nehmt diese Ermutigung an und gebt sie weiter. Geht selbstbewußt an euren Ort, weil Gott euch neu bewußt geworden ist. Ihr könnt etwas ändern."

Wolfgang Huber

Kirchentagteilnehmer:

unter 30 Jahre	68%
30–59 Jahre	27%
über 59 Jahre	3%
In Ausbildung	55,5%
Erwerbstätig	32%
Arbeitslos	1,65%

Lieber Klaus
Ich komme gerade vom Kirchentag. Ich bin begeistert! Wir sind mit unserem Religionslehrer hingefahren und haben weit draußen in einer Schule übernachtet. Jeden Morgen standen wir schon um ½ 6 Uhr auf. Podiumsdiskussionen, Kundgebungen, Meditationen und Konzerte waren der Grund, warum wir erst um Mitternacht ins Bett kamen. Was hat mir gefallen?
Einmal war schön, daß ich so lange mit meinen Schulkameraden zusammen war. Und dann die Lieder. Sie gehen mir nicht mehr aus dem Kopf. Es war schon ein irres Gefühl, eine so große Gemeinde zu sein. Und dann das Abendmahl am Schlußtag mit vielen Tausenden! Was da über Frieden, Südafrika, Aufrüstung und Solidarität alles zu hören war, ich kann es gar nicht wiedergeben. Und wenn mir alles zu viel wurde, bin ich einfach ins Meditationszentrum gegangen und habe mich auf den Boden gelegt.

Was könnten Christian und seine Klassenkameraden in ihrer Gemeinde verändern?

Das war alles ganz anders als hier in der Kirche. Nichts gegen den Pfarrer, aber im Gottesdienst sind bei uns nur lauter alte Frauen. Und gesungen werden alte Lieder. Und die Predigt langweilt mich. Was hat das eigentlich mit mir zu tun? Ich würde gern auch mal zu Hause erleben, was wir beim Kirchentag erlebt haben. Da müßte man doch was machen können.

Dein Christian

Kirchenalltag

Alte Mutter?

Ein afrikanischer Pfarrer schreibt nach einem Jahr Aufenthalt in Deutschland über seine Erfahrung:

Obwohl Kenia nur 20 Mill. Einwohner hat, gehen dort jeden Sonntag mehr Menschen in die Kirche als in Deutschland. Etwa 80% der Bevölkerung sind getauft. Und die meisten von ihnen bemühen sich bewußt um ein christliches Leben. Wenn ich die deutsche Kirche anschaue, dann bin ich enttäuscht:

1. Was ist das für eine Theologie, wenn der Pfarrer allein den Gottesdienst hält? In Afrika bietet der Gottesdienst viel mehr Möglichkeiten für eine aktive Mitarbeit der Laien.
2. Was ist das für eine Theologie, die in ihrer Konsequenz den Pfarrer die ganze Woche hoffnungslos überlastet mit Religions- und Konfirmandenunterricht, Krankenbesuchen, Begräbnissen und der Leitung von Gemeindekreisen. Die Laien haben einen geringen Stellenwert.
3. Überhaupt frage ich mich, ob die Gottesdienste hier im Land noch christliche Gottesdienste sind. Wo Menschen sich vor dem Gottesdienst nicht begrüßen, wo sie in den Bänken nur auf Lücke sitzen und sich hüten, einander nahe zu kommen, wo sie sich hinterher nicht voneinander verabschieden und einander nicht um Hilfe und Fürbitte bitten - da ist der Geist Gottes bestimmt nicht anwesend.

Ich habe das Gefühl, die deutsche Kirche ist wie eine alte Mutter. Sie ist müde geworden, sie hängt an alten Traditionen und kann sich auf neue Herausforderungen nicht mehr umstellen. Die afrikanische Kirche ist wie eine junge Tochter. Sie ist lebendig und aktiv.

Trifft diese Beschreibung zu?

Taufen in der Osternacht

Christine ist 13 Jahre - Klaus 10. Die anderen, die in dieser Nacht getauft werden, sind Säuglinge. Ein Taufgottesdienst in der Osternacht. Die Jugendgruppe der Arche singt leise Hoffnungslieder. Nun kommen Klaus und seine Schwester und bringen mit Fackeln das Osterfeuer, das vor der katholischen Kirche entzündet worden war. Eine Jugendliche trägt die Osterkerze, die der katholische Pfarrer für seine evangelischen Brüder und Schwestern stiftet. Es sind wohl über 100 Menschen aller Altersstufen, die sich im ökumenischen Gemeindezentrum versammelt haben. Der Vikar begrüßt die buntgemischte Versammlung, ein Psalm wird im Wechsel mit dem Jugendchor gesungen.

Drei der Eltern sprechen ein Gebet. Eine Flötengruppe spielt zur Meditation, ein Schriftwort zur Taufe aus dem Propheten Jesaja, und der Pfarrer hält eine kurze Ansprache zum Taufwort: „Ich habe dich bei deinem Namen gerufen, du bist mein, spricht der Herr."
Christine kommt mit ihrem Bruder als erste zum Taufstein. Es war ihr Wunsch, getauft zu werden. Die Jugendlichen singen, nehmen die Gäste bei der Hand und bilden so eine Kette: „Unser Leben sei ein Fest, Jesu Geist in unserer Mitte ..." Eines der kleinen Täuflinge beginnt zu schreien. Der Pfarrer nimmt es dem Paten ab und bringt es der Mutter. „Jesu Geist in unseren Werken, unser Leben sei ein Fest an diesem Abend und jeden Tag." Ein kurzes Gebet - ein Vaterunser.
Einige gehen nach dem Segen, andere feiern diese Osternacht bis zum Anbruch des Morgens.

Text: J. Metternich, Team; Melodie: P. Janssens

Ökumenischer Jugendgottesdienst

Zur Vorbereitung treffen sich acht junge Leute aus der katholischen und evangelischen Gemeinde. Meist sind zwei bis drei Vorbereitungsabende nötig, bis der monatliche Gottesdienst am Freitagabend steht. Eine *„Ju-Go-Band"* begleitet die Lieder. Ein Symbol steht im Mittelpunkt. In diesem Monat ist es Stacheldraht mit einer Rose: „Die Wüste wird blühen."
Einer faßt das Gespräch der Vorbereitungsgruppe über die Wüsten-Situation in dieser Welt in einer Sprechmotette zusammen: Stacheldraht, der einengt, gefangenhält, zermürbt, tötet. Ein Mädchen schreibt eine kurze Meditation: „Und doch - immer wieder blüht eine Rose". Zwei aus der Gruppe übernehmen die Fürbitten. Diesmal soll der evangelische Pfarrer die Einleitung und den Segen übernehmen - beim nächsten Gottesdienst ist dann wieder sein katholischer Kollege an der Reihe. Anschließend bleiben die Jugendlichen noch zusammen, um miteinander zu singen, zu diskutieren oder zu spielen.

Warum sind solche besonderen Gottesdienste oft so attraktiv? Sollten sich die Kirchen nur auf diese besonderen Feiern konzentrieren?

Befragung zum Gottesdienst

Vervollständigt die Sätze. Entwerft daraus einen Fragebogen, mit dem ihr in eurer Schule oder Gemeinde eine Meinungsumfrage durchführen könnt.

I. Ich gehe nicht gerne zum Gottesdienst, weil . . .

II. Ich gehe gerne zum Gottesdienst, weil . . .

III. Ich habe Änderungswünsche

Befragungen zur Gemeindearbeit

Der Vorsitzende eines Kirchengemeinderats brachte zu einer Sitzung über die Aufgaben der Gemeinde die folgende „Bewertungsskala" mit. Es gab erbitterte Auseinandersetzungen.

AUFGABEN	1	2	3	4	5	6
		NOTEN				
Gottesdienst	●					
Kindergottesdienst	●					
Jugendarbeit		●				
Altenarbeit		●				
Mission				●		
Entwicklungshilfe Brot für die Welt					●	
Gemeindefeste, (z. B. Basare)				●		
Diakonie (Behinderte, Arme, Kranke . . .)					●	

AUFGABEN	1	2	3	4	5	6
		NOTEN				
Ökumene (Kontakte zwischen kath. u. ev. Kirche)						●
Hausbesuche bei Alten und Kranken	●					
Seelsorge			●			
Gemeinschaft (wie Frauen- u. Männerkreise)	●					
Freizeiten			●			
Bibelstunden, Glaubensseminare				●		
Gesellschaftspolitisches Engagement, (wie Asylanten/Frieden . . .)				●		

Wie würdest du die Schwerpunkte setzen?

Als Gemeinde leben

Gaben und Dienste

VERNETZEN:

Pfarrer und Fachleute

Denkt an den menschlichen Körper: Er hat viele verschiedene Teile, und jeder Teil hat seine besondere Aufgabe; aber der Körper bleibt deshalb doch einer. Genauso ist es mit uns: Obwohl wir viele sind, bilden wir durch die Verbindung mit Christus ein Ganzes. Als einzelne aber stehen wir zueinander wie Teile, die sich gegenseitig ergänzen. Wir haben verschiedene Gaben, so wie Gott sie uns in seiner Gnade zugeteilt hat. Diese Gaben sollen wir auch in der rechten Weise nutzen.
Der eine empfängt von Gott Weisungen für die Gemeinde; was er sagt, muß dem gemeinsamen Bekenntnis entsprechen. Der andere hat die Fähigkeit, der Gemeinde zu dienen, wo Hilfe gebraucht wird; ein anderer die Fähigkeit, sie im Glauben zu unterweisen oder zum Tun des Guten zu ermuntern. Jeder soll bei seiner Gabe bleiben und sie für die Gemeinde fruchtbar machen. *Römer 12,4–8*

Gemeindeglieder

Miteinander reden - sich beraten lassen

Der Mensch steht vor Aufgaben, die er oft allein nicht lösen kann. Er braucht Hilfe für seine Entscheidungen und Anstöße zu zielbewußtem Handeln. Einsicht und Wissen machen bereit und fähig zu Begegnungen zwischen den vielen Gruppen unserer Gesellschaft und mit der Wissenschaft. Frauenwerk und Männerwerk, Industrie- und Jugendarbeit, Evangelische Akademien und Erwachsenenbildung der Kirchen wollen Menschen helfen, als Christen ihre Lebensaufgaben zu erfüllen.

Leben aus Gottes Geist

Paulus spricht von verschiedenen Ämtern und Aufgaben. Welche sind heute für die Kirche wichtig?

Eure Liebe muß aufrichtig sein. Verabscheut das Böse, tut mit ganzer Hingabe das Gute! In der Gemeinde soll einer den anderen als Bruder herzlich lieben und ihn höher stellen als sich selbst. Werdet nicht nachlässig, sondern laßt euch von Gottes Geist durchdringen und dient bereitwillig dem Herrn. Seid fröhlich in der Hoffnung, standhaft in aller Bedrängnis, unermüdlich im Gebet. Sorgt für die Brüder und Schwestern, die es nötig haben, und wetteifert in der Gastfreundschaft.
Freut euch mit den Fröhlichen und weint mit den Traurigen. Haltet in Einigkeit zusammen. Strebt nicht nach Ehre und Ansehen, sondern wendet euch den Geringen und Unterdrückten zu. Bildet euch nichts auf eure Erkenntnisse ein. Soweit es an euch liegt, tut alles, um mit jedermann in Frieden zu leben. *Römer 12,9–18*

Traum?!

Das Evangelium macht Mut, einen Traum zu träumen: Von einer Gemeinschaft, in der im Geist Jesu und in der Hoffnung auf die Gerechtigkeit Gottes, die alles neu macht, keiner mehr über dem andern stehen will; in der Männer und Frauen sich zusammen die wichtigen Aufgaben in der Kirche teilen, aber auch die weniger wichtigen gemeinsam tun; in der sich keiner über den anderen erhebt, weil sie alle, Männer und Frauen, vor Gott eins sind.

Aus dem Alltag eines Pfarrers

Sprechtag

8.00 Büroarbeit und Organisation

10.30 Eine Sozialempfängerin kommt. Der Pfarrer soll ihr beim Ausfüllen von Behördenanträgen helfen. „Wenn er für mich die richtigen Stellen anschreibt, dann bekomme ich auch, was mir zusteht."

11.15 Eine Frau um die Vierzig klagt ihr Leid mit ihrem Mann, der sie geschlagen hat. Über eine Stunde erzählt sie. Der Pfarrer hört vor allem zu und vermittelt dann einen Termin bei einer Eheberatungsstelle, in der ein Psychologe und eine Sozialarbeiterin tätig sind.

14.00 Eine junge Frau kommt. Lungenkrebs. Unheilbar. Sie möchte auf dem hiesigen Friedhof beerdigt werden. Und: Einer ihrer Brüder würde seit einem Jahr nicht mehr mit ihr sprechen. Der Pfarrer verspricht, morgen dort einen Besuch zu machen. Sie beten miteinander.

16.00 Helmut K. 36 Jahre, Alkoholiker, kommt „nur geschwind vorbeischauen". Seit wenigen Wochen hat er eine 6-monatige Entziehungskur hinter sich, die zusammen mit der Familie und der diakonischen Bezirksstelle in die Wege geleitet wurde. Da es am Ort keine „Anonyme Alkoholikergruppe" gibt, kommt Helmut K. regelmäßig zum Gespräch mit dem Pfarrer.
Zwischendurch ruft eine alte Dame aus dem Altersheim an. Sie hätte dringend etwas zu besprechen. Nein, nicht am Telephon. Er möge doch bitte vorbeikommen. „Morgen nach der Schule, gegen 11 Uhr ..."

19.00 Ein Traugespräch. Die Braut kennt der Pfarrer gut. Er hat sie konfirmiert, und sie war drei Jahre Kindergottesdienstmitarbeiterin. Sie wünscht sich ihren Konfirmandenspruch als Predigttext: „Befiehl dem Herrn deine Wege und hoffe auf ihn."

Vorbereitung für den Seniorentreff

Immer am ersten Dienstag des Monats treffen sich die über Sechzigjährigen zu einem gemütlichen Nachmittag im Gemeindezentrum. Fünf ehrenamtliche Frauen und Männer sorgen für Kaffee und Kuchen. Später gibt es dann Säfte oder Wein und Butterbrenzeln. Reiseberichte, Erzählungen oder einfach Praktisches stehen auf dem Programm, z. B. „Soll ich ein Testament machen?" Aber: das wichtigste sind die Gespräche der Teilnehmer untereinander.

Die Kirche und ihr Geld

Kirchensteuer und sonstige Einkünfte

Zum Vergleich: In der Bundesrepublik werden jährlich mehr als 30 Milliarden DM für alkoholische Getränke ausgegeben.

Die Kirchensteuer wird von jedem Kirchenmitglied erhoben, das regelmäßige Einkünfte hat. In der Regel beträgt sie 8% der Lohn- bzw. Einkommensteuer.
Beispiel: Verheirateter Arbeitnehmer mit 4 Kindern:

Bruttoeinkommen monatlich	5450,- DM
Lohnsteuer monatlich	788,- DM
Kirchensteuer monatlich	47,- DM

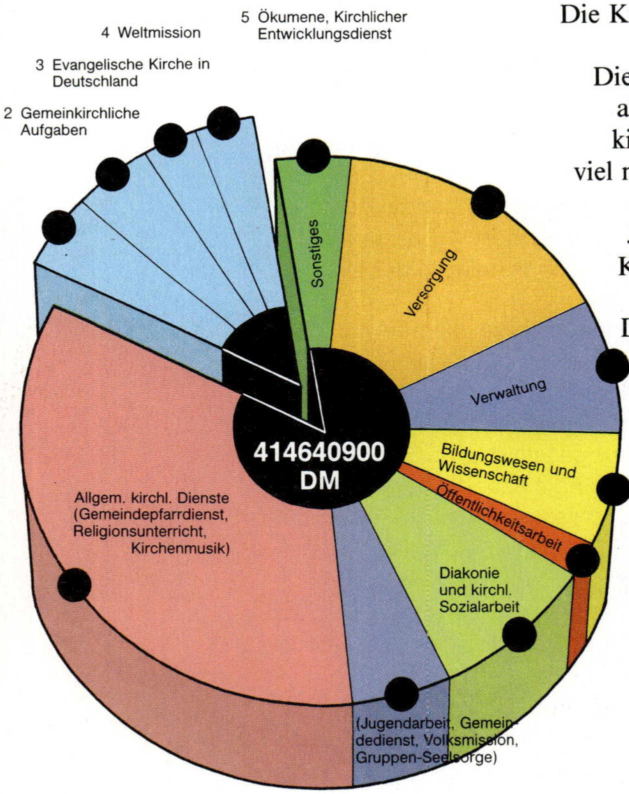

Beispiel: Ausgaben der Landeskirche Württemberg 1986.

Die Kirchensteuer wird vom Arbeitgeber zusammen mit der Lohnsteuer an das Finanzamt überwiesen. Dieses leitet die Gelder an die Kirchen weiter, behält aber 3-5% zur Deckung der Unkosten. Ein eigener kirchlicher Apparat für die Steuereinziehung würde viel mehr Geld (wahrscheinlich über 10% der Kirchensteuer) kosten.

Jede Landeskirche finanziert ihre Aufgaben durch Kirchensteuereinnahmen, staatliche Zuschüsse und sonstige Einnahmen.

Die Staatsleistungen werden als Entschädigung für den kirchlichen Besitz gewährt, der im 19. Jahrhundert verstaatlicht wurde. Weiter erhält die Kirche Kostenersatz, zum Beispiel für kirchliche Schulen und Ausbildungsstätten und für den Religionsunterricht als ordentliches Lehrfach, soweit ihn kirchliche Kräfte erteilen.

Unter den „Sonstigen Einnahmen" sind z. B. Haushaltsüberschüsse der Vorjahre, Zinsen und sonstige Erträge aufgeführt.

Die Einnahmen werden für Verkündigung und Seelsorge, diakonische Dienste, Jugendarbeit und Erwachsenenbildung ausgegeben (Beispiel: Evangelische Landeskirche Württemberg 1986).

Argumente pro und contra Kirchensteuer

Diskutiert Argumente pro und contra Kirchensteuer.

Diskutiert und ergänzt diese Argumente.

- Staats- und Gemeindebehörden ziehen auch für andere Körperschaften Beiträge ein.
- Die Kirchensteuer macht den Pfarrer von einflußreichen Gemeindegliedern unabhängig.
- Der einzelne Kirchensteuerzahler weiß nicht, was mit seinem Geld geschieht.
- Persönliche Verantwortung und eigener Einsatz kommen zu kurz.

Haushaltsplanberatung einer Gemeinde

Außer den feststehenden Geldausgaben, wie Löhne für Mitarbeiter, Kosten für Strom, Heizung, Bürokosten ...
stehen noch zur freien Verfügung 20000,- DM

Folgende Wunschliste liegt dem Kirchengemeinderat vor:

1. Kindergarten	Neue Schaukel	3000,- DM
	Spielgeräte	1000,- DM
2. Jugendarbeit	Zuschüsse für Freizeiten	1000,- DM
	Für jede Jugendgruppe 300,- DM	1200,- DM
	Tischtennisplatte	900,- DM
3. Hausmeister/ Kirchendiener	Staubsauger	500,- DM
	Schneeräumgerät	4000,- DM
	6 Sessel für Besprechungszimmer	2000,- DM
4. Diakonie/ Sozialstation	Rollstuhl	2500,- DM
	Krankenbett	1500,- DM
	Armenhilfe	4000,- DM
5. Kirchenmusik Kirchenchor Posaunenchor	1 Zugposaune	3000,- DM
	Noten	1200,- DM
	Zuschuß für Konzert	1500,- DM
	5 Notenständer	400,- DM
6. Altenarbeit	Zuschuß für Altennachmittag	1000,- DM
	Zuschuß für Ausflüge	1000,- DM
	Zeitschriften für Alte	800,- DM
7. Bücherei/ Schriftentisch	Neue Bücher	600,- DM
	Verteilschriften	500,- DM
8. Pfarrbüro	Fotokopierer	3000,- DM

Kirche und Staat

Aus dem Grundgesetz für die Bundesrepublik Deutschland:

In Artikel 140 des Grundgesetzes ist festgelegt, daß Artikel 137 der Deutschen Verfassung vom 11. 8. 1919 (Weimarer Verfassung) auch Bestandteil des Grundgesetzes ist. Dieser Artikel lautet:

1. Es besteht keine Staatskirche.
2. Jede Religionsgesellschaft ordnet und verwaltet ihre Angelegenheiten selbständig innerhalb der Schranken des für alle geltenden Gesetzes. Sie verleiht ihre Ämter ohne Mitwirkung des Staates oder der bürgerlichen Gemeinden.
3. Die Religionsgesellschaften bleiben Körperschaften des öffentlichen Rechtes, soweit sie solche bisher waren. Anderen Religionsgesellschaften sind auf ihren Antrag gleiche Rechte zu gewähren, wenn sie durch ihre Verfassung und die Zahl ihrer Mitglieder die Gewähr der Dauer bieten.

Welchen Nutzen ziehen Staat und Gesellschaft aus den Möglichkeiten, die sie den Kirchen einräumen?

Die Bundesrepublik Deutschland gewährt Kirchen und Religionsgemeinschaften große Freiheiten. Sie dürfen Kindergärten, Schulen, Krankenhäuser und Heime aller Art unterhalten und Religionsunterricht an öffentlichen Schulen erteilen. Dazu kommt das Recht auf eigene Zeitungen, Sendungen in Rundfunk und Fernsehen und nicht zuletzt die Möglichkeit, Seelsorger in die Bundeswehr, zur Polizei und in Strafvollzugsanstalten zu entsenden.

Der Rat
übt die Leitung und Verwaltung der EKD aus und vertritt sie nach außen. Der Rat wird vom Ratsvorsitzenden geleitet. Bei der Bundesregierung ist der Rat der EKD durch einen Bevollmächtigten vertreten.

Die Evangelische Kirche in Deutschland

In den 16 Bundesländern bzw. Stadtstaaten Deutschlands wohnen etwa 29,2 Mill. Evangelische = 36,4 % der Gesamtbevölkerung.
34,5 Mill. Katholiken = 43,1 % der Gesamtbevölkerung.
16,4 Mill. Sonstige = 20,5 % der Gesamtbevölkerung.
Die weitgehend selbständigen **Landeskirchen** haben sich zur Evangelischen Kirche in Deutschland (EKD) zusammengeschlossen. Die EKD ist ein Kirchenbund.

Die Synode
der EKD hat die Aufgabe, der Erhaltung und dem inneren Wachstum der EKD zu dienen, Gesetze zu beschließen, Stellungnahmen zu kirchlichen und gesellschaftlichen Fragen zu verabschieden und dem Rat der EKD Richtlinien zu geben.

Die Kirchenkonferenz
wird von den Kirchenleitungen der Gliedkirchen gebildet. Jede Gliedkirche ist mit einer Stimme vertreten. Die Kirchenkonferenz hat die Aufgabe, die Arbeit der EKD und die gemeinsamen Anliegen der Gliedkirchen zu beraten und Vorlagen oder Anregungen an die Synode und den Rat zu geben.

Welche christlichen Kirchen gibt es?

An Jesus, als den Christus, glauben heute ein Drittel der gesamten Menschheit. Die christliche Kirche hat im Laufe der Jahrhunderte viele Formen angenommen. Die Kirchen gliedern sich heute in mehrere große Gruppen.

Die Entstehung der Kirchen

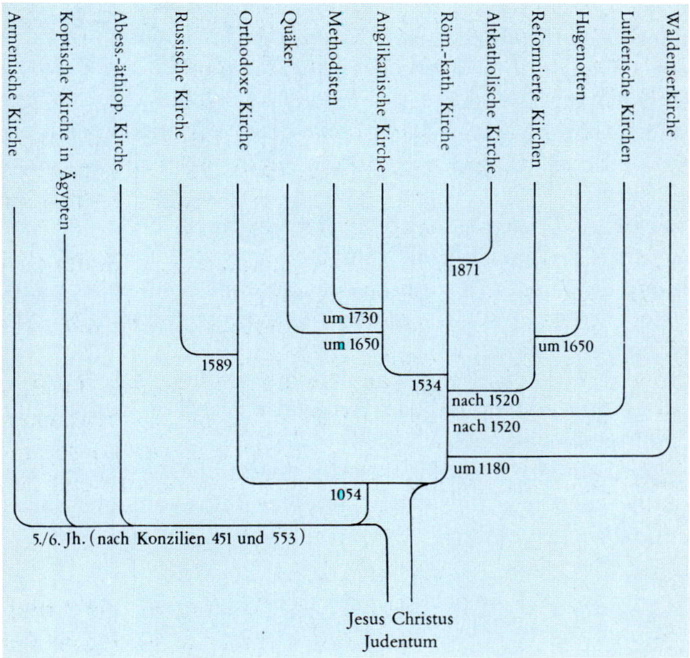

Neue christliche Kirchen entstanden in der Auseinandersetzung mit theologischen Fragen. So z. B.: In der alten Kirche ging es um die Dreieinigkeit, die (göttliche oder/und menschliche) Natur Christi. Im Mittelalter war es die Verweltlichung der allgemeinen (katholischen) Kirche, die zur Erneuerung (Reformation) führte. (Werke oder/und Gnade)

Überlege, welche Fragen heute zum Glaubensstreit führen können?

Glaubensbekenntnis von Nizäa-Konstantinopel (381)

Wir glauben an den einen Gott,
den Vater, den Allmächtigen,
der alles geschaffen hat, Himmel und Erde,
die sichtbare und die unsichtbare Welt.

Wir glauben an den einen Herrn Jesus Christus,
Gottes eingeborenen Sohn,
aus dem Vater geboren vor aller Zeit:
Licht vom Licht, wahrer Gott vom wahren Gott,
gezeugt, nicht geschaffen, eines Wesens mit
dem Vater;
durch ihn ist alles geschaffen.

Für uns Menschen und zu unserem Heil
ist er vom Himmel gekommen,
hat Fleisch angenommen durch den
Heiligen Geist von der Jungfrau Maria
und ist Mensch geworden.
Er wurde für uns gekreuzigt unter
Pontius Pilatus,
hat gelitten und ist begraben worden,
ist am dritten Tage auferstanden
nach der Schrift
und aufgefahren in den Himmel.
Er sitzt zur Rechten des Vaters
und wird wiederkommen in Herrlichkeit,
zu richten die Lebenden und die Toten;
seiner Herrschaft wird kein Ende sein.

Wir glauben an den Heiligen Geist,
der Herr ist und lebendig macht,
der aus dem Vater hervorgeht,
der mit dem Vater und dem Sohn
angebetet und verherrlicht wird,
der gesprochen hat durch die Propheten,
und die eine, heilige, katholische und
apostolische Kirche.
Wir bekennen die eine Taufe zur Vergebung
der Sünden.
Wir erwarten die Auferstehung der Toten
und das Leben der kommenden Welt.
Amen.

Christus Ikone

Die orthodoxe Kirche

Die 150 Millionen Gläubigen der orthodoxen Kirche (auch Ostkirche) leben in voneinander unabhängigen Patriarchaten.
Mit der Teilung des Römischen Reiches (endgültig 395 n. Chr.) begann die Trennung zwischen Ost- und Westkirchen. Die grundverschiedene politische Entwicklung im Westen und Osten führte zu immer tieferer Entfremdung. Im Westen wurde das *Papsttum* immer mehr auch zu einer politischen Macht.
1054 kam es zur endgültigen Spaltung zwischen den „römisch-katholischen" West- und den „orthodoxen" Ostkirchen.
Charakteristisch für die *östlichen Liturgien* ist ihr Reichtum an dogmatischem Gehalt, ihre Feierlichkeit in Zeremonien und Gewändern und die stärkere aktive Beteiligung des Volkes, die leichter möglich ist, weil die liturgische Sprache dem Volke näher steht als dies jahrhundertelang in der westlichen Kirche der Fall war (lateinische Liturgie).
Die *Verfassung der orthodoxen Kirchen* ist synodal, d.h. die höchste Gewalt ruht bei einer Versammlung, nicht bei einer Einzelperson.

(orthodox = rechtgläubig)

Der Einfluß der Laien und des Staates ist stark. In der Ostkirche können auch verheiratete Männer Priester werden. Bischöfe jedoch werden nur Angehörige von Mönchsorden. Sie bleiben unverheiratet.
Die östliche *Frömmigkeit* ist stärker weltabgewandt als die westliche. Die *Ikonenkunst* stellt Christus, die Gottesmutter und die Heiligen überirdisch verklärt im Himmel dar, nicht in ihrer geschichtlichen Umwelt.
Das Hauptmerkmal ist die ‚orthodoxe' Auffassung von der Kirche. Christus allein ist das Haupt der Gesamtkirche, die grundsätzlich aus einer Reihe von untereinander unabhängigen Nationalkirchen besteht.

Die römisch-katholische Kirche

Gibt es in euren Gemeinden eine Zusammenarbeit (Ökumene) zwischen den Konfessionen?

Sie ist mit mehr als 470 Millionen Gläubigen die größte christliche Gemeinschaft der Erde. Die Katholiken glauben, daß die Kirche der fortlebende Leib Christi auf Erden ist, deren sichtbares Haupt, der Papst, zugleich der irdische Stellvertreter Jesu Christi ist. Der Papst überträgt die Schlüsselgewalt, die er nach katholischer Lehre in direkter Nachfolge von den Aposteln erhalten hat, auf Bischöfe und Priester, die so befähigt sind, die göttlichen Gnaden durch die Sakramente an die Gläubigen weiterzugeben. Zwei der sieben Sakramente können nur Bischöfe spenden: die Firmung und die Priesterweihe. Die anderen jeder Priester: Taufe, Altarsakrament (Abendmahl), Bußsakrament (Beichte) und Krankenölung. Das Ehesakrament spenden sich die Eheleute selber in Anwesenheit eines Geistlichen, der ihren Bund segnet.
Zur katholischen Kirche zählt auch die Unierte Orientalische Kirche mit zusam-

men 10 Millionen Gläubigen, die den Papst als Oberhaupt anerkennen, jedoch ein anderes kultisches Brauchtum (Ritus) haben und die Priesterehe erlauben, während die katholischen Priester des Abendlandes unverheiratet leben müssen (Zölibat).

Der Protestantismus

Der Protestantismus ist die umfassende Bezeichnung für alle Kirchen der Reformation. Allen gemeinsam ist die Überzeugung, daß allein die Bibel Maßstab für Leben und Lehre der Kirche ist. Gemeinsam bekennen sie die Rechtfertigung vor Gott allein durch den Glauben. Auch kennen sie nur zwei Sakramente: die Taufe und das Abendmahl.
In der Reformationszeit entstanden zwei verschiedene Typen von protestantischen Kirchen, die lutherische und die reformierte. Das unterschiedliche Verständnis des Abendmahls verhinderte, daß man es gemeinsam feiern konnte. Dies änderte sich erst im 19./20. Jahrhundert. Im 19. Jahrhundert schlossen sich in einigen deutschen Ländern Lutheraner und Reformierte zu unierten Kirchen zusammen. Und 1971 stellte die Leuenberger Konkordie fest, daß es keine kirchentrennenden Unterschiede zwischen Lutheranern und Reformierten mehr gibt, auch nicht in der Abendmahlslehre.

Auf S. 227 und 228 könnt Ihr darüber noch weitere Informationen bekommen. Bringt heraus, welchem Kirchentypus eure Landeskirche angehört.

Die Freikirchen

Freikirchen heißen jene kirchlichen Gemeinschaften, die sich früher von einer Staatskirche getrennt haben und sich selbst verwalten. Dazu gehören *Methodisten* und *Presbyterianer*, die *Baptisten*, die auch heute noch ihre Mitglieder nur auf ausdrückliche Willenserklärung hin aufnehmen, die *Brüdergemeinde* und viele andere. Die zahlreichen protestantischen Freikirchen unterscheiden sich stark in ihrer Lehre, so daß es sehr schwer ist, die wesentlichen Gemeinsamkeiten herzustellen. Einige von ihnen erkennen auch Taufe und Abendmahl nicht als Sakrament an - bespielsweise die *Quäker*.
Oder sie haben kein bindendes Glaubensbekenntnis - so einige *Baptisten*.
Aber alle glauben an den einen Gott, der sich im gekreuzigten und auferstandenen Jesus Christus geoffenbart hat. Alle finden im Kreuz das Symbol ihres Glaubens.
Besonders viele Freikirchen gibt es in den USA.

Erkundet, welche Freikirche es in eurer Nähe gibt und informiert euch über ihre Besonderheiten.

Zwischen Papst und Protestanten - die Anglikanische Kirche

Wer heutzutage als Besucher nach England kommt und eine der zahlreichen Kirchen und Kathedralen besucht, kann folgendes feststellen:

Der Geistliche ist wie ein katholischer Priester gekleidet, der Gottesdienst verläuft wie eine katholische Messe, und dennoch versteht sich diese Kirche als „reformed", also als eine Kirche der Reformation.

Wenn man dann eines der Kirchenmitglieder oder einen Pfarrer fragt: „Was seid ihr nun - katholisch oder evangelisch?" so kann die Antwort durchaus lauten: „Beides!"

Ökumenische Messe

Schon früh, nämlich in römischer Zeit, war das Christentum nach Großbritannien gekommen. Es nahm eine eigenständige Entwicklung, war aber seit dem 7. Jhdt. fest an die katholische Kirche und damit an den Papst in Rom gebunden. Dies änderte sich grundlegend erst in der Reformationszeit. Seit 1520 wurden Luthers Schriften in England gelesen, sie riefen aber keine vom Volk ausgehende Reformation hervor. König Heinrich VIII. hielt zunächst an der alten Lehre fest, trennte sich dann aber aus persönlichen Gründen von Rom: der Papst verweigerte die Aufhebung seiner ersten Ehe, die ohne männlichen Erben geblieben war. Im Jahre 1534 anerkannte das englische Parlament Heinrich VIII. als Oberhaupt der englischen Kirche. Der Bruch mit Rom war vollzogen - die „Anglikanische Kirche" entstanden.

Es dauerte noch geraume Zeit, bis die neue selbständige Kirche organisiert war. Klöster wurden aufgehoben. Kirchlicher Besitz vom Staat eingezogen. Schließlich wurde eine reformatorische Glaubenslehre verbindlich gemacht sowie ein gemeinsames Gottesdienstbuch eingeführt, das „Book of Common Prayer". Die Liturgie, also der Gottesdienstverlauf, blieb aber der katholischen Messe sehr ähnlich.

Bis heute macht sich diese besondere Stellung der anglikanischen Kirche bemerkbar. Die Gottesdienste sind bunt, es gibt prächtige Gewänder und viele, die sich beteiligen: neben dem Pfarrer tritt ein Chor auf, gekleidet in einheitlichen Gewändern, weiß, blau oder rot. Meistens werden beim Einzug zu Beginn des Gottesdienstes das Kreuz und Kerzen vor Pfarrer, Chor und weiteren Helfern hergetragen. Die Gemeinde ist durch Singen und Gebete häufig einbezogen.

Die Anglikanische Kirche hat Elemente der katholischen und evangelischen Kirche aufgenommen. Oft ist sie darum heute Vermittler und Bindeglied zwischen den vielen verschiedenen Konfessionen.

Das Oberhaupt der Anglikanischen Staatskirche ist die Königin bzw. der König. Dennoch wird die Kirche vom Staat finanziell kaum unterstützt und ist weitgehend auf Beiträge der Gemeindeglieder, auf Basare, Schenkungen und sonstige Einnahmen angewiesen.

Die geistliche Leitung der Kirche hat der Erzbischof von Canterbury, der sich mit dem Erzbischof von York und 44 Bischöfen Aufgaben teilt. Durch Missionare hat sich die Anglikanische Kirche auf allen Kontinenten verbreitet. 65 Millionen Mitglieder gehören ihr weltweit an. Alle 10 Jahre findet in England eine große Zusammenkunft der Anglikanischen Kirchen statt.

An jeder Ecke eine Kirche – über die Vielfalt christlicher Konfessionen in Amerika

Worin liegen die Chancen und Gefahren für die amerikanischen Kirchen?

Fast in jedem Dorf in den Vereinigten Staaten gibt es mehrere christliche Gemeinden. An allen Ecken und Enden kann man auf „Churches", „Chapels" und „Communities" treffen, klein und ärmlich, oder auch riesig und prächtig in ihren Ausmaßen.
Oft sieht man große Schilder und Werbeflächen, die zum Gottesdienst einladen und auf denen die Vorzüge der jeweiligen Gemeinde kurz beschrieben sind. Anders als bei uns wird man nicht einfach in seine Kirche hineingeboren und bleibt dort über viele Generationen. Viele Amerikaner, die als aktive Christen leben wollen, schauen sich nach der Gemeinde um, die ihnen von der Art und der Atmosphäre her am besten gefällt. So kann es vorkommen, daß ein Erwachsener bereits zwei, drei oder gar vier verschiedene Konfessionen „durchschritten" hat. Wer z. B. eine missionarisch aktive Gemeinde wünscht, die die Menschen zum Glauben ruft und ein Leben mit der Bibel ermöglicht, der wird sich gezielt nach einer solchen umsehen. Wer dagegen den Schwerpunkt des christlichen Glaubens darin sieht, sich sozial zu engagieren für Benachteiligte und Vergessene, der wird eine entsprechend anders geprägte Gemeinschaft bevorzugen.
Dazu kommt, daß es keine vom Staat für die Kirche eingezogene Kirchensteuern gibt. Jede Kirche, ja meistens jede Gemeinde, muß sehen, wie sie ihren Pfarrer bezahlt, ihr Kirchengebäude unterhält und alle Aktivitäten entfalten und finanzieren kann. Das Engagement der einzelnen Gemeindeglieder ist daher groß.
In den USA gehört etwa ein Drittel aller Christen der römisch-katholischen Kirche an, alle anderen verteilen sich auf weit über 200 vor allem protestantische Kirchen. Die Zahl der Mitglieder kann wenige Tausend oder aber mehrere Millionen betragen.
So verschieden die Menschen sind an Hautfarbe, Interessen und Charakter, so verschieden sind die Konfessionen mit ihren Traditionen und Eigenarten.

Der Ökumenische Rat der Kirchen

Dem Ökumenischen Rat der Kirchen (ÖRK) gehören fast 300 nichtrömische Kirchen an. Mitglied kann jede Kirche werden, die der Grundsatzerklärung des Ökumenischen Rates der Kirchen zustimmt. Sie lautet:
„Der Ökumenische Rat der Kirchen ist eine Gemeinschaft von Kirchen, die den Herrn Jesus Christus gemäß der Heiligen Schrift als Gott und Heiland bekennen und darum gemeinsam zu erfüllen trachten, wozu sie berufen sind, zur Ehre Gottes des Vaters, des Sohnes und des Heiligen Geistes."
Die Entstehungsgeschichte des ÖRK beginnt mit der Weltmissionskonferenz 1910 in Edinburgh. 1948 wurde dann in Amsterdam der *Ökumenische Rat der Kirchen* von 147 Kirchen offiziell konstituiert. Weltweite Fragen und Probleme werden in verschiedenen Abteilungen durchdacht – wie Fragen der Verkündigung, der Mission und Religionsfreiheit oder Probleme der Jugend, Familie und Gesellschaft; sowie Hilfe für Arme, politische Flüchtlinge und rassisch Verfolgte.

Jesus Christus

Jesus Christus, wie er uns in der Heiligen Schrift bezeugt wird, ist das eine Wort Gottes, das wir zu hören, dem wir im Leben und im Sterben zu vertrauen und zu gehorchen haben.

Barmen, 1934

Stimmen zu Jesus

Jesus aus jüdischer Sicht

Im Talmud sind die Diskussionen jüdischer Gelehrter über die Auslegung der Tora gesammelt. Im 6. Jahrhundert n. Chr. wurde er fertiggestellt. Seine Wurzeln reichen aber bis in die Zeit vor Jesus zurück.
Im Talmud gibt es einige spärliche Hinweise auf Jesus. Erwähnt werden seine Kritik an der Tora, seine Wundertätigkeit, die als Zauberei angesehen wird und seine Hinrichtung am Vorabend des Passafestes. Jesus wird an einigen Stellen Jeschu ben Pantera oder ähnlich genannt, weil er der Sohn eines Soldaten mit dem Namen Pantera gewesen sei. Diese Äußerungen haben keinen historischen Wert; in ihnen spiegeln sich die negativen Erfahrungen der Juden mit den Christen.
In unserer Zeit sind viele Jesusbücher jüdischer Schriftsteller erschienen. Sie zeichnen ganz unterschiedliche Bilder von Jesus; doch in einem gleichen sie sich alle: sie betonen, Jesus war ein Jude.

„Jesus habe ich von Jugend auf als meinen großen Bruder empfunden ... Mein eigenes brüderlich aufgeschlossenes Verhältnis zu ihm ist immer stärker und reiner geworden, und ich sehe ihn heute mit stärkerem und reinerem Blick als je. Gewisser als je ist es mir, daß ihm ein großer Platz in der Glaubensgeschichte Israels zukommt und daß dieser Platz durch keine der üblichen Kategorien umschrieben werden kann.“

Martin Buber

Der Glaube Jesu einigt uns, aber der Glaube an Jesus trennt uns ...
Ich habe unter Schmerzen, mit meinem ganzen Leben zu ihm gesagt: Du bist es nicht! Du bist nicht der Erlöser und Bringer des Reichs.
Aber was heißt hier Ablehnung? Ist das arme jüdische Kindlein in der Krippe nicht ein Gleichnis für die zahllosen heimatlosen Judenkinder der jüngsten Vergangenheit für uns geworden? ... Ist der leidende und am Kreuz verhöhnt sterbende Jesus nicht ein Gleichnis für sein ganzes Volk geworden, das, blutig gegeißelt, immer wieder am Kreuz des Judenhasses hing?

Schalom Ben Chorin

Im Jahre 70 wurde der Tempel, das Heiligtum Israels, zerstört. Den goldenen siebenarmigen Leuchter (die Menorah) raubten die Römer. Ein Abbild dieses Leuchters steht in den Häusern frommer Juden als ein Zeichen ihres Glaubens, doch darf er nicht brennen. Erst in den Tagen des messianischen Heils, wenn Israel und die Welt an ihr Ziel gekommen sind, wird die Menorah wieder an ihrem Platz stehen und leuchten. Bis dahin ist sie ein stummes Zeichen des Wartens und Hoffens.

Jesus aus atheistischer Sicht

Aus einem Interview mit dem französischen Pantomimen Marcel Marceau:

„Haben Sie eine persönliche Beziehung zu Jesus Christus?"

Marceau: „Ich interessiere mich sehr für Christus. Ich glaube, wenn Christus heute wieder auf die Erde käme, er würde noch einmal gekreuzigt werden. Es gibt so viele schlechte Christen, die ihn vielleicht auch heute nicht ertragen könnten. Das ist ein schrecklicher Gedanke: Christus ist von vielen gar nicht verstanden worden. Ich glaube, Christus gehört nicht nur dem Christentum, er gehört der ganzen Menschheit, und Leute wie Christus gibt es nicht viele."

„Lieben Sie Christus?"

Marceau: „Ja, ich liebe Christus absolut. Ich glaube, daß er eine sehr starke Kraft ist. Er ist eine große Erscheinung, der seiner Zeit weit voraus war: revolutionär. Er ist ein Symbol für viele geworden, die so sein möchten wie er. Man möchte ja gern die Eigenschaften derer besitzen, die man bewundert, die man liebt, auch wenn man nicht mit ihnen identisch ist."

„Glauben Sie, daß Christus auch in unserer heutigen Zeit etwas zu sagen hat?"

Marceau: „Unbedingt. Christus ist der große Revolutionär. Und Christentum war am Anfang eine ganz große Sache. Ja, es hat Großes geleistet, große Epochen eingeleitet. Wir brauchen nur an die mächtigen Kathedralen zu denken. Aber die Kriege, die das Christentum geführt hat, das war die Kreuzigung Christi in ihrer Zeit."

„Sie bezeichneten sich vorher als Atheisten. Nach dem aber, was Sie jetzt gesagt haben, möchte ich doch sagen: Sie sind ein anonymer Christ."

Marceau: „Ja, vielleicht bin ich sogar ein richtiger Christ."

Jesus indiskutabel

Die Persönlichkeit eines Mannes, nach dem sich immerhin 30 Prozent der Menschheit nennen, genügt mir nicht!

Was würden wir heute sagen, wenn ein junger Mann aus irgendeinem unbedeutenden Zwergstaat käme; einem der immer wieder vorhandenen und nicht nur „wirtschaftlich unterentwickelten" Ostgebiete; keiner der großen Kultursprachen mächtig; völlig unbekannt mit dem, was in Jahrtausenden Wissenschaft, Kunst, Technik, auch frühere Religionen, geleistet haben – und ein solcher stellt sich vor uns hin mit den dicken Worten: „Ich bin der Weg und die Wahrheit und das Leben"? Wir müßten's uns durch einen herbeigerufenen Dolmetscher erst noch mühsam aus dem barbarischen Dialekt übersetzen lassen – würden wir nicht halb belustigt, halb verständnislos ihm raten: „Junger Mensch: Lebe erst einmal und lerne: und komme dann in 30 Jahren wieder!"?

Genau dies aber war der Fall mit Jesus von Nazaret: Er verstand weder Griechisch noch Römisch, *die* beiden Sprachen, auf denen seit viel hundert Jahren alle nennenswerte Kultur beruhte (und beruht). Er war mit Homer und Plato ebenso unbekannt wie mit Phidias und Eratosthenes: was ein solcher Mann behauptet, ist für mich von vorneherein *indiskutabel!*

Arno Schmidt

Welche Unterschiede bestehen zwischen „interessiert sein an Christus", „an Christus glauben" und „ein anonymer Christ sein"?
Diskutiert die Haltung A. Schmidts gegenüber Jesus.
Worin stimmt ihr mit ihm überein, worin widersprecht ihr?

Wer ist er?

Der Synagogendiener von Nazareth könnte gesagt haben:

Nun haben sie den Zimmermannssohn doch umgebracht. So ein Mann ist tot gefährlicher als lebendig. Jetzt können seine Anhänger behaupten, er sei der Gottesknecht gewesen, von dem der Prophet sagte: „Er wurde gequält, aber er ertrug es und schrie nicht. Wie ein Lamm still ist, wenn es zum Schlachten gebracht wird, schwieg auch er. Er wurde verhaftet, verurteilt und hingerichtet. Aber wen kümmert das schon? Und doch wurde er wegen der Schuld seines Volkes aus dem Leben gerissen und getötet." (Jesaja 53, 7-8)
Er soll sich ja nicht einmal verteidigt haben. Vor einem Jahr ist er ganz anders aufgetreten. Er las in der Synagoge aus dem Propheten Jesaja:
„Der Geist des Herrn hat von mir Besitz ergriffen. Denn der Herr hat mich erwählt, den Armen die Gute Nachricht zu bringen; er hat mich gesandt, den Gefangenen zu verkünden, daß sie frei sein sollen, und den Blinden, daß sie sehen werden. Den Unterdrückten soll ich die Freiheit bringen und das Jahr ansagen, in dem Gott sein Volk retten will."

Dann gab er mir die Rolle und behauptete tatsächlich: Der Prophet habe ihn, Jesus, gemeint. Die Leute in der Synagoge waren sehr empört. Sie sprangen auf und stießen Jesus aus der Stadt hinaus bis zur höchsten Stelle des Berges, auf dem unser Dorf liegt. Dort wollten sie ihn vom Felsen stürzen. Aber Jesus ging einfach weg.

Aus dem Vorfall hätte er wirklich etwas lernen können. Er hat aber weiterhin behauptet, er sei von Gott gesandt. Mit Zöllnern und Sündern hat er sich zusammengetan. Viele sind ihm nachgelaufen, weil er einige Kranke geheilt haben soll. Er hat, an unseren Gesetzen herumkritisiert. Nächstenliebe sei wichtiger als Sabbathalten. Auch die Samariter und die Römer, ja, jeden Feind sollte man lieben, die rechte Backe hinhalten, wenn man mit der linken schon eine gefangen hat – und noch mehr Unsinn. Ganz und gar lächerlich war sein Ausspruch: „Macht euch keine Sorgen um Essen und Trinken und um eure Kleidung. Euer Vater im Himmel sorgt für euch." Als ob Gott sich um jede Kleinigkeit kümmern könnte, mit der sich der einzelne zu plagen hat.
Sie sollen ihn fürchterlich gequält haben. Er hat es sich selbst zuzuschreiben. Hat wohl geglaubt, Gott werde ihm das Leiden und den Tod ersparen. Für so einen Gott, wie ihn dieser Jesus darstellen wollte, ist die Welt eben zu schlecht. Schön wäre es ja, wenn Jesus oder seine Anhänger recht behielten, wenn Gott endlich unsere Krankheiten getragen und unsere Schmerzen auf sich geladen hätte. Man soll sich aber nicht von Träumen verwirren lassen.

Der Synagogendiener beruft sich auf Jesusworte. Lest dazu Markus 2, 13-17.27f.; 3, 1-6 und Matthäus 6, 25-30. Vergleicht Matthäus 21, 33-46 mit dem Text und der Bildleiste.

Schön wäre es, wenn dieser Jesus auferstanden wäre - oder wie Elia, unser größter Prophet, zum Himmel gefahren. Seine Anhänger behaupten dies ja, und nach unserem jüdischen Glaubensverständnis ist es auch möglich. - Sollte dem Allmächtigen Gott etwas unmöglich sein? Aber, wenn ihn der Ewige von den Toten auferweckt hätte, so wäre er mehr noch als Elia, dann wäre er tatsächlich der Messias, aber dies ist für mich undenkbar.

Jesus in Geschichten

Die ersten Christen erzählten viele Geschichten von Jesus. Damit drückten sie aus, was Jesus für sie bedeutete. Das folgende Gedicht zeigt, was uns diese Geschichten heute sagen können.

Rembrandt, Heilung der Schwiegermutter des Petrus (Lukas 4,38)

Jesus du bist anders

Du stelltest dich zur Ehebrecherin,
als sich alle von ihr distanzierten
Du kehrtest bei dem Zolleinnehmer ein,
als sich alle über ihn empörten
Du riefst die Kinder zu dir,
als alle sie wegschicken wollten
Du riefst Paulus in die Nachfolge,
als alle ihn als Verfolger fürchteten
Du flohst den Ruhm,
als alle dich zum König machen wollten
Du liebtest die Armen,
als nur die Reichen etwas galten
Du heiltest Kranke, als sie von allen aufgegeben waren
Du schwiegst, als alle dich verklagten,
verspotteten und auspeitschten
Du starbst am Kreuz,
als alle ihr Passa feierten
Du nahmst die Schuld auf dich,
als alle ihre Hände in Unschuld wuschen
Du erstandest vom Tod, als alle meinten,
nun sei es zu Ende.
Jesus, ich danke dir, daß du anders bist

Hoffnung durch Wundergeschichten

In einer Erzählung über Jesus kommt ein Jude in das Haus, in dem Hanna der kranken Mirjam Wundergeschichten von Jesus erzählt. Der Erzähler berichtet: „Auch ich hörte gebannt zu: Manches an diesen Geschichten stieß mich ab. Es klang abergläubisch und primitiv. Aber ich wurde mit der Zeit nicht weniger von ihnen gepackt als Mirjam. Ich merkte: In diesen Geschichten lag die ganze Hoffnung dieser armen Leute. Ich hörte aus ihnen ihr Aufbegehren gegen Leid und Tod. Ich spürte: Solange diese Geschichten erzählt wurden, würden sie sich nicht damit abfinden, daß Menschen hungern und dürsten, daß sie verstümmelt und behindert, daß sie krank und hilflos sind. Solange sie diese Geschichten hatten, würden sie Hoffnung haben."

G. Theißen

An welche Geschichten aus dem Neuen Testament erinnern das Bild von Rembrandt und das Gedicht?
Was bedeutet Jesus dem Autor Theißen?

Jesus in Titeln

Der Messias (Christus)

Messias (hebr.) = Christus (griech.) = der Gesalbte Salbung bedeutet Begabung mit dem Geist Gottes.

R. Litzenburger: Verlacht und verlassen

Im Alten Testament werden Könige, Hohepriester und Propheten Gesalbte genannt. Der Titel Messias ist im Alten Testament vor allem mit der Gestalt und dem Königshaus des David verbunden. An ihn knüpfte sich eine große Erwartung, vor allem in Notzeiten des Volkes Israel. Im Judentum zur Zeit Jesu ist der Messias ein König der Endzeit.

In einem Lied aus dieser Zeit heißt es über den Messias:

Sieh' darein, o Herr, und laß ihnen erstehen ihren König, den Sohn Davids,
zu der Zeit, die du erkoren, Gott, daß er über deinen Knecht Israel regiere.
Und gürte ihn mit Kraft, daß er ungerechte Herrscher zerschmettere,
Jerusalem reinige von den Heiden, die (es) kläglich zertreten!
Mit eisernem Stabe zerschmettere er all ihr Wesen, vernichte die gottlosen Heiden mit dem Worte seines Mundes, daß bei seinem Drohen die Heiden vor ihm fliehen und er die Sünder zurechtweise ob ihres Herzens Gedanken.
Dann wird er ein heiliges Volk zusammenbringen, das er mit Gerechtigkeit regiert, und wird richten die Stämme des vom Herrn, seinem Gotte, geheiligten Volks. Er läßt nicht zu, daß Unrecht in ihrer Mitte weile, und niemand darf bei ihnen wohnen, der um Böses weiß; denn er kennt sie, daß sie alle Söhne ihres Gottes sind.

Was erwartete man nach diesem Text im Judentum zur Zeit Jesu vom Messias? Im Judentum gibt es verschiedene Vorstellungen davon, wie der Messias das Heil bringen wird. Vergleicht Sacharja 9, 9ff. mit dem abgedruckten Text.

Von Jesus wissen wir nicht, ob er sich selbst Messias genannt hat. Wir wissen aber, daß Jesus es abgelehnt hat, wie ein König oder ein politischer Befreier mit Macht und Gewalt vorzugehen. Das Johannesevangelium berichtet, daß er in die Berge ausweicht, als das Volk ihn zum König machen wollte. Er bejaht den Weg zum Leiden und wagt sein Leben für die Menschen und für Gott. Im Judentum wird nirgends davon gesprochen, daß der Messias wegen der Verfehlungen der Menschen Leiden und Tod auf sich nimmt. Bei Jesus werden also alle Erwartungen verändert, er sprengt den Messias-Titel. Menschen der griechischen Welt haben den Titel „Christus" nicht verstanden und zu einer Art Eigennamen Jesu gemacht. Das Wesen des Erlösers mußte durch andere Titel erläutert werden.

Die ersten Christen fanden Namen für Jesus, um zu bekennen: in ihm ist Gott am Werk. Lest: Markus 8, 27–30

Sohn Gottes

Sohn Gottes ist der Titel Jesu, der von den ersten Christen am häufigsten gebraucht wurde. Bei den Judenchristen und bei den Christen, die von der hellenistischen Kultur geprägt waren, hatte der Titel „Sohn Gottes" jeweils eine etwas andere Bedeutung. Nach jüdischer Vorstellung besagt der Titel, daß Jesus von Gott als Sohn angenommen wurde. Nach griechischer Vorstellung drückt der Titel eine physische Beziehung aus. Durch wunderbare Zeugung ohne menschlichen Vater hat der Sohn eine „göttliche Natur" erhalten.
Diese unterschiedlichen Bedeutungen haben in verschiedenen Texten des Neuen Testaments ihren Niederschlag gefunden.

Weitere Titel Jesu im Neuen Testament sind: Gottesknecht, Menschensohn, Mittler und Erlöser.

Was wollen die Christen mit diesen Titeln aussagen?

Jesus Christus, der Befreier

Jesus Christus wird immer wieder neu entdeckt. Christen in der Dritten Welt erfahren ihn heute als Befreier.
Wir fühlen uns dauernd von den herrschenden gesellschaftlichen Zuständen unterdrückt und versklavt. Von dieser Gefangenschaft hat Christus uns befreit. Er zeigte sich als ein befreiter, freier und befreiender Mensch: Mit seinem Leiden und seinem gewaltsamen Tod hat er den Preis gezahlt für diese Freiheit, die er sich im Namen Gotttes genommen hatte. Er hat sich niemals nach den herrschenden gesellschaftlichen und religiösen Zuständen gerichtet. Auch war er kein Re-aktionär, dessen Handeln ein Re-agieren auf die ihn umgebende Umwelt gewesen wäre: Ausgangspunkt seines Handelns war eine neue Erfahrung von Gott und von den Menschen. Dieses sein Handeln rief bei den Behörden jener Zeit die Reaktion hervor, die zu seinem Tod führte. Mutig und treu, ohne Kompromisse und Tricks oder Rückzüge hat er seinen Tod auf sich genommen. Ein solches Verhalten wirkt auch noch heute provozierend. Es rüttelt auch noch heute die eingeschlafenen Gewissen auf, damit sie sich immer neu in einem Prozeß der Befreiung engagieren. Christus hat nicht gesagt: Ich bin die herrschende Ordnung und die Tradition! Er hat gesagt: Ich bin die Wahrheit. Durch diese Wahrheit wurde er befähigt, so zu sterben, daß er durch sein Sterben die Menschen von ihrer Angst vor dem Tod befreien konnte: Durch seine Auferstehung hat er ja den Tod überwunden.

Leonardo Boff, katholischer Theologe in Südamerika

Auf welche Begebenheiten im Leben Jesu bezieht sich Boff mit seinen Aussagen über Jesu Verhalten?

Warum spricht der Titel „Jesus Christus, der Befreier" gerade lateinamerikanische Christen an?

Die Aussagen von L. Boff sind nicht unumstritten. Warum?

Gebet der Indios

Jesus Christus, du hast uns den Weg gewiesen, um weiterzukommen und uns von Sklaverei zu befreien. Du bist die offene Tür, du hast den Weg durch das Meer geöffnet, um uns von Leid und Elend zu erlösen. Jetzt wollen auch wir den Weg für unser Volk öffnen. Wir sind mit unseren Gedanken noch nicht so weit, aber wir lernen von der Bibel, um die Kämpfe auf unserem Weg zu gewinnen. Hilf uns, damit wir frei werden und in Frieden leben. Gib uns gute Ideen, Kraft und Mut, um unsere Arbeit in der Gemeinde fortzusetzen, auch in schwierigen Zeiten. Amen.

Kreuzigung, Farblithographie von Alfred Manessier, 1949

Jesus in Festen

Die christlichen Feste erinnern an das Handeln Gottes in Jesus; wie die Geschichten und Titel wollen sie zum Glauben ermutigen.

Karfreitag

Im Zentrum des christlichen Glaubens steht der Gekreuzigte. Das Kreuz symbolisiert: Da war ein Mensch; der nicht kam, um Fromme noch frommer zu machen, sondern zu dem Verlorenen sagte: Gott ist für dich da. Gott hält vom Anfang bis zum Ende der Welt zu den Verlorenen und Ausgestoßenen. Gott ist gerade im Leiden bei uns.

In Trübsal fröhlich

Im April 1945 wurde der politische Häftling Justus Perels in Berlin aus seiner Zelle gezerrt und durch ein SS-Sonderkommando auf der Straße erschossen. Kurz vor seinem Tod schrieb er an seine Frau:

„Heute, am Karfreitag, steht der ganze Trost des Kreuzes Jesu Christi unmittelbar vor unseren Augen. Das ist eine starke und ewige Gewißheit, daß er für unsere Sünden dahingegeben ist und daß wir durch seine Wunden geheilt sind. Diese Gewißheit gibt er uns und macht uns damit in der großen Trübsal fröhlich und reißt uns aus der Angst und Qual. Das erfahre ich hier in ganz reichem Maße."

An einem solchen Tage nicht

Wenn ich an Karfreitag daheim denke, fällt mir immer die Farbe schwarz ein. Schwarz waren die Kirchgänger gekleidet, schwarz Altar- und Kanzeldecke in der Kirche, die Lieder traurig. Und nach dem Gottesdienst gingen viele Kirchgänger – übrigens das einzige Mal im Jahr – zum Abendmahl.
Nachmittags gab es dann einen Gottesdienst zur Erinnerung an die Todesstunde Jesu. Auch zu Hause herrschte an diesem Tag irgendwie eine gedämpfte Stimmung. Als wir mit unserem Vater einmal – wie üblich am Feiertag – Skat spielen wollten, sagte er: „Nein, an einem solchen Tage nicht!"
Viel später – ich war schon lange von daheim weg – fragte ich mich: Warum muß eigentlich der Karfreitag so schwarz und traurig sein? Wo bleibt die Freude am Sieg der Liebe Gottes über Sünde und Tod?

Wie müßte man nach eurer Meinung Karfreitag feiern?

Ostern

Entwurf für ein Osterlied

Die Erde ist schön, und es lebt
sich leicht im Tal der Hoffnung.
Gebete werden erhört.
Gott wohnt
nah hinterm Zaun.

Die Zeitung weiß keine Zeile vom
Turmbau. Das Messer
findet den Mörder nicht. Er
lacht mit Abel.

Das Gras ist unverwelklicher
grün als der Lorbeer. Im
Rohr der Rakete
nisten die Tauben.

Nicht irr surrt die Fliege an
tödlicher Scheibe. Alle
Wege sind offen. Im Atlas
fehlen die Grenzen.

Das Wort ist verstehbar. Wer
Ja sagt, meint Ja, und
Ich liebe bedeutet: jetzt und
für ewig.

Der Zorn brennt langsam. Die
Hand des Armen ist nie ohne
Brot. Geschosse werden im Flug
gestoppt.

Der Engel steht abends am Tor.
Er hat gebräuchliche Namen und
sagt, wenn ich sterbe:
Steh auf.

Rudolf Otto Wiemer

Auferstehung, Farblitographie von Alfred Manessier, 1949

Gedicht und Bild zeigen, was Ostern heute bedeuten kann. Überlegt, warum Rudolf Otto Wiemer sein Gedicht „Entwurf für ein Osterlied" nennt.

Aus einer Bildbetrachtung

Mit der Auferstehung Jesu Christi ist der Menschheit eine Sonne aufgegangen, die sich nicht verbraucht und nie mehr erlischt. Der Aufgang der Ostersonne ist stärker als alle Finsternis. Daran glauben heißt, sich den Lebensweg von dieser Sonne erleuchten, durch-sonnen lassen, sich von ihr beleben und erwärmen lassen, an ihrem Licht Anteil gewinnen und selber Dunkelheit überwinden – auch wenn die Dunkelheit noch so mächtig ist, bevor Gottes Reich kommt.

Christi Auferstehung (Höllenfahrt). Häufigstes Osterbild der orthodoxen Kirche. Christus zerbricht die Tore der Unterwelt, erlöst Adam und Eva, danach alle Gläubigen.

Ostern in der orthodoxen Kirche

Schreibt den Ablauf dieser Feier auf. Wo ist der Höhepunkt?

Der folgende Bericht zeigt, daß es in der Ostkirche bis heute das glänzendste und fröhlichste Fest geblieben ist:
Der Abendgottesdienst am Karsamstag wird von dem Geistlichen im schwarzen

Talar gefeiert. Um den blumengeschmückten „Sarg Christi“ steht der Chor und singt die Taten Gottes an Israel. Auch jetzt wird Gott seine Allmacht erweisen.
Um Mitternacht legen die Geistlichen prächtige, farbige Gewänder an. Die Türen zum Altarraum sind geschlossen, nur vor dem großen Kreuz brennt eine Kerze, sonst ist die Kirche dunkel, in der die Gemeinde in andächtigem Schweigen verharrt. Beim Läuten der Kirchenglocken singt der Priester im Altarraum: „Deine Auferstehung besingen die Engel im Himmel ...“, dann tritt er durch die (mittlere) Königstür in den Kirchenraum. Die ganze Gemeinde stimmt jubelnd in den Gesang ein. Jeder zündet seine Kerze an der Flamme vor dem großen Kreuz an oder gibt sein Licht weiter. Alle folgen den Priestern zur feierlichen Prozession um die Kirche. Die Ikone des Auferstandenen wird vorangetragen, dann kommen Kreuz, Kirchenfahnen und brennende Kerzen. Immer wieder wird die Bitte wiederholt, mit den Gläubigen Gott um der Auferstehung willen loben zu dürfen. Vor der verschlossenen Kirchentür hört man Singen: „Christus ist auferstanden von den Toten; er hat den Tod durch den Tod überwunden und denen, die im Grabe sind, das Leben geschenkt.“ Mit dem Kreuz berührt der Priester die Kirchentür und öffnet sie. So soll angedeutet werden, daß durch das Kreuz Christi die Tür zum Leben wieder geöffnet worden ist. Dann folgen die großen Wechselgesänge: „Christus ist auferstanden, er ist wahrhaftig auferstanden.“
Diese Botschaft ist der Ursprung der christlichen Kirche und ihrer Weltmission. Die gegenwärtige Osterpredigt der Kirche bemüht sich um eine Interpretation der neutestamentlichen Botschaft von der Auferweckung Jesu als Erhöhung, Sieg, Leben, Gegenwart des Gekreuzigten.

Welche Elemente dieser Feier finden wir in unseren Ostergottesdiensten wieder? Welche Elemente fehlen bei uns?

Viele Christen feiern heute lieber das Weihnachts- als das Osterfest. Verschiedene Gründe sind denkbar.

Himmelfahrt

Viele Mißverständnisse entstehen dadurch, daß das deutsche Wort Himmel das Firmament über uns und Gottes Bereich meint. Im Englischen gibt es dagegen zwei Worte für „Himmel“: sky und heaven.
Himmel (=engl. heaven) ist ein Symbol, das dreierlei zum Ausdruck bringt:

- Himmel ist der Bereich Gottes. Darum sprechen wir im Vaterunser: Vater unser im Himmel ...
- Himmel meint Herr-Sein über das Heute
- Himmel meint die Zukunft der Welt

Zehn Tage vor Pfingsten feiern wir Himmelfahrt. Lest dazu Apostelgeschichte 1,1–12.

Überlegt, was Christi Himmelfahrt sagen will. Zieht dazu das Bild, den Bibeltext (Philipper 2,5–11) und den Predigtausschnitt auf der folgenden Seite heran.

Das Kreuz hält die zerrissene Welt zusammen.

Was geschieht, wenn der Himmel leer bleibt? Was geschieht, wenn Gott durch das Nichts ersetzt wird? Bert Brecht hat mit seinem „Großen Dankchoral" auf derartige Fragen geantwortet:

Lobet von Herzen das schlechte
Gedächtnis des Himmels
Und daß er nicht
Weiß euren Namen noch Gesicht;
Niemand weiß, daß ihr noch da
seid.
Lobet die Kälte, die Finsternis und
das Verderben!
Schauet hinan:
Es kommt nicht auf Euch an,
Und ihr könnt unbesorgt sterben.

Der Jubel dieses „Chorals" verschlägt einem den Atem. Kälte breitet sich aus, wenn der Himmel den Raumfahrern überlassen bleibt, und Angst, wenn er den Raketen gehört.

Es bleibt nicht bei der Entleerung des Himmels. Stark ist der Hang des Menschen, ihn wieder zu bevölkern mit seinesgleichen. Was aber, wenn der leergewordene Platz wieder besetzt wird; wenn einer erwählt wird oder sich selber dazu erwählt, die Stelle Gottes einzunehmen, um teilzuhaben an der Macht über Menschen, um Jubel zu ernten von den Massen? Völker werden aufgefordert, in die Hände zu klatschen, es sei freiwillig oder gezwungen, und den Großen dieser Welt zuzujubeln.

Pfingsten:

Jesus Christus ist im Geist bei seiner Gemeinde gegenwärtig. Lest dazu Apostelgeschichte 2.

Die triumphierend ausgerufene Entleerung des Himmels findet ihr bedrückendes Echo in der gähnenden Leere unserer Herzen. Die nicht weniger triumphierend ausgerufene Besetzung des Himmels mündet in den Allmachtsrausch, in die Illusion, selbst Gott sein zu müssen. Auf diesem doppelten Hintergrund der Entleerung und Besetzung des Himmels wird der Jubel begreiflich, der den auferstandenen Christus im Himmel begrüßt. Es ist gut zu wissen, wem die Macht wirklich gehört; daß sie dem gehört, der nicht auf Macht gesetzt hat, damit der Mißbrauch der Macht ein Ende finde und die Völker sich versammeln ohne Angst. Der durch den Staub ging, wird der Höchste genannt. Der auferstandene Christus schneidet den Mächtigen das letzte Worte ab und erteilt es denen, die keine Stimme hatten.

Bekenntnis zu Jesus

Ich glaube an Jesus.
Denn er war, wie wir sein sollten:
Diener aller Menschen und darum Gottes Sohn.
Weil er liebte, mußte er leiden.
Weil er zu weit ging, mußte er sterben.
Aber er starb nicht vergeblich und unterlag in Wahrheit nicht.
Er wird das letzte Wort behalten,
und alle, die Toten, die Lebenden und die Kommenden,
müssen sich messen lassen an ihm.

Ich glaube an den Geist.
Denn mit Jesus kam ein neuer Geist in die Welt,
der die verfeindeten Menschen eine gemeinsame
Sprache lehrt
und sich als Brüder erkennen läßt;
der uns ermutigt, den Aufstand der Liebe
gegen den Haß fortzusetzen;
der die Verzweiflung überwindet,
die Schwermut löst
und ein verfehltes Leben lohnend macht.

Ich glaube an den Schöpfer.
Denn durch Jesus bin ich, was ich bin,
durch ihn erfahre ich, was Gott vermag.
So wie ich verdanken sich ihm alle Menschen,
auch wenn sie es nicht wissen.
So wie mich rief er die ganze Welt ins Dasein.
Ihm gehört sie,
ihm sind wir verantwortlich in allem, was wir tun.
Nun bin ich einverstanden mit meinem Dasein
und bejahe meine Bestimmung, weiterzugeben,
was ich von Gott empfange.

Martin Ohly

Wie wird in diesem Glaubensbekenntnis der Titel „Sohn Gottes" ausgelegt?
Was wird über Karfreitag, Ostern, Himmelfahrt und Pfingsten ausgesagt?

Vergleiche dieses Bekenntnis mit dem apostolischen Glaubensbekenntnis.

Leben mit der Bergpredigt

Selig sind, die da geistlich arm sind; denn ihrer ist das Himmelreich.

Selig sind, die da Leid tragen; denn sie sollen getröstet werden.

Selig sind die Sanftmütigen; denn sie werden das Erdreich besitzen.

Selig sind, die da hungert und dürstet nach der Gerechtigkeit; denn sie sollen satt werden.

Selig sind die Barmherzigen; denn sie werden Barmherzigkeit erlangen.

Selig sind, die reinen Herzens sind; denn sie werden Gott schauen.

Selig sind die Friedfertigen; denn sie werden Gottes Kinder heißen.

Selig sind, die um der Gerechtigkeit willen verfolgt werden; denn ihrer ist das Himmelreich.

Salz der Erde?

„Ihr seid das Salz der Erde, ihr seid das Licht der Welt", sagt Jesus in der „Bergpredigt". Ohne Salz schmeckt das Essen fad, im Dunkeln sterben Pflanze, Mensch und Tier. Salz gibt Würze, Licht gibt Kraft. Salz verändert, Licht erleuchtet. Christen können das Leben verändern, die Welt erleuchten, den faden Alltag würzen, meint Jesus.

1. Beispiel: Rüsten für die kommende Anfechtung

Auf dem Titelbild dieses Kapitels sind die „Seligpreisungen" abgedruckt. Ordnet einzelne Seligpreisungen den Beispielen zu.
Gibt es Widersprüche zwischen den Seligpreisungen und den Beispielen?

Beim Lesen des Neuen Testaments erkennen wir, daß Gott ganz klare Anweisungen gegeben hat, wie das Leben eines Christen geführt werden soll. Wir bereiten uns darauf vor, daß Christen Verfolgung und Verurteilung erleiden müssen. Er lehrte uns, daß wir die Welt und das Böse überwinden sollen durch ein diszipliniertes Leben. Die heutigen Christen ähneln den Urchristen sehr wenig. Die Christen des 20. Jahrhunderts sind verweichlicht. Wir haben uns zu sehr der Welt angeglichen, so daß man kaum noch einen Unterschied feststellen kann zwischen einem Christen und einem Weltmenschen. Die Bibel fordert von jedem Christen ein Leben der Selbstverleugnung und Selbstdisziplin. Wir Christen müssen unsere Gürtel fester binden und uns rüsten auf die kommende Anfechtung. Ich möchte heute euch Christen aufrufen zu einer neuen Hingabe und zu einem Leben der Selbstverleugnung. Ich möchte euch rufen zu einem neuen Zeugnis für Christus in der zunehmenden Dunkelheit. Während die Welt immer schneller dem Untergang entgegen eilt, soll der Christ einem Leuchtfeuer gleichen bis zur Wiederkunft Christi in Herrlichkeit. Nach der Schrift ist derjenige ein Christ, der Christus als seinem Heiland vertraut und ihm als seinem Herrn gehorcht. Vertrauen bringt uns in das Reich Gottes. Gehorsam und Liebe zu Gott aber sind die Zeichen der Himmelsbürgerschaft. Das christliche Leben ist eine glückliche Mischung von Vertrauen und Arbeit, Ruhe und Kämpfen. *Billy Graham (amerikanischer Prediger)*

2. Beispiel: Miteinander teilen

Aus einem Brief aus Taizé
Um einen Beitrag für die gemeinsame Zukunft der Menschheitsfamilie zu leisten, hat das Volk Gottes eine Möglichkeit, die nur ihm offensteht: über die ganze Erde verstreut kann es in der Menschheitsfamilie ein Gleichnis des Miteinanderteilens setzen. Das betrifft zunächst die materiellen Güter. Um dein Leben zu verändern, verlangt niemand von dir, daß du in puritanische Strenge verfällst und Schönheit und Freude verachtest. Teile alles, was du hast, du wirst darin Freiheit finden. Widerstehe dem Konsumzwang: je mehr du anhäufst, desto abhängiger wirst du.
Das Miteinanderteilen wird dich auch dazu führen, deine eigenen Wohnverhältnisse zu ändern. Mache deine Wohnräume zu einem Ort, an dem andere immer willkommen sind, zu einem Haus des Friedens und des gegenseitigen Verzeihens. Lade andere zum Essen ein. Das Fest wird eher bei einem einfachen als bei einem übertriebenen Mahl entstehen. Das Gleichnis des Miteinanderteilens bezieht sich auf deine Arbeit. Setze deine Kräfte dafür ein, daß für alle eine Angleichung der Löhne und menschenwürdige Arbeitsbedingungen erreicht werden. Wenn es dir bei einer Arbeit nur auf Kar-

riere, Konkurrenz und hohes Gehalt ankommt, bist du nahe daran, andere auszubeuten oder selbst ausgebeutet zu werden. Es ist unerläßlich, gemeinsam zu kämpfen, um die Güter der Erde neu aufzuteilen. Strukturen, die die internationale Ungerechtigkeit aufrechterhalten, müssen geändert werden. Maßstab sind die tatsächlichen Bedürfnisse aller Menschen bis hin zu den Allergeringsten.

3. Beispiel: Kampf und Gewalt gegen Unterdrücker

In vielen Ländern kämpfen Menschen gegen Regierungen, die mit Gewalt die Bevölkerung unterdrücken. Sie wollen die Menschenrechte wiederherstellen. Einige versuchen den gewaltlosen Kampf - mit geringem Erfolg. Andere befürworten gewaltsame Revolutionen. Unter ihnen sind auch Christen. Sie wollen den Großgrundbesitz beseitigen, die Macht von Banken und Wirtschaftskonzernen brechen und eine demokratische Ordnung errichten. In einem Gebet, das dem Vaterunser nachgebildet ist, bitten sie Gott um Hilfe bei ihrem Kampf:

Und erlöse uns von dem Übel der Armut,
denn Dein ist das Reich
der Gerechtigkeit und der Gleichheit.
Stürz mit der Kraft des Windes
die toten Bäume,
härte wie das Feuer
den Lauf des Gewehres;
Dein Wille geschehe
endlich also hier auf Erden.
Deine Kraft und Deine Kühnheit
gib uns heute für den Kampf.
Denn Dein ist die Macht
und die Menschlichkeit
in Ewigkeit.
Amen. *(Victor Jara)*

Die Bergpredigt

Inhalt

Die Bergpredigt besteht aus einer Sammlung von Worten, die Jesus bei verschiedenen Anlässen gesprochen hat. Der Evangelist Matthäus hat sie zur Bergpredigt zusammengestellt.

Jesus lebte selbst vor, was er in der Bergpredigt von seinen Zuhörern erwartete. Er konnte so leben, weil er der unmittelbaren Nähe seines Vaters gewiß war. Mit dieser Nähe Gottes hatte für ihn das Reich Gottes, Gottes neue Welt, schon begonnen. Das Reich Gottes liegt also nicht in weiter Ferne, es ist schon im Werden und bricht inmitten der alten Zeit an, hat diese aber noch nicht abgelöst.

Weil das Reich Gottes für Jesus schon Wirklichkeit ist, kann er auf Gewalt verzichten, und deshalb kann er auch sorglos leben.
Mit der Bergpredigt ermutigt Jesus seine Anhänger, ihr Leben zu ändern und ihm nachzufolgen. Jesus öffnet ihnen die Augen dafür, wie sie in dieser Welt, in der die Sorge ums Überleben, Gewalt und Gegengewalt an der Tagesordnung sind, schon erste Schritte auf einem neuen Weg gehen können.

Mit Hilfe der nebenstehenden Angaben könnt ihr euch einen Überblick über die Bergpredigt verschaffen. Versucht einige Regeln der „neuen Welt" zu formulieren. Wie könnten erste Schritte aussehen?

5,3 -12	Die Seligpreisungen	7,12	Die goldene Regel
5,13-16	Salz- und Lichtworte	7,13-23	Vom Handeln nach Gottes Willen
5,17-20	Die neue Gerechtigkeit		
5,21-48	Die „Antithesen"	7,24-28	Das Gleichnis vom Hausbau
6,1 -7,11	Wie sich die neue Gerechtigkeit im Alltag auswirkt		

Vertrauen contra Sorge

Macht euch keine unnötigen Sorgen
ums Essen, ums Trinken.

Sehet die Vögel an:
Säen sie?
Ernten sie?
Sammeln sie Vorräte?
Sorgen sie sich?
Nein!
Und doch:
Gott sorgt für sie.

Seid ihr nicht mehr als die Vögel?

Meint ihr, Gott wird sich nicht
um euch sorgen?
Meint ihr, man könne sein Leben
verlängern
um einen Tag - durch Sorgen?

Wollt ihr euch wirklich sorgen um das,
was ihr anzieht?

Seht die Blumen an:
Arbeiten sie?
Machen sie sich Kleider?
Nein!

Und doch:
Nicht einmal König Salomo
war so schön gekleidet wie sie.

Wenn Gott aber die Blumen,
die morgen verdorren,
so schön kleidet,
wird er nicht auch euch kleiden
viel eher noch als die Blumen?
Wird er sich nicht auch um euch
kümmern?

Glaubt doch.
Habt doch Vertrauen.

Gott weiß, was ihr braucht.
Sorgt euch nur um Gott,
daß ihr tut, was er will.
Sorgt euch um Gottes Herrschaft.
Das sind die wahren Sorgen.

Nicht die Sorgen um morgen.
Jeder Tag sorgt für sich selber.
Am heute habt ihr genug.

Matthäus 6,25-34
(Übersetzung von D. Steinwede)

Ich hatte plötzlich keine Sorgen mehr

Vergleicht die Geschichte vom reichen Kornbauern (Lukas 12,16–21) mit den Worten Jesu vom Sorgen. Überlegt, wie man falsche und wahre Sorgen unterscheiden kann.

Sorget nicht - ich habe dieses Wort eigentlich nie richtig verstanden, vor allem den Vergleich mit den Lilien auf dem Felde und den Vögeln unter dem Himmel - und vielleicht verstehe ich es heute noch nicht. Aber einmal habe ich etwas erlebt, was mir immer wieder einfällt, wenn ich dieses Wort höre. Das war damals, als ich eine neue Stelle gefunden hatte und ich mich gehörig einarbeiten mußte. Ich hatte für nichts mehr Zeit und war sehr angestrengt. Meine Schüler forderten alles von mir ab. Und dann rief mich abends Heinz an. Ich merkte gleich an seiner Stimme, daß irgend etwas nicht in Ordnung war. Und in der Tat: Seine langjährige Freundschaft mit Gabi war auseinandergebrochen. Er wollte, daß ich mit ihnen redete.
Mir fuhr es durch den Kopf: Ich habe keine Zeit; es ist alles so anstrengend; warum immer ich? Aber dann sah ich durch das Telephon das Gesicht von Heinz. Und ich wußte, ich kann ihm keine Absage erteilen, so vereinbarte ich ein Gespräch mit ihm.
Aus einem Gespräch wurden im Lauf der Wochen mehrere. Ich konnte die Freundschaft auch nicht mehr kitten, aber ich konnte dazu helfen, daß sie ehrlich auseinandergingen und beide ehrlich weiterleben konnten.
Doch wie war das mit meiner Schule? Ich machte die Erfahrung: es ging! Ich hatte nicht viel Zeit, aber ich merkte: ich hatte plötzlich keine Sorgen mehr, ich hatte begriffen, was jetzt in meinem Leben dran war, was jetzt wichtig war; und ich hatte erlebt, daß alles andere, was auch noch sein mußte, doch irgendwie in Ordnung kam. Es war eine gute Zeit für mich damals.

Erich Walz: Beten heißt „offen sein für Gott“

Mit Jesus beten

Für Jesus spielt das Gebet eine zentrale Rolle. Er betet nicht nur zu bestimmten Zeiten und bei bestimmten Anlässen. Das Gebet ist für ihn nichts Zusätzliches, es fügt sich nahtlos in sein Leben ein; im Gebet hält er Zwiesprache mit seinem Vater; hier empfängt er Weisung und Kraft für sein Handeln. Die Evangelien berichten mehrfach davon, daß Jesus sich zurückzieht, um im Gebet mit Gott eins zu sein. Jesus redet Gott mit „abba“ an, „abba“ sagten zur Zeit Jesu die kleinen Kinder zu ihrem Vater; es war eines der ersten Worte, das kleine Kinder sagen konnten. Auch das Vaterunser beginnt mit dieser Anrede. Jesus lehrt seine Jünger beten; wie er selbst dürfen sie mit Gott reden, wie Kinder mit ihren Eltern.

Du erlaubst uns, den lebendigen Gott unseren Vater zu nennen.
Wie Kinder dürfen wir kommen und sagen: Vater!
Das ist schon das ganze Gebet,
das ist schon alles, was wir aussprechen können.
Das ist schon der Anbruch deines Reiches auf Erden.

Theo Brüggemann

Gott will uns damit locken, daß wir glauben sollen, er sei unser rechter Vater und wir seine rechten Kinder, auf daß wir getrost und mit aller Zuversicht ihn bitten sollen, wie die lieben Kinder ihren lieben Vater.
Martin Luther, zum ersten Satz des Vaterunsers

Warum kann Beten vom „Sorgen“ befreien? Zieht dazu das Gebet Jesu in Gethsemane (Matthäus 26,36–46) heran. Vergleicht die beiden „Auslegungen“.

Auf Gewalt verzichten

Wenn dich jemand auf die rechte Backe schlägt . . .

Ihr habt gehört, daß gesagt worden ist (2 Mose 21,24): „Auge um Auge, Zahn um Zahn.“ Ich aber sage euch, daß ihr euch dem Bösen nicht widersetzen sollt, sondern: wenn dich jemand auf deine rechte Backe schlägt, dem halte die andere auch hin.

Matthäus 5,38,39

Lest Matthäus 26, 47–56. Wie begründet Jesus seinen Gewaltverzicht?

Erklärung zu Matthäus 5,39:
Jesus spricht von einem Schlag auf die rechte Wange. Normalerweise schlägt der Rechtshänder seinem Gegner auf die linke Wange. Schlägt er auf die rechte Wange, muß er es mit dem Handrücken tun, und dies ist Ausdruck seiner tiefsten Verachtung. Noch heute gilt im Orient ein solcher Schlag mit dem Handrücken als beleidigend und entehrend. In den Worten von Jesus ist noch mehr enthalten: Er will damit sagen, daß die Jünger Beleidigung und Entbehrung auf sich nehmen sollen, eben weil sie Jünger Jesu sind. Wer deshalb geschlagen wird, weil er zu Jesus gehört, der soll nicht den Rechtsweg beschreiten, sondern Haß und Beschimpfungen ertragen, das Unrecht vergeben und sich darin als ein rechter Jünger erweisen.

M. Luther King auf dem Weg zum Gerichtsgebäude in Selma (1.3.1965)

Martin Luther King

Martin Luther King wurde am 15. Januar 1929 als Sohn eines schwarzen Laienpredigers in Atlanta, einer Stadt des US-Staates Georgia geboren. Während seines Theologiestudiums heiratete er 1953 die Musikstudentin Coretta Scott. Am 17. November 1955 wird den beiden ihre erste Tochter Yolánda geboren. Am 1. September 1954 tritt M. L. King seine erste Pfarrstelle in Montgomery, Atlanta, an; Montgomery hatte damals 120000 Einwohner. Die Mehrzahl der weißen Bewohner hielt hartnäckig am Grundsatz der Rassentrennung fest. Das bedeutete getrennte Parkbänke, getrennte Schwimmbäder und Restaurants, getrennte Schulen. Die Rassentrennung hörte auch in den städtischen Bussen nicht auf: Die vorderen Plätze waren für Weiße reserviert; auch wenn diese Plätze nicht besetzt waren, durften dort keine Schwarzen Platz nehmen. Wenn alle „weißen“ Plätze belegt waren, mußten die Schwarzen ihre Plätze für weiße Fahrgäste räumen.

Busstreik in Montgomery

Am 1. Dezember 1955 stieg die schwarze Näherin, Mrs. Rosa Parks, im Hauptgeschäftsviertel von Montgomery in den Cleveland-Avenue-Bus. Sie befand sich auf dem Heimweg von einem großen Warenhaus, in dem sie arbeitete. Müde vom stundenlangen Umherlaufen und Herumstehen, setzte sie sich auf den ersten Sitz hinter den für die Weißen reservierten Plätzen. Kaum hatte sie sich hingesetzt,

befahl der Busführer ihr und drei anderen Negern, weiter nach hinten zu gehen, um weißen Fahrgästen, die gerade hinzugestiegen waren, Platz zu machen. Inzwischen waren alle Plätze im Bus besetzt. Das bedeutete, Mrs. Parks hatte zu stehen. Die anderen drei Neger kamen sofort der Aufforderung des Fahrers nach. Aber Mrs. Parks blieb ruhig sitzen. Sie wurde verhaftet.
Eine Versammlung von schwarzen Pfarrern und einflußreichen Persönlichkeiten beschloß, zum Busboykott aufzurufen.
Am Abend des ersten Streiktages versammelten sich einige tausend Menschen. Sie beriefen den 26-jährigen M. L. King zum Vorsitzenden des Bürgerausschusses zur Verbesserung der Beziehungen zwischen den Rassen. In einer improvisierten Rede machte er den Anwesenden Mut:

Informiert euch über das Ende des Busstreiks in Montgomery und über den weiteren Weg M. L. Kings.

„Es kommt ein Zeitpunkt, an dem die Leute genug haben. Wir sind heute abend hier versammelt, um denen, die uns so lange mißhandelten, zu sagen, daß wir genug haben, genug davon, erniedrigt zu sein, genug davon, herumgestoßen und brutal unterdrückt zu werden. Wir haben keine andere Möglichkeit, wir müssen protestieren."
Immer wieder wird M. Luther King vom Beifall unterbrochen. Mit Beifall wird auch aufgenommen, was er zur Art des Kampfes sagt:
„Die weißen Bürgerräte und der Ku-Klux-Klan demonstrieren für die Verewigung des Unrechts in der Stadt. Ihre Methoden führen zu Gewalttat und Gesetzlosigkeit. Aber in unseren Demonstrationen sollen keine Kreuze brennen: Kein Weißer wird von einem maskierten Negerpöbel aus seinem Haus verschleppt und brutal ermordet werden. Es wird weder Drohungen noch Einschüchterungen geben. Wir werden uns leiten lassen von den höchsten Grundsätzen von Recht und Ordnung. Unsere Methode wird die der Überzeugung, nicht die des Zwanges sein. Wir wollen den Menschen nur sagen: ‚Laßt euch von eurem Gewissen leiten!' Unser Handeln muß von den höchsten Grundsätzen des christlichen Glaubens diktiert sein: Die Liebe muß unser entscheidendes Ideal sein, über die Jahrhunderte hinweg sollen die Worte Jesu heute in unseren Herzen ein Echo finden: ‚Liebet eure Feinde, segnet, die euch fluchen, bittet für die, so euch beleidigen und verfolgen.' Trotz der Mißhandlungen, denen wir ausgesetzt sind, dürfen wir nicht bitter werden und müssen aufhören, unsere weißen Brüder zu hassen."

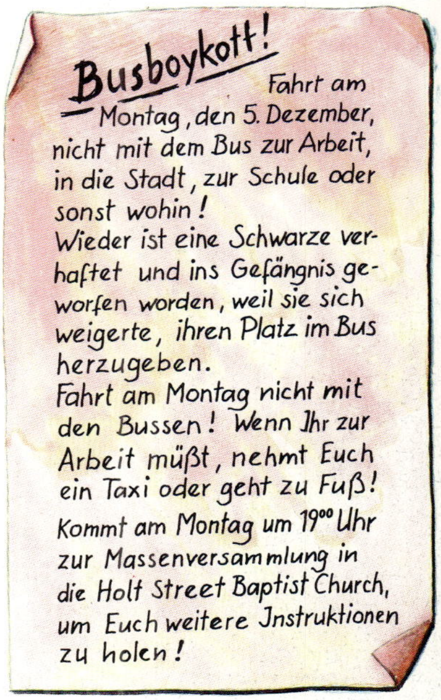

Trotz teilweiser brutaler Gewalt vonseiten der weißen Polizei hielt die Boykottbewegung an ihrer Gewaltlosigkeit fest. M. L. King sprach immer wieder auf Massenversammlungen in den verschiedenen Kirchen der Stadt und rief zur Gewaltlosigkeit auf:
„Wenn man Haß mit Haß vergilt, wird sich das Böse in der Welt nur vermehren. Haß erzeugt Haß; Gewalt erzeugt Gewalt; Widerstand erzeugt größeren Widerstand. Wir müssen den Mächten des Hasses mit der Macht der Liebe begegnen; wir müssen physischer Kraft mit seelischer Kraft begegnen. Unser Ziel darf nie sein, den weißen Menschen zu erniedrigen oder zu vernichten, sondern seine Freundschaft und sein Verständnis zu gewinnen.

M. L. King wird dem Richter vorgeführt, 1960

Die Gewaltlosigkeit muß sich bewähren

Am 30. Januar 1956 warfen unbekannte Täter eine Bombe auf M. L. Kings Haus. Sie explodierte auf der Veranda. Glücklicherweise wurde niemand verletzt. Als ihm das Attentat gemeldet wurde, eilte Martin Luther King sofort von einer Versammlung nach Hause. Vor seinem Haus hatte sich eine große aufgebrachte Menschenmenge versammelt, die ständig größer wurde. Polizisten versuchten in der üblichen rohen Art, die Straßen freizumachen. Aber die Menge kümmerte sich nicht darum. Die Stimmung war gespannt, viele Leute waren bewaffnet. Der gewaltlose Widerstand drohte in Gewalttätigkeit umzuschlagen.

Drei Stimmen nach dem Attentat

Ich lasse mich nicht mehr herumschubsen. Das ist ja der Jammer! Ihr Weißen schubst uns überall herum. Jetzt habt ihr eure 38er, und ich hab' meine. Nun kann's losgehen!
Ein Neger zu einem Polizisten, der ihn vor dem Haus von M. L. King beiseite stoßen wollte.

Nun laßt uns nicht den Kopf verlieren. Wenn ihr Waffen bei euch habt, nehmt sie wieder mit nach Hause. Wenn ihr keine habt, verschafft euch bitte auch keine! Wir können dieses Problem nicht durch Wiedervergeltung lösen. Wir müssen der Gewalt mit Gewaltlosigkeit begegnen. Denkt an die Worte Jesu: „Wer das Schwert nimmt, wird durch's Schwert umkommen."
M. L. King nach dem Attentat zu der aufgebrachten Menge vor seinem Haus.

Ohne den Nigger-Prediger wären wir jetzt alle tot.
Ein weißer Polizist, nachdem sich die Menge auf die Aufforderung M. L. Kings hin zerstreut hatte, ohne daß es zu Gewalttätigkeiten gekommen war.

Was wißt ihr über Gandhis gewaltlosen „Kampf" für die Freiheit Indiens?

M. L. King beruft sich in seinem gewaltlosen Widerstand immer wieder auf die Bergpredigt und auf M. Gandhi. In seinem Buch „Freiheit" berichtet er über den Busstreik in Montgomery und gibt Rechenschaft über die Methode des gewaltlosen Widerstandes:
Man könnte nun fragen: Mit welchem Recht fordert der Anhänger des gewaltlosen Widerstandes die Menschen auf, eine so schwere Prüfung auf sich zu nehmen? Mit welchem Recht wendet er die alte Lehre vom „Die-andere-Backe-Hinreichen" auf die politischen Massen an? Die Antwort ist: Im Leiden liegt eine gewaltige erzieherische und umwandelnde Kraft.

Diskussion über Gewalt

„Der Tod eines einzigen Menschen ist ein zu hoher Preis für die Verteidigung eines Prinzips, und mag es noch so hoch und heilig sein. Wir können nicht gleichzeitig das Evangelium und das Gewehr halten."
Daniel Berrigan, katholischer Priester aus USA in einem Brief an E. Cardenal

Ernesto Cardenal dazu:
„Es war falsch und verfehlt, daß sich gewisse Hirten der Kirche dazu hergaben, die Waffen der Unterdrücker zu segnen. Aber es ist etwas anderes und sogar völlig Gegensätzliches, die Waffen der Unterdrückten zu segnen. Zum ersten, weil die einen dazu dienen, die Unschuldigen anzugreifen und die anderen, die Unschuldigen zu verteidigen. Und zum zweiten, weil es sich um sehr ungleiche Waffen handelt. Das Schwert Goliaths zu segnen ist nicht dasselbe, wie die Schleuder Davids zu segnen.
Wir kämpfen für das Leben von Tausenden von Männern und Frauen, Alten und Kindern, die Tag für Tag ermordet werden, und noch kein so hohes Prinzip, nicht einmal das des kompromißlosen Pazifismus, wiegt so viel wie das Leben eines einzigen dieser Kinder."

„Wenn sich Christen auf Grund des an sie ergangenen Anrufes Gottes in Jesus Christus als Anwalt der Unterdrückten und Rechtlosen verstehen, so stehen sie auch vor der Notwendigkeit zu prüfen, ob Unterdrükkung und Unrecht möglicherweise nur durch Gewaltanwendung beseitigt werden können. In der Solidarität mit den Unterdrückten kann der Christ deren Gewaltanwendung nur dann hinnehmen oder sich selbst an ihr beteiligen, wenn er dies als einen bewußten und unvermeidlichen Akt eigener ‚Schuldübernahme' (Dietrich Bonhoeffer) und der Freiheit zu selbst zu verantwortendem Handeln versteht."
aus der EKD-Denkschrift: Gewalt und Gewaltanwendung in der Gesellschaft

Worin unterscheiden sich die drei Positionen?
Diskutiert eure persönliche Meinung zur Gewaltanwendung.

Auslegungen der Bergpredigt

Gebote und Ratschläge

Im Mittelalter unterschied man in der Bibel zwischen Geboten und Ratschlägen. Die Gebote sollten für alle Christen verpflichtend sein. Die Weisungen der Bergpredigt zählte man dagegen zu den Ratschlägen. Diese gelten nur für einen bestimmten Personenkreis unter den Christen, für Mönche und Nonnen und für die Priester.

Privatperson und Amtsperson

Luther argumentiert folgendermaßen: Gott regiert die Welt auf zweierlei Weise: zum einen direkt durch Christus (geistliches Regiment), zum andern indirekt durch die weltlichen Institutionen (weltliches Regiment). Für den wahrhaft Glaubenden gilt das geistliche Regiment; hier wären eigentlich keine weltlichen Ordnungen nötig, weil der Glaubende ohne Zwang so lebt, daß die Mitmenschen zu

Es gibt auch ein Zuviel an Ordnung!

ihrem Recht kommen. Im geistlichen Bereich gelten die Regeln der Bergpredigt; sie werden vom Glaubenden freiwillig eingehalten. Da aber nicht alle Menschen Glaubende sind und da die Glaubenden zugleich auch immer schwache Sünder sind, hat Gott für das Zusammenleben der Menschen den Staat und andere weltliche Ordnungen eingesetzt. Hier, wo es um das geregelte Zusammenleben von Menschen geht, kann die Bergpredigt nicht direkt gelten. Der Staat z.B. muß auch mit Gewalt für die Ordnung des Zusammenlebens sorgen. Würde man die Spielregeln der Bergpredigt hier direkt anwenden und z.B. einen Verbrecher nicht bestrafen, dann würde das Chaos herrschen. Der Christ lebt in beiden Reichen: als Privatperson gelten für ihn die Forderungen der Feindesliebe und des Gewaltverzichts. Als Amtsperson muß er zur Abwehr des Bösen z.B. als Richter, Beamter oder Soldat auch Gewalt anwenden.

Erkenntnis der Unvollkommenheit

Evangelische Theologen im 16. Jahrhundert vertraten folgende Auffassung: Eigentlich müßte der Christ nach den strengen Regeln der Bergpredigt leben, er kann es aber nicht. Die Bergpredigt wirkt darum wie ein Spiegel, in dem der Christ seine Unvollkommenheit erkennt. Durch die Erkenntnis dieser Unvollkommenheit wird der Mensch zu Christus getrieben, der ihm hilft.

Gesinnung und Verantwortung

Um die Jahrhundertwende vertrat man vielfach folgende Auffassung: Für den Christen kommt es darauf an, die Gesinnung der Liebe, wie sie in der Bergpredigt zum Ausdruck kommt, zu teilen und aus dieser Gesinnung heraus zu handeln. Wer für andere verantwortlich handelt, muß allerdings häufig den wörtlich verstandenen Forderungen der Bergpredigt entgegenhandeln.

Radikale Ethik für eine Zwischenzeit

Der Theologe und Arzt Albert Schweitzer vertrat folgende Meinung:
Jesus erwartete in Kürze das Hereinbrechen des Reiches Gottes. In der kurzen Zwischenzeit, die dem Menschen noch bleibt, kann er die radikalen Forderungen

der Bergpredigt erfüllen; er kann alle Anstrengungen darauf richten, diese Gebote zu erfüllen, um dann im Endgericht zu bestehen.
Obwohl für Albert Schweitzer diese endzeitlichen Vorstellungen der ersten Christen keine Rolle mehr spielen, ist die Bergpredigt für ihn damit nicht erledigt. „Barmherzigkeit" und „Liebe zum Frieden" sind für ihn die entscheidenden Stichworte der Bergpredigt. Die geforderte Liebe bleibt dabei nicht auf den Mitmenschen beschränkt, sie gilt allen Lebewesen („Ehrfurcht vor dem Leben"). Aufgrund dieses Verständnisses der Bergpredigt gibt Albert Schweitzer seine theologische Laufbahn auf, studiert Medizin und geht als Arzt nach Afrika. Später wird er zu einem der entschiedensten Kritiker der Atomrüstung.

Dem Übel nicht widerstehen

Nach Leo Tolstoi (1828–1910) verfehlt derjenige den Willen Jesu, der die Bergpredigt nicht wörtlich versteht. Für ihn besteht der Kern der Bergpredigt in dem Satz „Du sollst dem Übel nicht widerstehen!" Deshalb lehnte Tolstoi alle Institutionen, auch Staat und Kirche, ab. Sie leisten dem Bösen Widerstand und bestätigen so indirekt die Herrschaft des Bösen.

Zwei Beispiele heute:

Die reale Friedensutopie der Bergpredigt ist nicht das Traumbild einer irrealen Welt, sondern der Entwurf und das Wissen oder zumindest der Vorentwurf und das Vorwissen um eine Welt, die anders sein sollte und anders sein könnte. Die reale Utopie der Bergpredigt zeigt heute nicht nur das Friedensziel, sondern auch den Friedensweg: keine Nachrüstung, keine weiteren Schritte in die alte Richtung, sondern zumindest Rüstungsstop – als ersten Schritt in die neue Richtung. Das Friedensgesetz der Bergpredigt heißt: Frieden gibt es nicht gegen den anderen, sondern nur mit ihm. Frieden gibt es erst, wenn einer ohne Wenn und Aber den ersten Schritt tut, bedingungslos. Um das Wettrüsten zu beenden, muß einer anfangen aufzuhören, bedingungslos. *Franz Alt*

Ich bin zu dem Ergebnis gekommen, daß die Bergpredigt indirekt unser politisches Handeln bestimmen sollte: Eine Gesellschaft soll so eingerichtet werden, daß in ihr das Experiment radikaler Nachfolge möglich ist. Eine Gesellschaft ist erst dann human, wenn auch der, der *auf Anklagen und Prozesse verzichtet,* nicht verloren ist. Sie ist erst human, wenn sie *demonstrative Liebe zu Feinden* erlaubt. Sie ist human, wenn sie *sorglos existierende Außenseiter* erhält. Politisches Handeln kann sich die Bergpredigt nicht direkt zur Richtschnur nehmen, aber sie kann für Verhältnisse sorgen, in denen sich einzelne und Gruppen nach dieser Richtschnur orientieren können. *G. Theissen*

Ordnet folgende Stichworte den einzelnen Auslegungen zu:
- *Interimsethik*
- *Zwei-Reiche-Lehre*
- *Gesinnungsethik*
- *Zwei-Stufen-Ethik*
- *Die Bergpredigt als Sündenspiegel*
- *wörtliche Auslegung*
- *Verantwortungsethik*

Auf welche Aussagen der Bergpredigt spielen F. Alt und G. Theissen an?

Vom
Schein
zum Sein

Auf der Suche nach dem Quell des Lebens

Hinduismus - eine Volksreligion

Seit vielen tausend Jahren fragen die Weisen Indiens nach Ursprung und Sinn des Lebens. Sie erzählen und lehren, was die Urbevölkerung Indiens und die Einwanderer aus dem Norden, die „Arier“, von Menschen und Göttern zu sagen wußten. Aus der Weisheit der Jahrhunderte erwuchs der Hinduismus - eine Religion, zu der sich mehr als 300 Millionen Menschen in Indien und 15 Millionen in Pakistan, Ceylon, Burma und auf insularen Außenposten wie Bali oder auch Trinidad bekennen.
Hinduismus ist eine gewachsene Volksreligion. Zunächst verehrte man Götter, die Naturkräfte personifizierten - Sonnengott, Regengott, Feuergott usw. Schließlich aber erkannte man hinter allen Erscheinungen und Göttern das eine Urprinzip, Brahman und Atman - die göttliche Wirklichkeit. Dennoch beten die Hindus bis heute eine Vielzahl von Göttern an. Sie verkörpern jeweils ein Stück der Wirklichkeit, einen Ausschnitt aus der vielfältigen göttlichen Kraft.
Da der Hinduismus als einheitliche Größe gar nicht vorkommt, wird man sich bei seiner Beschreibung immer auf Erscheinungsformen beschränken, die verallgemeinerbar sind. Das heißt nicht, daß jeder Hindu sie für sich auch akzeptiert.

Befreiung aus dem ewigen Kreislauf

Hinter der unbeständigen materiellen Welt muß, wie ein Gesicht hinter einer Maske, die unsichtbare Quelle des Lebens und aller Dinge liegen: der reine, unveränderliche Geist. So ist es höchstes Ziel des Hinduismus, die Einheit mit dem Göttlichen zu erreichen, mit dem ewigen Geist: mit Brahman. Diese Vereinigung wird nicht allein durch Riten oder durch die verschiedenen Wege des Yoga, sondern auch durch die hohen Ideale der Hindu-Ethik erreicht: Reinheit, Selbstbeherrschung, Abgeklärtheit, Wahrheit, Gewaltlosigkeit, Barmherzigkeit und tiefstes Mitleid gegenüber aller lebenden Kreatur.

Brahman und Atman

Die Hindus glauben, daß die „letzte Wahrheit“ weder beschrieben noch diskutiert werden kann, bemühen sich aber doch, das Göttliche und seine Beziehung zur Welt zu erklären. Umstritten ist, ob Brahman mit persönlichen Eigenschaften oder unpersönlich gedacht werden muß. Alle diese Anstrengungen haben aber nicht vermocht, eine einheitliche hinduistische Lehre zu schaffen. Wie Indien selbst kein einheitliches Land ist, so hat auch der Hinduismus viele Richtungen.
In der sichtbaren Welt verborgen lebt die tiefere Wahrheit - das Brahman; in jedem sichtbaren Menschen verborgen lebt ein innerstes Selbst - das Atman. Brahman und Atman sind getrennt und doch letztlich eines. Wenn der Mensch

sich in sich selbst versenkt und hinter dem Wandel der Erscheinungen die tiefe Wahrheit entdeckt, erfährt er sein innerstes Wesen im Einklang mit Brahman. Brahman und Atman verschmelzen und sind doch nicht das gleiche:

Erklärt die Begriffe: Brahman und Atman. Warum kann man Atman nicht einfach mit „Seele" übersetzen? In welchem Verhältnis steht Atman zu Brahman?

„Bring eine Feige", sagte der Vater. Svetaketu, der Sohn, brachte sie. „Teile sie. Was siehst du?" - „Feine Samen." - „Teile einen Samen. Was siehst du?" - „Nichts!" „Dies, mein Lieber, diese ganz feine Wesenheit, die du nicht wahrnehmen kannst, daraus erwächst der Nyagrodha-Baum. Diese feine Substanz ist der Atman der ganzen Welt. Dies ist Wirklichkeit, dies ist Atman. - Dies bist du, Svetaketu!" Und weiter sagte der Vater: „Schütte dies Salz ins Wasser und komme morgen früh wieder zu mir." So tat er. Da befahl der Vater: „Das Salz, das du gestern abend ins Wasser geschüttet hast, bring mir's her." Er griff danach, aber er fand es nicht, da es ganz und gar zergangen war. „Nimm bitte einen Schluck von dieser Seite", sagte jener. „Wie ist es?" „Salzig." „Nimm einen Schluck von jener Seite", sagte er. „Wie ist es?" „Salzig." „Setz es beiseite und komm her zu mir." Er tat so und sagte: „Es ist immer das gleiche." Da sprach jener zu ihm: „Wahrlich, mein Lieber, du siehst kein Salz mehr, und doch ist es darin. Das ist Atman - alles durchdringend, nicht trennbar von den Dingen, doch nicht gleich mit den Dingen. Das ist Atman, das bist du, Svetaketu!"

In Indien wird kein Mensch endgültig abgeschrieben, und keiner lehnt sich gegen sein Schicksal auf. Warum?

Lohn der Taten (Karma)

Vom ewigen Kreislauf des Werdens und Vergehens bleibt das innerste Selbst von Mensch und Tier (=Atman) unberührt. Wie im Kreislauf der Welten sich das göttliche Brahman erhält, so im Kreislauf des Lebens und Sterbens das Atman. Es verläßt das Gestorbene und wird in einem neuen Lebewesen wiederverkörpert. „Seelenwanderung" nennen Europäer diese Lehre, obwohl der Begriff Seele das Atman nicht genau trifft. Der eigentliche Kern individuellen Lebens wandert von Wiederverkörperung zu Wiederverkörperung. Jedoch wird der einzelne nicht einfach so wiedergeboren, wie er gelebt hat - etwa der Vater im Sohn, die Elefantenmutter im Elefantenbaby: Jeder erhält die Lebensmöglichkeit zugeteilt, die er sich mit seinen Taten im vorherigen Leben verdient hat. Es herrscht das Gesetz ewiger Vergeltung, das Gesetz des Karma. Krankheit, Leiden, Elend und Tod schrecken den gläubigen Hindu nicht. Was ihm widerfährt, ist Teil seines „Karma", des Schicksals, aus dem es kein Entrinnen gibt. Wer alles geduldig erträgt, seine Pflichten streng erfüllt und nicht vom rechten Weg abweicht, darf hoffen, daß sein nächstes Leben eine Stufe höher sein wird. Es können tausende von Wiedergeburten sein, bis er schließlich sein Ziel erreicht - die Verschmelzung mit dem All-Einen.

Als Hindu leben

Kastenordnung – Ausdruck eines Weltgesetzes

Die Entstehung und Entwicklung der Kastenordnung wird nur aus der Geschichte verständlich. In mehreren Wellen drangen zwischen 2200 und 1200 v. Chr. hellhäutige „Arier" von Norden her nach Indien ein und unterwarfen die dunkelhäutigen Ureinwohner. Die „Arier" unterschieden drei Stände: Priester, Krieger und Bauern bzw. Hirten. Um ihre Herrschaft über die Ureinwohner zu sichern, ordnete man die Ureinwohner und später Mischlinge einer unteren Klasse zu. Heiraten über die Kastengrenzen hinweg wurden verboten. Das Kastensystem verband sich mit den religiösen Anschauungen der Karma-Lehre (Vergeltung aufgrund von Taten). Bis heute fühlen sich die Angehörigen einer Kaste füreinander verantwortlich. Ursprünglich gab es vier Kasten:

- Die Brahmanen: Priester, denen Studium und Lehre der ältesten heiligen Schriften (= Veden) vorbehalten war sowie der Vollzug von Opfern; für Arbeit als Broterwerb waren sie zu hochstehend; ihre Kastenfarbe ist weiß wie das Licht.
- Die Kschatrijas: Fürsten und Krieger, die das Volk schützen und auch die Veden studieren sollten; ihre Kastenfarbe ist rot wie das Blut.
- Die Vaischjas: Bauern und Kaufleute, zuständig für Viehzucht, Ackerbau und Handel; auch ihnen waren die Veden noch zugänglich; ihre Kastenfarbe ist gelb wie die Erde.
- Die Shudras, die den drei anderen Klassen zu dienen hatten. Sie durften sich nicht mehr mit den Veden befassen, ihre Kastenfarbe ist schwarz. Unter den Shudras standen noch die Parias, die Kastenlosen, die Unberührbaren.

Die anfänglich vier haben sich bis heute in über 3000 Unterkasten aufgesplittert, die von Dorf zu Dorf verschiedene Strukturen haben. Selbst die Kastenlosen schufen sich noch ihre Unter-Klassen: Parias, die für andere Parias Wäsche waschen, wurden von jenen so verachtet, daß sie ihre Arbeit nur nachts verrichten und sich tagsüber nicht blicken lassen durften.

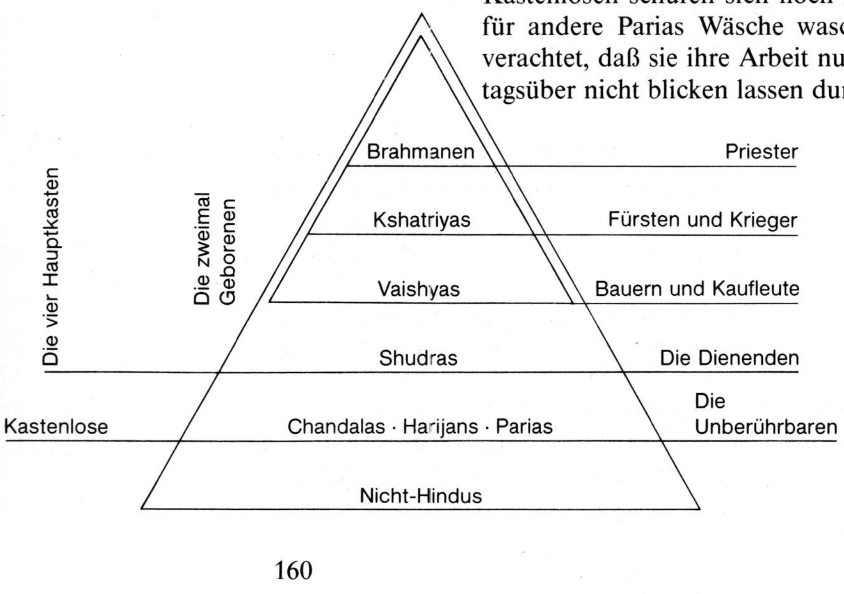

Für den gläubigen Hindu ist die Kastenordnung vor allem eine verbindliche Lebensform. Jede Kaste hat ihre eigenen Pflichten und Moralgesetze zu erfüllen. Man sagt: jede Kaste hat ihr Dharma.
Wenn das Dharma zum Töten verpflichtet, ist das nicht unmoralisch, wie eine Begebenheit aus einem indischen Epos zeigt:
Der Prinz Ardschuna klagt bei Krischna, weil er gegen seine Vettern in den Kampf ziehen soll, um sie zu töten. Krischna belehrt ihn, als Angehöriger der Kriegerkaste habe er die Pflicht zu töten. Die Pflichten der Kaste sind stärker als die Liebe zu den Verwandten. Die Kastenpflicht zu töten, erleichtert Krischna noch durch eine weitere Belehrung: Der Gläubige sieht hinter dem Veränderlichen das Ewige. Selbst wenn der Körper getötet wird, bleibt Atman erhalten.

Kastenlos bedeutet ausgestoßen sein

Wer aus der Kaste ausgestoßen wird oder Kind kastenverschiedener Eltern ist, gilt als Paria der Gesellschaft. Ein Inder berichtet, wie der Straßenkehrer Bakha von einem Brahmanen angefahren wird: „An den Straßenrand, du widerwärtiges Ungeziefer. Warum rufst du nicht, du Schwein, warum kündigst du dein Herannahen nicht an! Weißt du, daß du mich gestreift und beschmutzt hast, schielender Sohn eines säbelbeinigen Skorpions! Nun werde ich ein Bad nehmen müssen. Und dabei habe ich heute morgen ein neues Lendentuch und Hemd angezogen."
Der überrumpelte Bakha schweigt aus Angst. Er zittert am ganzen Leib. „Ich bin ein Unberührbarer", sagt er zu sich selbst, „ein Unberührbarer."
Nicht die Kastenordnung an sich – die indische Verfassung lehnt sie übrigens ab –, wohl aber die Unberührbaren stellen ein ernstes soziales Problem dar. Mahatma Gandhi sah in der Unberührbarkeit ein Krebsgeschwulst der indischen Gesellschaft. Er trat für ihre Abschaffung ein und nannte die Parias bewußt Harijans, d.h. Gotteskinder.

Lebensziele eines Hindu

In der Hindu-Religion spielen Meditation und Weltabgewandheit eine große Rolle; doch haben die Inder auch das sinnliche Leben nie gering geachtet. Dies zeigt sich in den vier Lebenszielen eines Hindu:
- Leben soll genossen werden und Freude machen. Deshalb ist Lust ein Lebensziel.
- Man will es in seinem Leben zu etwas bringen, will auf seine Tüchtigkeit stolz sein können und Reichtum erreichen und erhalten. Daher ist Wohlstand ein weiteres Lebensziel.
- Die Pflichten der Kaste, in der man lebt, sind zu erfüllen.
- Da der Hindu aber bei Befolgung der genannten Ziele immer noch dem Kreislauf der Wiedergeburt verhaftet bleibt, kommt als höchstes Lebensziel Moksha, die Befreiung von der Wiedergeburt hinzu.

Vier Lebensabschnitte und Lebensideale

1. Brahmacharya

Das erste Lebensstadium umfaßt die Zeit des Lernens; der Schüler bildet seinen Verstand und bereitet sich für den künftigen Dienst an der Gesellschaft vor. Er lebt mit seinem Lehrer, den er als seinen geistigen Vater betrachtet, in der Zurückgezogenheit des Waldes. Er führt ein keusches Leben, spart seine Lebenskräfte und meidet die Verunreinigung des Körpers und des Geistes durch üble Worte, Gedanken oder Taten. Lehrer und ältere Personen behandelt er mit Achtung und wird vertraut mit den kulturellen Gütern der Rasse. Reiche und arme Schüler leben unter demselben Dach und erfahren von dem Lehrer und seiner Frau die gleiche Behandlung.

2. Grihastha

Durch die Heirat tritt der Mann in das zweite Lebensstadium ein. Ein normaler Mann sehnt sich nach einer Gefährtin; dieses biologische und geistige Bedürfnis ist legitim. Die Ehe ist weder das Bekenntnis einer Sünde noch das Eingeständnis einer Schwäche, sondern eine Übung zur Teilnahme am reicheren Leben der Gesellschaft. Durch die Kinder erwachsen den Eheleuten soziale Verpflichtungen; der Hinduismus betrachtet die Geschlechtsliebe nicht als das wichtigste Element des Ehelebens. Gatte und Gattin sind vor allem Weggenossen des geistigen Fortschritts, und die Familie ist ein Betätigungsfeld zur Übung der Selbstlosigkeit. Das Fundament einer guten Gesellschaft ist der gesunde Hausvater, der seine Pflichten als Lehrer, Soldat, Staatsmann, Händler, Wissenschaftler oder Handarbeiter gewissenhaft erfüllt. Er soll danach trachten, Reichtum zu erwerben und die Annehmlichkeiten des Lebens zu genießen, doch ohne vom Pfad der Rechtschaffenheit abzuweichen. Die fünf Hauptpflichten eines Hausvaters sind: das Studium und das Lehren der Veden, die tägliche Verehrung der Götter durch angemessene Riten, Dankbarkeit gegenüber den abgeschiedenen Vorfahren durch Opferung von Speise und Trank für ihre Geister gemäß den Geboten der Schriften, freundliche Behandlung der Haustiere und Gastfreundschaft gegenüber Besuchern, Heimatlosen und Hilflosen.

3. Varnaprastha

Wenn die Haut runzelig wird und die Haare ergrauen oder ein Enkelkind geboren wird, ist der Mann reif für das dritte Lebensstadium, das er im Wald oder an einem anderen ruhigen Ort verbringt. In diesem Stadium erscheinen die Genüsse und die Aufregungen der Jugend schal, und die physischen Bedürfnisse sind auf ein Minimum zurückgegangen. Das dritte Stadium ist dem Studium der Schriften und der Meditation über Gott gewidmet.

4. Sannyasa

Während des vierten Stadiums verzichtet der Mann auf die Welt und führt ein mönchisches Leben. Er ist nicht länger gebunden durch soziale Gesetze. Der Ruf des Unendlichen wird unwiderstehlich in ihm; selbst Wohltätigkeit und Dienst an der Gesellschaft erscheinen ihm unangemessen. Er erhebt sich über alle weltlichen Bindungen, irdischen Verpflichtungen und menschlichen Beziehungen; er wird zum Freund aller seiner Mitmenschen, der Götter und der Tiere. Nicht länger versucht durch Reichtum, Ehre oder Macht, bewahrt der Mönch den Gleichmut des Geistes in allen Lagen. Er wendet sich ab von den Eitelkeiten der Welt, weiht sein Leben der Übung des Gott-Bewußtseins, das allein des Menschen wahrer Freund ist in diesem und im späteren Leben. Im vierten Stadium erreicht ein zuchtvolles Leben seine höchste Blüte. Dies ist treffend ausgedrückt in dem Spruch: „Wenn ein Mensch geboren wird, weint er, und die Welt lacht; doch er soll ein Leben solcher Art führen, daß, wenn er stirbt, er selbst lacht und die Welt weint."

Die Verehrung der Kuh

Göttliches lebt in allen Lebewesen, ob Baum, ob Mensch, ob Kuh oder Affe. Besondere Verehrung genießen die Tiere. Ehrfürchtig betrachtet der Hindu die Vielfalt des Lebendigen. Fromme Hindus sind oft Vegetarier.
Europäer belächeln oder kritisieren meist die Verehrung der Kuh. Über zwei Milliarden Dollar jährlich kostet der Schutz dieses Tieres das vom Hunger geplagte Indien. Man solle die schlecht genährten Tiere doch abschlachten, verlangen viele unserer Zeitgenossen. Andere entgegnen, die Kuh nütze den Indern nicht nur mit ihrer Milch und als Zugtier. Ihr Dung diene getrocknet auch als Brennstoff und sie ersetze die nicht vorhandene Müllabfuhr, weil sie sich von den herumliegenden Abfällen ernährt. Verteidiger und Gegner der Kuh mögen beide ein Stück weit recht haben. Ihre Argumente gehen aber am Denken des indischen Menschen vorbei. *Anders Mahatma Gandhi, der große Führer Indiens im Befreiungskampf und Reformer des Hinduismus:*

Heilige Kuh im Hindutempel am Pushkar-See.

„Im Mittelpunkt des Hinduismus steht der Schutz der Kuh. Für mich ist der Schutz der Kuh eine der wunderbarsten Erscheinungen in der menschlichen Entwicklung ... Für mich bedeutet die Kuh die ganze nichtmenschliche Schöpfung. Durch die Kuh ergeht an den Menschen der Auftrag, seine Einheit mit allem, was lebt, zu verwirklichen ... Man kann Mitleid an dem freundlichen Tier lernen. In Indien ist sie die Mutter der Millionen. Schutz der Kuh heißt Schutz der gesamten stummen Kreatur Gottes. Dies ist das Geschenk des Hinduismus an die Welt."
Die Verehrung der Kuh spielt in der Hindu-Tradition eine wichtige Rolle: In den vedischen Schriften ist sie Göttin, Mutter der Erde; Nandi, der Stier, ist Gefährte des Gottes Shiwa; der Gott Krishna verbrachte seine Jugend als Prinz und Kuhhirte. Wahrscheinlich in Abgrenzung gegenüber dem Islam, bei dem bekanntlich Rindfleischgenuß zulässig ist, kam das Verbot auf, Kühe zu schlachten. Die Kuh hat symbolische Bedeutung für Indien erlangt - Zeichen der Nation, Parteisymbol der mächtigen Kongreßpartei.
Mahatma Gandhi hat die Haltung des Inders der Kuh gegenüber als symbolisch für seine Haltung gegenüber dem Leben überhaupt gewertet; dies steht in enger Verbindung zu seinem Programm der Gewaltlosigkeit: „Ahimsa (Gewaltlosigkeit) heißt: kein lebendiges Geschöpf durch Gedanken, Worte oder Taten verletzen, auch nicht zum angeblichen Vorteil dieses Geschöpfes."

Hinduistische Frömmigkeit

Gottesdienst im Alltag

Herr Shankar ist Zweigstellenleiter der staatlichen Handelsbank in Bombay. Jeden Morgen, bevor er zur Arbeit geht, verbringt er einige Zeit vor dem Altar seines Hauses. Er entzündet die über Nacht erloschenen Öllichter, legt Blumen nieder vor der Statue des Gottes Shiwa, der seit Generationen in seiner Familie verehrt wird, brennt Räucherstäbchen ab. Ihr Geruch hilft ihm, sich in Gebet und Meditation auf Gott zu konzentrieren. Immer neu spürt er, wie diese tägliche Zeit der Stille ihm hilft, den Anforderungen des Alltags gerecht zu werden. Auch bei Sonnenuntergang nimmt er sich regelmäßig Zeit zu Gebet und Meditation, zu Hause am Altar oder im Tempel.
Am ersten Tag der Woche, dem Tag, der Shiwa geweiht ist, geht er schon früher als sonst zur Arbeit und unterbricht seinen Weg für einige Zeit beim Tempel, um dort an der morgendlichen Andacht teilzunehmen. Denn so ist die Sitte seines Landes. Jeder Tag der Woche ist einer anderen Gottheit geweiht, und an dem Tag, der der eigenen Gottheit gehört, bringt man ihr besondere Opfer und Gebete dar. Dazu geht man in den Tempel, wo die Priesterschaft die Riten in angemessener Weise durchführt. Im Tempel sucht der Hindu nicht die Gemeinschaft, da ihm niemand bei der Verbesserung seines Karma helfen kann. Deshalb wartet er in der Schlange, um allein vor seinen Gott zu treten.
Diesen Weg zum Heil nennt der Inder Karma marga. Er führt nicht zur Befreiung aus dem Kreislauf der Wiedergeburten, aber er verbessert das Karma und gibt die Chance zum Aufstieg im nächsten Leben. Nach dem Karma marga ist der Tagesablauf durch bestimmte Riten geregelt: die Pflege des Hausaltars, Waschen, Salben, Blumen und vegetarische Speisen opfern, meditieren. Hinzu kommen verschiedene Pilgerfahrten und Gestaltung der zahlreichen Götterfeste.

Gebet an den Elefantengott Ganesch

Ganessa, unser Gott,
Der du, was uns hindert,
fortschaffst,
Der du Vollkommenheit gibst,
Der du die Furcht vor Geburt
und Tod zerstörst,
Deine Herrlichkeit beten wir
an in Ewigkeit.

Liebende Hingabe - der Weg der Bhakti

Die Bhakti hat die Frömmigkeit der breiten Massen der indischen Bevölkerung geprägt. Bhakti ist die hingebungsvolle Gottesliebe.
Und so finden sich überall an heiligen Orten, in Tempeln, Aschrams und Klöstern Männer und Frauen zu stundenlangem gemeinschaftlichem Singen von Götterhymnen zusammen. Sie singen Loblieder auf ihren persönlichen „Höchsten Gott" und „Retter", sei es nun Wischnu, Rama, Krischna, Shiwa oder Dewi.
Gläubige Hingabe ist für Menschen aller Kasten möglich, sogar für Frauen und die Kastenlosen. Liebende Hingabe verlangt ein persönliches Gegenüber, das die Liebe erwidert. Meist gilt sie dem Gott Wischnu oder dem Gott Shiwa.

Tanzender Shiwa

Gesang auf Shiwa (9. Jh.)

Tanzt deine Sohle sich rot
Bei dem Tanz auf dem Feuer?
Doch viel schöner als Feuer
Ist deine innere Hand -
Wie kommt es? O sag's mir!

Wenn auf dem Tanzplatz
Dämonen sich treffen,
Tanzt du mit ihnen.
Nimmst du dann, Herrlicher,
Um auf dem Feuer zu tanzen,
Feuer auch noch in die Hand?

Oh, sage mir, sage mir dieses!

Shiwa tanzt - es erzittert die Erde.
Shiwa schaut - auf flammt der Himmel.
Shiwa schlägt - es schreit die Welt.

Der Weg der Erkenntnis - Jnana Marga

Wie bei der Bhakti erlangt der „Erkennende" Moksha, Befreiung aus dem Kreislauf der Wiedergeburt. „Erkenntnis" hat allerdings wenig mit dem zu tun, was wir Europäer von den Wissenschaften her darunter verstehen. Es geht vielmehr um eine spontane Einsicht. Inder beschreiben diesen Weg meist in Gleichnissen:

Die zwei Vögel auf einem Baum

Die Schriften sprechen von zwei Vögeln, die auf einem Baum sitzen, einer auf einem höheren Ast und der andere auf einem darunter: Der, der oben sitzt, ist seelenruhig, majestätisch und still, und der andere hüpft von Ast zu Ast, verzehrt die süßen und bitteren Früchte, die an den Zweigen hängen, und fühlt sich abwechslungsweise glücklich und elend. Der Vogel auf dem höheren Ast ist weder glücklich noch elend, sondern seelenruhig, in sich ruhend und zufrieden. Der Vogel auf dem unteren Ast empfindet hin und wieder Neid wegen der Ruhe und Zufriedenheit des anderen Vogels und versucht dann ruhig und still zu sein wie der, aber nach einer kleinen Weile treibt ihn wieder die Begierde dazu, von den unterschiedlichen Früchten an den Zweigen zu essen. Ab und zu strahlt Licht von dem glänzenden Gefieder des Vogels, der oben sitzt, und fällt dann auf den Körper des Vogels unten; der spürt dann, daß eine wunderbare Veränderung mit ihm vorgeht. Da beginnt er zu fühlen, daß das Verzehren der bitteren und süßen Früchte, das Empfinden von Glück und Unglück ein eitler Traum, ein Hirngespinst war und daß er dem gelassenen und herrlichen Vogel über ihm ähnlich ist.

Dieses Gleichnis wird erzählt, um die Verwandtschaft zwischen Gott, dem höchsten Selbst, und der menschlichen Seele zu veranschaulichen, die die süßen und bitteren Früchte genießt. Die Seele wird hin und wieder ihrer Freuden und Sorgen überdrüssig und wendet sich dem unbekannten Gott zu, und eine Flut von Licht strömt dann in sie hinein. Dieses Verhalten dauert jedoch nicht lange, und wieder beginnt sie, die süßen und bitteren Früchte der Welt zu essen wie zuvor; aber allmählich empfindet sie Enttäuschung und nähert sich Gott, und wenn sie immer näher kommt, findet sie, daß ihr Eigenwesen langsam dahinschmilzt; und in dem Maße wie das Licht immer stärker von Gott herströmt, wird sie dessen bewußt und kommt schließlich zu der Erkenntnis, daß sie dasselbe Selbst ist wie das höchste Selbst. *Mundaka-Upanishad III, 1*

Die drei Wege zur Erlösung sind selbst ein Spiegel der verschiedenen religiösen Möglichkeiten des Hinduismus. Man könnte Verwandtschaften jedes Weges zu anderen Religionen entdecken. Manche behaupten, einer der drei Wege sei ganz bezeichnend für hinduistisches Denken, ein anderer stünde dem Christentum näher.

Die Verbindung der drei Heilswege im Yoga

Es gibt viele Christen, die Yoga befürworten und sich darin üben. Welche Begründung könnten sie dafür angeben?

Der Yogi will zur völligen Ruhe und zum Frieden gelangen, indem er die Umwelt immer weniger wahrnimmt. Yoga fordert angestrengtes Handeln, um eine Loslösung von der Umgebung zu erreichen. Yoga fordert zudem denkerische Anstrengungen und liebende Hingabe an Gott.
Yoga ist Disziplin. Der Körper wird zur Enthaltsamkeit gezwungen und der Geist zur Konzentration; das ermöglicht volle Hingabe an Gott. Die höchste Stufe des Erreichbaren ist ein Zustand, in dem die Wahrnehmung von Gegenständen und Sinneseindrücken aufhört. Der Geist wird unabhängig vom Körper. Es wird kein neues Karma mehr geschaffen. Der Weg aus dem Kreislauf der Wiedergeburten öffnet sich, die Einheit von Atman mit Brahman wird möglich.

Yoga aus der Sicht eines indischen Christen:
Yoga ist einem Raum gleich, dessen Fenster nach außen verschlossen und nach innen durch Spiegel ersetzt sind. Es dringt nichts Ablenkendes mehr herein. Die Spiegel mögen dem im Raum Befindlichen den Eindruck der Helligkeit geben und der Unendlichkeit; denn der Mensch sieht sich selbst, scheinend im eigenen Licht. Wird jedoch der Mensch durch diese Selbstbespiegelung reicher und sein Leben sinnvoller?

Waschung in Varanasi am Ganges

Erlösung in der Volksfrömmigkeit

Jährlich strömen Hunderttausende nach Varanasi (Benares), um sich in den heiligen Fluten des Ganges von Schuld und Krankheit zu reinigen. Benares verspricht aber noch mehr. Wer hier am heiligen Wasser verbrannt wird, darf auf Moksha hoffen. Daher kommt man zum Sterben in die Stadt. Aber viele haben nicht das Geld, das sie für die Verbrennung brauchen.

Ein Reisender berichtet über einen toten Bettler auf der Straße:
Ein schmutziger, ausgezehrter alter Mann mit kurzgeschorenem grauem Haar. Nein, er lag nicht wie ein friedlicher Schläfer auf dem staubigen Asphalt, sein Kopf war verkrampft nach hinten gerissen, und er starrte mit offenen toten Augen und gefletschten Zähnen ins Nirgendwo. Ein paar Passanten haben Geldstücke neben die Leiche geworfen, die fast zwei Stunden lang so auf der Straße lag, dafür hat der Kerzenhändler von gegenüber ein einfaches weißes Leinentuch gekauft und ein paar Räucherstäbchen, die er neben seinem Kopf entzündet hat. Aber für eine Verbrennung haben ein paar Münzen nicht gereicht. Die Behörden übernehmen seine Leiche. Diese werden sie mit Steinen beschweren und in den Ganges werfen lassen.

„Nicht wie ein friedlicher Schläfer auf dem staubigen Asphalt" – der Reisende will auf Schattenseiten des Hinduismus aufmerksam machen.

2 Szenen aus dem Leben Buddhas:
- *Die Askese des Erhabenen mit fünf Menschen, die jedoch nicht die Erlösung bringt.*
- *Predigt des Buddha in Benares nach der Erleuchtung.*

Alles Leben ist Leiden - Buddhismus

Buddha: Von der Reform zur neuen Religion

Um 560 v.Chr. wurde Siddharta Gautama in Nordindien geboren. Sein Vater war Fürst im Wohngebiet der Sakya. Kurz nach der Geburt starb die Mutter. Die Hofastrologen sagten voraus, daß der Junge entweder ein mächtiger Herrscher oder ein weltabgewandter *Buddha* (Erleuchteter) werden würde. Der Vater wollte seinen Sohn lieber als Herrscher sehen und versuchte, alles Schwere und Bedrükkende von ihm fernzuhalten. Doch der Plan wurde durchkreuzt. Nacheinander begegneten dem Prinzen ein altersschwacher Greis, ein Kranker, der sich vor Schmerzen krümmte, und schließlich wurde ein Leichnam vorbeigetragen. Das brachte Siddharta zur Erkenntnis, daß nicht Freude und Genuß, sondern Leid und Tod das Leben beherrschen. Die fröhliche Gelassenheit eines Wandermönchs schließlich zeigte ihm, daß wahres Glück nicht an Reichtum und Macht hängt.
Siddharta verheiratete sich, aber nach der Geburt seines Sohnes Rahula, d.h. „Fessel“, floh er des Nachts zu Pferd aus seinem Palast. Sein langes Haar schnitt er ab. Seine vornehme Kleidung vertauschte er gegen alte Lumpen und begab sich auf die Suche nach Erlösung von Leid und Tod. Fünf Jünger konnte er gewinnen. Die Askese trieb er so weit, daß er beinahe an Entkräftung starb. Da erkannte er, daß Kraftlosigkeit ihn daran hinderte, den Weg der Erlösung zu finden. Als er wieder Nahrung zu sich nahm, verließen ihn die Jünger enttäuscht.
In der Nähe von Gaya, südlich von Patna, ließ sich Siddharta unter einem Baum nieder, fest entschlossen, nicht aufzustehen, bis er den Schlüssel zum Problem des Leidens gefunden habe. Während der Meditation kam er zum Erwachen, weil er die Ursachen des Leidens und die Möglichkeit ihrer Aufhebung fand:
die vier „edlen“ Wahrheiten. Sie lauten:

1. Alles Leben ist Leiden.
2. Alles Leiden kommt vom „Durst“, der Lebensgier. Dadurch wird der Mensch an den unendlichen Daseinskreislauf gebunden.
3. Die Aufhebung des Leidens erfolgt durch die Beseitigung des Durstes.
4. Die vierte Wahrheit zeigt den Weg, der durch angemessenes Verhalten und Versenkung aus dem Kreislauf der Wiedergeburten herausführt.

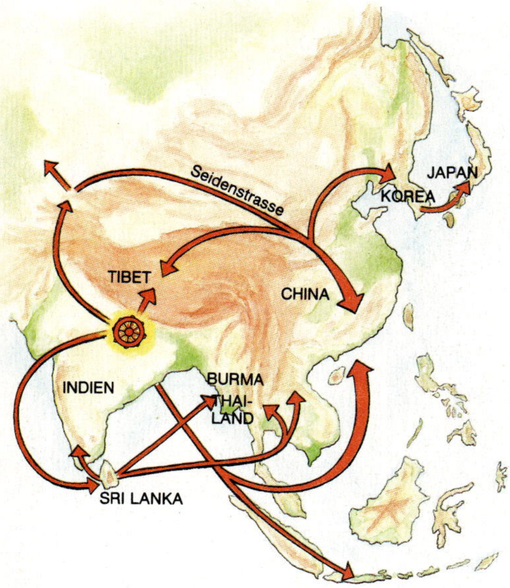

In Varanasi (Benares) gewann der so Erleuchtete, von da an „der Buddha" genannt, seine fünf Jünger zurück und durchzog mit ihnen in mehr als vierzig Jahren predigend das ganze mittlere Gangesbecken. Er lebte von der Nahrung, die ihm geschenkt wurde.
Die Zahl der Jünger wuchs rasch. Anhänger kamen aus allen sozialen Klassen und Kasten. Jeder Unterschied der Herkunft war in der neuen Gemeinschaft aufgehoben. Deshalb wurde der Buddha vor allem von Priestern der Brahmanenkaste angefeindet, deren Heilsvermittlung durch die neue Lehre überflüssig wurde.
Eine Zeitlang sah es so aus, als könne der Buddhismus die Hindu-Gesellschaft grundlegend reformieren. Indem jedoch der Buddha zu einer Verkörperung des Gottes Wishnu gemacht wurde, erhielt er einen Platz in der Hindu-Frömmigkeit als ein möglicher Weg unter anderen. Der Buddhismus verschwand dann aus Indien fast völlig und fand Anhänger in anderen ostasiatischen Ländern.

Was Buddha predigte

1. Wiedergeburt

Wiedergeburt ist nie im Sinne von Seelenwanderung zu verstehen, sondern als der ungebrochene Strom des Lebens, an dem alle Lebewesen Anteil haben und an dem sie hängen. Das Prinzip des Am-Leben-Hängens wird vom Erhabenen Durst genannt. Das Leben aber ist leidvoll, d.h. alles ist vergänglich, und es gibt nichts Bleibendes oder Ewiges. Dieses Leben umfaßt nicht nur ein Leben an einem bestimmten Ort und innerhalb eines geschichtlichen Zeitraums, sondern auch die himmlischen und höllischen Existenzen. Alles ist in den Lebensstrom eingeschlossen und damit fließend, vorüber-gehend. Dies ist kein Ausdruck einer lebensverneinenden Haltung, sondern eher der des Mitleidens mit allen Lebewesen.

2. Lebensstrom

Der Erhabene bestreitet, daß es ein Ich oder ein Selbst gibt, ein Atman, wie im Hinduismus. Konstant ist nur der Lebensstrom, und alle Lebewesen sind Teil desselben. Nicht ein Ich existiert und nimmt *dann* eine bestimmte (z. B. menschliche) Existenzform an. Das Gegenteil ist der Fall: ein Lebewesen existiert als Teil des Lebensstroms und entwickelt dann ein Bewußtsein von sich als einem Ich. Für den Buddha existiert eine Person, wenn die Rahmenbedingungen dafür gegeben sind, die sogenannten fünf Skandhas: Körper, Empfindung, Bewußtsein, Wille und Erkennen. Wenn eines der Glieder fehlt, dann kommt keine Person zustande, bzw. der Lebensstrom ist ausgelöscht.

3. Verlöschen

Nirvana (=verlöschen) ist kein Ziel, sondern die reine Negation des Lebensstromes selbst. Das einzige, was auf dem buddhistischen Weg möglich ist, ist das Zur-Ruhe-bringen des Lebensstromes als Bedingung, ein Erwachter und somit Verloschener zu werden.

Der Weg zum Nirvana

Buddha beschreibt ihn so:
Und was, ihr Mönche, ist dieser vom Vollendeten entdeckte Weg, der in der Mitte liegt, der Blick schafft und Erkenntnis schafft, der zum Frieden, zum Erkennen, zur Erleuchtung, zum Nirwana führt? Es ist dieser edle achtteilige Pfad, der da heißt: rechtes Glauben, rechtes Entschließen, rechtes Wort, rechte Tat, rechtes Leben, rechtes Streben, rechtes Gedenken, rechtes Sichversenken.
Dies, ihr Mönche ist die edle Wahrheit vom Leiden. Geburt ist Leiden, Alter ist Leiden, Krankheit ist Leiden, Tod ist Leiden, mit Unlieben vereint sein ist Leiden, nicht erlangen, was man begehrt, ist Leiden. Dies, ihr Mönche, ist die edle Wahrheit von der Entstehung des Leidens: es ist der Durst, der zur Wiedergeburt führt, samt Freude und Begier, hier und dort seine Freude findend: der Lüstedurst, der Werdedurst, der Vergänglichkeitsdurst.
Dies, ihr Mönche, ist die edle Wahrheit von der Aufhebung des Leidens: die Aufhebung dieses Durstes durch restlose Vernichtung des Begehrens.
Dies, ihr Mönche, ist die edle Wahrheit vom Wege zur Aufhebung des Leidens: es ist dieser edle achtteilige Pfad, der da heißt: rechtes Glauben, rechtes Entschließen, rechtes Wort, rechte Tat, rechtes Leben, rechtes Streben, rechtes Gedenken, rechtes Sichversenken.

Rad des Werdens

Meditation

Die Meditation gibt ein Beispiel rechter Lebensführung, besonders der metta-Übung.
Metta bedeutet Freundlichkeit, Güte, Liebe - aber nicht im sexuellen Sinne. Metta meint - negativ - die Beseitigung jeglichen Übelwollens.
Die metta-Meditation beginnt bei der Person des Meditierenden selbst: „Möge ich selbst glücklich und frei von Leiden sein.“ Dann wird dieser Glücklichkeitswunsch schrittweise ausgeweitet: über die eigene Familie, Verwandte, Freunde, bis hin zu Fernerstehenden, ja schließlich Feinden. Metta erstreckt sich nicht allein auf die Mit*menschen,* gleich welcher Rasse, Religion oder Nation sie auch angehören, sondern auch auf die Tierwelt, letztlich „auf alle Formen des Lebens und auf diese Weise auf das ganze Universum“.

Vergleiche christliche Nächstenliebe und buddhistische ‚metta‘

Licht aus dem Osten?

Abendmahlsdarstellung indischer Christen

Welches sind die indischen Elemente in dieser Darstellung?

Welche Gründe für die Suche nach einem Guru nennt der Rechtsanwalt selbst, welche kann man vermuten?

Vom Hinduismus angezogen

Unbelastet von Kenntnissen indischer Philosophie und des traditionellen Stils des indischen Meister-Jünger-Verhältnisses, beschreibt ein ehemaliger amerikanischer Rechtsanwalt seine Erfahrungen mit seinem Guru. Von einem Gefühl allgemeiner Sinnlosigkeit angefallen, war er durch Drogenerfahrungen gegangen, hatte Beruf und Karriere an den Nagel gehängt und sich nach Indien aufgemacht – auf der Suche nach dem Guru.

„Ich kam hierher auf der Suche nach einem Guru, der mir sagen würde, wie man Gier und Haß und all das los wird, ich möchte es tun, ohne Drogen nehmen zu müssen. Ich will mich nicht selbst zerstören.

Hier sitzt man jeden Tag für eine bestimmte Zeit vor Swami Muktananda. Das tat ich auch, und nach einer Weile fing ich an, sehr merkwürdige Empfindungen in meinem Kopf und Körper zu haben. Ein sehr umfassendes, süßes, warmes Gefühl, ich würde es Ekstase nennen. Vorher hatte ich es nie gehabt; ich dachte, Sex wäre Ekstase, aber dies ist eine andere Ebene von Ekstase, unheimlich viel packender ... als ob dein Geist in einen dicken See von Honig eingetaucht ist.

Ich weiß, es ist real, es ist verdammt real, denn ich bin herumgeschwankt und gewankt, als wäre ich ‚high'. Es ist nicht wie Rauschgift und nicht wie Alkohol, es ist etwas anderes, aber das Ähnlichste in unserer Erfahrung wäre eine Droge. Du fühlst dich gut, warm, dick und voll Liebe. Du fühlst dich gut ... Du fühlst dich, als ob von außen etwas in dich hineingekommen ist. Alles, was ich jetzt zu tun habe, ist in seiner Nähe zu sein, und schon fühle ich es. Ich fühle es, wenn ich in seiner Nähe vorbeigehe. Er gibt diese Schwingungen ab; jeder Heilige gibt diese Schwingungen ab, wie ich gelesen habe. Ich kann ihn kommen fühlen."

Zen-Buddhismus

Koan

Im Zentrum des Zen-Buddhismus steht das Koan. Es ist eine paradoxe Aussage, die nicht mit vernünftiger Überlegung zu lösen ist. Ein Beispiel:

Der Ton einer Hand

Der Meister des Kennin-Tempels war Mokurai, Stiller Donner. Er hatte einen kleinen Schützling namens Toyo, der erst zwölf Jahre alt war. Toyo sah, wie die älteren Schüler jeden Morgen und Abend das Zimmer des Meisters betraten, um Unterweisungen oder persönliche Anleitung zu erhalten, wobei sie Koans erhielten, um das Umherschweifen des Geistes zu unterbinden.
Toyo wünschte ebenfalls Unterweisung „Warte ein bißchen", sagte Mokurai. „Du bist zu jung."
Aber das Kind beharrte auf seinem Wunsch, und so erfüllte der Lehrer ihn schließlich.
Am Abend trat der kleine Toyo zur entsprechenden Zeit auf die Schwelle zu Mokurais Raum. Er schlug den Gong, um seine Anwesenheit anzukündigen, verneigte sich achtungsvoll dreimal vor der Türe und setzte sich dann in respektvoller Stille vor dem Meister nieder.
„Du kannst den Ton zweier Hände hören, wenn sie zusammenklatschen", sagte Mokurai. „Nun zeig mir den Ton einer Hand."
Toyo verneigte sich und ging in sein Zimmer, um über dieses Problem nachzugrübeln. Von seinem Fenster aus konnte er die Musik der Geishas hören.
„Ah, ich habe es!" rief er.
Am nächsten Abend, als sein Lehrer ihn aufforderte, den Ton einer Hand darzustellen, begann Toyo, die Musik der Geishas zu singen.
„Nein, nein", sagte Mokurai. „Das ist nicht der Ton einer Hand. Du hast gar nichts erreicht."
Toyo dachte, daß eine solche Musik ihn stören würde, und so suchte er sich seine Unterkunft an einem ruhigen Ort. Er meditierte weiter. „Was kann der Ton einer Hand sein?" Plötzlich hörte er das Geräusch von tropfendem Wasser. „Ich habe es", meinte Toyo.
Als er das nächste Mal vor seinem Meister erschien, ahmte Toyo das Tropfen von Wasser nach.
„Was ist das?" fragte Mokurai. „Das ist der Ton von tropfendem Wasser, nicht aber der Ton einer Hand. Versuche es noch einmal."
Vergebens meditierte Toyo, um den Ton einer Hand zu hören. Er hörte das Seufzen des Windes. Aber der Ton wurde zurückgewiesen.
Er hörte den Schrei einer Eule. Dies wurde ebenfalls abgelehnt.
Der Ton einer Hand kam auch nicht von den Heuschrecken.
Mehr als zehnmal suchte Toyo mit verschiedenen Tönen den Meister auf. Alle waren falsch. Fast ein Jahr lang grübelte er nach, was der Ton einer Hand sein könnte.
Schließlich fand der kleine Toyo in die wahre Meditation, und er transzendierte alle Töne. „Ich konnte nicht mehr zusammenbringen", erklärte er später, „und so erreichte ich den tonlosen Ton."
Toyo hatte den Ton einer Hand verwirklicht.

Das ist die Grunderfahrung des Zen: Der Mensch muß all sein Wissen, er muß sich selbst verlieren, um zum Wesentlichen zu gelangen.

Zen-Meditation
Die Zen-Meditation zielt darauf, alle Gegenstände möglichst intensiv loszulassen, auch die inneren Reflexe der Gedanken und Bilder loszuwerden, leer zu werden, ‚das Selbst (zu) vergessen'. Eben dies ist das eigentliche Ziel, aber auch das härteste Hindernis für den, der Zen übt: da er mit seinem Denken, Empfinden, Wollen sich selbst im Wege steht, sich selbst aus dem Wege zu räumen.

GOTT
SICH

LÄSST
FINDEN

Woran du nun dein Herz hängst, das ist dein Gott

700 Intellektuelle beten einen Öltank an

B. Brecht verwendet in seinem Gedicht Formulierungen, die an religiöse Texte erinnern. Schreibt diese Formulierungen auf und überlegt, warum er sie gebraucht.
Der „Öltank" hat heute viele Gestalten. Warum sind sie für viele Menschen so anziehend?

Ohne Einladung
Sind wir gekommen
Siebenhundert (und viele sind noch unterwegs)
Überall her
Wo kein Wind mehr weht
Von den Mühlen, die langsam mahlen, und
Von den Öfen, hinter denen es heißt
Daß kein Hund mehr vorkommt.

Und haben Dich gesehen
Plötzlich über Nacht
Öltank.

Gestern warst Du noch nicht da
Aber heute
Bist nur Du mehr.

Eilet herbei, alle
Die ihr absägt den Ast, auf dem ihr sitzet
Werktätige!
Gott ist wiedergekommen
In Gestalt eines Öltanks.

Du Häßlicher
Du bist der Schönste!
Tue uns Gewalt an
Du Sachlicher!

Lösche aus unser Ich!
Mache uns kollektiv!
Denn nicht wie wir wollen
Sondern wie Du willst.

Du bist nicht gemacht aus Elfenbein und
Ebenholz sondern aus Eisen.
Herrlich, herrlich, herrlich!
Du Unscheinbarer!

Du bist kein Unsichtbarer
Nicht unendlich bist Du!
Sondern sieben Meter hoch.
In Dir ist kein Geheimnis
Sondern Öl.
Und Du verfährst mit uns
Nicht nach Gutdünken, noch unerforschlich
Sondern nach Berechnung.

Was ist für Dich ein Gras?
Du sitzest darauf.
Wo ehedem ein Gras war
Da sitzest jetzt Du, Öltank!
Und vor Dir ist ein Gefühl
Nichts.

Darum erhöre uns
Und erlöse uns von dem Übel des Geistes.
Im Namen der Elektrifizierung
Der Ratio und der Statistik!

Bertolt Brecht

Vertrauen auf Gott

Woran du nun dein Herz hängst und worauf du dich verläßt, das ist eigentlich dein Gott.
Das muß ich ein wenig grob herausstreichen, damit man es versteht und merkt an einfachen Beispielen des Gegenteils. Es ist mancher, der meint, er habe Gott und alles genug, wenn er Geld und Gut hat. Er verläßt sich darauf und brüstet sich damit so steif und sicher, daß er sonst auf niemanden etwas gibt. Siehe, dieser hat auch einen Gott, der heißt Mammon, das ist Geld und Gut, woran er sein ganzes Herz hängt; und das ist der am weitesten verbreitete Abgott auf Erden. Wer Geld und Gut hat, der wähnt sich sicher, ist fröhlich und unerschrocken, als sitze er mitten im Paradies; und wiedrum, wer keins hat, der zweifelt und verzagt, als wisse er von keinem Gott. Denn man wird gar wenige finden, die guten Muts sind, nicht trauern noch klagen, wenn sie den Mammon nicht haben; es klebt und hängt der Natur an bis ins Grab.
Also auch, wer trotzig darauf vertraut, daß er große Kunst, Klugheit, Gewalt, Gunst, Freundschaft und Ehre hat, der hat auch einen Gott, aber nicht diesen rechten einzigen Gott.
Darum sage ich noch einmal, daß die rechte Auslegung dieses Gebotes sei, daß einen Gott haben heißt: etwas haben, worauf das Herz gänzlich vertraut.

Sind Luthers Beispiele heute noch aktuell?

Martin Luther

Ich meine, daß jeder Mensch etwas braucht, an das er glauben kann. Wenn man einmal total am Ende ist, braucht man einfach etwas, an dem man sich festhalten kann, auf das man hoffen kann.
Wenn ich Probleme habe, bete ich zu Gott, dann fühle ich mich irgendwie leichter, freier. Gott ist für mich ein Halt, an dem ich meine ganzen Probleme ablegen kann, zu dem ich reden kann, dem ich vertrauen kann. Wenn ich mit meinen Problemen nicht zu meiner Freundin gehen möchte – denn sie könnte es ja weitersagen oder nicht verstehen – so ist Gott für mich ein guter Zuhörer, und er sagt es auch nicht weiter.

Ulrike, Kl. 10

Gott ist für mich etwas, an das ich mich klammere, wenn ich Hilfe brauche oder wenn ich große Freude teilen will. Wenn ich wirklich einmal ein Tief habe, bitte ich Gott, mir zu helfen und fasse so selber Mut, wieder hochzukommen. Wenn mir etwas Tolles passiert ist, danke ich Gott, daß er mir geholfen hat, so etwas zu leisten. Gott ‚lenkt' mein Handeln, indem er mir ‚sagt', was ich tun soll. Obwohl ich kein allzu großer Christ bin, bin ich doch froh, daß Gott für mich da ist.

Udo, Kl. 10

Ich kann mir unter Gott zwar nichts vorstellen, brauche aber etwas, worauf ich vertrauen kann. Es gibt so viele Situationen in meinem Leben, die ich selber gar nicht beeinflussen kann. Da hilft es mir, darauf zu vertrauen, daß es schon einen guten Ausweg geben wird.

Sybille, Kl. 10

Vergleiche Luthers Aussagen mit den Schüleräußerungen.

Hier sind eure Götter, Israel

Die Religionspolitik König Jerobeams im Nordreich Israel (926–907)

Männliches Götterbild auf einem Stierbild stehend bzw. schreitend, Ende 8. Jahrhundert

Jerobeam ließ die Stadt Sichem im Bergland Efraim als Residenz ausbauen und blieb dort eine Zeitlang. Dann zog er weiter und befestigte die Stadt Penuel. Er machte sich Sorgen. „Wenn ich nichts unternehme", sagte er sich, „werde ich mein Königtum wieder an die Nachkommen Davids verlieren. Wenn das Volk regelmäßig nach Jerusalem geht und im Tempel des Herrn Opfer darbringt, werden die Leute ihre Zuneigung für Rehabeam entdecken und ihn wieder als ihren Herrn anerkennen. Dann werden sie mich umbringen."
Darum ließ er zwei goldene Stierbilder anfertigen und sagte zu den Israeliten: „Ihr braucht nicht länger zum Gottesdienst nach Jerusalem zu gehen, hier sind eure Götter, die euch aus Ägypten geführt haben!" Das eine Standbild ließ er in Bet-El aufstellen, das andere bestimmte er für die Stadt Dan. *1 Könige 12,25–29*

Das Bild des Jungstiers mit seinen Hörnern war das Symbol der kriegerischen Kraft und der Fruchtbarkeit des Viehs und der Felder. Dieses Bild spielte in der Baals-Religion eine große Rolle. Die kanaanäische Gottheit Baal wurde mit Stierhörnern an der Stirn dargestellt; die Baals-Priester trugen im Kult Stiermasken.
Die beiden Stierbilder, die König Jerobeam aufstellen ließ, waren keine Abbildungen Jahwes oder Darstellungen anderer Gottheiten. Man stellte sich die Gottheit auf dem Stier sitzend oder stehend vor. Das Stierbild sollte also die Gegenwart Jahwes garantieren. Von vielen Israeliten wurde es aber als Abbildung Jahwes mißverstanden.
Etwa zur Zeit Jerobeams lebte im Nordreich Israels ein Mann, der die Geschichte des Volkes von Abraham bis zur Einwanderung in Palästina aufgeschrieben hat. Sein Bericht ist zusammen mit anderen Berichten in den 5 Büchern Mose enthalten. Wir nennen diesen Mann „Elohist", weil er für Gott häufig das hebräische Wort „Elohim" gebraucht.

Die politischen Gründe für die Aufstellung der Stierbilder lassen sich aus dem abgedruckten Bibeltext entnehmen. Genaueres über die politische Entwicklung in Israel nach König Salomo erfährt man aus 1 Könige 12, 1–24.

Lest 2 Mose 32,1–6 und 17–20
Der Elohist kämpfte mit dieser Geschichte gegen die Stierbilder Jerobeams.

Eine Erklärung der alten Geschichte:
Sie wollen sich selbst ein Bild von Gott machen. Das Bild, das entsteht, ist allerdings ein getreues Spiegelbild der Wünsche, die im Herzen des Volkes lebendig sind. Israel sah in dem Bild des Jungstieres mit seinen Hörnern das Symbol der Kraft und der Fruchtbarkeit. Der goldene Stier ist ein glänzendes Sinnbild der trotzigen, geheimnisvoll zeugenden Kraft. (Herbert Breit)

Wie heißt Gott?

In der Geschichte von der Berufung des Mose stellt der Elohist dem Bild, das sich viele Israeliten von Gott machen, den wahren Gott gegenüber:

Mose:

„Wenn ich nun zu den Israeliten gehe und zu ihnen sage: ‚Der Gott eurer Vorfahren hat mich zu euch geschickt', dann werden sie mich fragen: ‚Wie heißt er?' Was soll ich ihnen dann sagen?" Gott antwortete Mose: „Ich bin für euch da", und fuhr fort: „Sage den Israeliten: ‚Der Ich-bin-für-euch-da hat mich zu euch geschickt!'" Und Gott fügte hinzu: „Sage zu ihnen: ‚Der Herr hat mich zu euch geschickt. Er ist der Gott eurer Vorfahren, der Gott Abrahams, Isaaks und Jakobs.' Denn das ist mein Name für alle Zeiten. So sollen mich auch die kommenden Generationen nennen. Geh nun und hole die Ältesten Israels zusammen! Sage zu ihnen: ‚Der Herr, der Gott eurer Vorfahren Abraham, Isaak und Jakob, ist mir erschienen. Er hat zu mir gesagt: Ich habe genau gesehen, was man euch in Ägypten antut. Darum habe ich beschlossen, euch aus diesem Land herauszuführen, in dem ihr so mißhandelt werdet.'" *2 Mose 3, 13–17*

Eine Erklärung:

Die Israeliten hörten aus dem Namen Gottes – Jahwe – heraus „Ich bin für euch da", und das bedeutete für sie:
- Gott steht zu uns (Ich bin für euch da, so daß ihr fest mit mir rechnen könnt);
- über Gott dürfen wir nicht verfügen (Ich bin für euch da, so daß ihr fest mit mir rechnen müßt, wann und wo ich will);
- allein Gott dürfen wir anbeten (Ich bin für euch da, so daß ihr nur mit mir rechnen dürft).

Der Gott Israels ist der freie, weiterführende, der mitzieht und zusagt, da zu sein, so wie Er da sein will: beim Befreien, beim Führen durch die Wüste mit Hunger und Durst, bei der Bestellung der Felder, bei Dürre, Regen, Ernte, Mangel, Liebesglück, bei Leiden und Katastrophen.

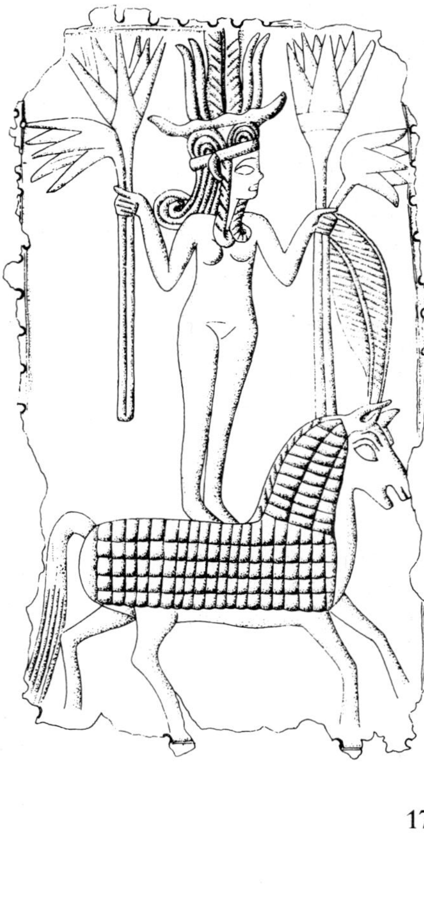

Wenn man im Altertum den Namen kannte, meinte man, mit Beschwörung und Zauber über den Namensträger verfügen zu können.
Welche Schlüsse lassen sich von daher aus Gottes Selbstdarstellung ziehen?
Warum ist dieser Gott kein „Spiegelbild der eigenen Wünsche"?

Weibliches Gottesbild (12. Jh. vor Chr.)

Existiert Gott?

Die verschiedenen Gottesbeweise haben besondere Bezeichnungen erhalten:

kosmologischer Gottesbeweis (Kosmologie = Lehre von der Entstehung der Welt)
teleologischer Gottesbeweis (Teleologie = Lehre von den Zwecken)
ethnologischer Gottesbeweis (Ethnologie = Völkerkunde)
ontologischer Gottesbeweis (Ontologie = Lehre vom Sein)
moralischer Gottesbeweis (Moral = sittliches Verhalten)

Ordnet die Bezeichnungen den einzelnen Gottesbeweisen zu. Man kann zu den einzelnen Gottesbeweisen auch Gegenbeweise formulieren.

Wo wohnt Gott

Einmal brachte eine Mutter ihren kleinen Sohn zum Rabbi: Da fragte der Rabbi den Jungen: „Ich gebe dir einen Gulden, wenn du mir sagst: Wo wohnt Gott?“ Er antwortete: „Und ich gebe dir zwei Gulden, wenn du mir sagen kannst, wo er nicht wohnt.“

Martin Buber

Gottesbeweise

Die Menschen haben immer wieder versucht zu beweisen, daß es Gott gibt. Im Laufe der Geschichte wurden verschiedene Gottesbeweise formuliert.

- Alles, was wir auf der Erde sehen, hat eine Ursache. Wenn man die Kette der Ursachen immer weiter zurückverfolgt, gelangt man zu einer ersten Ursache; die erste Ursache ist Gott.
- Die Welt ist zweckmäßig geordnet; sie ist genauso beschaffen, daß wir darin leben können. Wenn die Welt nur ein wenig anders wäre, könnten wir nicht darin leben. Gott hat die Welt so zweckmäßig geordnet.
- Gott wird von den Menschen als vollkommenstes Wesen gedacht. Deshalb muß er auch existieren. Wäre er nur gedacht, würde ihm zur Vollkommenheit ja das „Sein“ (er ist = existent) fehlen. Er wäre also nicht vollkommen.
- Der Mensch strebt nach dem Guten und Schönen. Es ist in ihm angelegt. Gott hat diese Anlage geschaffen. Er ist das Gute und Schöne.
- Gott gibt es, weil alle Völker zu allen Zeiten in irgendeiner Form an Gott geglaubt haben.

Unsichtbar und unbeweisbar

Ein römischer Kaiser sagte eines Tages zu Rabbi Jehoschua: „Zeige mir deinen Gott. Ich will ihn kennenlernen. Wo könnte man ihm ins Antlitz schauen?“
Der Rabbi erwiderte: „Das ist unmöglich, kein Sterblicher auf Erden kann zu solcher Vollkommenheit je gelangen.“
„Was? Unmöglich? Kann wohl irgendein Wunsch einem römischen Herrscher unerfüllt bleiben? Ich verharre bei meinem Verlangen, deinem Gott, dem Gott Israels, kühn ins Antlitz zu schauen.“
Da antwortete der Rabbi: „Morgen soll deinem Wunsche Genüge geleistet werden.“
Tags darauf, in der heißesten Julisonne, bat der weise Rabbi den Kaiser, daß er ihn auf einem Spaziergang vor die Stadt begleiten möge, da wolle er ihm Gott zeigen. Der Monarch war damit einverstanden.
Auf einer freien Ebene angelangt, zeigte Rabbi Jehoschua auf die hellstrahlende Mittagssonne und bat den Kaiser, in dieselbe hineinzublicken.

„Das ist nicht möglich“, rief der Monarch aus, „mein Auge ist nicht imstande, den ungeheuren Glanz dieses großen Himmelskörpers zu ertragen.“
„Wie“, versetzte der witzige Rabbi lächelnd, „einem mächtigen römischen Kaiser kann irgend etwas auf Erden unmöglich sein?“
Der Kaiser senkte betroffen seinen Blick zu Boden nieder, während Rabbi Jehoschua ausrief: „Kaiser, wenn schon die Sonne, die nur ein Diener jenes großen Meisters ist, dein schwaches Auge zu blenden vermag, wie solltest du es wagen, jenes erhabenste, rein geistige Wesen selbst mit dem Auge schauen zu wollen? Gestehe, mein Fürst, daß solches dem Staubgeborenen nicht möglich ist.“

Diskutiert die Sätze:

- *Wer Gott beweisen will, stellt sich selbst über Gott.*
- *In den Gottesbeweisen liegen Hinweise auf eine Wahrheit vor, die vom Glauben bezeugt wird.*

Die Geschichte spricht nicht über Gottesbeweise, kann aber auf den Fehler aufmerksam machen, von dem alle Gottesbeweise leben. Alle Gottesbeweise schließen von einer jedermann bekannten, erlebbaren Wirklichkeit auf die darin mitgegebene Wirklichkeit Gottes. Aber – so der Philosoph Kant – hundert mögliche Taler sind noch keine hundert wirklichen Taler. Nur der Glaube sieht hinter aller Wirklichkeit den unsichtbaren Gott.

Im Namen der Menschlichkeit: Protest

Die Religionskritik des Philosophen Feuerbach

„Das Christentum hat sich die Erfüllung der unerfüllbaren Wünsche des Menschen zum Ziel gesetzt, aber eben deswegen die erreichbaren Wünsche des Menschen außer acht gelassen; es hat den Menschen durch die Verheißung des ewigen Lebens um das zeitliche Leben, durch das Vertrauen auf Gottes Hilfe um das Vertrauen zu seinen eigenen Kräften, durch den Glauben an ein besseres Leben im Himmel um den Glauben an ein besseres Leben auf Erden ... gebracht.
Das Christentum hat dem Menschen gegeben, was er in seiner Einbildung wünscht, aber eben deswegen nicht gegeben, was er in Wahrheit und Wirklichkeit verlangt und wünscht ...
Nicht Gott schuf den Menschen nach seinem Bilde, sondern der Mensch schuf Gott nach seinem Bilde.“

Die marxistische Religionskritik

Karl Marx (1818–1883) übernahm die Grundgedanken von Feuerbach (1804–1872). Über Feuerbach hinaus fragt er nach den gesellschaftlichen Ursachen der Religion: Die unmenschlichen gesellschaftlichen Verhältnisse zwingen den Menschen dazu, sich eine Religion zu schaffen, die ihn über diese Verhältnisse hinwegtröstet. Andererseits hindert ihn diese Religion daran, die unmenschlichen Verhältnisse zu verändern. Religion ist darum für Marx beides: der Seufzer der geplagten Kreatur und Opium des Volkes.

Die Kritik von Marx und Feuerbach hat ein moderner Schriftsteller als Rede Gottes gestaltet:

Ich habe es satt. Seit vielen tausend Jahren sitze ich auf diesem imaginären Thron, auf den mich ein allgemeines, menschliches Plebiszit erhoben hat. Man beschuldigt mich, das Weltall geschaffen zu haben und macht mich für seine Schwächen und Unvollkommenheiten verantwortlich. Der Fall liegt umgekehrt. Die Menschen haben mich erschaffen. Unfähig, sich selbst zu regieren und ohne Illusionen zu leben, haben sie in mir ein höchstes Wesen verkörpert, das ihren Bedürfnissen entspricht ... Man hat die Notwendigkeit meiner Existenz so oft bewiesen, daß ich fast daran glaube. Ich mache gute Miene zum bösen Spiel. Ich regiere. Ich sitze hier oben, empfange, unterschreibe Akten, lasse mich interviewen und malen. Meine Person dient als Vorwand für die dümmsten Ansprüche der Menschen. Kriege werden in meinem Namen begonnen und Revolutionen gegen mich geführt. Sie machen aus mir, was sie wollen ... Die Throne wackeln. Ich habe keine Lust mehr, eine Rolle zu spielen, die zur komischen Figur geworden ist. Die Monarchie hat abgewirtschaftet. Meine Kollegen auf der Erde packen ihre Koffer. Und da ich schließlich nicht mehr bin als der letzte Repräsentant einer veralteten Staatsform, die sich auf mich als oberste Instanz beruft, will ich mit gutem Beispiel vorangehen. Ich will mich pensionieren lassen. *W. Hasenclever*

Mit welchen Argumenten stellen Feuerbach und Marx den Glauben an Gott in Frage? Mit der Abschaffung der Religion ist nach Marx nicht viel gewonnen. Was bleibt zu tun?

Im Gespräch mit Feuerbach und Marx

Folgendes kann man heute zur Religionskritik von Marx und Feuerbach hören:

- Gott und die Religion wurden oft dazu mißbraucht, um das Bestehende als gottgewollt zu bezeichnen und die Menschen auf ein besseres Jenseits zu vertrösten.
- Wenn Menschen von Gott reden, so machen sie sich auch ein Bild von ihm. Es gibt keine Sprache ohne Bilder. Das zweite Gebot der Bibel verbietet uns, die Bilder, in denen wir von Gott reden, mit Gott gleichzusetzen.
- Wenn Gott eine Wunschvorstellung des Menschen ist, heißt das nicht, daß er nicht existiert. Was man sich wünscht, kann durchaus existieren.
- Der Mensch genügt sich selber nicht und stellt sich in Gott vor, was er zu sein wünscht. Das gründet letztlich darin, daß der Mensch ein Wesen ist, das über seine Grenzen hinausgreifen muß. Nach der Bibel liegt dies daran, daß Gott den Menschen nach seinem Bild geschaffen hat.
- Die Bibel erzählt von einem anderen Gott. Er widerspricht menschlichen Wunschvorstellungen. Er wird in Armut geboren, von den Menschen abgelehnt und muß schließlich am Kreuz sterben.
- Der Glaube an Gott wirkt bei vielen Menschen nicht als Opium, sondern beflügelt sie, sich für eine Verbesserung der Lebensverhältnisse einzusetzen.
- Der Mensch – des Menschen Gott?
  „Der Mensch ist des Menschen Gott" oder „Der Mensch ist dem Menschen das Höchste", behaupten die Religionskritiker. Ist ein solcher Anspruch, eine solche Verheißung möglich, nachdem wir wissen, zu welcher Unmenschlichkeit dieser Mensch fähig ist?

Und wie ist es mit dem Menschen, der ohne einen Menschen ist - verlassen, einsam, verstoßen, entehrt, verurteilt, preisgegeben: Klingt ihm das nicht wie Hohn: Das höchste Wesen ist dem Menschen der Mensch? Kann daraus nicht die Umkehrung werden: Nichts kann so niedrig, gemein und verworfen, so unmenschlich sein wie der Mensch? Was ist einem Menschen, der diese Erfahrung macht, dem alle innermenschlichen Hoffnungen zerschlagen, alle innerweltlichen Erwartungen zunichte werden?

H. Fries

Gott als Herrscher?

Gott auch als Göttin, den Vater auch als Mutter zu denken und anzurufen, fällt uns schwer trotz des bekannten Schriftwortes, daß Gott den Menschen nach seinem Bilde als Mann UND Frau geschaffen habe (1 Mose 1,27), was den Rückschluß erlaubt, daß der Schöpfer ebenfalls in sich männlich UND weiblich ist. Die Bibel hat diesen Ansatz freilich nicht weiterentwikkelt.

Die Fähigkeit Gottes, um unserer Zukunft willen leiden zu können, sowie seine Freiheit, auch loslassen, auch freigeben zu können, enthüllt für mich seine weibliche Seite.

Einige Gleichnisse Jesu beschreiben die Macht Gottes als Wachstumsmacht, als Lebensmacht anstatt immer nur als Herrschermacht.

Entscheidend ist bei alledem die Einsicht, daß die Macht Gottes nicht auf patriarchale Herrschermacht reduziert werden darf. Sie ist vollkommener, ist immer auch weibliche Wachstums- und Gebärmacht, die losläßt und freigibt. Dagegen entpuppt sich unser Drang, alles in den Griff nehmen zu wollen, alles, was machbar wurde, auch zu machen, als Fluch. *Kurt Marti*

Gott Vater auf dem himmlischen Thron

Worin sieht Marti den Unterschied zwischen „Herrschermacht" und „Wachstumsmacht"?
Darf man von Gott auch in weiblichen Bildern sprechen?

Leiden an Gott

Jossel Rackower

„Ich glaube an die Sonne, auch wenn sie nicht scheint. Ich glaube an die Liebe, auch wenn ich sie nicht spüre. Ich glaube an Gott, auch wenn ich ihn nicht sehe." (Dieser Satz stand an der Mauer des Warschauer Ghettos.)

Nach der Zerstörung des Warschauer Ghettos 1943 fand man die Aufzeichnungen eines Juden:

„Ich, Jossel, Sohn des Jossel Rackower ... schreibe diese Zeilen, während das Warschauer Ghetto in Flammen steht; das Haus, in dem ich mich befinde, ist eines der letzten, das noch nicht brennt. Schon seit einigen Stunden werden wir von heftigem Artilleriefeuer beschossen, und ringsum stürzen die Mauern ein."

Er berichtet dann, daß sie 12 Menschen in dem Raum waren, als der Aufstand im Ghetto begann; alle sind umgekommen; zuletzt ein kleiner 5jähriger Junge; Jossel Rackower ist der letzte Überlebende; auf dem Boden liegend schreibt er sein Ringen mit Gott nieder. „Ich glaube an den Gott von Israel, auch wenn er alles getan hat, mich an ihn unglauben zu machen. Ich glaube an seine Gesetze, auch wenn ich seinen Taten die Berechtigung abspreche. Meine Beziehung zu ihm ist nicht mehr die eines Knechtes zu seinem Herrn, sondern die eines Schülers zu seinem Lehrer.

Du sagst vielleicht, es sei jetzt keine Frage von Strafe und Sühne, daß Du nur Dein Gesicht abgewendet und sie ihren Trieben überlassen hast. Ich will Dich fragen, Gott, und diese Frage versengt mich wie ein verzehrendes Feuer: Was soll denn noch geschehen, damit Du uns Dein Gesicht wieder zuwendest? ...

Ich kann Dich nicht loben für die Taten, die Du duldest. Ich segne aber und lobe Dich für Deine schreckliche Größe, die gewaltig sein muß, wenn selbst das, was jetzt geschieht, auf Dich keinen Eindruck macht. Und eben, weil Du so groß bist und ich so klein, bitte ich: Ich warne Dich, um Deines Namens willen! Höre auf, Deine Größe zu beweisen, indem Du die Unglücklichen schlägst ...

Der Tod kann auf mich nicht warten, und ich muß mit dem Schreiben aufhören.

... Ich sterbe ruhig, aber nicht befriedigt, ein Geschlagener, aber kein Verzweifelter, ein Gläubiger, aber kein Betender, ein Verliebter in Gott, aber kein blinder Amensager."

Worin unterscheidet sich das Gottesbild Rackowers von der Aussage an der Mauer des Warschauer Ghettos?

Hiob

Das Buch Hiob beschäftigt sich mit einer uralten Menschheitsfrage, der Frage nach dem Leiden. Das Buch besteht aus mehreren Teilen, einer älteren Rahmenerzählung (Kap. 1 und 2; 42,7–17) und verschiedenen Dialogen, die später in diese Rahmenerzählung eingefügt wurden.

Die Rahmenerzählung beginnt mit dem Prolog im Himmel (1,6–12; 2,1–7): Weil Gott von Hiobs Rechtschaffenheit und Glaubenstreue überzeugt ist, läßt er ihn auf eine harte Probe stellen. Immer neue „Hiobsbotschaften" treffen ihn: Das Sterben der Tiere trifft seinen Besitz; der Tod der Kinder trifft sein Herz; der Verlust der Gesundheit sein Leben in der Gemeinschaft; der Widerstand seiner Frau schließlich trifft seine Frömmigkeit. Aber Hiob läßt sich von seinem Gott nicht abbringen und wird nach bestandener Prüfung mit all seinen Rechten wieder ausgestattet und doppelt belohnt.

Lest die Rahmenerzählung Kap. 1 und 2; 42,12–17.
Wo finden wir einen solchen Vergeltungsglauben auch bei uns?

Die später in diesen Rahmen eingebauten Dialoge zeigen das Ringen Hiobs mit Gott. Ausgestoßen und gemieden sucht er Trost bei seinen Freunden, die zu Besuch kommen. Doch sie bringen ihm keinen Trost. Sie versuchen ihm vielmehr nachzuweisen, daß er selbst an seinem Leid schuld ist. Sie vertreten den im alten Orient weit verbreiteten Vergeltungsglauben. Danach hat ein guter Mensch auch ein gutes Leben zu erwarten, ein böser Mensch hingegen wird mit Leid gestraft. Hiob läßt diese Deutung nicht gelten. Er beharrt auf seiner Unschuld und will Gott für sein Leiden zur Rechenschaft ziehen. Sein Reden zu Gott, das sich bis zur Anklage steigert, ist ein einziges Ringen mit Gott um eine Antwort.
Und dann antwortet Gott. Zunächst ganz anders als Hiob es erwartet hatte, nämlich mit einer Fülle von eindringlichen Fragen. Sie öffnen Hiob den Blick für die Ordnung der Welt, in die auch Hiobs Schicksal mit hinein gehört. Die Selbstdarstellung Gottes wandelt den Widerstand Hiobs in Anbetung und Lob dessen, der alles vermag. Vor allem aber hat Hiob die Nähe Gottes erfahren; Gott blieb nicht stumm, er sprach mit ihm.

Gott gibt der Welt Maß und Halt. Französische Buchmalerei des Mittelalters

Hiobs Klage

„Versunken und vergessen soll er sein,
der Tag, an dem ich einst geboren wurde,
und auch die Nacht, die sah, wie man mich zeugte!
Gott, mach doch diesen Tag zu Finsternis!
Streich ihn aus dem Gedächtnis, du dort oben, und laß ihn niemals mehr das Licht erblicken! . . .
zusammen mit den Königen und Ratsherren, die Pyramiden für sich bauen ließen,
und mit den Fürsten, die im Reichtum schwammen, in ihren Häusern Gold und Silber häuften.
Wie eine Fehlgeburt wär ich verscharrt, wie Kinder, die die Sonne niemals sahen.
Im Grab kann auch der Böse nicht mehr toben, der müde Fronarbeiter ruht dort aus.
Auch die Gefangenen sind dort in Frieden, sie hören nicht mehr, wenn die Wächter schreien.
Ob groß, ob klein, dort sind sie alle gleich, der Sklave ist dort frei von seinem Herrn.
Warum gibt Gott den Menschen Licht und Leben, ein Leben voller Bitterkeit und Mühe?“ *3, 3–4. 14–20*

Wie erklärt Hiob das Leid, wie erklären es seine Freunde? Hiob und seine Freunde haben unterschiedliche Auffassungen von Gottes Gerechtigkeit. Worin liegen die Unterschiede?

Die „Erklärung" der Freunde

„Denk einmal nach: Ging je ein Mensch zugrunde, der treu und ehrlich war und ohne Schuld?

Ich kann nur sagen, was ich selber sah: Wenn jemand auf dem Feld der Bosheit pflügt und Unheil sät, dann erntet er es auch." *4, 7f.*

Antwort Hiobs

„Belehrt mich doch, dann will ich gerne schweigen. Wo hab ich mich vergangen? Sagt es mir!

Wollt ihr mich wegen meiner Worte tadeln und merkt nicht, daß Verzweiflung aus mir spricht?

Hört auf zu richten, seid nicht ungerecht! Noch habe ich das Recht auf meiner Seite!" *6, 24–29 (Auszüge)*

Die Entrüstung der Freunde

„Wie lange willst du solche Reden führen? Wann wirst du aufhörn, so viel Wind zu machen?

Denkst du im Ernst, daß Gott das Recht verdreht? Meinst du, er hält sich nicht an sein Gesetz?

Du solltest dich bemühen, Gott zu suchen, und den Allmächtigen um Gnade bitten." *8, 2–5 (Auszüge)*

Hiobs Klage vor Gott

„Auch jetzt kommt Widerspruch von meinen Lippen, wenn ich mein Stöhnen unterdrücken will.

Wenn ich nur wüßte, wo sich Gott befindet und wie ich dann dorthin gelangen kann!

Ich würde ihm schon meine Lage schildern, ihm meine Gründe und Beweise nennen.

Ich bin gespannt, was er dann sagen würde, wie er mir darauf seine Antwort gäbe.

Ob er mich seine Allmacht fühlen ließe? Nein, hören würde er auf meine Worte.

Ich würde meinen Rechtsstreit mit ihm führen als einer, dem nichts vorzuwerfen ist. Das müßte auch mein Richter anerkennen!

Doch er allein bestimmt – wer will ihn hindern? Was ihm gefällt, das setzt er einfach durch.

Er wird auch tun, was er für mich geplant hat, und Pläne über mich hat er genug!

Das ist es, was mich so erschrecken läßt. Sooft ich an ihn denke, zittere ich.

Gott hat mir alle Zuversicht genommen; weil er so mächtig ist, macht er mir Angst.

Er ist's, der mich erdrückt, und nicht das Dunkel, auch wenn ich jetzt vor Dunkelheit nichts sehe." *23, 2–7. 13–17*

Womit weder Hiob noch die Freunde gerechnet haben tritt ein. Gott anwortet Hiob.

Dann sprach der Herr selbst aus einem Sturm heraus. Er sagte zu Hiob:

„Wer bist du, daß du meinen Plan anzweifelst, von Dingen redest, die du nicht verstehst?

Nun gut! Steh auf und zeige dich als Mann! Ich will dich fragen, gib du mir Bescheid!

Wo warst du denn, als ich die Erde machte? Wenn du es weißt, dann sage es mir doch!

Wer hat bestimmt, wie groß sie werden sollte? Wer hat das mit der Meßschnur festgelegt? Du weißt doch alles! Oder etwa nicht?

Auf welchem Sockel stehen ihre Pfeiler? Wer hat den Grundstein ihres Baus gelegt?

Hast du je einen Tag heraufbefohlen, der Morgenröte ihren Platz bestimmt

und ihr gesagt, der Erde Saum zu fassen, und alle Bösen von ihr abzuschütteln?

Warst du schon unten bei den Meeresquellen?

Den Grund des Meeres, hast du ihn durchstreift?

Hast du am Tor der Totenwelt gestanden, dort, wo die ewige Finsternis beginnt?

Weißt du, wie weit die Erde sich erstreckt? Wenn du das alles kennst, dann sag es mir!

Kennst du den Weg zum Ursprungsort des Lichtes?
Von welcher Stelle kommt die Dunkelheit?
Führst du sie bis ans Ende ihres Weges und bringst sie dann zu ihrem Ort zurück?

Mit mir, dem Mächtigen, willst du dich streiten?
Willst du mich tadeln, oder gibst du auf?"
38,1-40,2 (Auszüge)

Hiobs erste Antwort:

„Ich bin zu wenig, Herr! Was soll ich sagen? Ich lege meine Hand auf meinen Mund!
Ich habe mehr geredet als ich sollte, noch einmal tu ich es bestimmt nicht mehr!"
40, 4. 5

Hiobs zweite Antwort:

„Ich weiß jetzt, daß dir nichts unmöglich ist; denn alles, was du planst, führst du auch aus.
Du fragst, warum ich deinen Plan anzweifle und rede ohne Wissen und Verstand. In meinem Unverstand hab ich geredet von Dingen, die mein Denken übersteigen.
Du hast mich aufgefordert, zuzuhören und dann auf deine Fragen zu erwidern.
Ich kannte dich ja nur vom Hörensagen; jetzt aber hat mein Auge dich geschaut.
Ich schäme mich für alles, was ich sagte; in Staub und Asche nehm ich es zurück." *42, 2-6*

L. Corinth: Ecce Homo (Seht welch ein Mensch)

Eine weiterführende Interpretation

Den prophetischen Höhepunkt des Buches Hiob bildet nicht die Gotteserscheinung am Schluß und schon gar nicht die Wiederherstellung von Hiobs einstigem Glück, sondern jene Stelle in Hiobs Auseinandersetzung mit den Freunden, an der er gegen den allmächtigen Gott protestiert, der ihn jetzt willkürlich leiden läßt, und an einen Gott appelliert, der sich als sein Freund, Anwalt und Erlöser erweisen wird (19,25). Damit wird ein Gott in Aussicht gestellt, der, statt „apathisch" Leiden über die Menschen zu verhängen, „sympathisch" bei den Menschen im Leiden steht. Dieser Appell Hiobs ist nicht ohne Antwort geblieben. *Heinz Zahrnt*

Worin unterscheiden sich die beiden Antworten des Hiob voneinander?
„Gott weist Hiob auf seinen Platz in der Schöpfung hin und beweist damit, daß er gnädig handelt." Nehmt Stellung zu diesem Satz.

Leiden Gottes – Leiden mit Gott

Das Neue Testament gibt auf die Frage ‚Leiden an Gott?' eine neue, überraschende Antwort: Gott selbst leidet mit den Menschen; das zeigt das Kreuz Jesu. Dietrich Bonhoeffer, der als Zeuge Jesu Christi im 3. Reich verhaftet und dann ermordet wurde, hat dies in einem Gedicht, das er im Gefängnis schrieb, so zum Ausdruck gebracht:

Welche neutestamentlichen Aussagen greift D. Bonhoeffer in seinem Gedicht auf?

Menschen gehen zu Gott in ihrer Not
flehen um Hilfe, bitten um Glück und Brot
um Errettung aus Krankheit, Schuld und Tod
so tun sie alle, alle, Christen und Heiden

Menschen gehen zu Gott in Seiner Not
finden ihn arm, geschmäht, ohne Obdach und Brot
sehn ihn verschlungen von Sünde, Schwachheit und Tod
Christen stehen bei Gott in seinem Leiden

Gott geht zu allen Menschen in ihrer Not,
sättigt den Leib und die Seele mit seinem Brot,
stirbt für Christen und Heiden den Kreuzestod
und vergibt ihnen beiden

Wo Gott begegnet

Gott ist ein vertrottelter Geistesgestörter in einem unserer Heime, der seit Jahrzehnten von keinem seiner Angehörigen besucht wurde. Gott ist das drogensüchtige Mädchen, das wir vor einigen Tagen im Fernsehen schreien hörten: I need help! I need help! Gott ist ein Geschundener, Gefolterter. Gott ist eine ganze Rasse, die ihrer Hautfarbe wegen niedrig gehalten wird, der die Gleichberechtigung und Freiheit vorenthalten ist. Gott ist der arme Lazarus der Dritten Welt neben den Tischen von uns reichen Christen. Das ist Gott. „Gott in Christus" ... das ist Gott in seinen geringsten Brüdern. Gott ist nicht in den Kirchen, Gott liegt vor den Kirchen und um die Kirchen herum, so daß die Jünger, wenn sie aus den Kirchen herauskommen, über ihn stolpern. Wir sind umgeben von Gott, wo wir gehen und stehen, vom elenden, geschlagenen, hungernden Gott, der nach mir schreit und ruft.

Zu welcher Strophe des Bonhoefferschen Gedichts passen diese anstößigen Sätze? Warum bleibt Hoffnung, wenn Gott leidet?

Helmut Gollwitzer, in einer Predigt über Matthäus 25, 31–46

Widerstand und Ergebung

Die christliche Antwort auf die Frage nach dem Leid der Welt läßt sich in den beiden Bonhoefferschen Begriffen zusammenfassen: *Widerstand und Ergebung.* „Widerstand" heißt, daß wir so viel aufhebbares Leid wie nur irgend möglich aus der Welt schaffen sollen, zumal wenn es sich um das Leid anderer handelt. „Ergebung“ heißt, daß wir das eigene unaufhebbare Leid annehmen und es so verarbeiten sollen, daß es uns wiederum befähigt, das Leid anderer mitzutragen. Dabei müssen wir uns freilich bewußt bleiben, daß es menschliche Leiden gibt, die weder aufzuheben noch anzunehmen sind, sondern die wir unbeseitigt und ungelöst stehen lassen müssen als einen dunklen und scheinbar sinnlosen Bestandteil unseres menschlichen Daseins.

Heinz Zahrnt

Gott heute erfahren

„Gott hat mitgeholfen“.

So lautet die Schlagzeile in der Bild vom 8. November 1963. 500000 Kubikmeter Schlamm sind aus einem Klärteich in eine Zeche bei Lengede eingebrochen. 43 Bergleute werden eingeschlossen. In einer 11-tägigen Suchaktion können noch 14 Bergleute gerettet werden. Zwei Berichte aus der Zeitung vom 8. November 1963:

Freitag, den 8. Nov. 1963 • 10 Pf

Bild Zeitung

Unabhängig · Überparteilich

Überglücklicher Retter bei der Bergung der 11:

Gott hat mitgeholfen!

Lengede, 8. November

Die größte Bergungsaktion in der Geschichte des deutschen Bergbaus hat ein glückliches Ende gefunden. Die elf Eingeschlossenen von Lengede sind wieder unter uns.

Die Leistung der Techniker ist bewundernswert. Doch gerade diese Techniker sind es, die an eine höhere Fügung glauben. „Vielleicht hat Gott mitgebohrt“, meinte einer der zum Umfallen erschöpften Bohrmänner.

Hoffnung der Frauen zerbrach

Lengede, 8. November

In nur 65 Minuten zerbrachen die Hoffnungen von 29 Frauen von Lengede. Nachts am 2. Suchbohrloch beim Friedhof Broistedt starben die letzten Chancen, daß ihre Männer sich bei der Katastrophe in ein Luftloch in 77 Meter Tiefe geflüchtet haben und nach 13 Tagen noch gerettet werden könnten.

Eine Frau, Mutter von vier Kindern, schreit schmerzerfüllt auf: „Ich will meinen Mann wiederhaben!“

Verwandte nehmen sie zur Seite. Gehen mit ihr zur nächsten Bohrstelle am Friedhof, Bohrung Nummer 15. Die 3. und letzte Suchbohrung hier beim Friedhof. Aber auch hier hatte man keine Anhaltspunkte für Überlebende mehr gefunden.

Die Frau ging schweigend, geführt von ihren Verwandten, nach Hause.

Gestern morgen wurden die Bohrstellen abgebaut.

Der Theologe Heinz Zahrnt schreibt:
Wenn nun einer der Geretteten hernach seine Rettung als ein „Wunder" bezeichnet, so tut er das als ein persönliches Bekenntnis zu Gott vor den Menschen, aber er tut es wider den Augenschein der Welt, das heißt, obwohl andere Verunglückte nicht gerettet worden sind und andere Gerettete in sein Bekenntnis nicht miteinstimmen.

Der Ort Gottes

Es waren zwei Mönche. Die lasen einmal miteinander in einem alten Buch, in welchem die Weisheit und Wahrheit geschrieben stehen: Am Ende der Welt gebe es einen Ort, an dem der Himmel und die Erde sich berühren, an dem also Gott zu finden ist. Sie beschlossen, diesen Ort zu suchen, nicht umzukehren, ehe sie ihn gefunden hätten. So durchwanderten die beiden die Welt, bestanden unzählige Gefahren, erlitten alle Entbehrungen, die eine Wanderung durch die ganze Welt fordert; und alle Versuchungen, die einen Menschen von seinem Ziel abbringen können, wehrten sie ab. Eine Tür sei dort, so haben sie gelesen. Man brauche nur anzuklopfen und befinde sich bei Gott.
Schließlich fanden sie, was sie suchten. Sie klopften an die Tür. Bebenden Herzens sahen sie, wie sich die Tür öffnete. Und als sie eintraten und die Augen erhoben, fand sich jeder in seiner Klosterzelle. Da begriffen sie: Der Ort, wo Himmel und Erde sich berühren, wo man Gott begegnet, befindet sich nicht am Ende der Welt, sondern hier auf dieser Erde, an der Stelle, die uns Gott zugewiesen hat.

russische Legende

Wo Gott handelt

Manchmal geschieht es,
daß Menschen gut zu anderen sind
und für die sorgen.
Da zeigt sich etwas von Gott.

Manchmal geschieht es,
daß Menschen einen Streit beenden
und sich wieder liebhaben.
Da zeigt sich etwas von Gott.

Manchmal geschieht es,
daß Menschen sich einsetzen für Schwächere,
denen Unrecht geschieht.
Da zeigt sich etwas von Gott. *Christiane Reents*

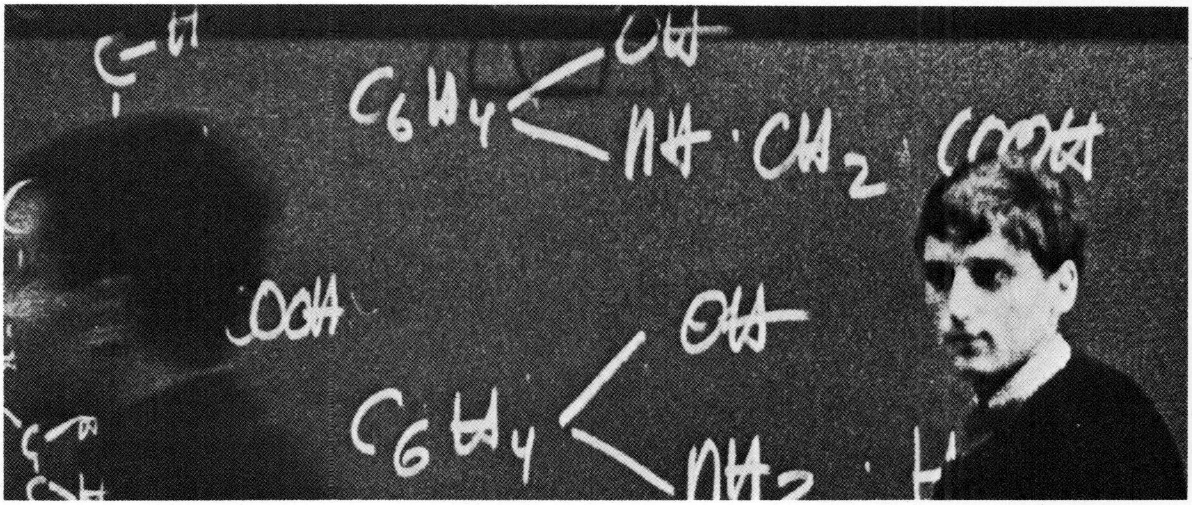

Gegenwart Gottes

Der Physiker Carl Fr. v. Weizsäcker legt in einer Predigt den Namen Gottes „Jahwe“ (nach 2 Mose 3) so aus:

Ich glaube, daß Gott da ist und da sein wird so, wie er immer da war, nämlich neu, so wie wir ihn noch nicht gekannt haben. Kann man das erfahren?

Man erfährt es zuerst im Dienst am Mitmenschen. Glücksträume und Schrecken der Einsamkeit verfliegen vor der Wirklichkeit des Mitmenschen. Der Nächste ist der Bote Gottes.

Man kann es erfahren in der inneren Sammlung, im Gebet. Der moderne Psychologe mag diese Stimme als die meines Unbewußten oder meines Über-Ich bezeichnen. Warum soll mein Unbewußtes, mein Über-Ich nicht Bote Gottes sein?

Die Wissenschaften, die uns gesund skeptisch machen, Physik, Kybernetik, Psychologie, Soziologie, beweisen nicht, daß Gott tot ist. Für ihre Sichtweise ist Gott entweder nie gewesen, oder er ist immer.

Ich glaube, sie setzen in der Gestalt des Vertrauens auf die Beständigkeit der Welt die Gegenwart Gottes tatsächlich voraus. Sie könnten sich in Boten Gottes verwandeln.

Aber vor allem ist der Mitmensch der Bote Gottes. Im aktiven Leben mit dem andern entsteht für ihn und für mich ein Raum des Friedens. Über die Form des Friedens ist heute Streit. Über eines dürfte kein Streit mehr sein: daß der Friede der Welt politisch gesichert werden muß. Das ist eine neue Aufgabe, die die Menschheit bisher nicht gehabt und kaum gesehen hat. Sie ist nicht leichter als der Auszug der israelischen Fremdarbeiter aus Ägypten. Auf diesem Weg warten auf uns Gefahren, so unkalkulierbar wie der Gang durch das Schilfmeer. Die nächsten dreißig Jahre, ich weiß nicht, wie sie sein werden. Aber diesen Weg müssen wir gehen, wir sind schon ausgezogen. Auf diesem Weg wird auf eine Weise, wie wir nicht wissen, Gott bei uns sein. Amen.

Die Texte auf den vorhergehenden Seiten zeigen Möglichkeiten, wie Gott heute erfahren werden kann. Was überzeugt? Könnt ihr eigene Erfahrungen nennen?

Schöne neue Welt

Maßnahmen

Die Faulen werden geschlachtet
die Welt wird fleißig

Die Häßlichen werden geschlachtet
die Welt wird schön

Die Narren werden geschlachtet
die Welt wird weise

Die Kranken werden geschlachtet
die Welt wird gesund

Die Traurigen werden geschlachtet
die Welt wird lustig

Die Alten werden geschlachtet
die Welt wird jung

Die Feinde werden geschlachtet
die Welt wird freundlich

Die Bösen werden geschlachtet
die Welt wird gut

Erich Fried

Nru I

Auf der Suche nach einem Land

Ein Land der Gerechten?

Der Gelehrte hat eine sachliche Antwort gegeben. Der „Mensch" reagiert mit einer Verzweiflungstat. Wie ist das zu erklären?
Das Land der Gerechten: Welche Kennzeichen müßte ein Gemeinwesen aufweisen, das diesen Namen verdient?

Ich kannte einen Menschen, der glaubte an das Land der Gerechten. Es muß auf der Welt ein Land der Gerechten geben, sagte er. In dem Lande wohnen sozusagen Menschen von besonderer Art, gute Menschen.
Dieses Land der Gerechten also suchte jener Mensch. Er war arm, und es ging ihm schlecht, und wie ihm fast nichts weiter übrig blieb, als sich hinzulegen und zu sterben – da verlor er noch immer nicht den Mut, sondern lächelte öfters vor sich hin und meinte: Hat nichts zu sagen – ich trag's! Noch ein Weilchen wart' ich – dann werf ich dieses Leben ganz von mir und geh' in das Land der Gerechten.
Seine einzige Freude war es, dieses Land der Gerechten. Nun wurde nach eben jenem Ort – die Geschichte ist in Sibirien passiert – ein Verbannter gebracht, ein gelehrter Mensch mit Büchern und Plänen und allerhand Künsten ... Und jener Mensch spricht zu dem Gelehrten: Sag mir doch gefälligst, wo liegt das Land der Gerechten, und wie kann man dahin gelangen? Da schlägt nun der Gelehrte gleich seine Bücher auf und guckt – und guckt, aber das Land der Gerechten findet er nirgends. Alles ist sonst richtig, alle Länder sind aufgezeichnet – nur das Land der Gerechten nicht.
Der Mensch will ihm nicht glauben. Es muß darauf sein, sagt er. Such genauer. Sonst sind ja, sagt er, alle deine Bücher und Pläne nicht 'nen Pfifferling wert. Der Gelehrte fühlt sich beleidigt. Meine Pläne, sagt er, sind ganz richtig, und ein Land der Gerechten gibt's überhaupt nirgends. Da wird der andere wütend. Was? sagt er, da habe ich gelebt und gelebt und geduldet und alles ertragen und immer geglaubt, es gebe solch ein Land.
Und nach deinen Plänen gibt es keines? Das ist Raub. Und sagt zu dem Gelehrten: Du nichtsnutziger Kerl! Ein Schuft bist du und kein Gelehrter. Und gab ihm eins über den Schädel, und noch eines ... Und dann ging er nach Hause und hängte sich auf.

Maxim Gorki

No heaven, no countries, no religion, no possessions – sind das die Bedingungen von Brüderlichkeit?

Imagine
Imagine there's no heaven
It's easy if you try
No hell below us
Above us only sky
Imagine all the people
Living for today ...

Imagine there's no countries
It isn't hard to do
Nothing to kill or die for

And no religion too
Imagine all the people
Living life in peace ...

Imagine no possessions
I wonder if you can
No need for greed or hunger
A brotherhood of man
Imagine all the people
Sharing all the world ...

You may say I'm a dreamer
But I'm not the only one
I hope someday you'll join us
And the world will be as one

John Lennon 1971

Gealterte Frauen verlassen verjüngt das Bassin. Sie werden von vornehmen Herren zu einem Zelt geleitet, aus dem sie reich gekleidet zu einer wohlbesetzten Tafel weitergeführt werden, von der sich einzelne Paare entfernen und im Grünen verlieren. Nur die Männer, die nicht zugleich mit verjüngt sind, haben das Nachsehen. Sie können nur von Ferne zusehen und haben Zeit, über das Törichte ihres Wunsches nachzudenken.

Lukas Cranach: Der Jungbrunnen

Das Paradies

Adam durfte alle Früchte der Erde genießen und über all ihre Geschöpfe herrschen. Er sah die Vögel und die Tiere an und gab ihnen allen einen Namen; doch kein Wesen war dabei, das ihm glich und das sein wahrer Gefährte sein konnte.
Da sagte Gott: „Es ist nicht gut, wenn der Mensch allein bleibt. Ich will ihm einen Gefährten geben.“ Gott ließ Adam in einen tiefen Schlaf fallen, nahm eine Rippe aus seinem Körper und schloß seinen Leib wieder zu. Und aus Adams Rippe machte Gott ein Weib.
Nun hatte der erste Mensch eine Frau.
Adam nannte sie Eva und liebte sie innig. Sie begannen ihr gemeinsames Leben in einem Paradiesgarten, den der Herr für sie im lieblichsten Teil der neugeborenen Welt angelegt hatte. Es war eine Landschaft mit Flüssen und kostbarem Gestein, mit blühenden Bäumen und Früchten im Überfluß; der Garten hieß Eden. Adam und Eva lebten zufrieden in dem Garten, in dem sie zu Hause waren. Der Herr hatte ihnen alles geschenkt, was sie sich zu Nahrung und Freude nur wünschen konnten. Vögel in leuchtenden Farben huschten von Blüte zu Blüte und von Zweig zu Zweig und sangen so süß, daß sich die Rose dem Himmel entgegenreckte. Der Fluß glitzerte und murmelte durchs Land und bewässerte die Erde, so daß alle Pflanzen bis auf das Unkraut und die Disteln in dem fruchtbaren Boden gediehen. Adam hatte nur die leichte Mühe, nach dem Garten zu sehen, denn der Herr hatte ihn nicht dazu bestimmt, seine Tage in schwerer Arbeit zu verbringen.

Erzählungen von einem paradiesischen Leben gibt es bei vielen Völkern. Sie haben das Land ihrer Sehnsucht unterschiedlich benannt: Atlantis, Gral, Garten Eden, Schlaraffenland. Informiert euch über diese Vorstellungen.

Was für Wünsche stecken hinter diesen Vorstellungen?

Entwerft selbst einen utopischen Text.

Es gab Bäume aller Art, die zu jeder Jahreszeit herrlich waren, doch am schönsten im jungen Grün, wenn Blüten an ihren Zweigen schimmerten; und Früchte zum Essen gab es im Überfluß. Mitten im Garten stand der Baum des Lebens und neben ihm der Baum der Erkenntnis von Gut und Böse. Doch Adam und Eva wußten nichts von Gut und Böse. Ihre Welt war ganz und gar gut und sie selbst so frei und so ohne Angst wie die Vögel in der Luft und die Tiere, die Wälder und Felder durchstreiften. Gott ging über die Erde und sprach mit ihnen in der Kühle des nahenden Abends. Dann war ihr Glück vollkommen.

Pearl S. Buck nach 1 Mose 2

Komm mit!

Komm, wir gehen dorthin,
wo Himmel und Erde sich küssen,
wo die Blumen den Tau lieben
und niemals sterben müssen,
wo die Vögel frei singen
wo keiner mehr verliert,
wo der Boden sich noch freut,
wenn der Regen ihn tränkt,
wo die Bäume alle lachen, weil
sich keiner an ihnen erhängt,
wo es keinen mehr gibt, der
vor sich selbst wegläuft,
wo sich niemand mehr aus
lauter Angst besäuft,
wo die Angst vor dem Morgen
längst schon vergessen ist,
wo kein Soldat mehr Hymnen singend
auf andere Menschen schießt,
wo Panzer und Kanonen längst
schon abgeschafft sind,
wo es keine Ideen gibt, mit
denen neuer Haß beginnt,
wo die Kinder spielen können,
wo immer sie wollen,
wo die Kinder nicht mehr sterben,
weil 10000 Autos rollen,
wo unsere Sehnsucht endlich
ein Ende findet,
wo uns niemand zivilisiert,
an goldene Ketten bindet,
wo ein Mensch einfach ein Mensch
ist und einfach nur lebt,
wo es nicht um Sachzwänge
und Kaufkraft geht.

Komm, wir gehen dorthin,
wo Himmel und Erde sich küssen,
komm, wir gehen jetzt los, damit wir
nicht mehr länger träumen müssen!

Stefan Nick

Utopien und Verheißungen

Die Utopie eines Staatsmannes – Thomas Morus

Utopie (griech. ou topos = kein Ort) – Schilderung eines erdachten (erhofften oder befürchteten), nirgends realisierten Gesellschaftszustandes.

Im Jahr 1516 schrieb der Engländer Thomas Morus ein seltsames Buch: So ungewohnt wie der Inhalt des Buches, so fremdartig auch der Titel: „Utopia“ = Nirgendwo.
In Form eines Reiseberichts übte Morus darin Kritik am damaligen englischen Staatswesen, indem er Seefahrer und Kaufleute über die Insel Utopia erstaunliche Dinge berichten ließ:
Die Insel hat 54 *Städte,* alle weiträumig und prächtig, in Sprache, Sitten, Einrichtungen und Gesetzen vollständig übereinstimmend. Keine Stadt hat das Bestre-

ben, ihr Gebiet zu vergrößern, denn sie halten sich mehr für Bebauer als für Besitzer des Bodens. Privates Eigentum ist unbekannt. Um die Stadt herum liegen *Gehöfte,* die für zwei Jahre von Bürgern bewohnt und bewirtschaftet werden. Sie versorgen sich selbst und die Städter mit Lebensmitteln und bekommen aus der Stadt alle notwendigen Gerätschaften. Einmal im Monat treffen sich Stadt- und Landbevölkerung zu einem Fest.

Thomas Morus
Sohn eines Richters, erzogen am Hof des Erzbischofs, Studium der Rechtswissenschaft, Parlamentsabgeordneter, Vizekanzler und Lordkanzler, befreundet mit Erasmus von Rotterdam, Reformpolitiker. Von König Heinrich VIII wegen Gehorsamsverweigerung abgesetzt und hingerichtet, 1935 vom Papst heiliggesprochen.

Jedes *Haus* hat zwei Eingangstüren, die sich durch einen leichten Druck der Hand öffnen lassen und sich wieder von allein schließen. Jeder kann ungehindert eintreten, es gibt keinen Privatbereich. Sogar die Häuser werden alle 10 Jahre durch Los ausgetauscht. Je 30 Familien wählen jährlich einen *Vorstand,* auch alle Beamtenstellen werden jährlich neu besetzt. Nur das Amt des Staatspräsidenten gilt auf Lebenszeit, sofern sich dieser nicht einer Gewaltherrschaft verdächtig macht.
Die Utopier arbeiten täglich 6 Stunden. Diese *Arbeitszeit* genügt für die Erzeugung aller lebensnotwendigen Dinge. Jeder lernt neben der Landwirtschaft ein weiteres Handwerk, denn keiner sitzt müßig herum, es plagt sich aber auch keiner wie ein Lasttier.
Der Familienälteste erhält für sich und die Seinen *ohne Bezahlung,* was er braucht. Angst vor Entbehrung ist unnötig, deshalb gibt es auch keine Räubereien. Keiner will den anderen übertrumpfen im Prunken mit überflüssigen Dingen.
Jedes Mittag- und Abendessen wird mit einer kurzen moralischen Abhandlung eröffnet. Alle *Vergnügungen,* aus denen für niemanden Nachteile erwachsen, sind erlaubt. Es gibt aber keine Weinstube, keine Bierschenke, keine Gelegenheit zur Verführung, keine Schlupfwinkel, keine Lasterhöhlen. Vor aller Augen muß man seine gewohnte Arbeit verrichten und seine Freizeit anständig verbringen.
Die *Umgangsformen* sind freundlich, auch die Beamten sind weder überheblich noch grob; man nennt sie Väter, und sie benehmen sich wie solche.
Gesetze haben die Utopier sehr wenige nur, denn sie halten es für unrecht, Menschen durch Gesetze zu binden, die entweder zu zahlreich sind, als daß man sie alle durchlesen könnte, oder zu unklar, als daß jeder imstande wäre, sie zu verstehen.
In *religiösen Fragen* sind die Utopier tolerant; doch ohne Glauben an die göttliche Vorsehung, an die Unsterblichkeit der Seele und eine ewige Vergeltung lassen sie keinen zum Staatsdienst zu, ja rechnen ihn nicht einmal zu den Menschen.

Vieles von dem, was Morus vor 450 Jahren von der Insel „Utopia" schrieb, ist heute verwirklicht.
Einige Vorstellungen bleiben weiter „utopisch". Diskutiert die Lebensordnung auf „Utopia".

Sie selber üben die Tugenden der *Gerechtigkeit und Nächstenliebe.* Kranke werden in öffentlichen Spitälern von den besten Ärzten gepflegt.

Morus verband mit der Erzählung von der Insel Utopia konkrete Verbesserungsvorschläge für seinen eigenen Staat:
Als ich eines Tages beim Kardinal speiste, war zufällig auch ein Jurist ... zugegen. Dieser begann nun, ich weiß nicht, aus welchem Anlaß, eifrig jenen harten Rechtsbrauch zu rühmen, der damals dort gegen Diebe geübt wurde, die man, wie er erzählte, allerorts aufhänge, manchmal zwanzig an einen Galgen. Um so mehr, sagte er, wundere er sich, da doch wenige der Todesstrafe entgingen, welches üble Verhängnis es mit sich bringe, daß sich trotzdem so viele überall herumtrieben. Da sagte ich – denn ich durfte es wagen, vor dem Kardinal frei heraus zu reden –: „Du brauchst dich darüber nicht zu wundern, denn diese Bestrafung der Diebe übersteigt das gerechte Maß und liegt auch nicht im Interesse des Staates. Sie ist zu scharf, um Diebstähle zu ahnden, und andererseits nicht ausreichend, um sie ganz zu unterbinden. Denn ein einfacher Diebstahl ist kein so gewaltiges Verbrechen, daß es den Kopf kosten müßte, und keine Strafe ist schwer genug, um die Leute von Diebereien abzuhalten, die kein anderes Gewerbe haben, um ihr Leben fristen zu können. Darin scheint nicht nur ihr, sondern ein guter Teil dieser Welt die schlechten Schulmeister nachzuahmen, die ihre Schüler lieber verprügeln als belehren. Man setzt nämlich harte und grauenhafte Strafen für Diebe fest, während man vielmehr Vorsorge treffen sollte, daß sie irgendein Auskommen finden, damit keiner in die Zwangslage gerät, zuerst stehlen und dann sterben zu müssen."

Wie begründet Morus seine Ablehnung des geltenden Rechts? Welche Argumente empfindet ihr nach über 450 Jahren noch immer als aktuell?

Der Friedenskönig und sein Reich

Welche Kennzeichen des kommenden Friedensreiches nennt der Text? Auf welche Mißstände im damaligen Israel beziehen sich vermutlich die Verheißungen des Propheten?

Immer wieder haben Propheten des Alten Testaments dem leidenden Volk Israel das Bild einer neuen Welt vor Augen gestellt. Juden und Christen hoffen gemeinsam auf die Erfüllung der Verheißungen, die z. B. der Prophet Jesaia ausgesprochen hat:
Aus dem Baumstumpf Isai wird ein Sproß wachsen, ein neuer Trieb aus seinen Wurzeln wird Frucht bringen. Dem wird der Herr seinen Geist geben, und dieser Geist wird sich auswirken in Klugheit und Einsicht, in weiser Planung und Stärke, in Erkenntnis und Verehrung des Herrn. Gott zu dienen, wird ihm eine Freude sein. Er wird nicht nach dem Augenschein und dem Hörensagen urteilen.
Er wird für die Benachteiligten eintreten und den Armen im Land Recht verschaffen. Sein Wort wird die Gewalttätigen vernichten und sein Urteilsspruch die Schuldigen töten. Wie jemand einen Gürtel anlegt, wird er Gerechtigkeit und Treue anlegen. Der Wolf und das Lamm werden dann beisammen wohnen, der Panther wird sich neben das Ziegenböckchen legen; das Kalb und der junge Löwe werden gemeinsam weiden, ein kleiner Junge kann sie hüten. Kuh und Bär werden Freunde sein, ihre Jungen liegen nebeneinander. Der Löwe wird Stroh fressen wie der Ochse. Der Säugling spielt neben dem Schlupfloch der Schlange, das kleine Kind streckt seine Hand in die Höhle der Otter. Niemand wird Böses tun

und Unheil anrichten auf dem ganzen heiligen Berg Gottes. Wie das Meer voll Wasser ist, so wird das Land voll sein von Erkenntnis des Herrn. An jenem Tag werden alle Völker auf den Sproß Isais schauen. Sie werden zu ihm kommen, und von seinem Wohnsitz wird die Herrlichkeit des Herrn in alle Welt ausstrahlen.

Jesaja 11, 1-10

Der Kommunismus - ein Weg zum Friedensreich des Jesaja?

Nennt die wichtigsten Stufen der Entwicklung zum Kommunismus. Wie begründet der Verfasser die Behauptung, daß die kommunistische Gesellschaftsordnung die höchste Stufe der Menschheit sei? Abschaffung des Eigentums und planmäßig organisierte Wirtschaft sollen ein friedliches und sinnvolles Zusammenleben ermöglichen. Aber: In vielen Ländern kam es nach dem Sieg des Kommunismus zu einer Schreckensherrschaft. Die Menschen verarmten. Überlegt, welche Gründe es dafür geben kann.

In der DDR ist es üblich, „Jugendweihen“ durchzuführen. Bei dieser Gelegenheit erhalten die Teilnehmer das Buch „Weltall, Erde, Mensch“, das einen Überblick über die Geschichte von Natur und Gesellschaft gibt, so wie die kommunistische Staatspartei diese Geschichte lehrt und versteht. Das letzte Kapitel des Werkes trägt die Überschrift: „Der Kommunismus - die Zukunft der Menschheit“:
„Wie aber werden die Menschen in den kommenden Jahrzehnten und Jahrhunderten zusammen leben? Wohin führt der Weg der Menschheit?
Es gibt eine einfache, klare und zugleich inhaltsschwere, wissenschaftlich begründete Antwort auf diese Fragen: Die Zukunft der Menschheit, das ist der Kommunismus. Alle Völker unserer Erde werden den Weg gehen, der zum Kommunismus führt. Das wird ein friedliches, kulturvolles, sinnvolles Leben der schöpferischen Arbeit sein. Das wird ein Leben sein, in dem sich alle Fähigkeiten und Talente der Menschen, alle Seiten der Persönlichkeit voll entfalten. Seine Kennzeichen werden sein: Frieden, Arbeit, Freiheit, Gleichheit, Brüderlichkeit und Glück aller Völker!
Der Übergang vom Kapitalismus zum Sozialismus, die sozialistische Revolution, bringt die radikalste und bedeutendste Umwälzung aller bisherigen gesellschaftlichen Verhältnisse und Beziehungen mit sich: Die Ausbeutung des Menschen durch den Menschen wird für immer beseitigt. ...
Alle Mitglieder der Gesellschaft sind an der Entwicklung zum Kommunismus interessiert, nehmen Mühe und Sorge um seinen Aufbau auf sich.
Der Kommunismus, der als zweite, höhere Phase aus dem Sozialismus erwächst, ist die höchste Stufe der menschlichen Gesellschaft, in der die Produktivkräfte wachsen und alle Springquellen des gesellschaftlichen Reichtums voller fließen werden und wo das große Prinzip herrschen wird: Jeder nach seinen Fähigkeiten, jedem nach seinen Bedürfnissen. Der Kommunismus ist eine hochorganisierte Gesellschaft freier arbeitender Menschen von hohem Bewußtsein, in der gesellschaftliche Selbstverwaltung bestehen wird. Die planmäßig organisierte kommunistische Wirtschaft wird durch die wirksamste und rationellste Nutzung des materiellen Reichtums und der menschlichen Arbeitskraft eine so hohe Arbeitsproduktivität erreichen, daß die wachsenden Bedürfnisse aller Mitglieder der Gesellschaft vollständig befriedigt werden können. Eine Kontrolle über das Maß des Verbrauchs an materiellen und kulturellen Gütern, wie wir sie heute noch vermittels des Geldes vornehmen, wird überflüssig.
Das ist eine Utopie, ein Wunschtraum, wenden manche „klugen“ Leute ein. Sie meinen, selbst wenn der materielle Reichtum der Gesellschaft unermeßlich steigt, werde man das kommunistische Verteilungsprinzip nicht anwenden können; denn

wer garantiere dafür, daß die Menschen keine unvernünftigen Forderungen stellen, daß einzelne sich nicht auf Kosten anderer mit allem möglichen Luxus umgeben werden?
Befürchtungen solcher Art sind überflüssig. Bei den Menschen des Kommunismus wird sich eine kommunistische Moral herausgebildet haben, und ein wichtiger Bestandteil der kommunistischen Moral wird eine vernünftige Einstellung zum Verbrauch sein: „Die Forderungen und Wünsche der Menschen werden bei all ihrer Vielfalt ein Ausdruck der gesunden, vernünftigen Bedürfnisse des allseitig entwickelten Menschen sein", sagt dazu das Programm der KPdSU.
Mit dem *Sieg des Kommunismus* beginnt die wahre Geschichte der Menschheit. Der Sieg des Kommunismus wird die Menschheit für immer von Kriegen und von den erbitterten Kämpfen innerhalb der Gesellschaft befreien; der Sieg des Kommunismus wird für immer Ungerechtigkeit, Kulturlosigkeit und Unwissenheit verbannen; der Sieg des Kommunismus wird der endgültige Triumph des Menschlichen über das Unmenschliche auf der ganzen Welt sein ..."

Gottes Reich - eine Utopie?

Als man Johannes gefangengesetzt hatte, ging Jesus nach Galiläa und verkündete im Auftrag Gottes: „Jetzt erfüllt Gott, was er versprochen hat: er will seine Herrschaft aufrichten und sein Werk vollenden. Ändert euch und glaubt diese Gute Nachricht!" (Mk 1, 14). Die Herrschaft Gottes steht im Mittelpunkt der Verkündigung Jesu. Was darunter zu verstehen sei, war schon bei den Zeitgenossen Jesu umstritten. Die einen meinten damit eine revolutionäre Befreiung Israels durch einen „Messias" (s. S. 150) aus der alten Königsfamilie des David. Andere verbanden mit diesem Wort das Gericht Gottes am Ende der Zeiten und das Leben der auserwählten Frommen in der Stadt Gottes.
Unterschiedliche Erwartungen zeigt auch eine Szene aus dem Verhör Jesu durch Pilatus, wie sie im Johannesevangelium berichtet ist:

Was dürfte sich Pilatus unter Reich Gottes vorgestellt haben?

Pilatus ging in den Palast zurück und ließ Jesus vorführen. Bist du der König der Juden? fragte er ihn. Jesus antwortete: Bist du selbst auf diese Frage gekommen, oder haben dir andere von mir erzählt? Pilatus erwiderte: Hältst du mich etwa für einen Juden? Dein eigenes Volk und die führenden Priester haben dich mir übergeben. Was hast du getan? Jesus sagte: Mein Herrschaftsbereich gehört nicht zu dieser Welt. Sonst würden meine Untertanen dafür kämpfen, daß ich den Juden nicht in die Hände falle. Nein, mein Reich ist von ganz anderer Art! Da fragte Pilatus ihn: Du bist also doch ein König? Jesus antwortete: Ja, ich bin ein König. Ich wurde geboren und kam in die Welt, damit ich für die Wahrheit eintrete. Wer die Wahrheit liebt, hört auf mich. Wahrheit? meinte Pilatus, was ist das?

Johannes 18, 33–37

Gegenseitig die Füße waschen

Reich Gottes - Herrschaft Gottes - Reich der Wahrheit sind im Neuen Testament Bezeichnungen für das, was mit Jesus beginnt und bei den Nachfolgern Jesu aufleuchten soll. Die Vollendung dieses Reiches ist auch eine Utopie - eine Hoffnung, die an Jesu Wiederkunft geknüpft ist.

Was heißt nach dieser Geschichte „Herrschaft Gottes"? Welche Taten und Worte Jesu fallen euch noch ein, die verdeutlichen können, was Reich Gottes meint? Sucht Gemeinsamkeiten und Unterschiede zwischen Jesus, Jesaja und den kommunistischen Erwartungen.

Er stand vom Tisch auf, zog sein Oberkleid aus, band sich ein Tuch um und goß Wasser in eine Schüssel. Dann machte er sich daran, seinen Jüngern die Füße zu waschen und mit dem Tuch abzutrocknen.

Als er zu Simon Petrus kam, sagte der: Du willst mir doch nicht die Füße waschen, du, unser Herr? Jesus antwortete: Wenn ich dir nicht die Füße wasche, kannst du nicht mit mir verbunden bleiben.

Nachdem Jesus ihnen die Füße gewaschen hatte, zog er sein Oberkleid wieder an und kehrte zu seinem Platz am Tisch zurück. Begreift ihr, was ich eben für euch getan habe? fragte er sie. Ihr nennt mich Lehrer, und doch habe ich euch eben die Füße gewaschen. Von jetzt an sollt ihr euch gegenseitig die Füße waschen. Ich habe euch ein Beispiel gegeben, damit auch ihr so handelt, wie ich an euch gehandelt habe. Ich sage euch: ein Diener ist nicht größer als sein Herr, und ein Bote ist nicht größer als sein Auftraggeber. *Johannes 13, 4-8+12-16*

Irrweg der Hoffnung?

Das Täuferreich in Münster (1534-1535)

Die Erneuerungsbewegung in Deutschland, die 1517 durch Luthers Ablaßthesen ausgelöst wurde, ermutigte verschiedene Gruppen zu dem Versuch, durch radikale soziale und politische Veränderungen die Welt zum Reich Gottes zu machen. Man faßt diese Gruppen unter dem Begriff „Schwärmer" zusammen. Diese Bezeichnung hat dazu geführt, ihre Ziele und ihr Vorgehen als „weltfremd" abzuwerten. Die Berichte von den Täufern in Münster - so genannt, weil sich ihre Mitglieder noch einmal taufen ließen - geben aber auch Anstöße, die in späterer Zeit immer wieder aufgenommen wurden. Zunächst hatten die Täufer in Münster unter Führung von Jan van Leiden die katholische Partei vertrieben und griffen dann die Lutheraner an.

Bericht eines Zeitgenossen:

Aus welcher Sicht ist der folgende Text geschrieben?

„Als nun der erste Montag in den Fasten (23. Februar 1534) gekommen ist …, haben die Wiedertäufer den alten Rat abgesetzt und einen neuen Rat gewählt. So haben sie Knipperdolling und Kibbenbroick als Bürgermeister eingesetzt, und alle diejenigen, die sie in den Rat setzten, das waren alle miteinander Wiedertäufer, denn sie wollten einerlei Leute sein.
Das sind sie an diesem Freitag (27. Februar 1534) morgens gegen sieben Uhr in der Stadt in den Straßen auf und ab gelaufen und haben gerufen: „Heraus, ihr Gottlosen, Gott will einmal aufwachen und will euch strafen!" So liefen sie durch die Stadt mit ihrem Gewehr, mit Büchsen, Spießen und Hellebarden und schlugen die Türen auf und haben da jeden aus der Stadt gejagt, der sich nicht wollte taufen lassen. Und dieselben mußten alles stehenlassen, was sie besaßen, Haus und Hof, Frau und Kind, und mußten jämmerlich von dem Ihren ziehen und es so stehenlassen. So sind Männer und Frauen und die ganze Geistlichkeit, Mägde und Kinder an einem Freitag aus Münster ausgezogen. …
Als das Volk nun aus der Stadt gezogen ist, da ist ein großes Geschrei von Frauen und Kindern in der Stadt Münster gewesen. Dieselben, die von den Männern, Frauen und Mägden in der Stadt geblieben sind, sind mit Gewalt zur Taufe gezwungen worden, wie ihr noch weiter hören sollt. So mußten dieselben Bürger und Frauen, die an dem Freitag in der Stadt geblieben waren, auf den Markt gehen und sich taufen lassen. Dasselbe dauerte bei drei Tage lang.
So sind sie des weiteren eins geworden und haben beschlossen, daß alles Gut gemeinsam sein soll, daß ein jeder sein Geld, Silber und Gold aufbringen sollte. … Als die Propheten und Prädikanten darüber mit dem Rat eins geworden waren, haben sie das in der Predigt verkündigen lassen, daß alles Gut gemeinsam sein sollte, so daß jeder so viel haben sollte wie der andere, sie wären reich oder arm gewesen, sie sollten alle gleich reich sein, der eine sollte so viel haben wie der andere. …
So haben sie das Volk auf dem Markt zusammenkommen lassen und dort eine Predigt getan. Da hat Jan van Leiden gesagt, daß es Gottes Wille wäre, daß ein jeder sein Geld, Silber und Gold aufbringen sollte. „Dasselbe Geld, Silber und Gold ist zu unserem Besten, wo wir es dann nötig haben." So haben sie so greulich gepredigt und so hohe Strafen darauf gesetzt, daß niemand etwas behalten durfte. Wo sie einen ausfindig machen konnten, der sein Geld, Silber und Gold behalten hatte, taten sie ihn aus der Gemeinschaft und straften ihn so, daß ein anderer daran dachte. Und sie hieben einem Teil von ihnen die Köpfe ab, so daß niemand etwas behalten durfte. …
Sie wollten auch haben, daß alle Dinge frei sein sollten, das eine sowohl wie das andere, Haus und Hof, kein Ding ausgenommen. So wollten sie nimmer die Tür zuschließen, es wäre Tag oder Nacht. Allezeit sollten die Häuser offenstehen, so daß der eine zu dem anderen hineingehen sollte, wann er wollte. So haben Jan van Leiden mit seinem Bischof, Prädikanten und den zwölf Ältesten den Ehestand verkündigt, daß es Gottes Wille wäre, daß sie sollten die Welt vermehren, daß ein jeder sollte drei oder vier Frauen nehmen, soviel als er haben wollte. …

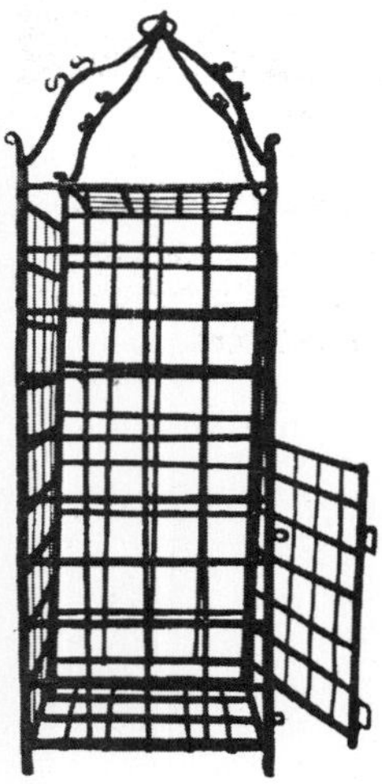

Nach der Eroberung Münsters durch die verbündeten Fürsten wurden Wiedertäufer in solchen Käfigen an einem Kirchturm (Lamberti-Kirche) aufgehängt.

Jan van Leiden ist eine große Offenbarung gekommen, daß er sollte ein König über Neu-Israel und über die ganze Welt und nächst Gott sein. In der ganzen Welt sollte kein König oder Herr sein als Jan van Leiden. Und in der ganzen Welt sollte keine Obrigkeit mehr sein als Jan van Leiden und wen er von den Wiedertäufern einsetzte. Es hat Jan van Leiden die Offenbarung dem gemeinen Volk verkündigt, daß Gott ihm so offenbart hätte, daß er sollte sein ein König der Gerechten und sollte die Ungerechten strafen in der Welt und sollte sein nächst Gott. Das gemeine Volk hat stillgeschwiegen in der Stadt. Der eine hat es geglaubt und der andere nicht mit der Offenbarung.“

Eine singende Republik

Vergleicht diese beiden Versuche, das Reich Christi auf der Erde zu verwirklichen.

Die katholische Mission in Südamerika beginnt mit der spanisch-portugiesischen Eroberung im 16. Jahrhundert. Einmalig ist das ideale Staatswesen der Jesuiten in Paraguay (1631–1767). Den jesuitischen Patres schwebte ein wahrhaftes Reich Christi auf Erden vor. Etwa 150000 Indianer wurden fern aller kolonialen Sklavenhalterei voll akzeptierte Bürger eines großen Gemeinwesens.
Durch Musizieren, Spielen, Singen, Tanzen ließen sich die Indianer zur ungewohnten Feldarbeit ebenso wie zum Mitfeiern der Messe inspirieren. In der Blütezeit des Jesuitenstaates gab es unter der Leitung von jeweils nur zwei Patres etwa 38 Großgemeinschaften in Dörfern von je 3000–6000 Indianern, einheitlich angelegte Siedlungen mit Kirche, mit Schule, Krankenhaus, Altersheim, Friedhof und Wohnung für die Patres um einem zentralen Platz, der rundherum Vorbauten als Schutz gegen Sonne und Regen hatte. Die Indianer erwiesen sich als höchst gelehrig. Rasch sangen sie mehrstimmig, spielten in Orchestern die europäischen Blas- und Streichinstrumente, übten in Werkstätten alle europäischen Handwerke aus, gravierten, schrieben Meßbücher ab, bauten Trompeten, gar eine Orgel.
Als ihnen aber (unbegründet!) unterstellt wurde, sie hätten in Paraguay Goldbergwerke entdeckt, deren Existenz sie auf das strengste geheimhalten würden, als der Orden 1759 aus Portugal, 1766 aus Spanien vertrieben wurde, brach die „Utopie im Urwald“ zusammen. Die Patres wurden von den spanischen bzw. portugiesischen Kolonialherren verhaftet, Kirchen, Schulen, Werkstätten, Bibliotheken mit einer Brutalität ohnegleichen zerstört.

Was Utopien bewirken

Der Vogel Turlipan

An der Schul zu Salamanca,
Da lehrte ein Dekan,
Der suchte wie ein Kranker
Den Vogel Turlipan,
Den bunten Vogel Turlipan.

Die anderen Professoren
Verzogen das Gesicht:
Der Vogel ward nie geboren,
Den Vogel gibt es nicht,
Den bunten Vogel Turlipan.

Er sprach: Ich muß ihn finden,
Und reiste weit landein.
Da fand er hinter den Winden
Einen Berg aus Edelstein.
Doch nicht den Vogel Turlipan.

Da stieg er gleich zu Schiffe,
Fuhr über die sieben Meer.
Die Zimt- und Pfefferriffe
Entdeckte er.
Doch nicht den Vogel Turlipan.

Und steht er nicht auf dem Lande,
Und schwimmt er nicht im Meer,
So fliegt er im Federgewande
Wohl in der Luft umher,
Der bunte Vogel Turlipan.

Da hat er das Luftschiff erfunden,
Das noch nicht erfunden war,
Und fuhr den Himmel erkunden
Vergeblich zehen Jahr.
Fand keinen Vogel Turlipan.

Sprachen die Professoren:
Sein Leben ist vertan.
Es wissen selbst die Toren,
Es gibt keinen Turlipan.
Es gibt wirklich keinen Turlipan.

Peter Hacks

Vorreiter des Ich

Träumt einer, so bleibt er niemals auf der Stelle stehen. Er bewegt sich fast beliebig von dem Ort oder Zustand weg, worin er sich gerade befindet. Ums dreizehnte Jahr wird das mitreisende Ich entdeckt, daher wachsen um diese Zeit die Träume vom besseren Leben besonders üppig. Sie bewegen den gärenden Tag, überfliegen Schule und Haus, nehmen mit sich, was uns gut und teuer ist. Sind Vorreiter auf der Flucht und machen für unsere deutlicher werdenden Wünsche ein erstes Quartier. Die Kunst wird geübt, sich über das zu unterhalten, was man bis jetzt noch nicht erlebt hat. Auch der durchschnittliche Kopf erzählt sich in dieser Zeit Geschichten vor, leichte Fabeln, worin es ihm wohlergeht. Er spinnt die Geschichten auf dem Schulweg aus oder auf dem Spaziergang mit Freunden, und immer steht der Erzählende, wie auf einem gestellten Bild, in der Mitte. Haß gegen den Durchschnitt erfüllt in dieser Zeit fast alle, auch wenn sie selber nicht weit vom Stamm gefallen sein sollten. Die junge Gans will sich verbessern, der junge Flegel

Welche Bedeutung haben nach Ernst Bloch Träume von Jugendlichen?

spuckt auf häuslichen Muff. Mädchen arbeiten an ihrem Vornamen herum wie an ihrer Frisur, sie machen ihn pikanter, als er ist, und erlangen dadurch den Start für ein geträumtes Anderssein. Jünglinge treiben auf ein edleres Leben, als es gegebenenfalls der Vater führt, auf ungeheuerliche Taten zu. Das Glück wird versucht, es schmeckt verboten und macht alles neu.

Ernst Bloch

Diskutiert folgende Behauptungen und formuliert Gegenpositionen:

1. *Jedes große historische Geschehen begann als Utopie und endete als Realität.*
2. *Manche Leute sehen Dinge und sagen: „Warum?", aber ich träume Dinge, die es nie gab, und ich frage: „Warum nicht?"*
3. *Menschsein heißt, Utopien haben.*

Befürchtungen

Orwell oder Huxley?

In banger Erwartung sahen wir dem Jahr 1984 entgegen. Als es kam und die Prophezeiung nicht eintrat, stimmten nachdenkliche Amerikaner verhaltene Loblieder an - auf sich selbst. Die Wurzeln der freiheitlichen Demokratie hatten gehalten. Mochte anderswo der Terror ausgebrochen sein - uns zumindest hatten Orwells Alpträume nicht heimgesucht.

Aber wir hatten vergessen, daß es neben Orwells düsterer Vision eine zweite gegeben hatte - ein wenig älter, nicht ganz so bekannt, ebenso beklemmend: Aldous Huxleys *Schöne neue Welt*. Entgegen einer auch unter Gebildeten weit verbreiteten Ansicht haben Huxley und Orwell keineswegs dasselbe prophezeit. Orwell warnt vor der Unterdrückung durch eine äußere Macht. In Huxleys Vision dagegen bedarf es keines Großen Bruders, um den Menschen ihre Autonomie, ihre Einsichten und ihre Geschichte zu rauben. Er rechnete mit der Möglichkeit, daß die Menschen anfangen, ihre Unterdrückung zu lieben und die Technologien anzubeten, die ihre Denkfähigkeit zunichte machen.

Orwell fürchtete diejenigen, die Bücher verbieten. Huxley befürchtete, daß es eines Tages keinen Grund mehr geben könnte, Bücher zu verbieten, weil keiner mehr da ist, der Bücher lesen will. Orwell fürchtete jene, die uns Informationen vorenthalten. Huxley fürchtete jene, die uns mit Informationen so sehr überhäufen, daß wir uns vor ihnen nur in Passivität und Selbstbespiegelung retten können. Orwell befürchtete, daß die Wahrheit vor uns verheimlicht werden könnte. Huxley befürchtete, daß die Wahrheit in einem Meer von Belanglosigkeiten untergehen könnte. Orwell fürchtete die Entstehung einer Trivialkultur, in deren Mittelpunkt Fühlfilme, Rutschiputschi, Zentrifugalbrummball und dergleichen stehen. Wie Huxley in *Dreißig Jahre danach oder Wiedersehen mit der ‚Schönen neuen Welt'* *(Brave New World Revisited)* schreibt, haben die Verfechter der bürgerlichen Freiheiten und die Rationalisten, die stets auf dem Posten sind, wenn es gilt, sich der Tyrannei zu widersetzen, „nicht berücksichtigt, daß das Verlangen des Menschen nach Zerstreuungen fast grenzenlos ist". In *1984,* so fügt Huxley hinzu, werden die Menschen kontrolliert, indem man ihnen Schmerz zufügt. In *Schöne neue Welt* werden sie dadurch kontrolliert, daß man ihnen Vergnügen zufügt. Kurz, Orwell befürchtete, das, was uns verhaßt sei, werde uns zugrunde richten. Huxley befürchtete, das, was wir lieben, werde uns zugrunde richten.

Neil Postman

Informiert euch genauer über die utopischen Romane von Orwell und Huxley.

Tragt Argumente für und gegen die Meinung des Verfassers zusammen.

Die Erde i

des Herrn

Fortschritt

Welche anderen möglichen „Fortschritte" sind euch bekannt? Welche Probleme und Gefahren können daraus entstehen?

Erfolge von Wissenschaft und Technik?

Unter der Überschrift: „Die sieben Weltwunder der nächsten 30 Jahre" war 1970 in einer bekannten Illustrierten zu lesen:

1. Weltwunder: Wir werden mit 100 noch so jung sein wie heute mit 30,
2. Weltwunder: Wir werden 3500 Meter tief im Atlantik Erz abbauen,
3. Weltwunder: Wir werden Menschen in Brutanlagen züchten,
4. Weltwunder: Wir werden die vernünftigste Stadt der Welt errichten,
5. Weltwunder: Wir werden Speisen aus der Retorte zaubern,
6. Weltwunder: Wir werden Schnupfen und Grippe für immer abschaffen,
7. Weltwunder: Wir werden das Feuer des Himmels auf die Erde holen.

82 Experten der Biochemie und die Zukunftsforscher zweier amerikanischer Denkfabriken haben schon vor einigen Jahren dargelegt, welche Spielarten von „biologischer Technologie" sie in den ersten Jahrzehnten nach 2000 für möglich oder wahrscheinlich halten:
Hinausschieben von Alter und Tod; isolierte Gehirne, zusammengeschaltet mit Computern; Maschinenmenschen, gezielte Eingriffe in das genetische Programm der Menschheit. Übermenschen „mit besseren Hirnen und wärmeren Herzen" wären dann denkbar - aber auch abschreckende Horrorwesen, Heere von menschlichen Arbeitssklaven, die spezialisiert sind auf bestimmte Aufgaben und Fähigkeiten; eine Welt ohne Krankheit, biologische Kriege und Unfälle mit verheerenden Folgen.

Herrschaft über die Erde

Der Turmbau

Es hatte aber alle Welt einerlei Zunge und Sprache. Als sie nun nach Osten zogen, fanden sie eine Ebene im Lande Sinear und wohnten daselbst. Und sie sprachen untereinander: Wohlauf, laßt uns Ziegel streichen und brennen! - und nahmen Ziegel als Stein und Erdharz als Mörtel und sprachen: Wohlauf, laßt uns eine Stadt und einen Turm bauen, dessen Spitze bis an den Himmel reiche, damit wir uns einen Namen machen; denn wir werden sonst zerstreut in alle Länder.
Da fuhr der Herr hernieder, daß er sähe die Stadt und den Turm, die die Menschenkinder bauten. Und der Herr sprach: Siehe, es ist einerlei Volk und einerlei Sprache unter ihnen allen, und dies ist der Anfang ihres Tuns; nun wird ihnen nichts mehr verwehrt werden können von allem, was sie sich vorgenommen haben zu tun. Wohlauf, laßt uns herniederfahren und dort ihre Sprache verwirren, daß keiner des andern Sprache verstehe! So zerstreute sie der Herr von dort in alle Länder, daß sie aufhören mußten, die Stadt zu bauen . . . *1 Mose 11,1-8*

Stadtbesetzung

Schwarze Wälder belagern die Stadt, haben sie lautlos umzingelt. Längst haben sie Vorposten an die Einfallstraßen gestellt, Spähtrupps, Vorhuten, Fünfte Kolonnen bis in den Stadtkern geschickt. Jetzt dringen sie nachts in die Vororte ein, schlagen sie Breschen in Villenviertel, stoßen an die Ufer des Flusses, die Böschungen der Kanäle vor und säumen alle Gewässer ein.

Pappelkolonnen sperren die Straßen ab, gliedern die Alleebäume ein, schließen zu dichteren Reihen auf, marschieren im Gleichschritt weiter. Tannen und Eschen befreien Gefangene in den Gärten und Parks, Friedhöfen und Hinterhöfen. Eichen und Buchen besetzen die Kreuzungen, Knotenpunkte, die großen Plätze, verbrüdern, verschwistern sich mit den Ulmen, Linden, Kastanienbäumen, sprengen die Ketten parkender Autos, drängen die Baumaschinen, Bauzäune, Grundmauern, Gerüste, Geländer zurück, schlagen Wurzeln in Gruben und Gräben.

Fichten umstellen die Amtsgebäude, das Rathaus, den Rundfunk, den Bahnhof, die Polizeiinspektionen, Gerichte, Gefängnis, das Arbeits- und das Finanzamt. Die Pappelfront hat die Kaserne erreicht, verteilt sich um die Gebäude. Ahornbäume füllen die Lücken, schreiten durchs Tor in den Hof. Machtlos klettern die Wachen mit ihren Gewehren die Äste hinauf in die Kronen, sehen vor lauter Bäumen die Stadt nicht mehr.

Geräuschlos, kampflos, ohne Verluste haben die Wälder die Stadt besetzt, erobern sie Heimatboden zurück, besiegen sie Steine, Stahl und Beton, verdrängen Verdrängte ihre Verdränger.

Wolfgang Bächler

Welche Befürchtungen sind in diesen Texten versteckt oder offenkundig enthalten? Welche Absichten verfolgen die Autoren?

Rückzug

Zuerst schäl ich den Himmel ab
damit ich blaue Kleider hab

dann atme ich die Wolken ein
so muß ich nicht mehr durstig sein

dann reiß ich alle Bäume aus
und mach mir lange Spieße draus

und alle Blumen brech ich dann
bis ich die Erde nackt sehn kann

dann jag ich alle Käfer fort
und hetze jeden Stein vom Ort

Die nassen Asseln unterm Stein
die werden mir vielleicht verzeihn

Erich Fried

Ist Größenwahn heilbar?

*Diskutiert den Ausspruch:
„Jeder Fortschritt ist ein Fortschreiten von der Humanität."*

Es hatten aber die Industrienationen
einerlei Zunge
und die Sprache der Habgier.
Und sie lautete:
Wirtschaftswachstum um jeden Preis
und industrielle Expansion
mit Riesengewinnen für die Investoren.
Und sie suchten und fanden
viele Ebenen im Lande,
ideale Bauplätze
für Reaktoren, chemische Anlagen,
für Flughäfen und Autotrassen.
Und sie wohnten daselbst - nicht.

Und sie sprachen untereinander:
Laßt uns einen Baustoff herstellen,
eine todsichere Mischung,
die nicht zerspringt und nicht verbrennt.
Und sie nahmen die hitzefestesten Elemente,
erprobt in Feueröfen und Retorten,
und sie sprachen:
Wohlauf, laßt uns einen Reaktor bauen,
einen schnellen Brüter,
eine richtige Teufelsküche mit 1000 Sonnen
für unseren Energiebedarf.

Laßt uns ein Kraftwerk bauen,
dessen Spitze und Kühltürme
bis an den Himmel reichen.

Und laßt uns einen Großflughafen bauen
mit kilometerlangen Start- und Landebahnen,
mit weiten Einflugschneisen,
die Flugzeuge anziehen wie Geschmeiß,
und mit einem Kontrollturm,
dessen Spitze bis in den Flugwarteraum
des Himmels reicht.
Laßt uns Zubringer- und Schnellstraßen bauen
durch Städte, Dörfer und Siedlungen,
damit wir unterwegs keine Zeit verlieren.
Laßt uns schnelle Autos bauen,
deren Spitzengeschwindigkeiten
dem Himmel Schrecken einjagen.

Laßt uns ein Wirtschaftsimperium bauen,
das bis an die Enden der Welt
und bis in unerforschte Regionen
des Himmels reicht.

Laßt uns konstruieren,
was alle Horizonte sprengt,
damit wir uns einen Namen machen
und Aufträge erhalten,
damit unsere Firmennamen
überall aufleuchten in der Welt,
damit wir die andern
endgültig überrunden
und in die Knie zwingen.
Laßt uns alle ergiebigen Märkte erobern -
unser Kapital wird sonst zerstreut,
verplempert in Lächerlichkeiten.
Laßt uns das Wachstum forcieren,
wir können uns sonst nicht halten
im internationalen Geschäft,
wir werden sonst an den Rand gedrückt
und selbst zum Entwicklungsland.

Da fuhr der Herr hernieder
und sah die Industrielandschaft,
erstickt in Abgasen, Schmutz und Lärm,
die Raffinerien und Maschinenstraßen,
die Tankanlagen und Riesenretorten,
die Klärwerke und Entsorgungsdeponien.
Und der Herr sah,
daß die Menschen vertauschten
Gärten gegen Baustellen,
Felder und Wiesen gegen Betonpisten,
Blumen gegen Plastik,
Freude am Essen gegen Schleckigkeit,
Zeit gegen Hektik,
ursprüngliche Landschaft gegen einen Alptraum.

Und der Herr sprach:
Das ist der Anfang ihres Tuns -
erst der Anfang.
Sie werden sich durch nichts abhalten lassen.
Sie werden einander
Geschwindigkeit und Höhen,
Gifte und Strahlungen schon beibringen,
bis ihnen die Sinne schwinden.

Sie werden ihre Projekte trotz allem verfolgen,
planbesessen und blind.
Rücksichtslos werden sie vorgehen gegen die,
die nicht in die Turmbaulandschaft passen.
Virtuosität werden sie entwickeln im Umgang
mit Schlagstöcken, Chemokeulen und Nebelkerzen,
mit Wasserwerfern, Tränengas und Störflügen.

Und der Herr sprach:
Wohlauf, laßt uns ihre Sprache verwirren
dort an den Baustellen und Abriegelungen,
an den Leitplanken und Wassergräben,
an den Stacheldrahtbarrieren
zum Schutze ungezügelten Wachstums,
dort, wo Demonstranten, Revolutionäre
und Polizisten aufeinandertreffen,
dort, wo Prügel geschwungen werden
und Pflastersteine fliegen.

Laßt uns ihre Köpfe und Gefühle verwirren,
ihre Interessen, Gutachten und Marschordnungen,
daß keiner des anderen Sprache verstehe,
daß keiner den anderen hören will.
Laßt ihr eingefahrenes Einvernehmen platzen
und ihre Sprachstörung komplett werden.

Da zerstreute sie der Herr –
dividierte sie auseinander,
teilte und zerspaltete sie gründlich
in verfeindete Blöcke,
in Befürworter und Gegner,
in Lobbies und ihre Widersacher,
in Kampfgruppen und Schützer,
in Aufständische und Hüter des Wachstums.
Und der Herr zerstreute sie von dort,
daß sie aufhören mußten, die Stadt zu bauen.

Manfred Fischer

Peter Breughel/Pierre Brauchli: „Babylon heute“

Leben in der Schöpfung Gottes

Genuß und Pflege

Lest beide Schöpfungsgeschichten und arbeitet ihre unterschiedlichen „Weltbilder" heraus.

In der Bibel finden sich zwei verschiedene Berichte vom Anfang der Welt. Der älteste im 1. Buch Mose, Kapitel 2,4–25, erzählt in einfacher Sprache, in anschaulichen, aber tiefsinnigen Bildern vom Garten des Paradieses, von den wohlschmeckenden Früchten und den lebenschenkenden Wasserströmen; vor allem aber von der fürsorglichen Zuwendung Gottes gegenüber dem Menschen, der in der Zweierbeziehung von Mann und Frau genießen darf, was um ihn her wächst und blüht. Als Partner Gottes weiß er sich anerkannt und gesegnet. Aber mit dem Lebensbaum in der Mitte des Gartens und seinen verbotenen Früchten ist ihm auch die Grenze gesetzt, deren Überschreitung Lebensgefahr bedeutet.
Dieser Erzählung vorgeordnet ist ein Schöpfungsbericht, der Jahrhunderte später entstand. Im 1. Buch Mose, Kapitel 1,1–2,4 versucht ein Priester, in knappen Worten und im Weltbild seiner Zeit darzustellen, daß alles Geschaffene auf das eine schöpferische Wort Gottes zurückzuführen ist. Er wußte schon erstaunlich viel aus der Naturgeschichte. Erde und Himmel, Licht und Wasser versteht er als entscheidende Voraussetzung allen Lebens. Auch die geschilderte Reihenfolge der Schöpfungswerke von den Pflanzen zu den Wassertieren über die Landtiere bis zu dem Menschen entspricht in großen Linien den heutigen Erkenntnissen. Wichtig war ihm vor allem, auf Gott als die lebenschenkende Kraft hinzuweisen.
Trotz aller Unterschiede der beiden Berichte in Sprache, Stil, Denkformen, Weltbild und Gottesvorstellung beschreiben sie gemeinsam die entscheidende Erkenntnis des Glaubens: Die Schöpfung ist allein die Sache Gottes. Ihr höchstes Ziel ist die Erschaffung des Menschen. Ihm allein wird die Verantwortung zur Bewahrung und Erhaltung aufgetragen.
Wie der Mensch in den Gaben der Natur die Güte Gottes erfährt, so fürsorglich soll er sich für die Mitmenschen und seine Umwelt mit einsetzen und um Gottes Willen jede Bedrohung oder Zerstörung von ihr abwenden. Damit beginnt die alte Schöpfungsgeschichte der Bibel heute ganz neu zu sprechen. Das Schicksal unserer guten und doch von vielen Seiten gefährdeten Welt ist als ein staunenswertes Werk Gottes vertrauensvoll und verantwortlich in die Hände des Menschen gelegt – eine große, ja vielleicht die wichtigste Aufgabe auch unserer Zeit, damit die Erde lebenswert bleibt und der Mensch Zukunft hat! *Armin Rudat*

Den chemischen Heinzelmännchen mißtrauen

Informiert euch über alternative Stoffe, die weniger umweltbelastend sind.

Wer hätte gedacht, daß wir soviel „*Chemie im Haushalt*" haben! Wer wußte schon Bescheid über all die Reiniger und Gelees, Cremes und Fläschchen, Lösungen und Lacke im Garten, im Badezimmer und in der Küche? Kaum einer redet über unseren gedankenlosen Umgang mit gefährlichen Alltags-Stoffen, denen wir auf Schritt und Tritt begegnen. Einige Stichworte: WC-Reiniger, Scheuermittel, Möbelpflege, Teppichreiniger, Weißmacher, Seifen, Sprays, Klebstoffe ...

Ehrfurcht vor dem Leben

Am Anfang dieses Jahrhunderts verzichtete der junge evangelische Theologe Albert Schweitzer (1875–1965) auf eine akademische Laufbahn. Er studierte Medizin und ging als „Urwalddoktor" nach Lambarene (heute Republik Gabun). „Ehrfurcht vor dem Leben" war das Losungswort, das ihn bei seinem Handeln bestimmte. Die folgenden Texte von A. Schweitzer erläutern dieses Losungswort.

Ein Jugenderlebnis

Als ich noch nicht in die Schule ging, hatten wir einen gelben Hund namens Phylax. Wie manche Hunde konnte er keine Uniformen leiden und ging immer auf den Briefträger los. Also wurde ich angestellt, zur Stunde des Briefträgers Phylax, der bissig war und sich schon an einem Gendarmen vergangen hatte, im Zaume zu halten. Mit einer Gerte trieb ich ihn in einen Winkel des Hofes und ließ ihn nicht heraus, bis der Briefträger wieder fort war. Welch stolzes Gefühl, als Tierbändiger vor dem bellenden und zähnefletschenden Hund zu stehen und ihn mit Schlägen zu meistern, wenn er aus dem Winkel ausbrechen wollte! Aber das stolze Gefühl hielt nicht an. Wenn wir nachher wieder als Freunde beieinander saßen, klagte ich mich an, daß ich ihn geschlagen hatte. Ich wußte, daß ich ihn vom Briefträger auch abhalten könnte, wenn ich ihn beim Halsband faßte und streichelte. Wenn die fatale Stunde aber wieder kam, erlag ich wiederum dem Rausch, Tierbändiger zu sein.

Die Schöpfung bewahren

Wo ich irgendwelches Leben schädige, muß ich mir darüber klar sein, ob es notwendig ist. Über das Unvermeidliche darf ich in nichts hinausgehen, auch nicht in scheinbar Unbedeutendem. Der Landmann, der auf seiner Wiese tausend Blumen zur Nahrung für seine Kühe hingemäht hat, soll sich hüten, auf dem Heimweg in geistlosem Zeitvertreib eine Blume am Rande der Landstraße zu köpfen.
Diejenigen, die an Tieren Operationen oder Medikamente versuchen oder ihnen Krankheiten einimpfen, um mit den gewonnenen Resultaten Menschen Hilfe bringen zu können, dürfen sich nie allgemein dabei beruhigen, daß ihr grausames Tun einen wertvollen Zweck verfolge. In jedem einzelnen Falle müssen sie erwogen haben, ob wirklich Notwendigkeit vorliegt, einem Tiere dieses Opfer für die Menschheit aufzuerlegen. Und ängstlich müssen sie darum besorgt sein, das Weh, soviel sie nur können, zu mildern. Indem ich einem Insekt aus seiner Not helfe, tue ich nichts anderes, als daß ich versuche, etwas von der immer neuen Schuld der Menschen an die Kreatur abzutragen. Keiner mache sich die Last seiner Verantwortung leicht. Wenn soviel Mißhandlung der Kreatur vorkommt, wenn Tiere durch unbarmherzige Menschen Unmögliches erdulden oder dem grausamen Spiele von Kindern ausgeliefert sind, tragen wir alle Schuld daran.

Informiert euch über das Lebenswerk Albert Schweitzers.
Wie kann der Grundsatz Albert Schweitzers heute gelebt werden?

Umsteigen

Aus dem Bericht eines Lehrers, der versucht hat, einen Monat lang ohne Auto auszukommen:

- Viele Mitnahme-Fahrten bei Kollegen und Freunden (allerdings: Schmarotzer-Syndrom!). Als Gegengewicht aber die theologische Einsicht in die bekannte Beziehung: sich ruhig viel schenken zu lassen, ohne in den Zwang verfallen zu können, alles zu erwidern.
- Straßenbahn entdeckt! Nie wieder mit dem Auto in die Innenstadt!
- Fahrrad-Packtaschen gekauft und benutzt, desgleichen reflektierendes Zubehör; sportlichere Kleidung ins Auge gefaßt.
- Im Frühjahr wird ein Fahrrad-Anhänger gekauft, um Transportprobleme zu lösen; Katalogpreise schon verglichen, erste Kaufgespräche im Fachhandel haben stattgefunden.
- Das große Buch vom Leben auf dem Lande verschlungen; dennoch keine konkreteren Planungen, das Auto auf Biogas umrüsten zu lassen.
- Autobahn künftig max. 100 km/h; außer dem Zeitfaktor nur erdenklich positive Auswirkungen auf Geist, Seele, Materie und Geldbeutel.
- Bezeichne mich offen als militanten Fußgänger und mit etwas Koketterie auch als Sonntagsfahrer.
- Unlust auf neues Auto nahm signifikant zu; altes wird vermehrt gepflegt (technische Reparatur, nicht Putzmittel!).
- Bekanntenkreis ist nicht geschrumpft; Familie wurde weder sozial geächtet noch gesellschaftlich gemieden.
- Niemand wurde zur Nachahmung animiert, kein Schneeball-Effekt, kein Imitationslernen.

Dieter Ptassek

Diskutiert diese und ähnliche Vorschläge in Familie und Freundeskreis. Kannst du selbst auf Moped oder Motorrad verzichten?

Begradigte Schöpfung,
verrohrte Bäche,
betonierte Flußbetten.
Der alte Wäschbach,
Jahrhunderte frei und frech
heute steif wie ein Lineal.
Landschaft vom Reißbrett:
Uralte Bach- und Flußlandschaften
verschwanden in wenigen Jahren.

An vielen Bächen und Flüssen
werden heute
die alten Schlingen und Schleifen,
die Inseln und Windungen
mühsam wiederhergestellt.
Die begradigte Natur fordert
ihr Leben zurück.

Laßt die Schöpfung ungrade!

Herrschaft und Fürsorge

Was spricht für den Vorwurf, das biblische Menschen- und Naturverständnis sei die Ursache der ökologischen Krise?
Besteht der Vorwurf nach Kurt Oeser zu Recht oder zu Unrecht?
Ist es sinnvoll, an biblische Texte heutige Problemstellungen heranzutragen?

Bekannt ist der Vorwurf, das jüdisch-christliche Menschenbild und Naturverständnis – „Der Mensch steht im Mittelpunkt bzw. ist das Maß aller Dinge" – seien die eigentliche Ursache der ökologischen Krise. Wir stehen aber in einer Tradition, die wir nicht einfach über Bord werfen können. Die christliche Botschaft traf im Mittelmeerraum auf eine Kultur, die ganz wesentlich von griechischer Philosophie und römischem Herrschaftswillen geprägt war. Insofern ist der Vorwurf, das jüdisch-christliche Menschenbild und Naturverständnis seien die entscheidende Ursache der ökologischen Krise, zu pauschal. Neuerdings ist sogar zu hören, man könne entweder nur Christ oder Ökologe sein. Wir dürfen uns derartigen kritischen Anfragen und Vorwürfen nicht grundsätzlich verschließen, selbst wenn sie unpräzise und einseitig sind.
Der Auftrag zur Herrschaft über die Erde (1 Mose, Kap. 1) war kein Freibrief für schrankenlose Ausbeutung. Der Mensch als Ebenbild Gottes ist Teil der Schöpfung, wenn auch als besonders verantwortliches Geschöpf. Er ist Beauftragter Gottes in der Schöpfung, für die Schöpfung. Herrschen und Fürsorge gehören so untrennbar zusammen wie bebauen und bewahren, gestalten und erhalten (1 Mose, 2. Kap.). Man sollte nicht leugnen, daß Herrschaft durchaus auch im Sinne von bedenken- und grenzenloser Nutzung mißverstanden und wahrgenommen worden ist. Der erste Teil unseres Glaubensbekenntnisses kam häufig zu kurz und damit die Ehrfurcht vor dem Leben, die Liebe zu allem Geschaffenen. Über biblische Texte wie z. B. die Schöpfungspsalmen *(Psalmen 8; 19 A; 104; 139)* über Franz von Assisi, Martin Luther („Ich glaube, daß mich Gott geschaffen hat *samt allen Kreaturen"*) zu Albert Schweitzer führt – verkürzt dargestellt – jedoch eine Mut machende geistige und geistliche Lebenslinie. Sie gilt es neu zu entdecken und Schritt für Schritt in konkrete Alltagspraxis umzusetzen. Dazu kann auch der kritische wie respektvolle Umgang mit Überlieferungen anderer Kulturen beitragen, ohne daß wir unser spezifisches christliches Erbe vergessen. Die Kreatur wartet darauf, sie sehnt sich danach, daß wir endlich zu dem werden, was wir durch Christen werden können: Kinder Gottes, wahre Menschen (Römerbrief Kap. 8). Unsere Chance ist somit die Chance alles Geschaffenen, also die Lebens- und Überlebensmöglichkeit der gesamten außermenschlichen Schöpfung. *Kurt Oeser*

KANAD
MEXIKO

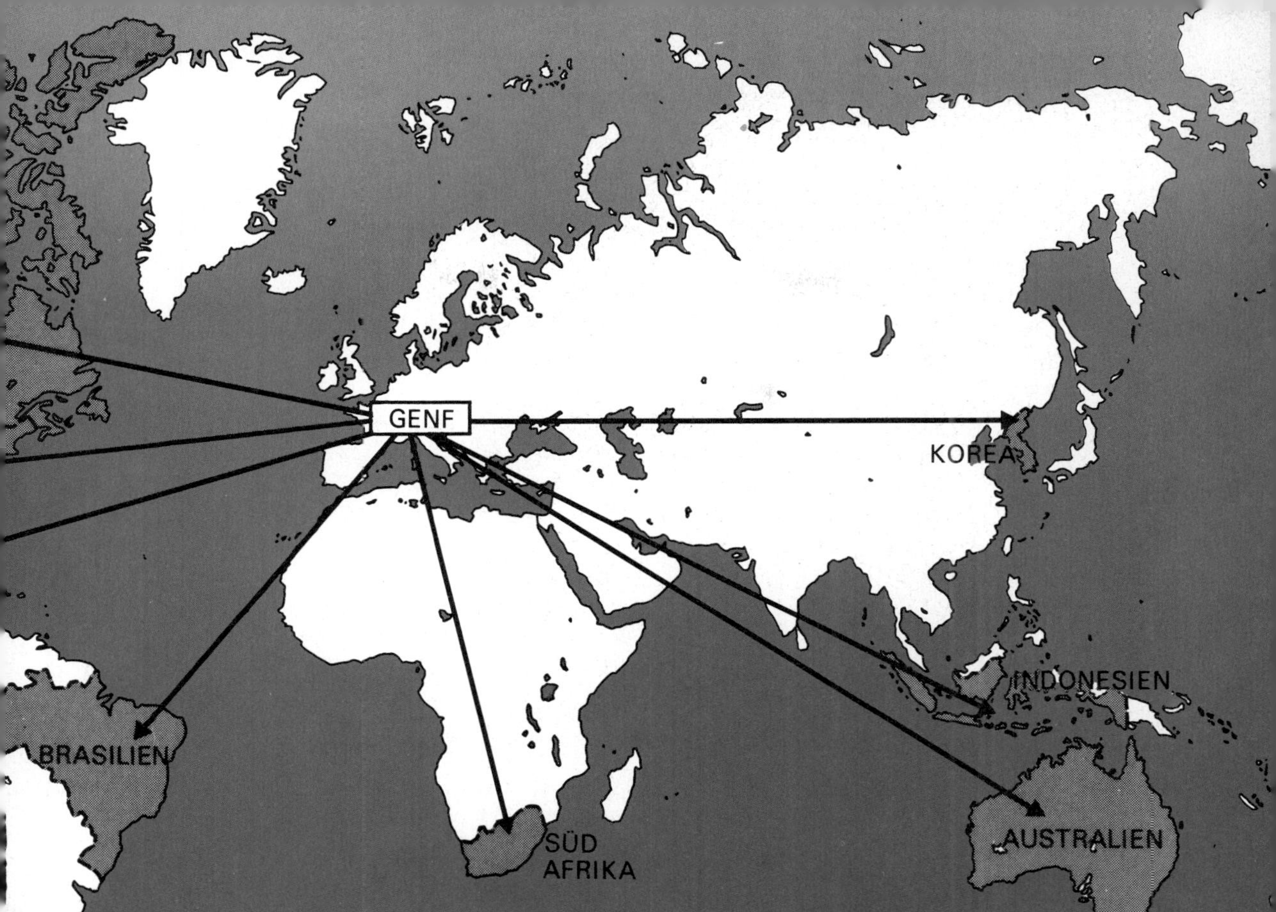

Weltweite Reformation – Johannes Calvin

1909 wurde das Reformationsdenkmal in Genf errichtet: Von links: Zuerst der Mann, der Calvin nach Genf holte: Guilleaume Farel (1489–1565); dann Johannes Calvin (1509–1564); dann Calvins Nachfolger in Genf, Theodor Beza (1519–1605); schließlich ein Schüler Calvins, der Reformator Schottlands: John Knox (1515–1572).

Informiere dich über Martin Luther (s. Kursbuch 7/8).
Stelle auf der Karte die Verbreitung der reformierten Kirchen fest, die sich von der Genfer Reformation herleiten.
Erkundige dich, ob deine Kirche von lutherischer oder reformierter Überlieferung herkommt oder von beiden beeinflußt ist.

Die Stadt Genf ist noch heute Sitz vieler politischer und kirchlicher Einrichtungen von internationaler Bedeutung. Stelle einige zusammen.

Weltweite Reformation

Wer bei dem Wort Reformation nur an Martin Luther und Wittenberg denkt, weiß zu wenig. Die evangelischen Kirchen verdanken ihre weltweite Verbreitung der Reformation, die Johannes Calvin in Genf durchgeführt hat. Die Reformation Luthers hatte nur in Deutschland und in den skandinavischen Ländern unmittelbare Folgen. Über Calvin und Genf aber gingen die neuen Anstöße in alle Welt. Calvins Wirken war der Ursprung einer fast unüberschaubaren Fülle kirchlicher Gemeinschaften. Leben und Denken der westlichen Welt sind stark von ihnen beeinflußt. Der Reformierte Weltbund vereinigt den größeren Teil der Kirchen, die aus der Genfer Reformation entstanden sind. Er umfaßt ca. 60 Millionen eingeschriebene Mitglieder – getaufte Kinder und sympathisierende Anhänger nicht mitgezählt. Außerdem führen viele sogenannte Freikirchen, die nicht dem Reformierten Weltbund angehören, Gedanken Calvins weiter, z. B. die Baptisten. Schließlich vereinen die „Unierten“ Kirchen in Deutschland (z. B. Baden, Berlin-Brandenburg usw.) die beiden großen reformatorischen Bewegungen aus Wittenberg und Genf.

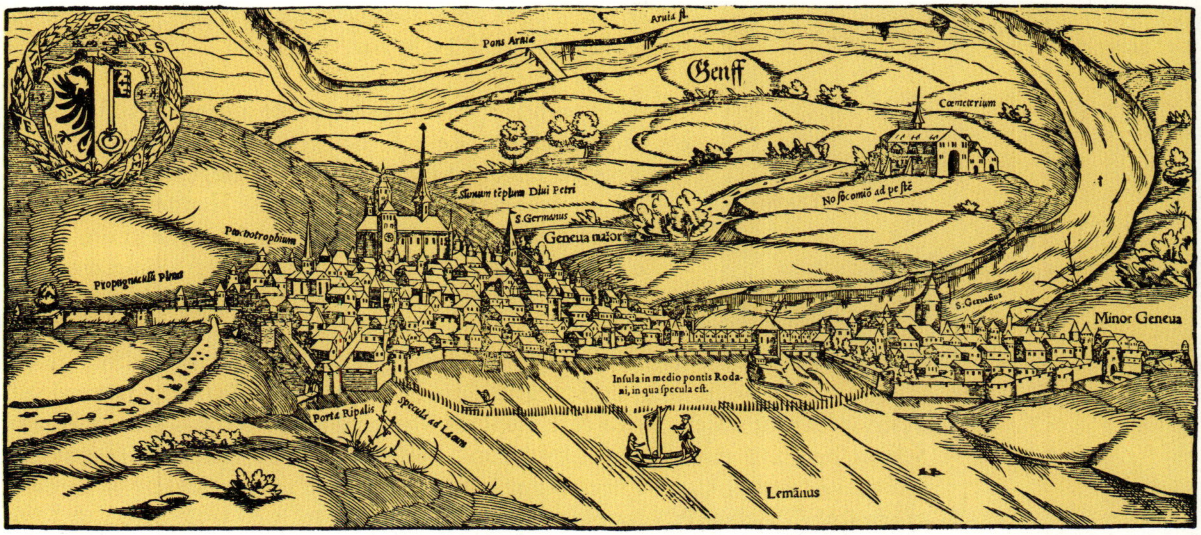

Reformator wider Willen

Calvins Erinnerung:
„Wie David von den Schafhürden weg zur höchsten Stelle im Reich erhoben worden ist, so hat Gott mich aus meinen dunklen und geringen ersten Verhältnissen emporgezogen und mich des ehrenvollen Amts gewürdigt, ein Verkünder des Evangeliums zu sein. Zur Theologie hatte mich mein Vater zwar schon als kleinen Knaben bestimmt. Als er später sah, daß die Rechtswissenschaft ihre Jünger gewöhnlich reicher macht, so brachte ihn diese Hoffnung auf einmal zu einer Änderung seines Planes. So kam's, daß ich vom Studium der Philosophie weggenommen und angewiesen wurde, die Gesetzeskunde zu treiben. So sehr ich mich nun aber auch aus Gehorsam gegen meinen Vater bemühte, dies getreulich zu tun, so hat doch Gott schließlich durch seine geheimnisvolle Vorsehung meinem Leben eine ganz andere Bahn gewiesen. Zuerst freilich war ich dem Aberglauben des Papsttums so hartnäckig zugetan, daß es nicht leicht war, mich aus diesem Abgrund herauszureißen ...
Sobald ich einen gewissen Geschmack an der wahren evangelischen Frömmigkeit gewonnen hatte, entflammte mich ein solcher Eifer, darin vorwärtszukommen, daß alle anderen Studien, obwohl ich sie keineswegs aufgab, völlig zurücktraten. Es war noch kein Jahr vergangen, als bereits alle, die nach der reinen Glaubenslehre Verlangen trugen, zu mir, dem Neuling und Anfänger, kamen, um bei mir zu lernen. Ich war von Natur etwas menschenscheu und schüchtern, hätte stets gern ein ruhiges Leben fern vom Treiben der Welt geführt und suchte mich in die Verborgenheit zurückzuziehen. Gott aber war nicht gewillt, mir das zu gewähren. Alle Orte, in die ich mich zurückzog, wurden bald zu öffentlichen Schulen. Und während ich nur im Sinne hatte, irgendwo unbekannt in Muße zu leben, führte mich Gott auf allerlei Umwegen solchergestalt, daß er mich nirgends Ruhe finden ließ,

Calvin sagte: „Gott hat meinem Leben eine neue Bahn gewiesen." Was meinte er damit?

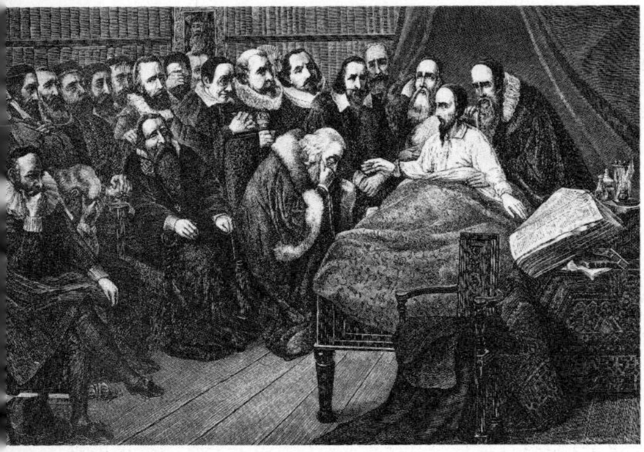

Calvin auf dem Sterbebett

bis er mich, ganz entgegen meiner natürlichen Veranlagung schließlich ans helle Licht zog.“

Calvins Freund, Nikolaus Cop, mußte am 1. November 1533 als neugewählter Rektor der Pariser Universität seine Antrittsrede halten. Er nutzte diese Gelegenheit für einen Aufruf zu evangelischem Denken und Handeln. Die Wirkung war gewaltig. Cop und Calvin, die gemeinsam diese Rede verfaßt hatten, mußten fliehen. Der König Franz I. hatte den Auftrag gegeben, Cop zu verhaften und „die ganze lutherische Sekte, die sich ausbreitet, aus unserem Königreich auszurotten“. Calvin tauchte zunächst in Südfrankreich unter und ging 1535 in die Schweiz, die Zufluchtsstätte vieler Vertriebener. In Basel schrieb er in wenigen Monaten das Werk, das ihn mit einem Schlag berühmt machte, die „Institutio“ (= Unterricht in Glaubensfragen). Er schickte es an seinen Verfolger Franz I., zusammen mit einem Schreiben, in dem er die französischen Protestanten gegen „bösartige Vorwürfe“ verteidigte.

Calvins Erinnerung:

„Immer suchte ich verborgen zu bleiben, und es war meine Absicht, bei dieser Weise zu verharren. Dann wurde ich aber in Genf ... zurückgehalten, gleich als ob Gott selbst vom Himmel seine starke Hand auf mich gelegt hätte. Als ich nämlich geradewegs nach Straßburg reisen wollte, war dieser Weg mir durch den Krieg verschlossen. Ich hatte vor, möglichst bald von Genf weiterzureisen. Nur eine Nacht wollte ich mich in dieser Stadt aufhalten. Hier war kurz vorher durch die Arbeit eines vorzüglichen Mannes, des Guilleaume Farel, das Papsttum verdrängt worden. Aber es war noch alles ungeordnet und die Stadt in schlimme und gefährliche Parteien zerrissen. Ein Mann, der jetzt nach schmählichem Abfall zu den Päpstlichen zurückgekehrt ist, machte alsbald, daß ich bekannt wurde. Farel nun, da er von unglaublichem Eifer, das Evangelium zu verbreiten, beseelt war, setzte eifrig alle Hebel an, um mich zurückzuhalten. Als er sah, daß ich dem stillen Privatstudium so ergeben war, daß er durch Bitten nichts bei mir erreichen konnte, scheute er sich nicht, mich zu beschwören. Er sagte, Gott möge meine Muße verfluchen, wenn ich ihm in dieser großen Not meine Hilfe versagen würde. Hierüber war ich so erschrocken, daß ich davon abstand, meine Reise fortzusetzen.“

Der erste Aufenthalt in Genf dauerte jedoch nur 22 Monate. Der Versuch, die Stadt zu reformieren, scheiterte zunächst. Calvin wurde als ungehorsamer Prediger aus Genf ausgewiesen ... In Straßburg hatte der vertriebene Reformator Gelegenheit, drei Jahre lang praktische Erfahrungen im Aufbau einer Gemeinde zu sammeln, fand Zeit zu weiteren Studien und lernte bei Religionsgesprächen gemäßigt denkende Katholiken und führende Protestanten aus Deutschland kennen. Seine Bemühungen um die Einheit der Kirche gab Calvin seither nicht wieder auf.
Später bemühte sich der Genfer Rat um Calvins Rückkehr. Aber der lehnte erst entschieden ab: „Hundertmal lieber will ich andere Todesarten erleiden, als mich

an dieses Kreuz schlagen zu lassen, an dem man täglich tausendmal verenden müßte." Ein zweites Mal griff Farel ein und holte Calvin mit „Donnern und Wettern" nach Genf zurück.

Calvin ging dann unverzüglich an die Arbeit. Es entstand die Kirchenordnung. Er gründete 1559 die Genfer Akademie und machte die Stadt zu einem Mittelpunkt der protestantischen Welt.
Von überall her strömten Protestanten in Genf zusammen. Viele Verfolgte fanden Aufnahme. Die Akademie war ein Ort intensiver Auseinandersetzung mit dem Denken der damaligen Zeit.
Die Gastfreundschaft der Reformierten wurde weltbekannt. Für viele gilt das Genf Calvins als Vorläufer eines demokratisch organisierten Gemeinwesens.

Die Kräfte freilich waren früh erschöpft. Am 28. April 1564 nimmt er mit ergreifenden Worten Abschied von den Genfer Pfarrern:
„Was ich getan habe, ist nichts wert. Die Böswilligen werden dies Wort unfehlbar aufgreifen, aber ich sage noch einmal, daß alles, was ich getan habe, nichts wert war und daß ich ein elendes Geschöpf bin. Aber ich darf sagen, daß ich das Gute gewollt habe, meine Untugenden mir immer mißfallen haben und die Wurzel der Gottesfurcht immer in meinem Herzen war ... ich bitte euch, daß das Böse mir vergeben sei, wenn aber etwas gut gewesen ist, daß ihr euch danach richtet und es befolgt."
Am 27. Mai 1564 starb Calvin. Sein Grab blieb, wie er es gewünscht hatte, unbekannt.

Vergleicht dieses Bild eines reformierten Abendmahlgottesdienstes mit einem Abendmahlgottesdienstes bei euch.

Die Genfer Kirchenordnung

Ämter

In vier Ämter ist die Leitung der Genfer Kirche gegliedert: die Pfarrer, die Lehrer, die Ältesten und die Diakone. Die *Pfarrer* werden von ihren Kollegen gewählt, die Wahl erlangt Gültigkeit jedoch erst nach Bestätigung durch den Kleinen Rat (=Teil des Gemeinderats). Jede Woche kommen sie zur Schriftauslegung zusammen, die anschließende Aussprache soll Meinungsverschiedenheiten klären; kann man sich nicht einigen, soll der Rat entscheiden. Daß die Pfarrer einer besonders

Informiere dich über die Ordnung und Ämter in deiner Kirchengemeinde. Stelle Gemeinsamkeiten und Unterschiede zur Genfer Kirchenordnung fest. Welches Amt hat in der reformierten Kirche eine besondere Bedeutung?

strengen Zuchtordnung unterliegen, ist selbstverständlich. Das Amt der *Lehrer* wird feierlich eingesetzt. Die *Diakone* sind für die Versorgung der Armen zuständig. Am wichtigsten, weil für Genf charakteristisch, ist das Amt der insgesamt *12 Ältesten*. Sie werden aus dem Rat ausgewählt und treten einmal wöchentlich mit den Pfarrern zusammen. Dieses Konsistorium überwacht die Ordnung der Gemeinde.

Die Kirchenzucht: ein Fall aus dem Konsistorium

Diese Kirchenzucht wird dir kaum gefallen. Was stört dich daran? Die meisten haben heute kein Verständnis mehr für die Genfer Kirchenzucht. Sie ist nur aus ihrer Zeit heraus zu verstehen. Man muß wissen, welche Mißstände Calvin mit dieser Ordnung beseitigen wollte. Lies folgenden Text:

Antoine Simon aus Vienne, wohnhaft an der Rhône-Brücke. Ob er verheiratet sei und Kinder habe? Antwortet, daß er verheiratet ist und ein Kind hat. Ob er zur Predigt gehe? Antwort: ja manchmal, wenn er kann; sein Sohn sei erst drei Jahre alt und verstünde sie noch nicht. Nach dem Glauben befragt, antwortet er, er verstehe ihn nicht gut. Hat das Gebet des Herrn gesagt; das Glaubensbekenntnis kann er nicht sagen ... Wird gebührend ermahnt, die Predigt öfter als bisher zu besuchen und sich das Glaubensbekenntnis lehren zu lassen.
„Die sittlichen Zustände im Frankreich seiner Jugend haben einen erschreckenden Tiefstand erreicht. Die bürgerlichen Mütter verkauften ihre Töchter an reiche kirchliche Würdenträger, um zunächst eine Mitgift für den später legalen Gatten herauszuschlagen. Man läßt Wachsbilder durch einen Priester taufen und erdolcht sie dann nach heidnischer Weise, um einer wirklich existierenden, verhaßten Person durch magische Fernwirkung einen schrecklichen Tod zu bereiten. Alle Grenzen zwischen weltlicher Unsitte und kirchlicher Sitten scheinen verwischt zu sein. Bischöfe bestrafen hart einzelne Gemeindemitglieder, um, wie man sagt, ihnen dann Straferlaß zu verkaufen. Auch Priester profitieren vom kleinsten Fehltritt in ihrem Pfarrbezirk. Sie lassen ihn sich nach willkürlichen Tarifen bezahlen – Zustände, die höchstens durch die sittliche Verrohung der damaligen katholischen Kirchen Genfs noch übertroffen wurde."

Absicht

Auszüge aus der Genfer Kirchenordnung vom Jahre 1561:

Im Namen des allmächtigen Gottes!
Wir, Bürgermeister, Kleiner und Großer Rat mit der gesamten Bürgerschaft, nach altem Rechtsbrauch durch Trompete und Große Glocke einberufen, haben bedacht, daß es vor allem not tut, die Lehre des heiligen Evangeliums unsers Herrn rein zu bewahren und die christliche Kirche durch eine gute Ordnung und Satzung so, wie es sich gehört, im Stande zu erhalten, die Jugend in Zukunft getreulich zu unterweisen, das Spital zum Unterhalt der Armen recht zu verwalten; daß all das aber nur dann geschehen kann, wenn eine feste Ordnung und Lebensform aufgestellt wird, aus der jeder an seinem Platz die Aufgabe seines Dienstes ersehen kann.

Wie beurteilt ihr Absicht und Maßnahmen der Kirchenordnung?

Unter den öffentlichen und allgemeinen Vergehen (Lügenhaftigkeit, Verleumdungssucht, lose Worte, beleidigende Worte, Unbesonnenheit, Sucht zu übervorteilen, Geiz, übertriebene Knauserei, unbeherrschter Zorn, Schelten und Schmähen, unziemliche Ungebundenheit in Kleidung, Gebärden und sonstigem Benehmen), die ja die Kirche nicht übersehen kann, gibt es Fehltritte, bei denen ein Verweis genügt. In derartigen Fällen soll es das Amt der Ältesten sein, die Schuldigen vorzuladen und ihnen in Liebe Vorhaltungen zu machen, damit sie in diesem Stück wieder zurechtkommen. Und wenn man hier eine Besserung sieht, soll man sie nicht weiter behelligen. Beharren sie aber dabei, Böses zu tun, soll man sie abermals vermahnen. Und wenn all das auf die Dauer nichts nützen sollte, muß man ihnen ankündigen, als Verächter Gottes hätten sie vom Abendmahl wegzubleiben, bis man bei ihnen eine Änderung des Lebenswandels bemerke.

Duckstuhl zur Abkühlung im Wasser. Um 1700. Folterartiges Strafvollzugsmittel, das mit Vorliebe zur Bestrafung von Wucherern angewandt wurde. Der Verurteilte wurde auf dem am Ende des Waagebalkens hängenden Stuhl festgebunden, über das Wasser geschwenkt und, durch Nachlassen des Seils am Ufer, je nach Höhe der Strafe, kürzer oder länger getaucht.

Hat einer sich eines Verbrechens schuldig gemacht (Irrlehre, Abspaltung von der Kirche, Auflehnung gegen die Kirchenordnung, offenbare und der weltlichen Gerichtsbarkeit verfallene Gotteslästerung, Meineid, Hurerei, Dieberei, Trunksucht, gesetzlich strafbare Schlägerei, Wucher, gesetzlich verbotene und Ärgernis erregende Spiele, Tanz und ähnliche Ausschweifungen), das nicht nur eine Vorhaltung durch Worte, sondern Zurechtweisung samt einer gerichtlichen Strafe nach sich zieht, soll man ihm ankündigen, er habe, nach Lage des Falls kürzer oder länger, vom Abendmahl fernzubleiben, damit er sich vor Gott demütige und seinen Fehltritt besser erkenne.

Neue Ordnungen für Wirtschaft und Handel

Das Zinsnehmen

Schon zu Beginn seiner Genfer Tätigkeit (1537) schrieb Calvin an den Rat der Stadt den bezeichnenden Satz: „Wir denken unsererseits unser Amt nicht von so engen Grenzen umgeben, daß, wenn die Predigt zu Ende ist, unsere Aufgabe erfüllt wäre.“ Folgerichtig kümmert sich Calvin in einer Stadt, die mit großen wirtschaftlichen Schwierigkeiten zu kämpfen hatte, um Fragen des Handels und des Geldes. Calvin erweist sich hierin als Reformator, den das Evangelium zur Neugestaltung menschlicher Verhältnisse drängt und der bereit ist, gewandelten geschichtlichen Gegebenheiten Rechnung zu tragen.

Was im Mittelalter Gesetz war:

„Auch das glauben wir nicht übergehen zu dürfen, daß aus Begierde nach schimpflichem Gewinn einige Geldgeschäfte betreiben und sich durch Wucher bereichern wollen. Es betrübt uns, daß dies ... auf Menschen zutrifft, die Christen heißen wollen. Wir bestimmen, daß dies schwer an denen geahndet werden soll, die dessen überführt werden ... Wer Zins nimmt, begeht einen Raub.“

Calvin hingegen erlaubte das Zinsnehmen. Der Rat der Stadt setzte den Zins für geliehenes Geld auf 5% und dann auf 6⅔% fest.

Viele behaupten, Calvin habe einen wichtigen Beitrag zur Entwicklung des modernen Wirtschaftslebens geleistet. Überlege, inwieweit die Zinsregelung diese Behauptung stützt.

In die Grausamkeiten seiner Zeit verstrickt

Der Fall Servet

Informiere dich über Inquisition und Ketzerprozesse im Mittelalter. Inwiefern bleibt Calvin an die Anschauungen seiner Zeit gebunden?

Am 17. Oktober 1553 wurde in Genf der Spanier Michael Servet als Gotteslästerer auf dem Scheiterhaufen verbrannt.
Schon 1531 hatte der gelehrte Spanier, der den sogenannten kleinen Blutkreislauf entdeckte, ein Buch „Über die Irrtümer der Dreieinigkeit" veröffentlicht. Seitdem suchte ihn die Inquisition. Unter einem Decknamen lebte er später als Leibarzt des Bischofs von Vienne in Frankreich. Äußerlich gab er sich als guter Katholik, arbeitete aber heimlich an seiner „Wiederherstellung des Christentums", die 1553 anonym erschien. In beiden Büchern griff er das christliche Glaubensbekenntnis scharf an. Insbesondere bestritt er, daß Jesus der Sohn Gottes sei. 1553 wird Servet in Frankreich verhaftet. Die Inquisition eröffnet den Ketzerprozeß gegen ihn. Er kann fliehen und wird in Abwesenheit zum Tode verurteilt. Er kommt nach Genf, wo er anscheinend bei Gegnern Calvins Unterstützung findet. An Farel schreibt Calvin über Servet:

Wegen welchen „Verbrechens" hat wohl Calvin gegen Servet Anklage erhoben?

„Kürzlich hat Servet mir geschrieben und einen dicken Band mit seinen Unsinnigkeiten beigefügt, worin er entsprechend seinem anmaßenden Gehabe aufsehenerregende und bisher unerhörte Dinge ausfindig gemacht haben will. Wenn es mir recht sei, wolle er hierher kommen. Aber ich will ihm gegenüber für nichts geradestehen. Wenn er hierher kommen sollte, dann lasse ich ihn, soviel an mir ist, nicht lebend wieder hinausgehen."

Michael Servet besucht in Genf einen Gottesdienst. Er bleibt nicht unerkannt. Auf Betreiben Calvins wird er verhaftet. Die Anklagepunkte für die Todesstrafe hat Calvin selbst formuliert. Servet muß auf dem Scheiterhaufen sterben. Calvins Haltung im Fall Servet scheint uns heute unverständlich. Der, der auf vielen anderen Gebieten so viel Mut zeigte, neue Wege zu gehen, blieb in Fragen des rechten Glaubens in den Anschauungen seiner Zeit gefangen. Er führte aus, was herkömmliches Gesetz bestimmte:

„Wir begehren, daß alle Völker, welche unter unserer milden Herrschaft stehen, dem Glauben anhängen, ... nämlich, daß wir nach der Unterweisung der Apostel und Lehre der Evangelien an die Gottheit des Vaters, Sohnes und Heiligen Geistes ... glauben. Die diesem Gesetz folgen, sollen den Namen Christen führen, die übrigen aber, die wir für töricht und wahnsinnig erklären, als Abtrünnige vom Glauben, mit Ehrlosigkeit gestraft werden, zunächst mit dem Zorn Gottes, dann aber ... mit anderer Strafe." Nach geltendem Recht mußte der Staat verurteilte Ketzer hinrichten lassen!

Am 27. Oktober 1903 errichtete die Bürgerschaft Genfs zum 350. Todestag Servets ein großes Denkmal. Es trägt die Inschrift:

Für die Gewissensfreiheit hatten die Reformatoren – voran Luther und Calvin – selbst gekämpft. Dennoch war Calvin nicht in der Lage, sie Servet einzuräumen.
In welchen Erklärungen und Gesetzen sind heute Glaubens- und Gewissensfreiheit geschützt?

ALS EHRERBIETIGE UND DANKBARE SÖHNE CALVINS,
UNSERES GROSSEN REFORMATORS,
DOCH SEINEN FEHLER, DER SEINER ZEIT FEHLER WAR, VERWERFEND,
UND GEMÄSS DEN WAHREN GRUNDLAGEN DER REFORMATION
UND DES EVANGELIUMS
AN DER GEWISSENSFREIHEIT FESTHALTEND,
ERRICHTEN WIR DIESES SÜHNEDENKMAL
AM XXVII OKTOBER MCMIII

Kennst du weitere Beispiele von Christenverfolgungen und Glaubenskriegen? Welchen christlichen Grundüberzeugungen widersprechen solche gewaltsamen Aktionen?

Die reformierten Kirchen in der Nachfolge Calvins mußten viele grausame Verfolgungen erdulden. Besonders hart waren die französischen Reformierten – man nennt sie auch Hugenotten – betroffen. Bei diesen Verfolgungen spielten immer politische Gründe eine Rolle. Die Massenhinrichtung in Amboise (s. Abb.) ist nur eines von vielen Beispielen. Im Jahr 1588 wurden in Frankreich auf Befehl der Königin alle Hugenotten niedergemacht, die man erwischen konnte. Allzu lange hat es gedauert, bis alle Christen erkannten, daß solche Gewalttaten dem christlichen Glauben ins Gesicht schlagen.

Im Kampf um die Einheit der Kirche

Uneinigkeit

Die Reformatoren wollten eine Kirche, die allein der Autorität der Bibel gehorcht. Eine Einigung mit der römisch-katholischen Kirche war daher ausgeschlossen, denn diese gehorchte noch anderen Autoritäten neben der Bibel. Allerdings blieb die Einheit auch unter den Reformatoren ein Traum. Die folgende Anekdote über Luther verrät, worüber sie sich nicht einigen konnten.
Anschaulich schildert ein Zeitgenosse, wie Luther, von Studenten umgeben aus der Vorlesung kommend, den Laden des Wittenberger Buchhändlers Moritz Goltsch betritt, der soeben von der Frankfurter Messe angelangt ist: „Moritz, was sagen sie Neues zu Frankfurt – wollen sie den Erzketzer Luther schier verbrennen?"

Der Buchhändler antwortet:
„Davon höre ich nichts, ehrwürdiger Herr! Ein Büchlein aber habe ich mit hereingebracht, welches Johannes Calvinus zuvor auf französisch geschrieben, das itzo aber aufs neue lateinisch ausgegangen ist. Sie reden draußen von Calvino, daß er zwar ein junger, aber frommer und gelehrter Mann sein soll. In solchem Büchlein soll derselbe Calvinus anzeigen, worin Euer Ehrwürden, worin aber auch Zwingli im Streit vom heiligen Abendmahl zu weit gegangen seien."
„Lieber, gebt mir das Büchlein her!" sagt Luther.
Er setzt sich mit dem Traktat und beginnt mit ‚sonderlichem Fleiß' darin zu lesen.
Da er es zurückgibt, ist er in tiefem Sinnen:
„Moritz, das ist gewiß ein gelehrter und frommer Mann, dem hätte ich wohl von Anfang an dürfen die ganze Sache von diesem Streit anheimstellen! Ich bekenne meinen Teil; wenn der Gegenpart dergleichen getan hätte, hätten wir uns bald vertragen. Ja, hätte der Zwingli sich zum ersten so erklärt, wären wir nimmer in so weitläufige Disputation geraten."

Reformation in Zürich

In den Jahren 1520–1525 beginnt Huldrych Zwingli in Zürich als Prediger des Großmünsters („Leutpriester") aufgrund der Bibel gegen Mißstände vorzugehen. Er bekämpft die Fastenvorschriften, die Bilder- und Heiligenverehrung, die lateinische Sprache im Gottesdienst und schafft die Klöster ab. Zwingli war kein Schüler Luthers, wohl aber sehr beeindruckt und beeinflußt vom Vorbild des Wittenbergers und seiner Schriften. Beim Studium der Schriften Luthers stellt er fest, daß sie weitgehend mit seinen Ansichten übereinstimmen. Nur das Abendmahl deutet er anders. Ein Gespräch mit Luther in Marburg 1529 bleibt in dieser Frage ohne Ergebnis.

Bei *Zwingli* erinnert sich die Gemeinde im Abendmahl an das Leiden und Sterben Jesu, es ist ein Liebesmahl der Gläubigen. Dabei verwandelt sich die versammelte Gemeinde unter der Wirkung des heiligen Geistes zum Leib Christi. Eine Anwesenheit Christi in Brot und Wein ist für Zwingli nicht denkbar.
Luther steht der katholischen Lehre näher. Er ist zwar nicht der Meinung, daß sich während der Abendmahlsfeier Brot und Wein in Leib und Blut Jesu verwandeln, aber er glaubte fest an die leibliche Anwesenheit Jesu in Brot und Wein.
Über die Bedeutung des Abendmahls hat *Calvin* eine Auffassung, die zwischen Zwingli und Luther steht. Für ihn sind Brot und Wein sichtbare Zeichen für die unsichtbare Gabe, die der Gläubige beim Abendmahl empfängt. Christus, auf den Brot und Wein hinweisen, ist beim Abendmahl geistlich gegenwärtig.

Zwingli: Erinnerungsmahl
Luther: leibliche Gegenwart Jesu
Calvin: geistliche Gegenwart Jesu

Der Zürcher Reformator Huldrych Zwingli

Diese Unterschiede sind für unser Denken heute nur schwer verständlich.
Calvin konnte sich mit der Uneinigkeit im Abendmahlsverständnis nicht abfinden. Unermüdlich bemühte er sich um eine Übereinkunft unter den Evangelischen. Ständig gingen Briefe zwischen Genf und Zürich hin und her.
Wider Erwarten konnte sich Calvin 1549 bei einem Besuch in Zürich in wenigen Stunden mit Zwinglis Nachfolgern einigen. Leider gelang eine Einigung mit Luthers Nachfolgern nicht.

Ein Schritt weiter: ökumenische Kirchengemeinschaft

Calvin war leidenschaftlich an der Einheit der Christen interessiert. Einzelne Unterschiede sollten nicht kirchentrennend sein. Schon im Jahre 1539 schrieb er aus Straßburg an André Cébédée: „Es braucht nicht aus jeder Verschiedenheit der Meinungen ohne weiteres eine Trennung zu folgen, vielmehr, auch wo Dich Dein Gewissen nötigt, irgendwie von der Meinung anderer abzuweichen, mußt Du Dir doch Mühe geben, daß eine brüderliche Gesinnung zwischen Dir und ihnen bleibt. Denn wir dürfen uns nicht leichthin von denen trennen, die der Herr zur Gemeinschaft an seinem Werk mit uns verbunden hat."

Calvin verlangt nicht, daß man über alle Glaubensfragen einig sein müsse, bevor man eine Kirchengemeinschaft eingehen könne. Wie beurteilst du seinen Vorschlag?

Auch mit der Leuenberger Konkordie sind nicht alle Lehrdifferenzen beseitigt. Aber der Vorschlag Calvins ist Wirklichkeit geworden. Woran läßt sich das ablesen?

Erst in unserem Jahrhundert hat eine Versammlung von Vertretern evangelischer Kirchen in Europa im September 1971 den Entwurf einer Übereinkunft, genannt Leuenberger Konkordie, angenommen. Die meisten evangelischen Kirchen haben inzwischen diese Übereinkunft unterzeichnet und damit eine neue Kirchengemeinschaft begonnen: „Mit dieser Konkordie erkennen die beteiligten Kirchen an, daß sich ihr Verhältnis zueinander seit der Reformationszeit gewandelt hat ... (Sie) erkennen einander an, indem sie sich Kanzel- und Abendmahlsgemeinschaft gewähren ... Es ist weiterhin Aufgabe der Gespräche, Lehrdifferenzen, die zwischen den beteiligten Kirchen nicht kirchentrennend sind, aufzuarbeiten und sich neu auftauchenden Problemen zu stellen."
Zum Abendmahl heißt es: „Wenn wir das Abendmahl feiern, verkündigen wir den Tod Christi, durch den Gott die Welt mit sich selbst versöhnt hat. Wir bekennen die Gegenwart des auferstandenen Herrn unter uns. In der Freude darüber, daß der Herr zu uns gekommen ist, warten wir auf seine Zukunft in Herrlichkeit."

Evangelische Kirche in der Schweiz: Im Chor einer reformierten Kirche steht kein Altar, sondern im allgemeinen ein Abendmahlstisch.

Kirche im Sinne Calvins

Offen für alle

Der englische Reformator Bischof John Bale schrieb 1558 über Genf:

„Mir scheint wahrlich Genf das größte Wunder der Welt zu sein ... Ist das nicht ein Wunder, daß da Spanier, Italiener, Schotten, Engländer, Franzosen, Deutsche, so viele zu Hause in Sitten, Sprache, Kleidung, Gemütsart verschiedene Nationen ... aufs liebreichste und engste verbunden leben? ... Ist das nicht ein Wunder, daß sie, während so viele äußerst mächtige Feinde ringsum mit gähnendem Rachen drohen und der Satan, der Papst, die Welt sie wutschnaubend verfolgen, vor dem Hasse aller dieser nicht nur geschützt, sondern schon so lange Zeit sicher sind? Dank sei daher dem allmächtigen, allgütigen Gott, der dich, Calvin, zum Hirten dieser zerstreuten Herde, zum Führer der Verbannten, zum Haupt der Unglücklichen an diesem Ort eingesetzt hat."

Gastfreundschaft

Den anderen so aufnehmen, wie er ist. Jesus hat die Menschen in seiner Umgebung angenommen, wie sie waren. Er hat sich mit ihnen an einen Tisch gesetzt. Er hat mit Leuten zusammen gegessen, mit denen ein frommer Jude damals lieber nicht in Berührung kam. In jener Zeit waren das die Zöllner, die mit der römischen Besatzungsmacht in Palästina zusammenarbeiteten. Auch heute gibt es Menschen, gegen die viele Leute in unserer Gesellschaft Vorurteile haben ...

In diesem Sinne richtete der holländische Pfarrer Rolf Boiten für die Kinder von Gastarbeitern aus Nordafrika als erster eine arabische Schule ein - und das mitten in Amsterdam.

Zur Gastfreundschaft gehört, daß man dem Gast ein Nachtquartier anbietet. Auch in der Gemeinde von Rolf Boiten gab es bald ein solches Nachtquartier:

Da ist der Mann aus der Justizvollzugsanstalt (=Gefängnis), der zum ersten Mal Urlaub auf Bewährung hat und „nach Hause" darf. Aber er hat kein Zuhause mehr ...

Da ist das Mädchen, das mit sechzehn von den Eltern die Erlaubnis bekam, mit dem Flugzeug nach Bolivien zu reisen, wo sie Empfangsdame in einem Hotel werden sollte. Jetzt ist sie zurück, rauschgiftsüchtig, das Baby kommt im nächsten Monat. „Du mußt verstehen, daß wir dich unter diesen Umständen nicht zu Hause behalten können. Aber du darfst gern ab und zu für ein Wochenende kommen ..."

Eines Tages wollte man in Boitens Gemeinde Weihnachten als „Fest der Gastfreundschaft Gottes" feiern. Man beschloß, einen großen Saal über eine ganze Woche hinweg ständig offenzuhalten und jeden, der kam, zu bewirten. Es war ein ehemaliges Tabaklager. Mit Hilfe vieler Freiwilliger wurde dieses Lager in einen Clubraum mit Kochgelegenheit und moderner Bar umgewandelt ... Wir stellten uns vor, daß dieser Saal während der Weihnachtswoche für jeden geöffnet sein sollte, der Wärme, Gemütlichkeit und menschliche Nähe suchte. Zum Selbstkostenpreis wollten wir Kaffee und einfache Gerichte anbieten. Dieses Vorhaben wurde aber durch einen Marokkaner durchkreuzt, den wir vorübergehend in der Pfarrei aufgenommen hatten und der sich wunderte:

„Nennt ihr das Gastfreundschaft? Ihr macht ja bloß ein billiges Café draus!" So entschlossen wir uns, nach arabischer Sitte am Ausgang eine große Schale hinzustellen, in die man nach Wunsch einen Betrag einlegen konnte. Wenn nun jemand fragte: „Was bin ich schuldig?", war die Antwort: „Nichts. Für Sie ist bereits bezahlt, aber wenn Sie wollen, können Sie jemand anderen freihalten ..."

Welche Ideen lassen sich auf die eigene Kirchengemeinde übertragen?

Hunger nach

Gerechtigkeit

Zwei Welten begegnen sich

Ein Engländer in Indien

Ende 1806 hielt sich der Engländer Dr. Claudius Buchanan in Indien auf. Er war unterwegs, um Informationen über den Hinduismus zu sammeln; außerdem wollte er in Indien lebende syrische Christen kennenlernen; sie sollten ihm helfen, die Bibel in die einheimischen Sprachen Indiens zu übersetzen. Aus seinen Berichten ist zu entnehmen:
Auf seiner Reise war sich Buchanan der Würde, zur zivilisiertesten Nation der Welt zu gehören, durchaus bewußt. Unter dem Datum des 27. Oktober 1806 berichtet er in einem Brief von seinem Einzug in die Stadt: Als er die Straße von Padmanburam nach Trivandrun, „Königstraße" genannt, erreicht hatte, erfuhr er, daß es nur Brahmanen gestattet sei, dieser Straße zu benützen. Er hörte, daß zwar auch Leute niederer Kasten gelegentlich auf diese Straße gingen, daß sie aber sofort seitlich ins Gebüsch auswichen, wenn ein Brahmane des Weges kam. Manchmal, so wurde Buchanan gesagt, gehe auch ein Ausrufer dem Brahmanen voraus, um dessen Nahen anzukündigen. Diese Sitte wandte nun Buchanan kurz entschlossen auf sich selbst an, um die Bedeutung seiner Mission zu unterstreichen. So gab er seinen Bediensteten die Anweisung, alle Brahmanen mit dem Ruf „Po! Po!" das heißt „Fort! Fort!" von der Straße herunterzuschicken. In Gegenwart eines Ministers wurde das ungewöhnliche Verhalten des Engländers mit Brahmanen im Königshof diskutiert. Buchanan hielt dabei an der Überlegenheit seiner „Kaste" derjenigen der Brahmanen gegenüber fest, indem er als Merkmale westlicher Überlegenheit sein Wissen, Religion und Moral, Körperstärke und Hautfarbe sowie die Macht, den Reichtum und den Ruhm der englichen Nation geltend machte.

Ein Inder in Deutschland

Worin gleichen sich diese beiden Berichte? Sind sie typisch für das Verhalten der Europäer?

Auf meinen Mülleimer war bisher dreimal die Parole „Ausländer raus!" aufgepinselt, und oft las ich ähnliche Sprüche in Frankfurt-Bornheim und anderswo. Einmal wurde in meinen Briefkasten gespuckt. Ähnliche Belästigungen sind an der Tagesordnung.
Einmal erlebte ich, wie auf der Bergstraße in Frankfurt ein Passant einen Mann aus Bangladesh wüst beschimpfte. Er schrie, „der blöde Hund" habe ihm, dem Deutschen, nicht den Weg frei gemacht. Erschüttert hat mich weniger das Geschrei dieses offensichtlich Unverbesserlichen als vielmehr die Unterstützung, die er durch die Mehrheit der Passanten erfuhr. „Dem gehört eins in die Fresse", war noch ein vergleichsweise milder Kommentar. Mir ist nicht bekannt, daß das Grundgesetz den Deutschen Vorrechte im Straßenverkehr einräumt. Sind die Menschen in dieser deutschen Wirtschafts-Wunder-Konsum-Gesellschaft so frustriert, daß sie Opfer brauchen, an denen sie ihre Aggressionen abreagieren können? Ist diese Gesellschaft tatsächlich so kaputt?

Die Christen und die „Eine Welt"

Die biblischen Schriften, insbesondere die prophetischen Bücher des Alten Testaments, sind voll harter Kritik am ungerechten Verhalten der Reichen. Die Propheten kündigen das Gericht Gottes an über ein Volk, das die klare Ordnung des Bundes verletzt hat. Auch das Neue Testament, vor allem das Lukas-Evangelium, steht in der Tradition dieser prophetischen Kritik an ungerechtem Reichtum. Die positive Entsprechung zu dieser Kritik ist die Verkündigung von der Menschenfreundlichkeit Gottes, die sich insbesondere den Armen und Verlorenen zuwendet. Die Botschaft Jesu vom kommenden Reich Gottes gilt gewiß beiden, den Armen wie den Reichen, aber die Annahme dieser Botschaft hat für beide unterschiedliche Auswirkungen in ihrem Leben. Die Armen erfahren diese Verkündigung als die Zusage, daß ihre Not ein Ende haben wird und daß sie Gerechtigkeit erfahren werden. Für die Reichen ist es die Zusage, daß Gott sie aus den Fesseln ihres Reichtums befreien will, so daß sie bereit werden zur Umkehr, das heißt zur Wiederherstellung der gestörten Gemeinschaftsbeziehung. Nicht um moralische Verurteilung geht es also, sondern um Einsicht und Befreiung aus Verstrickungen in die Ungerechtigkeit. Die Geschichte des Zöllners Zachäus verdeutlicht beispielhaft die Zielrichtung dieser Verkündigung, nämlich Buße als Einsicht in die Mitverantwortung und als Rückerstattung des unrecht erworbenen Besitzes, um so die Gemeinschaftsbeziehung zu den Armen wiederherzustellen. Wo diese Botschaft aufgenommen wird, gilt: Heute ist diesem Hause Heil widerfahren (Lukas 19,9).

Konrad Raiser

Informiert euch darüber, wie die Aktionen „Brot für die Welt" und „Misereor" versuchen, diese Erkenntnisse in die Tat umzusetzen.

Ein verhängnisvolles Erbe

Beispiel Indien

Was bestimmte nach diesem Beispiel die wirtschaftlichen Beziehungen zwischen Kolonialmächten und Kolonien? Welche Art von Schwierigkeiten ergeben sich aus diesen Prinzipien für die ehemaligen Kolonien, nachdem sie die politische Unabhängigkeit errungen haben?

Als die Engländer nach Indien kamen, fanden sie dort eine gut entwickelte gewerbliche Textilherstellung vor, die nicht nur den Eigenbedarf deckte, sondern auch noch für den Export produzieren konnte. Bereits 1873 aber ging ein Drittel des gesamten britischen Baumwollexports nach Indien, dessen eigenes Textilgewerbe weitgehend zerstört war. Warum?

- Einfuhrverbot indischer Textilwaren nach England Anfang des 18. Jahrhunderts.
- Während die maschinelle Textilproduktion in England die industrielle Revolution einleitete, verboten die Kolonialherren, Maschinen des Textilsektors nach Indien einzuführen.
- Maschinell gesponnene Baumwolle konnte zwischen 1774 und 1820 für ein Zehntel des ursprünglichen Preises angeboten werden. Die indischen manuellen Erzeuger waren nun nicht mehr konkurrenzfähig, da die Kosten den Preis überstiegen. Ergebnis: Massenarbeitslosigkeit im indischen Textilhandwerk; dafür wurde Indien als Exportland für Baumwollstoffe aus England gewonnen. Die Arbeitslosen des Textilsektors versuchten in der Landwirtschaft unterzukommen. Dadurch wurden wiederum die wirtschaftlichen Probleme der Landbevölkerung verschärft.

Die „Geschenke" der Weißen

Vor der Ankunft der Weißen gab es genügend Nahrung in Afrika, Asien und Lateinamerika; Krankheiten und kurze Lebenserwartung waren die Ursache, daß

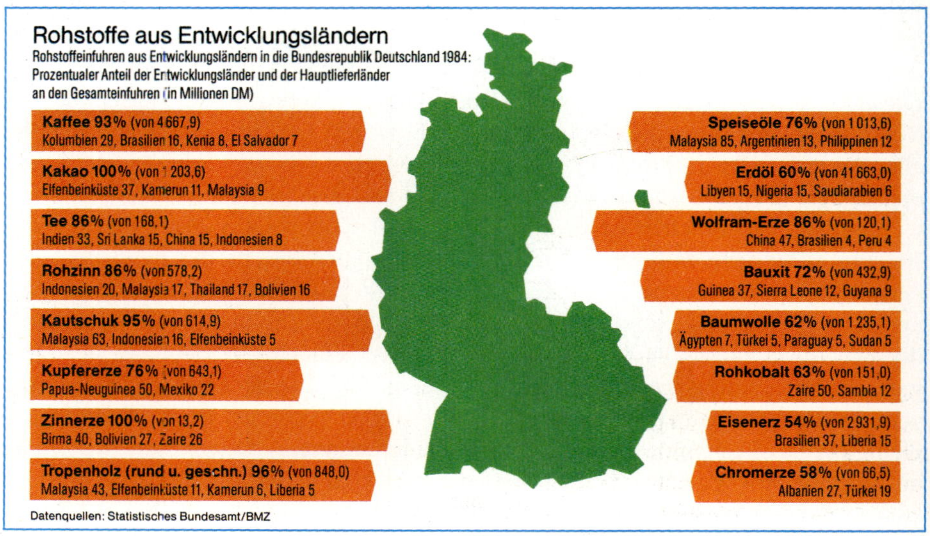

„Nachdem wir die politische Unabhängigkeit erkämpft haben, müssen wir unsere wirtschaftliche Abhängigkeit überwinden", sagen heute viele Staatsmänner in den Entwicklungsländern. Welche Maßnahmen sind denkbar?

die Bevölkerung nie zu stark anwuchs. Die Weißen brachten bessere medizinische und hygienische Versorgung; dies war ein Grund für die ansteigende Bevölkerungszahl.
Sie beuteten die Bodenschätze aus und verlangten gleichzeitig den Anbau von Produkten, die man in Europa gut verkaufen konnte. Die Bedürfnisse der einheimischen Bevölkerung blieben unberücksichtigt. In einem Land wurden meist nur ein bis zwei Produkte erzeugt. Man nennt das Monokultur.
Noch heute ist der Export der meisten Entwicklungsländer auf wenige Rohstoffe beschränkt. Etwa 70% der Gesamtausfuhr Ghanas besteht aus Kakao, etwa 80% der Gesamtausfuhr Tschads besteht aus Baumwolle. Die Produkte der Industrieländer, auf die alle Entwicklungsländer angewiesen sind, werden von Jahr zu Jahr teurer; die Preise für die Rohstoffe aber erhöhen sich nicht im selben Verhältnis. Außerdem unterliegen sie großen Preisschwankungen.

Ursachen für Unterentwicklung liegen aber auch in den unterentwickelten Ländern selbst. So werden z. B. oft dringend notwendige Landreformen nicht durchgeführt. Überlegt weitere Ursachen.

Teures Erdöl

Für den Import von 1 Faß Erdöl mußten exportiert werden (1 Faß = 159 l)

	1975	1982
Kaffee	7 kg	14 kg
Baumwolle	8 kg	24 kg
Jute	28 kg	200 kg
Kupfer	9 kg	24 kg

Durch die Verschlechterung der Handelsbedingungen erleiden viele Entwicklungsländer Verluste, die die erhaltene Entwicklungshilfe weit übersteigen. Besonders betroffen sind die Entwicklungsländer mit jenen Rohstoffen, die durch Kunstprodukte verdrängt werden.

Ackerbau statt Viehzucht

1 Hektar Kulturland ernährt so viele Menschen

	Eiweiß	Kalorien
Kartoffeln	11 Menschen	17 Menschen
Soja	11 Menschen	5 Menschen
Weizen	5 Menschen	9 Menschen
Gemüse	12 Menschen	5 Menschen
Schweine	1½ Menschen	2 Menschen
Vieh	2½ Menschen	2 Menschen
Milch	1½ Menschen	1½ Menschen

Eine Lösung des Welternährungsproblems liegt im Anbau von Ackerbauprodukten für die Eigenversorgung in kleinen und mittelgroßen bäuerlichen Farmen.

Kolonialismus . . .

Diskutiert folgendes „Gedicht der Armen“:

Sie sind alle Diebe
diese weißen Männer
einer wie der andere
ob sie mit Bibeln oder
Gewehren kommen
oder mit Perlonschnüren –
das spielt keine Rolle

W. E. Hunter

Wenn der Mensch kein Mensch ist

Gesuch der weißen Einwohner des Bezirks Windhoek, Deutsch-Südwest-Afrika, an die Kolonialabteilung des Auswärtigen Amtes, 21. Juli 1900:

„Aus den Verhandlungen des Reichstages ersehen wir, daß daselbst beantragt worden ist, in unseren Kolonien die Prügelstrafe bei Eingeborenen abzuschaffen.

Ohne Zweifel liegen diesem Antrag humane Ansichten zugrunde, wie solche aber nur in der Heimat entstehen können, wo man wohl Fragen über Eingeborene theoretisch erörtern kann, aber jede praktische Erfahrung für dieselben noch gänzlich fehlt.

Da wir nun in der Aufhebung der Prügelstrafe bei Schwarzen eine ernstliche Bedrohung der gesunden wirtschaftlichen Entwicklung unserer Kolonie sehen, so halten wir es für unsere Pflicht, die Kolonial-Abteilung des Auswärtigen Amtes so ergebenst zu bitten, der Gefahr vorzubeugen, welche unserer Kolonie durch Aufhebung der Prügelstrafe drohen würde.

Unsere Eingeborenen leben seit Urzeiten in Faulheit, Roheit und Stumpfsinn in den Tag hinein; je schmutziger sie sind, desto wohler fühlen sie sich.

Für jeden Weißen, der unter Eingeborenen gelebt hat, ist es nicht gut möglich, dieselben als Menschen im europäischen Sinne anzusehen; sie müssen erst mit endloser Geduld, Strenge und Gerechtigkeit im Laufe der Jahrhunderte dazu erzogen werden.

Für Milde und Nachsicht hat der Eingeborene auf die Dauer kein Verständnis; er sieht nur Schwäche darin und wird infolgedessen anmaßend und frech gegen den Weißen, dem er doch nun einmal gehorchen lernen muß, denn er steht geistig und moralisch doch so tief unter ihm.

Ehrgefühl darf man bei dem Eingeborenen nicht suchen, weshalb auch entehrende Strafen für ihn zwecklos sind. Entziehung der Freiheit faßt er falsch auf, bekommt er doch bei Gefängnis seiner Meinung nach gute Wohnung und besseres Essen, als er selbst hat.

Als Strafe war ihm bisher nur körperliche Züchtigung bekannt, und die muß naturgemäß auch beibehalten werden, bis er in späteren Zeiten einmal mehr Mensch geworden ist.

Wie die Erfahrung gelehrt hat, haben die in Südafrika geborenen Weißen ihre Eingeborenen zu den relativ brauchbarsten Arbeitern erzogen; sie kränkeln nicht an einer übertriebenen humanen Auffassung, sondern geben ihren Eingeborenen bei Bedarf ihre verdiente Züchtigung. Der Eingeborene fühlt sich bei ihnen wohl und arbeitet gern bei ihnen.“

75 Unterschriften

und kulturelles Selbstbewußtsein

1885 handelten die Großmächte Frankreich, England und Deutschland auf dem Berliner Kongreß ihre „Einflußzonen“ in Afrika aus.

Am einschneidendsten für die Menschen in den Kolonien war die Veränderung ihres Denkens, ihres Empfindens und ihrer Sprache. Diese „geistige Kolonisation“ beschreibt der Afrikaner Kayoya so:

In Berlin hatte man sich im Jahre 1885 unseren Kontinent aufgeteilt. Ohne jemand zu fragen, hatte man sich unseres Elendes angenommen
Man kam, um uns zu erziehen
Man kam, uns zu zivilisieren
Dieser Vertrag von Berlin hat mich lange gekränkt

Das schlimmste aber war, daß man mich dieses Datum lehrte.
Ich mußte es auswendig lernen
Eine ganze Unterrichtsstunde lang nannte man uns die Namen
der Vertragspartner von Berlin
Ihre außergewöhnlichen Fähigkeiten
Ihr diplomatisches Geschick
Die Beweggründe, die hinter einem jeden standen.

Ein Mensch
Einer, der dir gleich ist
Mischt sich in deine Angelegenheiten
Ohne dich zu fragen
Das ist eine grobe Unhöflichkeit,
die jedes empfindsame Herz verwundet.

Daß ein Mensch andere Menschen „aufteilt“
Nein! Das konnte ich nicht ertragen. Man lehrte
mich, diese Mentalität zu der meinen zu machen
Alles, was mir eigen war, sollte sich entwickeln
Man brachte mir bei, wir hätten kein Privateigentum
Der Mensch brauche aber Privateigentum
Eigentum, das man mit Zäunen umgibt
Eigentum, in das man sich einsperrt
Mein Volk wurde zur Maschine
Die menschliche Maschine, die mein Volk war,
wurde aus der Ferne ferngesteuert
Bei allem, was sie produzierte, wußte sie, daß
sie für jemand anders produzierte
Diese Vorstellung war zur fixen Idee geworden
Sie glaubte, sie lebe für jemand anderen
Man sagte unserem Volke, es müsse für sich selbst leben
Aber es lebte kaum noch
Es war fast tot
Erstorben war das Bewußtsein seiner Persönlichkeit
Mein Volk war kolonisiert.

Michel Kayoya

Beschreibt das Selbstbewußtsein der Kolonisierten anhand des Textes und der Karikatur. Wie sieht Kayoya die Methoden und Ziele der „geistigen Kolonisation“?

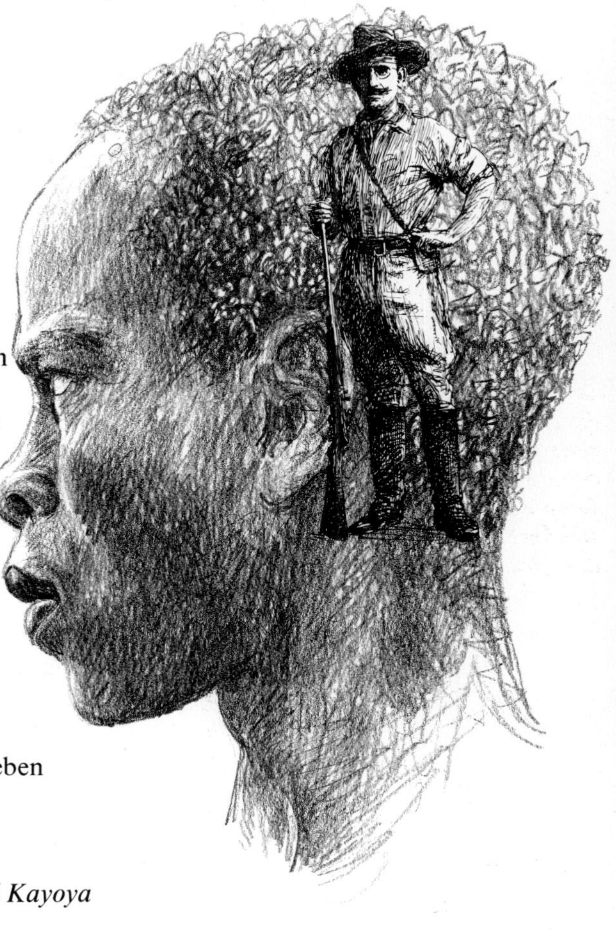

Kolonialismus und Mission

Mission mit dem Schwert

Zu welchen Zwecken gebraucht der portugiesische König die Religion? In welche Konflikte können hierbei Mission und Missionare geraten?

„Ehe ihr die Götzendiener in jener Gegend mit dem wirklichen und weltlichen Schwert angreift, sollt ihr den Priestern und Mönchen erlauben, ihr geistliches Schwert zu gebrauchen. Diese sollen das Evangelium verkündigen samt den Ermahnungen und Forderungen der Kirche: Die Heiden sollen ihren Götzendienst und ihre teuflischen Riten und Gebräuche aufgeben und sich zum Glauben an Christus bekehren, damit alle vereint in der Klarheit der Religion und Liebe seien.

Sollten sie aber so widerspenstig sein und dieses Gesetz des Glaubens nicht annehmen und sollten sie den Handel und Warenaustausch verbieten - welches doch die Mittel sind, durch die der Friede bewirkt und erhalten wird - dann sollt ihr die Heiden mit Feuer und Schwert bekämpfen und einen grimmigen Krieg gegen sie führen."

Gegen das Ziel, die Mission für die machtpolitischen und wirtschaftlichen Ziele der Kolonialherren einzuspannen, wehrten sich die Missionare selten. Nur wenige fühlten sich eher zu den „Missionierten" gehörig als zu ihren europäischen Landsleuten und nahmen bei den Konflikten eindeutig Stellung.

Mission gegen Unterdrückung

Informiert euch über die spanische Kolonialherrschaft im 16. Jahrhundert und über Las Casas.

Bartholomé de Las Casas (1474–1567), Dominikanermönch, nahm als junger Priester im Gefolge spanischer Eroberer selbst an Expeditionen in Mittelamerika teil. Er erwarb Ländereien, in denen er, wie alle anderen auch, Indianersklaven als Arbeiter beschäftigte. Das änderte sich mit seinem 40. Lebensjahr. Er kämpfte leidenschaftlich gegen die menschenunwürdige Behandlung der Indianer und gegen die kirchlichen Zwangsbekehrungen. In unzähligen Schriften, Eingaben und Protesten trat er für die Indianer ein. Er ging bis zum Hof Kaiser Karls V. nach Madrid, um seine Ziele durchzusetzen. Es ist seinen unermüdlichen Protesten zu danken, daß 1542 wenigstens die Versklavung der Indianer verboten wurde. Dies war sein großes Verdienst. Daß er aber statt dessen die Einfuhr von Negersklaven aus Afrika befürwortete, darf man um der Wahrheit willen nicht verschweigen.

Missionary go home ... oder?

In den vergangen Jahren mußten die weißen Missionare in den Ländern Afrikas, Lateinamerikas und Asiens immer wieder folgende Fragen hören: Ist die christliche Mission nicht eine Form „geistiger Kolonisierung"? Bedeutet Christ-werden nicht zugleich Europäer-werden? Ist das Christentum nicht die Religion des „weißen Mannes"?

Betroffene melden sich zu Wort

Beschreibt das „Selbstbewußtsein des Missionars", das hier gefordert wird, und vergleicht es mit dem, was Apostel Paulus in 1 Korinther 9, 19–23 über seine Missionstätigkeit sagt.

Bischof Hassan Dahkani Tafti, Isfahan (Iran):
Der Missionar mußte ohne sein eigenes Verschulden die Siege der industriellen, politischen und militärischen Kreuzzüge miterleben und ohne Hoffnung auf Erfolg versuchen, in dieser Situation das Wort vom Kreuz zu verkündigen. Kein Wunder, daß er oft mit den mächtigen Kreuzfahrern statt mit dem ohnmächtigen Kreuz identifiziert wurde!
Soweit ich die Missionare kenne, mag ich sie nicht tadeln. In aller Welt sind Millionen Menschen von Unwissenheit, Krankheit und äußerster Armut durch Missionare befreit worden. Aber oft waren die regierenden Mächte von derselben Rasse wie die Missionare, und dadurch wurde das Image verwischt. Wie kann man opferbereite Liebe durch Macht zeigen!
Die Weltgeschichte der letzten 200 Jahre zeigt mir, wie die Missionare gegen die denkbar schrecklichsten Hindernisse, die dem Evangelium entgegenstanden, ankämpfen mußten. Die Tatsache, daß diese Mächte oft als „christliche" angesehen wurden, machte das Problem nur noch schwieriger. Mit dem neuen Zeitgeist in der Weltpolitik fängt vielleicht auch eine neue Zeit für die Mission an.

Der südamerikanische Bischof F. Pagura:

Missionary: Go Home ... oder?
Wenn du nicht begreifen kannst, was auf diesem Kontinent vor sich geht, in dieser Stunde, in der er erwacht und ihm eine neue Befreiung dämmert,
dann, Missionar, geh nach Hause.
Wenn du das ewige Wort Gottes nicht zu unterscheiden vermagst von den Formen der Kultur, in der du aufgewachsen und erzogen bist,
dann, Missionar, geh nach Hause.
Wenn du nicht fähig bist, jene als Partner zu lieben und zu respektieren, die damals als „Heiden" missioniert wurden,
dann, Missionar, geh nach Hause.
Wenn du dich nicht darüber freuen kannst, daß neue Völker und Kirchen ihre Unabhängigkeit und Verantwortlichkeit verlangen, selbst um den Preis jener Fehler, die du und deine Landsleute bereits hinter sich haben,
dann, Missionar, ist es Zeit, daß du gehst.
Wenn du aber – auch um den Preis der Selbstverleugnung – bereit bist, die Risiken und Schmerzen dieser Stunde der Geburt zu teilen, die unsere Völker durchleben, wenn du beginnst, dich mit ihnen zu freuen an der Freude, daß das Evangelium eine Hoffnung und Befreiung ankündigt, die bereits die Geschichte verändert: wenn du bereit bist, mehr deiner Zeit, mehr deines Lebens dem Dienst an diesen erwachenden Völkern zu widmen,
dann bleib;
denn viel ist noch zu tun, und es braucht Hände und ganze Hingabe für das große Unterfangen, dessen Pionier und Vorkämpfer Jesus Christus ist.

Bausteine für die eine Welt

Die Länder und Erdteile, die Kolonien Europas waren, traten in den letzten 20 Jahren neu in unseren Gesichtskreis. Jetzt nannte man sie „Entwicklungsländer" oder „Dritte Welt". Für die Bürger der Bundesrepublik, deren Wohlstand und wirtschaftliche Macht immer größer wurden, hatten sie ein gemeinsames Merkmal: Hunger und Armut. Heute reden wir meist vom „Nord-Süd-Konflikt", dessen Lösung immer dringlicher wird, aber auch immer schwieriger erscheint. Das angestrebte Ziel ist, daß die Gegensätze und Spannungen zwischen Nord und Süd abgebaut werden, daß nicht länger die „Erste Welt" die „Dritte Welt" ausbeutet. Das Ziel ist: *Die eine Welt.* Die folgenden Bausteine zeigen vier Wege, die begangen werden sollten. Sie ergänzen sich.

1. Baustein: Für den ganzen Menschen sorgen

Wir leben in einer geteilten und schrecklich ungerechten Welt. Wir sprechen heute über ‚reiche' und ‚arme' Nationen, über, ‚entwickelte' und ‚unterentwickelte' Länder und sogar über die ‚Dritte Welt'. Dabei wird der Standard des menschlichen Lebens gemessen an dem materiellen Reichtum oder an dem Stand der Technik und Produktion. Auf Grund dieses Begriffs von Entwicklung wurden zwei Tatsachen übersehen, nämlich

a) daß es im Leben noch über die moderne Technik und die wirtschaftlichen Verbesserungen hinaus Werte gibt, ohne welche die Entwicklung des Menschen nie Bedeutung haben und von Dauer sein wird;
b) daß der Mensch nicht nur der passiv Leidende ist, der Hilfe braucht, sondern daß er gleichzeitig auch der wichtigste „Agent der Entwicklung" ist.

Wir halten eine Entwicklung, bei der geistige und materielle Bedürfnisse zusammen gesehen werden, für den einzig richtigen Ansatz zur Entwicklungsfrage. Am schwierigsten ist es, Menschen von ihrer Selbstsucht zu befreien. Hier tritt das Evangelium des Herrn Jesus Christus als eine befreiende Macht ein. Die gegenwärtige künstliche Trennung von geistigen und materiellen Bedürfnissen muß abgeschafft und eine umfassende Entwicklung des Menschen angestrebt werden, um ihn zu befähigen, seine aktive Rolle in der Entwicklung zu spielen.

Stimme aus einer afrikanischen Kirche

Kirchliche Entwicklungshilfe heißt heute:

- Nothilfe: Schnelle Hilfe bei Katastrophen mit Nahrungsmitteln, Medikamenten, Kleidung, Zelten u.a.
- Projekthilfe: Schulung und Ausbildung einheimischer Kräfte als Bauern, Handwerker, Lehrer, Techniker u.a.; Einrichtung von Musterbetrieben, Bewässerungsanlagen u.a.
- Hilfsprogramme: Abstimmung einzelner Projekte aus den Bereichen Landwirtschaft, Handwerk, Gesundheit und Erziehung in einem bestimmten Gebiet.
- Strukturhilfe: Hilfe beim Aufbau lebensfähiger wirtschaftlicher und sozialer Strukturen, z.B. durch Gründung von Genossenschaften.

In den Informationsmaterialien von „Brot für die Welt", „Misereor" und „Adveniat" findet ihr weitere Beispiele für diese Arten der Hilfe.

2. Baustein: Die Gerechtigkeit gestalten

Als Anfang der 70er Jahre nach über einem Jahrzehnt staatlicher und kirchlicher Entwicklungshilfe Bilanz gezogen wurde, war das Ergebnis erschreckend: Die Reichen waren im Verhältnis zu den Armen reicher, die Armen dagegen ärmer geworden. Die „Schere" zwischen Reichen und Armen hatte sich weiter geöffnet! Die Kluft zwischen Nord und Süd hatte sich vertieft.

Ein Bericht aus Kenia nennt verschiedene Gründe:

Immer mehr Arbeiter werden durch moderne, leistungsfähige Maschinen ersetzt. Die größtenteils mit privatem und ausländischem Kapital finanzierte Industrie vergrößert die Arbeitslosigkeit mit zunehmender Technisierung.
Wie problematisch diese Art wirtschaftlicher Entwicklung ist, hat Präsident Nyerere vom Nachbarland Tansania einmal treffend beschrieben: „Nehmen Sie an, wir in den armen Staaten beschließen den Bau einer Fabrik, beispielsweise einer Textilfabrik zur Verarbeitung der von uns erzeugten Baumwolle. Wir müssen zu den entwickelten Staaten gehen, um die Maschinen zu kaufen. Der Preis bestimmt sich nach Ihrem Lebensstandard, der Profit kommt Ihrer Wirtschaft zugute. Die Maschinen werden von Ihren Schiffen zu unseren Häfen transportiert; die Frachtraten werden von den Produzentenkartellen in den reichen Staaten festgesetzt, wie auch die Transportkosten für die Rohbaumwolle, mit der diese Maschinen bezahlt werden. Wieder fließen Profit und Beschäftigungseffekte von den armen zu den reichen Ländern. Die Anstrengungen der armen Länder tragen zum Wohlleben der Reichen bei."

Tragt die verschiedenen Gründe für die „sich öffnende Schere" zusammen und diskutiert sie.

Heute fordern die Entwicklungsländer:

- Eine neue Weltwirtschaftsordnung, die bessere Preise für die Produkte der Entwicklungsländer sichert
- Förderung der wirtschaftlichen Eigenständigkeit der Entwicklungsländer durch Entwicklungshilfezahlungen reicher Länder
- Abbau von Zollschranken, d.h. Öffnung der Märkte der Industrieländer für die Entwicklungsländer

Denkt euch Vereinbarungen aus, die in einer gerechteren Weltwirtschaftsordnung gelten könnten. Welche Grundsätze müßten Christen vertreten?

3. Baustein: Anders leben

Aus einem Aufruf des Diakonischen Werkes:

Als Bürger eines Industrielandes verließen wir uns seit vielen Jahren auf den Fortschritt und auf ein stetiges Wirtschaftswachstum. Mehr Autos, breitere Straßen, höhere Häuser, arbeitssparende Computer, Urlaubsfernreisen nach Katalog, Wegwerfpackungen für die täglichen Gebrauchsgüter gelten vielen von uns als Voraussetzungen für ein besseres Leben. Mitten im Überfluß sind uns jedoch Zweifel gekommen: Die Bodenschätze schwinden, Wasser, Luft und Erde werden vergiftet. Wir brauchen immer mehr Energie für die Herstellung und den Betrieb der Güter, die uns dieses bessere Leben garantieren sollen und die wir immer schneller wieder wegwerfen. In jeder Plastiktüte, in jedem Autoblech, in jedem Kühlschrank stecken Energiemengen, die für immer verloren sind. Bereits heute verbraucht ein Bürger unseres Landes ein Vielfaches der Energie, die ein Inder oder Afrikaner verbraucht.

Ein Deutscher verbraucht durchschnittlich so viel Energie wie
30 Inder
80 Tansanier
550 Ruander

Die Folge unserer Art zu leben sind offenes Elend in der Dritten Welt und soziale Probleme in unserer Gesellschaft. Wir stellen fest, daß sowohl Mangel als auch Überfluß der Entwicklung des Menschen schadet.
Die Industriegesellschaften werden es sich nicht leisten dürfen, ihre verschwenderische Technik in der bisherigen Richtung weiterzuentwickeln. Die Länder der Dritten Welt werden es sich nicht leisten können, der Technik der Industrieländer bedenkenlos nachzueifern. Eine neue, eine andere Entwicklung ist notwendig.
Diese Entwicklung muß zum Ziel haben:

- einen sparsamen Umgang mit den nicht erneuerbaren Gütern der Erde,
- die Rückbesinnung auf die natürliche Energiequelle wie Sonne, Wind, Wasser,
- die Entwicklung und Förderung einfacher technischer Zwischenlösungen, die es der großen Zahl von Arbeitslosen in der Dritten Welt und bei uns erlauben, ihren Lebensunterhalt mit Würde und Selbstachtung zu verdienen.

Überlegt euch, was jeder einzelne tun kann.

4. Baustein: Anders denken

Aufruf zur weltweiten Neubestimmung:

Seit der Begegnung mit dem Abendland hat unser Volk aufgehört, sein Leben selbst zu bestimmen.
Allmählich erstarb in ihm die gewaltige Fähigkeit des Menschen, die Elemente zu beherrschen, zu leiten, zu meistern, sich anzueignen. Dann erst gab er auf, wurde ein Sklave der Gewohnheit, ein bewundernder Anbeter der Technik, das unwissende Werkzeug einer unvermeidlichen neuen Zivilisation.
Meine Freunde, Ihr müßt aufhören, die Unterentwicklung vom bürgerlichen Standpunkt aus zu betrachten. Diese Sicht verfälscht unser Engagement, schläfert uns ein und hält uns für lange Zeit in einer erniedrigenden Abhängigkeit ...
Für sich gesehen, war die Epoche, die unserem Zusammenstoß mit dem Abendland vorausging, keinesfalls eine solche der Unterentwicklung, sie war kein niedriger Zustand der Barbarei, den man verachten oder mit einem Schleier verhüllen muß. Sie war eine notwendige Stufe in der Geschichte des Menschen. Der Mensch war bemüht, sich der Natur anzupassen. Er wachte darüber, daß das soziale Gleichgewicht gewahrt und an der Tradition festgehalten wurde. So blieben die Rechte der Familie und des einzelnen geschützt ...
Mehr und mehr bin ich davon überzeugt, daß die wirkliche Unterentwicklung nicht in erster Linie in einem Mangel an materiellen Dingen besteht und daß folglich unser tatkräftiges Bemühen um Entwicklung sich nicht allein auf die Beseitigung solcher Mängel beschränken darf wie fehlende Ausbildung, ungenügende Ernährung, Mangel an anständigen Wohnungen, unzureichende Gesundheitsfürsorge.
Die Unterentwicklung ist der verkehrte Zustand, in dem Völker ernsthaft erkrankt sind an sozialer Entartung und sozialem Stumpfsinn, an einem Parasitentum, das jeden Fortschritt hemmt.

Michel Kayoya

Europa muß eine neue Identität finden

Die Europäer müssen aufhören, uns ihre Lebensweise, ihre Zivilisation aufzuzwingen. Nicht wir machen Europa Probleme, Europa macht uns Probleme. Die Europäer kommen zu uns, strecken ihre Füße bei uns auf den Tisch und geben uns Ratschläge. Wenn Sie Afrika helfen wollen, dann sorgen Sie dafür, daß diese Leute ihre Füße von unserem Tisch nehmen und verschwinden. Wir brauchen ihre Hilfe nicht, um unsere Identität zu finden. Die Europäer selbst müssen eine neue „weiße" Identität finden. Gewiß, wir brauchen technische und wissenschaftliche Hilfe. Aber wir brauchen beileibe keine Ratschläge, wie wir zu leben, zu denken, zu fühlen oder uns zu verhalten haben. Das ist allein unser Problem. Aber: Europa muß sich ändern. Europa muß eine neue Identität finden, muß seine Beziehungen zu uns überprüfen. Wenn die Europäer gelernt haben, uns so zu akzeptieren, wie wir sind - ob in ihren Augen „primitiv" oder nicht -, wenn sie gelernt haben, uns als Menschen, als Schwarze, als Afrikaner anzuerkennen, uns in Ruhe zu lassen, dann können wir vielleicht auf gleicher Ebene, gleichberechtigt miteinander zusammenleben.

Miriam Makeba

Was muß sich nach diesen beiden Stimmen bei den Afrikanern ändern? Was bei den Europäern?

Neue Verheißungen?

Enttäuschungen

Kalt und satt

„Als ich vor 3 Jahren hierher kam, hatte ich oft das Gefühl, daß man mich nicht haben wollte.
In meinem Land wird viel Wert auf Gastfreundschaft gelegt. Hier habe ich es anders erlebt.
Eins merkte ich bald: Nicht jeder Christ ist auch ein Christ. Es gibt nur ganz wenige Menschen in Deutschland, die es ernst nehmen mit ihrem Glauben.
Jesus, den ich inzwischen kennengelernt habe, wußte nicht, wohin er sein Haupt legen sollte. Er war arm. Er liebte die Menschen. Jesus hat auch gesagt: „Weh euch, die ihr hier satt seid, denn euch wird hungern!" (Lukas 6,25) Er meint hier sicherlich mit ‚Sattsein', daß man glaubt, nichts zu brauchen. Man ist zufrieden mit äußerlichen Sachen. Das hat man doch alles durch eigener Hände Arbeit erworben! Was hat Gott denn dazu beigetragen?
In den Kirchen sind meist nur alte Leute, die schon nicht mehr so „satt" sind. Sie denken nach über den Sinn des Lebens. Sie haben auch noch andere Zeiten erlebt. Oder gehen sie aus Gewohnheit zum Gottesdienst, weil sie es immer so gemacht haben?
Es geht sehr steif und kalt zu in der Kirche, finde ich. Jeder sitzt da für sich allein. Dabei geht es im Neuen Testament immer um die Liebe und um das gemeinsame Leben.
Man kann sehr frieren und einsam sein unter ‚Christen', die keine Christen sind."

ausländischer Jugendlicher, 19 J.

Radikaler Glaube

„Ich fühlte mich in meinem Glauben isoliert. Ich sah niemanden, der seinen Glauben besonders ernst nahm oder ihn praktizierte. Ich glaube, es geht vielen jungen Menschen so, wo zwar der Glaube vorhanden ist, er aber nicht gelebt werden kann, weil man denkt, das ist etwas für alte Leute. Oder wenn du das tust, wirst du belächelt. Man fühlt sich allein damit. Und dann trifft man eine solche Gemeinschaft junger Leute, die radikal ihren Glauben praktizieren und denen es egal ist, was andere darüber denken. Sie leben haargenau nach der Bibel –, daran kann man kaum etwas aussetzen. Teilen alles miteinander, haben alles gemeinsam."

Jugendliche, 20 J.

Harmonie

„Ich habe endlich das gefunden, was ich mein Leben lang gesucht habe. Hier habe ich das Gefühl, ganz dazuzugehören. Ich bin glücklich! Durch den Eintritt in die Gemeinschaft habe ich meinem Leben endlich einen Sinn gegeben. Schon lange hat mich der Gedanke bedrückt, daß Gott die Welt, so wie sie heute ist, nicht gewollt haben kann. Ich habe hier Menschen in meinem Alter gefunden, die ähnlich empfinden und die – das ist großartig – wissen, wie die verlorengegangene Harmonie zwischen Gott und den Menschen wiederhergestellt werden kann. Auch ich möchte ihren Weg gehen."

Jugendliche, 19. J.

Was kritisieren diese Jugendlichen?

Welche Erwartungen richten sie an religiöse Gemeinschaften?

Neue Geborgenheit?

Zärtlichkeit als Angelhaken

arin fühlte sich wie verzaubert. „Alles ar so friedlich und schön“, erinnert sie ch an ihren ersten Tag in dem „Heim“ er „Kinder Gottes“. Die buntgemischte Schar junger Leute lachte, war fröhlich, Kinder tollten ausgelassen umher – für Karin eine Atmosphäre voll Zärtlichkeit.

Abends griff einer zur Gitarre und sang von Gott und der Liebe. Die Gruppe saß im Kreis um den großen Tisch geschart, die Hände zu einer Kette verbunden. Peter, das Oberhaupt dieser 15köpfigen „Kinder-Gottes-Familie“, las aus einem Brief des Sektenführers, einem Mo-Brief. Man betete. Zwischendurch riefen alle, oft minutenlang und wie in Trance: „Halleluja! Danke Jesus!“

Karins Geschichte könnte für viele der jungen Menschen stehen, die in die Fänge einer Jugendsekte geraten. Konflikte mit den Eltern: ein Beruf – Datentypistin, zu dem ihre Familie sie gezwungen hat, der ihr keinen Spaß macht; eine große Enttäuschung in der Liebe; das Unvermögen, Probleme zu verarbeiten, Belastungen zu tragen; statt dessen Flucht in den Alkohol; eine innere Leere; Hunger nach etwas Wärme und Geborgenheit – dies ist Karins Situation, als sie an einem Tag im April auf einer belebten Einkaufsstraße Jonathan trifft. Er geht mit strahlendem Blick auf sie zu und sagt mit entwaffnender Ironie: „Wir sind eine ganz gefährliche Sekte. Willst du uns nicht mal kennenlernen?“

Was Jonathan von der Liebesbotschaft des Gründers und Führers der „Kinder-Gottes-Sekte“, David Berg („Moses David“, „Onkel Mo“), erzählt, beeindruckt Karin. Angelockt durch die Verheißung, die von ihr ersehnte, allumfassende „ideale Liebe“ zu finden, einen Ausweg aus all ihren persönlichen Problemen, geht sie zu der Adresse, die Jonathan ihr in die Hand gedrückt hat.

Hier erlebt sie dann eben die ersten Stunden bei den „Kindern Gottes“ wie einen Ausflug in eine Märchenwelt. Nicht nur die Räucherstäbchen-Atmosphäre, die Zärtlichkeit, das Gemeinschaftserleben faszinieren Karin – auch das, was die Jünger Onkel Mos über ihre „Religion“ erzählen. „An Gott habe ich immer schon geglaubt“, sagt sie heute, „auf meine eigene Art, ohne die Kirche. Und vieles, was die mir sagten, stimmte mit meinen Ansichten überein.“

Und dann ist da noch Jochen. Er kümmert sich besonders intensiv und zärtlich um sie, wird ihr Liebhaber. Karin glaubt, diesmal die Liebe gefunden zu haben, nach der sie sich immer sehnte. Um so größer ist ihre Enttäuschung, als sie merkt, daß Jochen sich schon nach zwei Wochen von ihr abzukehren beginnt, sich anderen Mädchen zuwendet.

Zuerst begreift Karin nicht, was da vorgeht. Erst heute weiß sie, daß die „Liebe“ Jochens nur eine der vielen raffinierten Methoden der „Kinder Gottes“ war, junge Leute in ihre „Familie“ hineinzulotsen.

Obwohl Karin es tief trifft, daß Jochen sich so unvermittelt von ihr abkehrt, bleibt sie bei der Gruppe. Sie klammert sich an die Hoffnung, daß er doch noch zu ihr zurückkehrt. Karin hat, weil sie zunächst ihre Schulden abarbeiten soll, nur den Status eines „Katakombenjüngers“ – das heißt, sie lebt nicht ständig bei der „Familie“ und geht auch weiterhin ihrer Arbeit nach.

Selbst als „Katakombenjünger“, die noch ein Quentchen Freiheitsraum besitzen, gerät Karin immer stärker in die Abhängigkeit der „Kinder Gottes“. Sie verspricht der „Familie“, ihr den kostbaren Erbschmuck zu schenken und unterschreibt bei einem Notar eine Erklärung, nach der die „Kinder Gottes“ sich für sie einsetzen können, falls ihre „von Dämonen besessenen“ Eltern – wie die „Familie“ ihr einimpft – einen Entmündigungsantrag stellen sollten.

Auch ihre Persönlichkeit, das wird Karin erst heute, im Rückblick, richtig bewußt – verändert sich während der fünf Monate in der „Familie“ zusehends. Sie ist bald nicht mehr „ich selbst“, wird willenlos und unkritisch, gibt ihre früheren Interessen auf, schiebt alle Probleme weit von sich weg, entfremdet sich ihren Freunden von einst.

Stuttgarter Zeitung

Arbeitet die folgenden Gesichtspunkte heraus:

- *Situation von Karin*
- *Verhalten und Rolle Jochens*
- *Karins Erlebnisse und Veränderungen*

Was kann man aus dem Zeitungsbericht über Lehre und Organisation der Gruppe erfahren? Kennst du andere Beispiele?

Gurus, Götter, Idole

Gemeinsame Grundstrukturen

In einer Zeit, in der die Geborgenheit gestorben, die Zukunft entwertet und die Sinnfrage für viele sinnlos geworden ist, haben Religionen Hochkonjunktur. Die Fülle religiöser Bewegungen ist farbig und vielfältig wie eine Schmetterlingssammlung. Die Bundesregierung spricht von über 300 Jugendreligionen im deutschsprachigen Raum.
Oft tauchen neue religiöse Jugendsekten auf und alte verschwinden. Aber die Lehren und Lebensformen sind typisch für alle, und die Methoden haben Schule gemacht. Deshalb sind die gemeinsamen Grundstrukturen immer deutlicher geworden:

Überlegt Vorzüge und Gefahren, die sich aus den genannten Grundstrukturen ergeben.

1. Im Zentrum steht ein *Führer:* der Heilige Meister, Guru, Prophet oder Messias. Er ist gleichzeitig *Heilsgestalt:* gottgesandt, unfehlbar, unantastbar. In ihm wird für die Anhängerschaft der unsichbare Gott greifbar.
2. Ein *rettendes Rezept,* nämlich das des Heiligen Meisters, ist stets konzipiert als totaler Gegenentwurf zum Bestehenden. Viele Menschen ahnen eine tiefgreifende Zeitwende: Die Welt ist am Ende; die Systeme zerbrechen. Das ist die große Gelegenheit für extreme Alternativen.
3. Dieser „Gegenentwurf" wird verwirklicht in einer *geretteten Familie,* einer kleinen Anhängergruppe, in der es einen starken Zusammenhalt gibt und die Mitglieder in ihrem Bewußtsein bestärkt werden, zu einer auserwählten Gruppe zu gehören.
4. Die Struktur ist *totalitär.* Dies gilt sowohl für den zuweilen extrem autoritären Führungsstils: Der Meister besitzt die totale Wahrheit, den totalen Durchblick, wie auch im doktrinären Sinn: Hier herrscht eine festgelegte „Wahrheit", die man bejahen und begreifen lernen muß, und ein bestimmter Lebensstil, in den man sich einfügen muß. Gefordert ist der totale Gehorsam der Anhänger und die kompromißlose Ablehnung der „alten Gesellschaft".
5. Und schließlich wird der *Totaleinsatz aller Kräfte* verlangt. Dieses „konsequente" und aufopferungsvolle Leben im kühnen Gegenwurf gegen alle herrschenden Traditionen vermittelt den Mitgliedern ein *Elitebewußtsein.* Sie glauben, zur Avantgarde einer neuen Zeit zu gehören - und machen sich dadurch immun gegen alle Kritik.

Motive und Ursachen für den Beitritt sind häufig identisch. Angesprochen werden Menschen, die Probleme haben und sich einsam fühlen, die unter Streß leiden, Angst haben vor Schule, Eltern, und Beruf, die keine Ziele haben und sich langweilen, die einen Sinn für ihr Leben suchen, nach Gott fragen, der Welt aus Zukunftsangst entfliehen möchten. Sie alle streben nach liebevoller Annahme und Geborgenheit in der Gemeinschaft Gleichgesinnter.

Zeugen Jehovas

Was Jugendliche tun würden	*Was Gott verheißen hat*
Interessante Arbeit für alle	
Die 17jährige Jacky aus Nordfrankreich würde die Technik einschränken, indem sie Roboter abschaffen würde, damit die Menschen Arbeit hätten. Susanne, ein junges Mädchen aus Hamburg, wünscht sich eine Welt, in der es nur handwerkliche Berufe gibt - Schuhmacher, Maurer, Müller, Tischler und so weiter.	Es wird für alle befriedigende Arbeit geben, und sie werden die Früchte ihrer Arbeit genießen. „Sie werden gewißlich Häuser bauen und sie bewohnen ... Sie werden nicht bauen und ein anderer es bewohnen; sie werden nicht pflanzen und ein anderer essen. ... das Werk ihrer eigenen Hände werden meine Auserwählten verbrauchen. Sie werden sich nicht umsonst abmühen, noch werden sie zur Bestürzung gebären“ (Jesaja 65,21-23).
Frieden auf der Erde	
Carla aus der Bundesrepublik spricht vielen Jugendlichen aus dem Herzen, wenn sie sagt, daß sie „Bomben und Kriege abschaffen“ würde, Jun, ein Junge aus Japan, würde „dafür sorgen, daß jeder in Frieden lebt“.	„Kommt, seht die Taten Jehovas, wie er erstaunliche Ereignisse auf der Erde hat einsetzen lassen. Kriege läßt er aufhören bis an das äußerste Ende der Erde“ (Psalm 46,8, 9).
Eine geeinte Welt	
John, ein Jugendlicher aus Kanada, würde „die Welt zu einer einzigen Gemeinschaft zusammenbringen“. Mikiko, ein junges Mädchen aus Japan „würde ein Land schaffen, wo nur gute Menschen leben.“ Und Milton aus Brasilien bringt folgenden Gedanken vor: „Ich wünsche mir eine geeinte Welt, in der es nur eine Regierung und nur eine Religion gibt.“	„Und ihm [Jesus] wurde Herrschaft und Würde und Königtum gegeben, damit die Völker, Völkerschaften und Sprachen alle ihm dienen sollten.“ „Viele Nationen werden ganz bestimmt hingehen und sagen: ‚Kommt, und laßt uns zum Berg Jehovas hinaufziehen ...; und er wird uns über seine Wege unterweisen, und wir wollen auf seinen Pfaden wandeln‘“ (Daniel 7,14; Micha 4,2).

Aus den vorhergehenden Vergleichen wird deutlich, daß die Zukunft, die Gott verheißen hat, genauso aussieht, wie sie sich viele junge Leute wünschen.

Die Zeit für eine Veränderung ist nahe
Carole hat eine „wunderbare Hoffnung“ für die nahe Zukunft, „etwas Herrliches - ganz und gar anders als die Welt, in der wir leben“. Der 15jährige Samuel glaubt ebenfalls an eine völlige Veränderung. Er erklärt: „Ich stelle mir die Welt im Jahre 2000 als ein wunderschönes Paradies vor. Aber ich denke, daß weder die heutige Welt noch ihre Herrscher dies erleben werden. ... Wir leben in den letzten Tagen des gegenwärtigen Systems.“ Die 16jährige Ruth sagt: „Ich glaube, ich habe nicht den Weitblick, um die Dinge so zu ändern, daß es sich für alle positiv auswirkt. Das kann nur der Schöpfer, Jehova Gott, und er wird es bald tun.“
Warum sind sich die letztgenannten interviewten Jugendlichen so sichern, daß es in der nahen Zukunft positive Veränderungen geben wird? Ganz einfach, weil sie Gottes Verheißungen durch sein Wort, die Bibel, kennengelernt haben. Als Zeugen Jehovas sind sie überzeugt, daß uns etwas Besseres bevorsteht - eine Welt, wo Gerechtigkeit und Frieden herrschen werden.
(„Erwachet“, Zeitschrift der Zeugen Jehovas)

Mit welchen Argumenten versuchen die Zeugen Jehovas zu überzeugen?
Welche Glaubensinhalte spielen eine besondere Rolle?

Am Ende der Weltzeit

Das ganze Augenmerk der Zeugen Jehovas ist auf das Kommen des verheißenen Reiches Christi gerichtet, das in den herrlichsten Farben geschildert wird. Einige hoffen, in den Himmel zu kommen und als „Könige und Priester" mit Christus zusammen zu herrschen. So richten sich die Zeugen Jehovas in unserer vergehenden Welt nicht mehr ein. Die Gegenwart hat für sie nur insofern Bedeutung, als in ihr die Zukunft verkündet werden muß. Von daher erklärt sich die erstaunliche Bereitschaft der Zeugen Jehovas, alle Kräfte im Verkündigungsdienst einzusetzen. Es wird aber auch ihre grundsätzliche Ablehnung, innerhalb der heutigen Ordnungen karitativ oder sozial tätig zu sein, verständlich.

„Die Bibel hat immer recht"

Lies die Stellen Apostelgeschichte 15,20 sowie 5 Mose 17,10 und überlege, weshalb die Zeugen Jehovas auch unter Lebensgefahr eine Bluttransfusion ablehnen.

Die Worte, „die ganze Schrift ist von Gott inspiriert und nützlich" (2 Tim 3,16) werden von den Zeugen Jehovas so ausgelegt, daß Gott die Bibel Wort für Wort diktiert hat und sie somit „wörtlich" aufzufassen ist. Sie ist genauso buchstäblich zu verstehen wie eine moderne Tageszeitung und enthält Antwort auf alle Fragen, auch auf Tagesprobleme.

Widersprüche und zeitgebundene Aussagen in der Bibel werden geleugnet. Eine willkürliche Auswahl und gewaltsame Harmonisierung stützen den eigenen Offenbarungsanspruch.

Sie betrachten auch zeitgebundene biblische Aussagen als verbindlich und bestreiten deshalb geschichts- und naturwissenschaftliche Erkenntnisse (z. B. die Evolutionslehre).

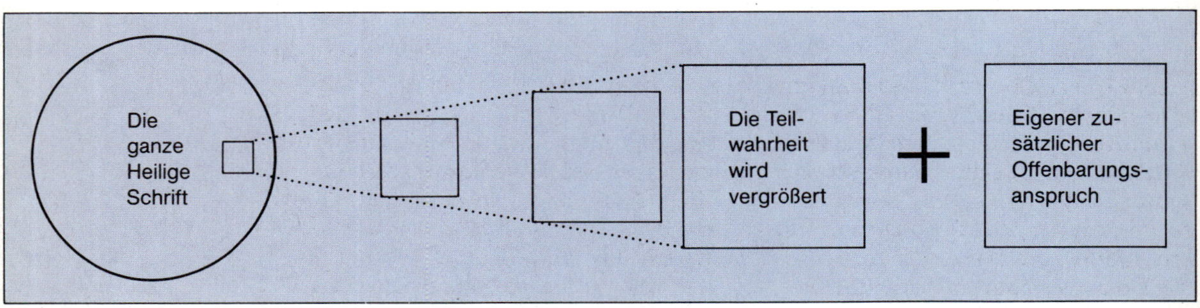

Der rechte Weg?

Aus der Lebensgeschichte einer ehemaligen Zeugin Jehovas:

Die Entscheidung

Der Tag kam sehr bald, an dem ich vor der inneren Entscheidung stand, entweder offen zu Jehovas Zeugen zu stehen, oder ihre sämtlichen Schriften zu verbrennen.

Ich hatte an den Zeugen nichts Ungutes gefunden. Und ihre Lehren schienen vollständig in der Bibel zu wurzeln.

Nachdem ich überzeugt war, daß die Wachtturmgesellschaft die biblische Wahrheit vertrete, schloß ich mich enger an.

Was faszinierte die Autorin? Was machte ihr Angst?

Kann man von der „Droge Sekte“ sprechen?

Unermüdlicher Einsatz

Wir wurden in den Versammlungen geschult, die Leute durch Fragen aus der Reserve zu locken. Aus ihren Antworten lernten wir ihre Einstellung zu religiösen Dingen kennen, und dann war es leicht, dort einzuhaken. Und jeder Zeuge ist stolz, daß er durch das intensive Versammlungstraining zu einem erfolgreichen Menschenfischer wird.
Bereits nach kurzer Zeit wußte ich nicht, wo die Zeit hernehmen. Mußte ich doch auch ständig neues Gebiet beackern, und zudem war mir eine Literaturquote vorgeschrieben. Niemals wäre ich alle „Wachttürme“ und „Erwachet“ losgeworden, wenn ich nur noch die Leute aufgesucht hätte, die bereits willig auf mich hörten. Oft dünkte mich, ich komme kaum noch zum Atmen. Eine Art Panik ergriff mich immer häufiger, wenn ich die Berge von Arbeit vor mir sah. Eilen - predigen - diskutieren - lernen und lehren - war das ein Leben! Doch hatte ich das mir von anderen gewaltsam gesteckte Ziel erreicht und war endlich Pionier. Welch wunderbares Vorrecht!

Der Verdienst und das private Vermögen

Dazu mußte ich folgendes lernen: „Wenn jemand sein ganzes Vermögen für das Werk opfert, so tut er es freiwillig, niemand hat ihn dazu gezwungen. Außerdem hat er sein Geld nicht einer Gesellschaft gegeben, sondern genau wie seine Kraft und Zeit auch, allein Jehova. Er hat es getan aus der Überzeugung heraus, daß die Botschaft vom Königreich gepredigt werden müsse, also mußte er sich bewußt sein, daß er alles für Jehova tat und nicht für die Wachtturmgesellschaft, die ja nur die Dienerin der Zeugen ist.

Zweifel

Nach einigen Zwischenfällen bäumte ich mich unbewußt auf gegen die Kälte und Lieblosigkeit, die von mir Besitz ergreifen wollte. Ich war auf dem Wege, endgültig eine herzlose Wachtturmmaschine zu werden, wie ich bereits Hunderte von Zeugen kannte. Ich spürte auch zutiefst, daß ich ohne die Liebe, die vorher mein ganzes Leben übersonnt hatte, einfach nicht existieren konnte. Das war eine Liebe gewesen, die spontan von Herzen kam, die nicht erst hundert Bibelstellen zitieren mußte, die nie fragte, was der andere glaube oder denke. Eine Liebe, die den Mitmenschen Gutes zutraute und die bereit war, Schlechtes zu verstehen und zu verzeihen.
Aber das Werk war so gewaltig, es gab seinesgleichen auf der ganzen Welt nicht. Und wenn die leitenden Brüder wirklich gewissenlose Männer wären, woher hätten sie all die wunderbaren Wahrheiten, die sie uns beständig neu vermittelten?
Wir waren doch auch die einzigen, die als geschlossene Gruppe den Mut besaßen, den Militärdienst zu verweigern und die mit keiner Regierung der Welt Bündnisse eingingen. Auch nicht im Dritten Reich unter Hitler, als viele für ihren Glauben qualvoll sterben mußten.
„Man hat mir gesagt, es hätten sich schon Menschen das Leben genommen, die mit Jehovas Zeugen zu tun gehabt hätten, oder seien wahnsinnig geworden.“
„Ach, das ist eine Lüge. Niemand wird von der Wahrheit verrückt. Aber wenn man die Wahrheit verleugnet, dann ist es wohl möglich, daß man dem Wahnsinn verfällt.“

Josy Doyon

Alte Bedürfnisse – Neue Botschaften

Laßt euch nicht täuschen!

BOTSCHAFT AN DIE NEUE WELT

UNSERE ZEIT IST GEKENNZEICHNET VOM AUFBRUCH DES MENSCHEN IN DEN WELTRAUM. GLEICHZEITIG – NUR WEITAUS RUHIGER – TRETEN IMMER MEHR MENSCHEN DIE REISE IN DEN INNEREN RAUM AN, DEN RAUM JENSEITS DER MATERIE. SIE HABEN ERFAHREN, DASS DIE ÄUSSEREN, SICHTBAREN EREIGNISSE NUR AUSWIRKUNG DER EREIGNISSE IM REICH DES GEISTES, DES BEWUSSTSEINS DARSTELLEN. ES SIND EINIGE, DIE DEN GEIST IN SICH TRAGEN UND ES WERDEN IMMER MEHR.

WIR MÜSSEN IN DIESER ZEIT UNSERE KOSMISCHE AUFGABE ERKENNEN: LICHT HINEINZUTRAGEN IN DAS DUNKEL DER IHRER SELBST NICHT BEWUSSTEN MATERIE. WIR MÜSSEN DIE UNBEGRENZTEN MÖGLICHKEITEN DER ERKENNTNIS & DES TUNS SEHEN, DIE UNS OFFENSTEHEN. WIR FÜHLEN DIE BEWEGUNG, DIE SICH IN UNS & DURCH UNS MANIFESTIERT. ES LIEGT AN UNS, SIE ZU NUTZEN! DIE ENTSCHEIDUNG DARÜBER FÄLLT JEDEN TAG!

FRIEDE ALLEN WESEN

Welche Botschaften vermitteln die Texte aus der Zeitschrift „Zero" dem Leser?

Liebe Freunde

diese Zeitschrift ist das Ergebnis eines Zusammenschlusses zweier Overground-Press-Magazine: Narr auf dem Hügel & Zero.

ZERO – das ist Null, der Ausgangspunkt aller Koordinaten – die Wende von minus zu plus, innen und außen.
ZERO – das ist der euklidische Punkt, der einen festen Platz hat, aber keinen Raum einnimmt.
ZERO – ist ein Magazin, das sich an diesem Punkt ansiedeln möchte – ohne eigenen Raum in alle Räume weisend.
Wir haben uns Magazin für alternative Lebens- und Bewußtseinsmodelle genannt. Rückblickend müssen wir selbstkritisch feststellen, daß wir wesentlich mehr Wert auf Bewußtsein, als auf Leben gelegt haben & daß es da Wechselbeziehungen gibt, die nicht mit dem lapidaren Satz: ‚Das Sein bestimmt das Bewußtsein' oder dessen Umkehrung erklärt werden kann. Wechselbeziehungen, die sich darin ausdrücken, daß wir durch spirituelle Erkenntnis – denn darum geht es uns – fähig werden, auch in positiver Weise unser Environment zu verändern/verbessern. Environment bedeutet für uns: die Gesellschaft, deine Umgebung, die Familie, deine Beziehung zu anderen & letztendlich auch zu dir selbst.
Wir wollen euch in diesem Zusammenhang nicht die Botschaft der Waffen und des Hasses bringen. (& die, die's tun mögen sich ruhig weiter entlarven!) Laßt euch nicht täuschen! Schließt euch keiner fanatischen Menge an! In diesem Krieg werden wir andere Waffen, als Gewehre benützen müssen. Überall auf dem Planeten entstehen Zentren des einen und freien Lebens. Es ist noch nicht das Jahr der großen Veränderung. Aber seid wachsam! Seht euch um, seht den Weg, den ihr gekommen seid oder den andere für euch gegangen sind. Und überall Anzeichen des Wandels, Bewußtseineruptionen, Keimzellen des neuen Zeitalters. Wir verstehen uns als Mitwirkende in der GROSSEN MUTATION!

Verantwortungsvolles Miteinander

Es besteht eine gewisse untergründige Beziehung zwischen der Kirche und den in ihrem Umkreis lebenden Sekten. Da sind, wenn man die Predigt der Kirche neben die Fülle des Gottesworts stellt, mancherlei Lücken, die nicht ausgefüllt werden. Da gibt es deshalb auch geistlichen Hunger, der nicht gestillt wird. Da gibt es Gemeinden, die nicht lebendig genug sind, um die Sehnsucht nach brüderlicher Gemeinschaft zu erfüllen. Und nun haben sich außerhalb der Kirche die ‚Sekten' gebildet! Wie, haben sie am Ende nicht von Gott ein Amt bekommen? Das Amt nämlich, auf diese Lücken hinzuweisen, Mahner der Kirche zu sein - Alarmzeichen, die von ihr gehört werden müssen.

Es geht also letztlich bei der Auseinandersetzung mit diesen Gemeinschaften nicht nur um Selbstrechtfertigung und Widerlegung der andern, sondern um die eigene Gewissenserforschung vor Gott. Aus denen, welche die Sekten nach ihrem Wahrheitsausweis fragen, müssen solche werden, die sich selbst von Gott fragen lassen. Und nur wenn die Kirche sich unter Gottes Frage stellt, hat sie das Recht, auch die Sekten zu fragen. Nur dann wird ihre Auseinandersetzung mit den Sekten wahrhaft fruchtbar sein.

Die Menschen, die einer Sekte anhängen, sind nicht schlechter als andere Menschen. Die Motive, die sie zu einer Sekte treiben, sind nicht unehrenhaft. In der Intensität ihres Glaubenslebens, in ihrer Überzeugungstreue, Bekenntnisfreudigkeit und Opferbereitschaft übertreffen sie den Durchschnitt der Kirchenglieder weit. Das Recht, die Kirche zu kritisieren, können sie genauso beanspruchen, wie die Kirche von dem Recht zur Kritik an den Sekten Gebrauch macht. Ihre Kritik an Verkündigung und Leben der Kirche soll nicht Reaktionen der Bitterkeit auslösen, sondern zur Selbstprüfung veranlassen. Die Gegensätze im Bereich der Wahrheitsfrage sollen stehen bleiben und ausgetragen werden, aber sie sollen nicht auf das Gebiet der menschlichen Beziehungen und Werturteile übergreifen. Es gehört zur Eigenart der christlichen Wahrheit, daß ihre Beweiskraft von der Liebe abhängt, die sie zu erwecken vermag. Ein wesentlicher Bestandteil dieser Liebe ist die Gerechtigkeit in der Beurteilung anderer Lehren. Wer einem Sektengläubigen unsachlich und feindselig begegnet, ist kein Zeuge der Wahrheit, sondern diskreditiert sie. In dem Groll, den die Sekten gegen die Kirchen hegen, hallen Anklagen über eine Schuld nach, die sich durch Jahrhunderte angehäuft hat und die bis heute noch nicht bereinigt ist. Ihre Bereinigung ist so nötig wie die Ordnung anderer unaufgeräumter Bezirke der christlichen Vergangenheit - etwa des Verhältnisses der Christen zu den Juden oder des Verhältnisses zwischen den Konfessionen. Diese Arbeit ist den Kirchen als solchen aufgetragen, aber das Umdenken, das sie fordert, muß in den Herzen der einzelnen Christen vollzogen werden. Daß das geschieht, ist sehr wichtig; denn es besteht eine enge Beziehung zwischen dem Ausmaß dieses Vollzugs und der Glaubwürdigkeit der kirchlichen Verkündigung.

Kurt Hutten

Textnachweise

Wofür es sich zu leben lohnt

Das Eisenbahngleichnis: Erich Kästner, Kästner für Erwachsene, Atrium Vlg. Zürich 1966, S. 85
Powern: Jugendwerk der Deutschen Shell (Hg.), Jugend vom Umtausch ausgeschlossen. Eine Generation stellt sich vor. Rowohlt Taschenbuch-Vlg. Reinbeck 1984 (rororo panther 5555), S. 245
Hans im Glück: Jung (Hg.), Märchen, Sagen und Abenteuergeschichten aus alten Bilderbogen neu erzählt von Autoren unserer Zeit, Moos Vlg. München 1974, S. 511 (gekürzt)
Auf das Sosein kommt es an: Hans-Georg Noack, Lesungen, Signal Vlg. Baden-Baden 1976
Lebensverweigerung: Paul Schallück, Unser Eduard. In: M. Gregor-Dellin (Hg.), PEN. Horst Erdmann Vlg. Tübingen 1971. Originalreihenfolge der Abschnitte Vater, Mutter, Schwester, Freund aus didaktischen Gründen umgestellt und leicht gekürzt.
Begleitung: Dietrich Bonhoeffer, zitiert nach W. Sandfudes, Minute der Besinnung, Echter Vlg. Würzburg 1965, S. 41
Am Ende die Rechnung: Lothar Zenetti, Sieben Farben hat das Licht, Vlg. J. Pfeiffer München 1975, S. 293

Auf dem Weg zueinander

Fast ein Liebeslied: Schallplatte „R. Mey life", Text und Melodie: Reinhard Mey, © 1968 by Nobile Vlg., Edition Eurocord, Aixheimerstr. 26, 7000 Stuttgart 75
Fast ein Liebesbrief: T. Brocher, Von der Schwierigkeit zu lieben, Kreuz-Vlg. Stuttgart 1975, Vorwort
Ein Versuch mit Affen: Ernest Havemann und Life-Redaktion, Die Geburtenkontrolle, Time-Life International München 9/1967, S. 7
Ich veränderte mich auch äußerlich: Christina F: Wir Kinder vom Bahnhof Zoo. Ein Sternbuch. Hamburg, S. 51 (gekürzt)
Liebe deinen Nächsten! – Und dich selbst? Josef Kirschner
Zwei Teile: Plato, Sokrates im Gespräch, Fischer Taschenbuch-Vlg. Frankfurt a. M. 1962, S. 159ff. (zusammengefaßt)
Partnerschaft: Verschiedene Textauszüge aus: Denkschrift zu Fragen der Sexualethik. Erarb. von einer Komm. der EKiD. Hrsg. von der Kirchenkanzlei der EKiD. Gütersloher Verlagshaus Gerd Mohn Gütersloh 1971
Schwere Entscheidung: aus einer älteren Jugendzeitschrift
Enttäuschung: H. Thielscher (Hg.) Das vergesse ich nie! Schöningh Vlg. Paderborn 1977, S. 143
Die Frau für den Mann? Günter Amend, Sex Front, Frankfurt a. M. März/o. J., S. 24f.
Der Mann für die Frau? Esther Vilar, Der dressierte Mann, Deutscher Taschenbuch-Vlg. München 1976, dtv 949, S. 129
Na also ...": Wolfdietrich Schnurre in: Der Spatz in der Hand. Langen-Müller Vlg. München 1971
Bedürfnis spüren? Chassidische Legende: „Ja zu jedem Tag", Schriftenmissions Vlg. Neukirchen-Vluyn, Vlg. Kath. Bibelwerk Stuttgart 7. Auflage 1986, S. 155
Seide aus Kranichfedern: Konrad Winkler, Seide aus Kranichfedern, Alfred Holz Vlg. Berlin 1965, (stark gekürzt)

Ab in den Knast

Der Ruf nach dem Henker: Schwarzwälder Bote 2./3. 12. 1986, dpa
Nach eiskalten Hinrichtungen krachten Schüsse und Granaten: Schwarzwälder Bote, 2./3. 12. 1986, dpa
Die Todesstrafe in der Geschichte: Thomas Dehler im Deutschen Bundestag am 2. 10. 1952
Strafen – sinnvoll? Bundeszentrale für Politische Bildung
Der Mensch stumpft ab: Zeitungsartikel von Petra Michaely
Bildhauerei hilft weiter als Tütenkleben: Schwarzwälder Bote 21. 10. 1986
Hilfe durch Gruppen: Hilfe für Straffällige. Hrsg. vom Diakonischen Werk der EKD Stuttgart
Mitgefangen – mitgehangen: R. Wetter/H. Ortner in „Die Zeit", 22. 9. 1978. Zeitvlg. Hamburg 1

Rassismus: Th. Fritsch, Antisemiten-Catechismus, Leipzig 1887
Christlicher Antisemitismus: Konteros Geserot Tatnu. Chronik des Elieser ben Nathan, zit. nach H.J. Schoeps, Jüdische Geisteswelt. Holle Vlg. Darmstadt S. 142f. (gekürzt)
Nationalismus und rassischer Antisemitismus: Adolf Hitler, Mein Kampf, Franz Eher Vlg. München 1936, S. 372
In der nationalsozialistischen Propaganda: Goebbels 1940, Tonbandabschrift
Gesetz zum Schutze des deutschen Blutes und der deutschen Ehre: Nürnberger Rassegesetze
Polizeiverordnung: zit. nach: Das Dritte Reich. Seine Geschichte in Texten, Bildern und Dokumenten. Hrsg. von H. Huber/A. Miller, Desch-Vlg. München 1964, S. 521
KZ Maidanek: Aus: Südd. Rundfunk, Nicht gesehen – nichts gehört. Ein Prozeß in Deutschland 1975, 1976, 1977. Feature von Heiner Lichtenstein, S. 18f.
Im Zeichen der Machtergreifung: L. Siegele-Wenschkewitz, Nationalsozialismus und Kirchen. Religionspolitik von Partei und Staat bis 1935. Droste Vlg. Düsseldorf 1974, S. 30f.
Aus einem Flugblatt der „Deutschen Christen": Gerhard Schäfer, Dokumentation zum Kirchenkampf, Bd. 2: Um eine deutsche Reichskirche 1933. Calwer Vlg. Stuttgart 1972
Punkt 24 des Parteiprogramms der NSDAP: Oberstufe Religion Band 3, Calwer Vlg. Stuttgart 1980, S. 44
Kanzelverkündigung: Evangelische Glaubensgenossen! Entwurf 3/82, Stuttgart 1982, S. 18
Mutiger Protest: Julius von Jan, zit. nach: H. Metzger, Kristallnacht, Calwer Vlg. Stuttgart 1979, S. 45
Büro Grüber: nach: Max Krakauer, Lichter im Dunkel. Flucht und Rettung eines jüdischen Ehepaares im Dritten Reich, Neu herausgegeben von Otto Morike, Quell Vlg. Stuttgart 1975
Das Hakenkreuz: Deutscher Standpunkt 1978. Hrsg. von Martin Pape, Esslingen
oder Neuanfang: Martin Haug, Für eine bessere Zukunft. Calwer Vlg. Stuttgart 1974, S. 137
Aktion Sühnezeichen: und: Martin Haug, Für eine bessere Zukunft, a. a. O. S. 150
Auf dem Weg zu neuer Gemeinschaft: Erklärung der badischen Landessynode von 1984, veröffentlicht in „Entwurf" 3/86, Stuttgart 1986, S. 73

Gedicht: Rainer Maria Rilke, Buch der Bilder, In: Sämtliche Werke. 6 Bände, hrsg. vom Rilke-Archiv, bes. von E. Zinn, Bd. 1, Frankfurt 1955
Anonyme Bestattung: Jutta Rosbach in: „Die Zeit", 24. 6. 1983. Zeitvlg. Hamburg, S. 45 (Titel: Mit dem Tod ist Schluß)
Jeder hält jeden für sterblich – außer sich selbst: Leo Tolstoi, Der Tod des Ivan Iljitsch, Vollmer Vlg. Wiesbaden, S. 16
Ein 15jähriges Mädchen: Günther Klempnauer, Wenn ich nur noch einen Tag zu leben hätte, Kreuz-Vlg. Stuttgart 1977
Was kommt nach dem Tod: Kurt Marti, Leichenreden, Luchterhand Vlg. Darmstadt und Neuwied 1975[8]
Trauerarbeit: Horst Bienek, Vorgebundene Gedichte, Hanser Vlg. München 1969, S. 36 (Titel: Trauerarbeit II)
Sterben zu Hause: Stella Baum, Der verborgene Tod, Fischer Vlg. Frankfurt 1976, S. 63–67 (gekürzt)
Zu grausam? Anne Philipe, Nur einen Seufzer lang, Rowohlt Vlg. Reinbeck 1964, Übersetzt v. Marg. Bormann (Auszüge)
Berichte: Josef Christoph Hampe, Sterben ist doch ganz anders, Kreuz-Vlg. Stuttgart 1975, S. 120 (gekürzt)
Schleuse? Josef Christoph Hampe, Sterben ist doch ganz anders, a. a. O.
Machtlos vor dem Feind: Hermann Hesse, Die Gedichte 1892–1962, Bd. 2, Suhrkamp Vgl. (TB 381) Frankfurt a. M. 1977, S. 570, Titel: Gicht
Plan für ein Sterben: Günther Kunert, Camera Obscura, Fischer Taschenbuch-Vlg. Frankfurt a. M. 1980 (TB 2108), S. 71 f.
Kreislauf: Gottfried Benn, Gesammelte Werke, Hrsg. von Dieter Wellershoff, Bd. 2: Prosa und Szenen, Klett-Cotta Stuttgart 1974[8]
Unsterblichkeit der Seele? Platon-Zitate aus: Phaidon, übersetzt von R. Kassner, Jena 1920
Gericht und Fegefeuer: Gerhard Lohfink, Der Tod hat nicht das letzte Wort, Herder Vlg. Freiburg i. B. 1976[3], S. 31 ff. (Auszüge)
Drohungen und leere Versprechungen? Paul Thirry d'Holbach, System der Natur (1770), zitiert nach: Helmut Wolle (Hg.), Auf der Suche nach dem Glück. Eine Anthologie, Vlg. Neues Leben Berlin(-Ost) 1975, S. 190f.
In Liebe geborgen: Heinz Zahrnt, Gott kann nicht sterben, Piper Vlg. München 1970, S. 314 (gekürzt)

Ein Leben nach dem Tode: Marie Luise Kaschnitz in: Kein Zauberspruch. Gedichte. Insel-Vlg. Frankfurt a.M. 1976[2], S.119f.

Jesaja - ein Prophet des Friedens

Als Spielhilfe einige Argumente: Martin Niemöller, Wir sehen, daß bis heute, In: Eine Welt oder keine Welt. Frankfurt a.M., S.36f.
Ein Bänkellied: Ich entdecke die Bibel. Deutsche Bibelstiftung Stuttgart 1975, S.170f.
Traum und Wirklichkeit: Gerd Presler, Martin Luther King, jr., mit Selbstzeugnissen und Bilddokumenten, Rowohlt Taschenbuch-Vlg. Reinbeck 1984, S.92f. (Auszüge)
Friedensverheißung gescheitert? Gerd Presler, Martin Luther King jr. a.a.O. S.126 (Auszüge)

Arbeiten und Leben

3. Gebot: Ernst Lange, Die zehn großen Freiheiten, Burckhardthaus Vlg. Gelnhausen 1967
Du arbeitslos: Knut Anders, Auf zu neuen Ufern, Rowohlt Taschenbuch-Vlg. Reinbeck 1982. (rororo panther 4960), (gekürzt)
Frauen: Ein wenig Beruf: Alice Schwarzer, Der ‚kleine Unterschied' und seine großen Folgen, Fischer Vlg. Frankfurt a.M. 1975, S.210f.
Ein moderner Arbeitsplatz: Horst Kern/Michael Schumann, Industriearbeit und Arbeitsbewußtsein, Suhrkamp Vlg. Frankfurt 1985 (stw 549), (gekürzt)
Belästigung: Werner Lindemann, Poesiealbum Nr.35, Vlg. Neues Leben Berlin(-Ost) 1970, S.23
Neapel sehen: Kurt Marti, Dorfgeschichten, Sigbert Mohn Vlg. Gütersloh 1960
Aus einem Glaubensbuch für Erwachsene: Glaubensverkündigung für Erwachsene. Deutsche Ausgabe des Holländischen Katechismus, Herder Vlg. (Herder Bücherei 382) Freiburg i.B. 1976
Aus der Geschichte der Arbeit: In der Antike: Marcus Tullius Cicero, Vom rechten Handeln. Eingeleitet und neu übersetzt von Karl Büchner. Artemis Verlag Zürich und Stuttgart 1984 (De officiis, I). 150f.
Im frühen Christentum: Eigenformulierung nach Adolf von Harnack. Der Wert der Arbeit nach urchristlicher Anschauung. In: Evang.-sozial. Vierteljahreszeitschrift für die sozialkirchliche Arbeit 1905, Nr.3/4, S.48f.
Im Mittelalter: Die Deutsche Thomas-Ausgabe. Hrgs. von der Albertus-Magnus-Akademie, Walberberg b. Köln. 23.Band. Pustet Vlg. Heidelberg/ München: Kerle und Graz/Wien/Salzburg 1954 (Summa Theologica, II - II). 182, 1f.
In der Reformation: Martin Luther: Luthers Werke Band 5, Hgg. Buchwald, Karerau u.a., Berlin 1905[3], S.165 zu finden in: Entwurf 3/78, Stuttgart 1978 S.30
Im englischen Puritanismus: Übersetzt nach: Robert Southey, The Life of Wesley, London 1925, II 406. Übersetzt von Heiko Jürgens für „entwurf", Stuttgart
Ein Psychologe zum Problem: Erich Fromm, die Frucht der Freiheit, Diana Vlg Zürich 1945
Gott in der Technik: Friedrich Naumann, Im Eisenwerk, In: ders., Gotteshilfe. Gesamtausgabe der Andachten aus den Jahren 1895-1902. Vandenhoeck & Ruprecht Göttingen 1907, Nr.238, S.385-387
Wachstum ohne Vollbeschäftigung: Auf Gedeih und Verderb. Mikroelektronik und Gesellschaft, hrsg. von G.Friedrichs und A.Schabt, Rowohlt Taschenbuch-Vlg. Reinbeck 1984 (rororo 8106)
Ein neues Verständnis von Arbeit: Wolfgang Belitz, Zeit für ein neues Verständnis der Arbeit, Vortrag in HR II am 16.1. 1983, 10.30-11.00 Uhr (Auszüge)
Einen Sonntag wie die Menschen: Zitiert nach „ferment", 3/80, In: Entwurf 3/85, Stuttgart 1985, S.83
Sonntag: Zeichen der Versöhnung: Wolfgang Belitz, Zeit für ein neues Verständnis der Arbeit, a.a.O., S.17
Feiertagspraxis: Hermann Wouk, Er ist mein Gott, Wolfgang Krüger Vlg. Hamburg 1961, S.64ff.

Rechtfertigung: So wie ich bin

So wie ich bin: Schallplatte: Gosple plough, Diese Hoffnung, Pila-Musik-GmbH, 7405 Dettenhausen
Veränderung des einzelnen oder Veränderung der Gesellschaft? Jürgen Moltmann, Die ersten Freigelassenen der Schöpfung, Kaiser Traktate 2, Chr. Kaiser Vlg. München [5]1976, S.55+57 (leicht geändert)
Entfremdung: Nach: Paul Tillich, Systematische Theologie Bd.II, Evang. Verlagswerk Stuttgart 1958[3], S.52ff.
Die Niederlage trainieren: Johannes Kuhn, Im Südwestfunk

Ein neues Leben: Nach: David Ireland, An mein Kind, Quell Vlg. Stuttgart 1976, S. 121 ff.
Ich bin gut. Ich bin ganz. Ich bin schön: Elisabeth Moltmann-Wendel, Feministische Theologie, In: Arbeitshilfen III, Feministische Theologie-Praxis, Ein Werkstattbuch, Evang. Akademie Bad Boll, Mai 1981, S. 22 ff. (leicht geändert)
Politisches Handeln: Gustav Heinemann in: H. J. Girok, Neue Aspekte christlicher Ethik in einer veränderten Welt, Furche-Vlg. Hamburg 1970, S. 70 f.

Kirche am Ort. Kirche in der Welt

Rückblicke: Wolfgang Huber, Kirchentagszeitung 1986
Alte Mutter? Lernen in der Fremde – über den anderen und sich selbst. Vortrag in Dassel, April 1986 von Moses Njue, Kenia. Veröffentlicht in: Deutsches Pfarrerblatt 11/86, Speyer 1986, S. 522 ff.
Unser Leben sei ein Fest: Text: J. Metternich Team, Melodie: P. Janssens aus: „Wir haben einen Traum", 1972. Alle Rechte im Peter Janssens Musik Vlg., 4404 Telgte
Kirchensteuer und sonstige Einkünfte: Faltblatt der Evang. Kirche Württembergs 1986
Welche christlichen Kirchen gibt es? (Grafik) nach: Gert Otto, Sachkunde Religion, Furche-Vlg. Hamburg; Patmos-Vlg. Düsseldorf 1969, S. 166
Die orthodoxe Kirche: Auszüge aus „Ostkirche" in: Fischer Lexikon, Christliche Religion, Frankfurt a. M. 1957
Zwischen Papst und Protestanten – die Anglikanische Kirche: Klaus Sturm
An jeder Ecke eine Kirche: Klaus Sturm
Der Ökumenische Rat der Kirchen: Horst Keil, Unsere Württembergische Landeskirche, Quell Vlg. Stuttgart 1977, S. 55

Jesus Christus

Barmer-Erklärung: Joachim Beckmann (Hg.), Kirchliches Jahrbuch für die EKD, Gütersloh 1976^2, S. 71 f., Zitiert nach: Oberstufe Religion 3, Calwer Vlg. Stuttgart 1985, S. 48
Jesus aus jüdischer Sicht: Martin Buber zit. nach: Schalom Ben-Chorin, Bruder Jesus. Der Nazarener in jüdischer Sicht. List Vlg. München 1972, S. 11 f., Ben-Chorin in: Schalom Ben-Chorin, Bruder Jesus, a. a. O. S. 28
Jesus aus atheistischer Sicht: Heinrich Spaemann (Hg.), Wer ist Jesus von Nazaret für mich? Kösel-Vlg. München 1973, S. 46
Jesus indiskutabel: Arno Schmidt, Atheist?: Allerdings! In: Was halten sie vom Christentum? Hg. K. H. Deschner, List Vlg. München 1957, (List-Taschenbuch 105), S. 67 f.
Jesus du bist anders: In: Der Mann, der in kein Schema paßt. Faltblatt der evang. und kath. Bibelgesellschaften und Bibelwerke in der Bundesrepublik Deutschland, Österreich und der Schweiz
Hoffnung durch Wundergeschichten: Gerd Theißen, Der Schatten des Galiläers, Chr. Kaiser Vlg. München 1986, S. 141
Jesus Christus, der Befreier: Leonardo Boff, Jesus Christus der Befreier, Herder Vlg. Freiburg i. B. 1986, S. 324
Gebet der Indios: Meditationen zum Hungertuch. Hg. Misereor, Aachen. Misereor Vertriebsgesellschaft 1986. S. 7
In Trübsal fröhlich: Justus Perels
Entwurf für ein Osterlied: Rudolf Otto Wiemer, in: Ernstfall, Steinkopf Vlg. Stuttgart
Aus einer Bildbetrachtung
Bekenntnis zu Jesus: Martin Ohly in: G. Rubach, Glaubensbekenntnisse für unsere Zeit, Gütersloher Verlagshaus Gerd Mohn Gütersloh, 1978, S. 58

Leben mit der Bergpredigt

1. Beispiel: Billy Graham
2. Beispiel: Aus einem Brief aus Taize
3. Beispiel: Victor Jara
Vertrauen contra Sorge: Dietrich Steinwede, Kommt und schaut die Tiefen Gottes. Die Bibel in Auswahl nacherzählt von D. Steinwede. Vandenhoeck und Rupprecht Göttingen 1982, S. 128
Mit Jesus beten: Theo Brüggemann, Gebete zur Bergpredigt, Ernst Kaufmann Vlg. Lahr
Martin Luther King: Busboykott: Gerd Presler, Martin Luther King, Rowohlt Taschenbuch-Vlg. Reinbeck 1984 (rm 333), S. 49. Flugblatt: Martin Luther King, Freiheit, Oncken Vlg. Kassel 1964, S. 36. Drei Stimmen nach dem Attentat, 1. Stimme: Freiheit, a. a. O. S. 106, 2. Stimme: Freiheit, a. a. O., S. 107, 3. Stimme: Coretta Scott-King, Mein Leben mit Martin Luther King, Gütersloh 1952. In: Presler, Martin Luther King, a. a. O., S. 53
Diskussion über Gewalt: Daniel Berrigan an Ernesto Cardenal. IfoR.-Report, Zeitschriften des inter-

nationalen Versöhnungsbundes, Dezember 1978, in: Junge Kirche, Bremen 5/1979, S. 206–210. Ernesto Cardenal, Ansprachen anläßlich der Verleihung des Friedenspreises des Deutschen Buchhandels 1980. In: Börsenblatt des Deutschen Buchhandels, S. 52 f.
Zwei Beispiele heute: Franz Alt, Frieden ist möglich. Die Politik der Bergpredigt, R. Pieper & Co. Vlg. München/Zürich 1983, S. 80 f., Gerd Theißen, Der Schatten des Galiläers, Chr. Kaiser Vlg. München 1986, S. 227

Vom Schein zum Sein

Abrahman und Atman: Klaus Klostermaier, Hinduismus, Bachem Vlg. Köln 1965
Vier Lebensabschnitte: Kurt Bätz (Hg.), Weltreligionen heute. Hinduismus, Benziger Vlg. Zürich / Kaufmann Vlg. Lahr 1979, S. 8 f.
Die Verehrung der Kuh: Klaus Klostermaier (Hg.), Freiheit ohne Gewalt, Bachem Vlg. Köln 1968, S. 110
Gottesdienst im Alltag: Kurt Bätz (Hg.), Weltreligionen heute, Benzinger Vlg. Zürich/Kaufmann Vlg. Lahr 1979, S. 79
Gesang auf Shiva: Kurt Bätz (Hg.), Weltreligionen heute, a. a. O. S. 10
Die zwei Vögel auf einem Baum: Kurt Bätz (Hg.), Weltreligionen heute, a. a. O. S. 7
Erlösung in der Volksfrömmigkeit: Klaus Imbeck, Benares. Shivas Stadt. In: Geo, ein Magazin vom Stern, Nr. 5/78, Hamburg 1978, S. 148
Der Weg zum Nirvana: zit. nach: Werner Trutwin, Licht vom Licht. Religionen in unserer Welt. Patmos Vlg. Düsseldorf 1976, S. 206
Zen-Buddhismus: Paul Reps (Hg.), Ohne Worte – ohne Schweigen. 101 Zen-Geschichten und andere Zen-Texte aus vier Jahrtausenden, Scherz Vlg. München 1976, S. 42–44
Zen-Meditation: Michael Mildenberger, Heil aus Asien? Quell Vlg. Stuttgart 1974, S. 84 (gekürzt)

Gott läßt sich finden

700 Intellektuelle beten einen Öltank an
Bertolt Brecht, Gesammelte Werke Band 4, Gedichte 1913–1956, Suhrkamp Verlag Frankfurt a. M. 1967, S. 316 f.
Vertrauen auf Gott: Martin Luther, Großer Katechismus, 1529
Eine Erklärung der alten Geschichte: Herbert Breit
Wo wohnt Gott? Martin Buber
Unsichtbar und unbeweisbar: Jüdische Märchen hrsg. von Israel Zwi Kanner, Fischer Taschenbuch Vlg. Frankfurt a. M. 1976, (1759), S. 156
Rede Gottes: Ich habe es satt, W. Hasenclever, Ehen werden im Himmel geschlossen. Gedichte, Dramen, Prosa, Rowohlt Taschenbuch Vlg. Reinbeck 1963, S. 262 f.
Der Mensch – des Menschen Gott? Heinrich Fries, Abschied von Gott? Herder Vlg. Freiburg i. B. 1974, Herderbücherei 413, S. 73
Gott als Herrscher: Kurt Marti, O Gott! Essay und Meditationen. (Es geht um's Ganze), Radius Vlg. Stuttgart 1986, S. 192 + 194
Jossel Rackower: Zwi Koliz in: Jörg Zink, Zwölf Nächte, Kreuz-Vlg. Stuttgart 1965, S. 202 ff.
Eine weiterführende Interpretation: Heinz Zahrnt, Warum ich glaube, Deutscher Taschenbuch-Vlg. München 1980, (allgem. Reihe 1533), S. 331
Leiden Gottes – Leiden mit Gott: Dietrich Bonhoeffer, Widerstand und Ergebung, Eberhard Bethge (Hg.), Chr. Kaiser Vlg. München 1962, S. 246 f.
Wo Gott begegnet: Helmut Gollwitzer, Predigt über Matthäus 25,31–46
Widerstand und Ergebung: Heinz Zahrnt, Warum ich glaube, Deutscher Taschenbuch Vlg. München 1980, S. 338 f.
Gott hat mitgeholfen: Heinz Zahrnt, Gott kann nicht sterben, R. Piper u. Co Vlg. München 1970, S. 228
Wo Gott handelt: Christiane Reents, nach Gott fragen/von Gott sprechen, Schrödel Vlg. Hannover 1982, S. 49
Der Ort Gottes: Russische Legende in: Bildmeditations-Kalender III hrsg. S. Fichtl, 1976, S. 17, zitiert nach: Neue Calwer Predigthilfen, 3. Jahrgang A, Calwer Vlg. Stuttgart 1980, S. 128
Die Gegenwart Gottes heute: Carl F. von Weizsäcker in: Der Garten des Menschlichen. Beiträge zur geschichtlichen Anthropologie. Hanser Vlg. München 1977, S. 518 f.

Schöne neue Welt

Maßnahmen: Erich Fried, Gedichte, Claasen Vlg. Hamburg/Düsseldorf 1981
Ein Land der Gerechten? Maxim Gorki, Nachtasyl, Reclam Vlg. Stuttgart, UB 7671, S. 69 f.

Imagine: M + T: LENNON, John, © 1971 by Northern SONGS LTD. ass. 1984 to LENONO MUSIC USA für D/A/CH/Polen/CSSR/Ungarn/Jugoslawien/Rumänien/Bulgarien/UDSSR: NORDTON MUSIKVERLAG GmbH, Berlin.
Das Paradies: Pearl S. Buck, Die schönsten Erzählungen der Bibel, Rowohlt Taschenbuch-Vlg. Reinbeck 1975, rororo 1703
Komm mit! Jugendwerk der Deutschen Shell (Hg.), Jugend vom Umtausch ausgeschlossen. Eine Generation stellt sich vor, Rowohlt Taschenbuch-Vlg. Reinbeck 1984, rororo panther 5555, S. 278 f.
Die Utopie eines Staatsmannes – Thomas Morus: Klaus J. Heinrich (Hg.), Der utopische Staat, Rowohlt Taschenbuch-Vlg. Reinbeck 1964, S. 49 ff. (gekürzt)
Der Kommunismus – ein Weg zum Friedensreich des Jesaja? Dr. Steininger, Weltall – Erde – Mensch, Vlg. Neues Leben, Berlin(-Ost) 1954, S. 487 f.
Das Täuferreich in Münster (1534–1535): Helmar Junghans (Hg.), Die Reformation in Augenzeugenberichten, Deutscher Taschenbuch-Vlg. München 1978, (887) S. 426–430. Original: Karl Rauch Verlag, Düsseldorf 1967
Eine singende Republik: In: Erzählbuch zur Kirchengeschichte Band 2, hrsg. von Dietrich Steinwede, Kaufmann Vlg. Lahr; Christophorus-Vlg. Freiburg i. B.; Vandenhoeck & Ruprecht Vlg. Göttingen 1987, S. 302 f. (gekürzt)
Der Vogel Turlipan: Peter Hacks, Gedichte für Kinder, Berlin o. J.
Vorreiter des Ich: Ernst Bloch, Das Prinzip Hoffnung, Bd. 1, Suhrkamp Vlg. Frankfurt a. M. 1959, S. 24 f.
Orwell oder Huxley? Neil Postman, Wir amüsieren uns zu Tode. Urteilsbildung im Zeitalter der Unterhaltungsindustrie. S. Fischer Vlg., Frankfurt a. M. 1985, S. 7

Die Erde ist des Herrn

Erfolge von Wissenschaft und Technik? U. Schippke in: Der Stern 1/2, 1970
Stadtbesetzung: Wolfgang Bächler, Stadtbesetzung, S. Fischer Vlg. Frankfurt a. M. 1979
Ist Größenwahn heilbar? Manfred Fischer, Gräser sprengen den Asphalt, Quell-Vlg. Stuttgart 1983, S. 20 f.
Genuß und Pflege: Armin Rudat, „im gespräch“, Nr. 2 Juni/Juli 1985, Hrsg. von der Evang. Kirche in Hessen und Nassau, Redaktion: Edition Rau, Dreieich, S. 8
Ein Jugenderlebnis: Albert Schweitzer, Aus meiner Kindheit und Jugendzeit, Beck'sche Verlagsbuchhandlung München 1954, S. 24
Die Schöpfung bewahren: In Zeitschrift: A. Schweitzer Archiv und Zentrum, Neue Schlesingergasse 22, 6000 Frankfurt a. M. 1
Umsteigen: „entwurf“ 3/81, Stuttgart 1981, S. 45
Begradigte Schöpfung: „im gespräch“, a. a. O. S
Herrschaft und Fürsorge: Kurt Oeser, „im gespräch“, a. a. O. S. 11

Weltweite Reformation – Johannes Calvin

Reformator wider Willen: Calvins Erinnerung aus: Ernst Walter Zeeden, Das Zeitalter der Gegenreformation, Herder Vlg. Freiburg i. B. 1967, S. 36 f und: Calvins Erinnerung aus: Hans J. Hillerbrand, Brennpunkte der Reformation, Vandenhoeck & Ruprecht Vlg. Göttingen 1967, S. 202
Die Kirchenzucht: Aus: Hans J. Hillerbrand, Brennpunkte der Reformation, a. a. O. S. 216
Absicht: Hans J. Hillerbrand, Brennpunkte der Reformation, a. a. O. S. 209
Das Zinsnehmen: Grundzüge der Geschichte, Quellenband I, Vlg. Moritz Diesterweg Frankfurt a. M. 1969, S. 313
Der Fall Servet: – „Kürzlich hat Servet mir geschrieben ...“ aus: Willem F. Dankbaar, Calvin, sein Weg und sein Werk, Neukirchener Vlg. Neukirchen Vluyn 1959 – „Wir begehren, daß alle Völker ...“ aus: W. Neuser, Calvin, Kirchengeschichtliche Quellenhefte 14, Schriftenmissions-Vlg. Gladbeck, S. 59
Uneinigkeit: Emanuel Stickelberger, Calvin, Steinkopf Vlg. Stuttgart 1950, S. 78
Ein Schritt weiter: ökumenische Kirchengemeinschaft: Calvin-Zitat
Kirche im Sinne Calvins: Reformation und katholische Reform, 1500–1712, Quellenhefte zur Schweizergeschichte, Heft 5, S. 33 ff., Bearbeitet von Adolf Bucher und Walter Schmid, Vlg. Sauerländer Aarau 1971

Hunger nach Gerechtigkeit

Ein Inder in Deutschland: Joy Plathottathil, ... So hörte ich doch oft, die „Deutschen“ seien eine der

tierfreundlichen Nationen. In: Siegfried Pater/Suleman Taufiq (Hgg.), Zu Gast bei den „Entwickelten“, pad-Vlg. Dortmund 1986, S. 91 ff.
Die Christen und die „Eine Welt“: Konrad Raiser
Wenn der Mensch kein Mensch ist: In: F. F. Müller, Kolonien unter der Peitsche, Vlg. Rütten und Loening Berlin-Ost 1962, S. 55 f. (DDR, Berlin-Ost, Franzosenstr. 32)
Kolonialismus ... und kulturelles Selbstbewußtsein: Michel Kayoya in: Lesebuch Dritte Welt, Peter Hammer Vlg. Wuppertal 1974, S. 16–19
König Emmanuel an seinen Admiral: Reinhold Wagner, Das Verhältnis der katholischen Kirche zu den syrischen Kirchen in Südindien, Unveröffentlichtes Manuskript, S. 7
Betroffene melden sich zu Wort: Bischof Hassan Dahkani Tafti, Isfahan in: Bischof F. Pagura in: H. J. Margull und J. Freytag (Hg.), Keine Einbahnstraßen. Von der Westmission zur Weltmission. Evang. Missionsverlag Korntal 1973, S. 7 f.
1. Baustein: Aus der Erklärung der Evang. Kirche Mekane Jesus in Äthiopien, zit. nach: epd Dokumentation Bd. 9: EKD und kirchlicher Entwicklungsdienst. Eckart Vlg. Witten 1973, S. 67 ff.
2. Baustein: Willy Schneider, Ein Traum geplatzt. Jugendarbeitslosigkeit in Kenia. In: Das Wort in der Welt, 2/1978, Evang. Missionswerk Südwestdeutschland, S. 16 f.
3. Baustein: Broschüre „aktion E“, hrsg. Hauptgeschäftsstelle Diakonisches Werk der EKD für die Aktion „Brot für die Welt“, Stuttgart 1977, S. 1
4. Baustein:
Europa muß eine neue Identität finden: Miriam Makeba in: Zu Gast bei den Entwickelten, a. a. O., S. 9

Markt und Religionen

Kalt und satt: Jugend vom Umtausch ausgeschlossen. Eine Generation stellt sich vor. Hrsg. vom Jugendwerk der Deutschen Shell, Rowohlt Taschenbuch-Vlg. Reinbeck 1984 (rororo panther 5555), S. 86
Radikaler Glaube: Ludger Zinke (Hg.), Religion am Rande der Gesellschaft. Jugend im Sog neuer Heilsversprechungen, Kösel-Vlg. München 1977, S. 143
Neue Geborgenheit: Dirk Schubert in: Stuttgarter Zeitung vom 14. 10. 1978
Gurus/Götter/Idole: Zusammengestellt nach: Herder Korrespondenz Heft 5, 31. Jahrgang 1977 von Hans Dieter Reimer. Freiburg i. B. Herder Vlg. 1977
Zeugen Jehovas: „Erwachet“, 8. 11. 1986
Aus der Lebensgeschichte ...: Josy Doyon: Hirten ohne Erbarmen. Zehn Jahre Zeugin Jehovas – der Bericht eines Irrweges. Theologischer Vlg. Zürich 1986 (Auszüge)
Botschaft an die Neue Welt, Liebe Freunde ...: „Zero“, Magazin für ganzheitliche Bewußtseinsmodelle, Nr. 1, Zero Vlg., Carl H. Urselmann, Vierbaumer Heide 82 a, 4134 Rheinberg 4
Verantwortungsvolles Miteinander: Kurt Hutten, Seher, Grübler, Enthusiasten. Das Buch der traditionellen Sekten und religiösen Sonderbewegungen, Quell-Vlg. Stuttgart 1984, 13 f.

Bildnachweis

Titelgrafiken von Herbert Emmer, Calwer/Diesterweg Verlag Seite: 12/13, 28/29, 42/43, 58/59, 100/101, 114/115, 130/131, 144/145, 206/207, 216/217, 230/231

Alle Zeichnungen und Collagen von Peter Knorr, Calwer/Diesterweg Verlag Seite: 2-5, 14, 17, 19, 22, 30, 32, 37-41, 60, 74/75, 76/77, 79, 83, 84/85, 86-88, 94/95, 102/103, 105, 110, 117, 119, 120, 122, 125, 133, 153, 155, 156/157, 160, 170, 174-176, 180, 191/192, 204, 209/210, 215, 224, 233, 237, 240, 244-248, 251

Wofür es sich zu leben lohnt
0-1: F.J. Rogner, Dt. Sparkassenverlag, Stuttgart
6: Hetty Christ, Diesterweg Verlag
11: Jürgen Richter, Diesterweg Verlag

Auf dem Weg zueinander
12-13: Foto Gerhard Kraft
20: P. Picasso, The Cleveland Museum of Art, Ohio
21: P. Picasso, Time life
23-25: Foto Gerhard Kraft

Ab in den Knast
28-29: Pressefoto Kaufmann, Scheerer, Stuttgart
31: Holzschnitt aus Tengler: Laienspiegel, Mainz, Johann Schötter 1508. Verlag Konrad Kölbl, München
36: „Gefängnisgang“ von Ulrich Schiller, in ‚Zeitlupe‘ Nr. 6/1977

Nach Auschwitz: Juden und wir
42-43: Ullstein Bilderdienst, Berlin Pontis Foto, München
45: Sammlung Zwi Sofer
aus: Kreuz u. Hakenkreuz, Calwer Verlag, Stuttgart
49: Landesbildstelle, Berlin
50: Archiv des Provinzialkonservators, Pinneberg
53: Oberrat der Israeliten Badens, Karlsruhe
54: - Titelblatt, dpa-Frankfurt
- Beschmierter Stein, Foto Müller-Schilling, dpa-Stuttgart
55: ‚Kibbuz Sarid‘ von Hans-Jürg Stefan, Calwer Verlag, Stuttgart und Basileia Verlag, Basel
56: Bildarchiv Foto Marburg, Marburg
57: epd-Bild, Stuttgart

... und dann der Tod
58-59: „Leben und Tod“, Gustav Klimt
63: Käthe Kollwitz, VG Bild-Kunst, Bonn
65: Alfred Kubin, Spangenberg Verlag, München
67: Holbein Totentanzbilder, Foto Marburg, Marburg
69: Foto und Verlag Traute Lehmann, Bamberg
70: Fegefeuer, Prestel Verlag München
71: Evang. Kirchengemeinderat, Pforzheim

Jesaja - ein Prophet des Friedens
74-75: Schwerter zu Pflugscharen, Jan Lukas, New York
76-77: „Assyrische Bogenschützen“, The British Museum, London
78: epd-Bild, Stuttgart
79: Ullstein Bilderdienst, Berlin
80: F. Hoffmann, Fotoatelier Gerhard Howald, Bern

Arbeiten und Leben
89: Walter Habdank, Kösel-Verlag, München
90: Sella Hasse, VG Bild und Kunst, Bonn
91: F. Leger, Museé National de Fernand Léger, Biot
97: P. Brueghel d. Ä., Alte Pinakothek, München; Artothek Kunstdia-Archiv, Jürgen Hinrichs, Planegg

Rechtfertigung: So wie ich bin
100-101: Fotos Gerhard Kraft
104: Holzschnitt von Hans Baldung, Grien 1520. In: Luther im Portrait. Druckgraphik 1550-1900. Jonas Verlag in Kommission 1983, Hg. Stadt Oeynhausen.
108: Holzschnitt aus der Weltchronik von M. Schedel, Nürnberg 1493. Conny Cöll Reprint-Verlag, Konrad Kölbl KG, Grünwald

109: R. Grimmel, Stuttgart (Calwer Archiv)
112: Mädchen vor Spiegel, Fotoarchiv R. Ewerts, Bottrop

Kirche am Ort. Kirche in der Welt
114–115: Foto Ossinger, dpa-Frankfurt
126: Ikonenmuseum Recklinghausen
127: Kommunion und Konfirmation, Calwer Archiv
128: Ökumenische Messe, The Slide Centre Ltd., Ilton, Ilminster, Somerset
129: ‚Präsidium des Ökumenischen Rates', Calwer Verlag, Stuttgart

Jesus Christus
130–131: „Ecce Homo" von Daumier, Zentrale Museumsverwaltung Stadt Essen
132: „Menorah", Nationalbibliothek Lissabon
135: Rembrandt, Handzeichnungen und Radierungen zur Bibel, F. Lugt, Paris
136: Aus dem Zyklus ‚Christus der Narr' Blatt 8, R. P. Litzenburger, Markdorf-Leimbach
138: Alfred Manessier, VG Bild-Kunst, Bonn
139: Alfred Manessier, VG Bild-Kunst, Bonn
140: Ikonen-Museum, Recklinghausen
141: „Kreuz über der Weltkugel", Pauluskirche Bietigheim
142: „Herabkunft des Heiligen Geistes", Württembergische Landesbibliothek, Stuttgart

Leben mit der Bergpredigt
144–145: Minjung-Gemälde aus Korea, Evang. Missionswerk, Stuttgart
149: „Drei Beter" von Erich Walz. Dieses Bild ist das mittlere von drei Holzschnitten im Andachtsraum der Evangelistenschule Johanneum, Wuppertal. In: Ev. Gemeindeblatt, Kurt Rommel, 21/87
150: Martin Luther King, dpa-Frankfurt
152: The Associated Press Bilderdienst, Frankfurt
154: Polizeikontrolle, dpa/Mächler

Vom Schein zum Sein
159: „Indische Gesichter" in: Kurt Bätz ‚Weltreligionen heute. Hinduismus.' Benziger/Kaufmann Verlag
162–163: „Vier Lebensabschnitte" in Kurt Bätz a. a. O.
164: „Heilige Kuh", Hans Hilmar Seel, Kirchheim/Teck
165: „Elefantengott Ganesch", in Kurt Bätz a. a. O.
166: „Shiva", in Kurt Bätz a. a. O.
168: Fotoarchiv R. Ewerts, Bottrop
169: Margot Mewes, Bad Homburg
171: Helmut Uhlig, Berlin
172: „Abendmahlsfeier", in Kurt Bätz a. a. O.

Gott läßt sich finden
178: Mohr-Verlag Tübingen
179: Urs Winter: Frau und Göttin. Exegetische und ikonographische Studien zum weibl. Gottesbild im Alten Israel und in dessen Umwelt. Freiburg Schweiz/Göttingen ^{2}1987
181: „Feuerbach", dpa-Stuttgart
182: „Karl Marx", dpa-Stuttgart
183: Aus: H. Schedel, Weltchronik, 1493
185: Österreichische Nationalbibliothek, Wien
187: Lovis Corinth. Öffentliche Kunstsammlung Basel, Kunstmuseum
191: Physiker Carl. F. v. Weizsäcker, Hans Jürgen Rau, Darmstadt

Schöne neue Welt
195: Lukas Cranach, Bildarchiv Preussischer Kulturbesitz, Berlin

Die Erde ist des Herrn
206–207: „Industrielandschaft" von H. Duwe, Städt. Museum Göttingen
211: Tanner & Staehelin Verlag, Zürich
214: „Bach", Silvestris Fotoservice, Kastl/Obb.

Weltweite Reformation – Johannes Calwin
216–217: „Calvin und die Ausbreitung der Reformation weltweit", Montage von H. Emmer
218: „Reformationsdenkmal", Kath. Nachrichtenagentur, Frankfurt
219: „Genf im 16. Jahrhundert", in Sebastian Münster ‚Cosmographia oder Beschreibung der gantzen Welt. Letzte und vollständigste Ausgabe, Basel 1628. Jubiläums-Ausgabe zum 500. Geburtstag hrsg. von Hofrat Prof. Dr. Karl Heinz Burmeister, Antiqua-Verlag GmbH, Lindau
220: Bildarchiv Preussischer Kulturbesitz, Berlin
221 Graphischen Sammlung der Zentralbibliothek, Zürich
225: „Hinrichtung", Bibliothèque publique et universitaire, Genève
227: Archiv für Kunst und Geschichte, Berlin

228: Diaserie „Evangelisch-Katholisch", Calwer Verlag, Stuttgart
229: Jürgen Richter, Diesterweg Verlag

Hunger nach Gerechtigkeit

230–231: Collage: Jugendaktion: Brot für die Welt/Arbeitsgemeinschaft der Evangelischen Jugend (Ist nicht das ein Fasten, wie ich es liebe: ... Daß du dem Hungrigen dein Brot brichst und Arme und Obdachlose in dein Haus führst? Jesaja 58, 6a und 7a) und Globus Kartendienst, Hamburg.

234: Rohstoff-Statistik, Bundesbildstelle der Bundesregierung, Bonn
235: Grafiken in: Rudolf H. Strahm ‚Warum sie so arm sind', 4. Auflage 1987, Peter Hammer Verlag, Wuppertal

Neue Verheißungen?

252: „Botschaft an die neue Welt", Zero Magazin für alternative Lebensmodelle und Bewußtseinsmodelle